Sachregister

zu dem

Entwurfe eines bürgerlichen Gesetzbuches

für das Deutsche Reich

und

den dazu herausgegebenen Motiven,

nebst

Inhalts-Uebersicht

über die fünf Bände der Motive

bearbeitet

vom

Ober-Amtsrichter Jatzow.

Berlin SW.48.
Wilhelmstraße 119/120.
J. Guttentag, Verlagsbuchhandlung.
1888.

Inhaltsübersicht

der

Motive zum Entwurfe eines bürgerlichen Gesetzbuches für das Deutsche Reich.

Inhaltsübersicht

der

Motive zum Entwurfe eines Bürgerlichen Gesetzbuches.

Erster Band.

Allgemeiner Theil.

Erster Abschnitt.

Rechtsnormen.

Seite

§§ 1, 2. Rechtsnormen im Allgemeinen, Entstehung, Gesetz, Staatsvertrag, Gewohnheitsrecht, Autonomie; Aufhebung; Auslegung, Analogie; zwingende und nachgiebige Rechtssätze, Privilegien. Zeitliche Herrschaft 1

Zweiter Abschnitt.

Personen.

Rechtsfähigkeit im Allgemeinen 25

Erster Titel.

Beginn und Ende der Rechtsfähigkeit.

§ 3. Leben, Tod 28
§ 4. Lebensvermuthung 30

Zweiter Titel.

Todeserklärung.

§ 5. Verschollenheit als Voraussetzung der Todeserklärung 33
§ 6. Abwesenheitsfristen 37
§ 7. Kriegsverschollenheit 39
§ 8. Seeverschollenheit 39
§ 9. Zuständigkeit bei der Todeserklärung 41
§ 10. Aufgebotsverfahren 41
§ 11. Antragsberechtigte 42
§ 12. Voraussetzungen der Einleitung des Verfahrens 43
§ 13. Offizialthätigkeit des Gerichtes 43
§§ 14—16. Inhalt, Fristen des Aufgebotes, Eintritt anderer Antragsberechtigter 44
§ 17. Meldung des Verschollenen 45
§ 18. Kosten der Todeserklärung 45
§ 19. Verbindung mehrerer Aufgebote 46
§ 20. Unterbleiben öffentlicher Ladung bei Kriegs- und Seeverschollenheit . . 46
§ 21. Todesvermuthung durch Todeserklärung, Beerbung 47
§§ 22—24. Anfechtungsklage 51

Seite

Dritter Titel.

Altersstufen. Entmündigung.

§ 25. Kindesalter. Minderjährigkeit 52
§§ 26, 27. Volljährigkeitserklärung. Heirath macht nicht mündig 53
§ 28. Geisteskrankheit, Entmündigung wegen derselben 60
§ 29. Verschwendung, Entmündigung wegen derselben 62

Vierter Titel.

Verwandtschaft. Schwägerschaft.

§ 30. Verwandtschaft, vollbürtige, halbbürtige, uneheliche 65
§ 31. Gradberechnung 66
§§ 32, 33. Schwägerschaft 67

Fünfter Titel.

Wohnsitz.

Terminologie, domicile élu 68
§ 34. Begründung des Wohnsitzes 69
§ 35. Kein Wohnsitz, in Straf-, Besserungs- u. s. w. Anstalten 71
§ 36. Fähigkeit zur Begründung und Aenderung des Wohnsitzes 72
§ 37. Wohnsitz der Militärpersonen 72
§ 38. Exterritorialität 74
§ 39. Wohnsitz der Ehefrau 74
§ 40. Wohnsitz der Kinder 75
Sitz der juristischen Person 77

Dritter Abschnitt.

Juristische Personen.

I. Allgemeines.

§ 41. Inhalt der juristischen Persönlichkeit, Scheidung in Körperschaften und Stiftungen 78
§ 42. Entstehung, Verlust der juristischen Persönlichkeit 82

II. Körperschaft.

§ 43. Verfassung der Körperschaft 93
§ 44. Vertretung der Körperschaft, Vorstand 94
§ 45. Ausschließung von der Vertretung der Körperschaft 100
§ 46. Haftung der Körperschaft für unerlaubte Handlungen der Vertreter . . 102
§ 47. Konkurs der Körperschaft 104
§ 48. Generalversammlung der Körperschaft 105
§ 49. Erlöschen der Körperschaft, Schicksal des Vermögens 109
§§ 50—56. Liquidation der Körperschaft 113
§ 57. Konkursverfahren über das Vermögen der Körperschaft 117

III. Stiftung.

§§ 58, 59. Entstehung der Stiftung, durch Verfügung von Todeswegen . . . 118
§ 60. Verfassung der Stiftung 121
§ 61. Anwendung der Mehrzahl der Grundsätze über Körperschaften 121
§ 62. Fortbestand landesgesetzlicher Vorschriften, Staatsgenehmigung 121

IV. Fiskus als juristische Person.

§ 63. Fiskus als juristische Person 124

Vierter Abschnitt.

Rechtsgeschäfte.

Begriffe des Rechtsgeschäftes, der Willenserklärung; Rechtshandlung; obligatorische, dingliche Verträge; Begriff der Veräußerung, des Verfügens 126

Seite

Erster Titel.

Geschäftsfähigkeit.

Begriff 129
§ 64. Geschäftsunfähige Personen 129
§ 65. Beschränkte Geschäftsfähigkeit der Minderjährigen 131
§ 66. Rechtsgeschäfte gegenüber geschäftsunfähigen oder in der Geschäftsfähigkeit beschränkten Personen 139
§ 67. Selbständiges Erwerbsgeschäft eines Minderjährigen 141
§ 68. Dienst- und Arbeitsverträge Minderjähriger 144
§ 69. Rechtsgeschäfte Minderjähriger bei Ueberweisung von Vermögensgegenständen zur Verfügung, Studirende 145
§ 70. Beschränkte Geschäftsfähigkeit des entmündigten Verschwenders 149
§ 71. Beschränkte Geschäftsfähigkeit der des vormundschaftlichen Schutzes für bedürftig erklärten, der unter vorläufige Vormundschaft gestellten Volljährigen 150

Zweiter Titel.

Willenserklärung.

§ 72. Ausdrückliche, stillschweigende Willenserklärung 153
§ 73. Auslegung von Willenserklärungen 154
§ 74. Zeitpunkt der Wirksamkeit von Willenserklärungen, unter Abwesenden, Widerruf, Willenserklärung gegenüber Behörden 156
§§ 75, 76. Mittheilung einer Willenserklärung durch Zustellung 160

Dritter Titel.

Vertragschließung.

§ 77. Gegenseitige Erklärung übereinstimmenden Willens 161
§ 78. Einigung über die wesentlichen Theile des Vertrages, Punktationen, Traktate 162
§ 79. Gegenseitiger Vertrag, bei welchem nur ein Theil gebunden ist . . . 163
§ 80. Gebundenheit an einen Vertragsantrag 164
§ 81. Ablehnung der Gebundenheit seitens des Antragenden 167
§§ 82—84. Erlöschen des Antrages, Ablauf der gesetzten Frist, Antrag an Abwesende 168
§ 85. Annahmeerklärung eines Abwesenden nach Ablauf der Annahmefrist, Benachrichtigung durch den Antragenden bei rechtzeitiger Absendung . . . 170
§ 86. Stillschweigende Annahme des Vertragsantrages unter Abwesenden . . 171
§ 87. Zeitpunkt der Vertragschließung 174
§ 88. Verspätete Annahme gilt als neuer Vertragsantrag 175
§ 89. Tod oder Geschäftsunfähigkeit eines Kontrahenten hebt die Wirksamkeit des Vertragsantrages nicht auf 175
§ 90. Vertragschließung bei Versteigerungen 176

Vierter Titel.

Form der Rechtsgeschäfte.

§ 91. Grundsatz der Formfreiheit, Nichtigkeit bei nicht beobachteter gesetzlicher oder vertragsmäßiger Form 178
§ 92. Gesetzliche schriftliche Form, telegraphische Uebermittelung der Willenserklärung, gerichtliche oder notarielle Form 184
§ 93. Gewillkürte schriftliche Form 187
§ 94. Unterschrift der Vertragsurkunde 188

Fünfter Titel.

Willensmängel.

Willensdogma 189
§ 95. Kenntniß des Willensmangels, Täuschungsabsicht 191
§ 96. Scheingeschäft 192
§ 97. Kenntniß des Willensmangels, keine Täuschungsabsicht, Scherz 193
§§ 98, 99. Irrthum 196

Seite

§ 100. Mangelnde Uebereinstimmung des Willens macht im Zweifel den ganzen Vertrag nichtig 202
§ 101. Erklärung des Willens durch Mittelsperson steht der eigenen Erklärung gleich 202
§ 102. Irrthum in den Beweggründen 203
§ 103. Drohung. Betrug 204
§ 104. Zeitliche Begrenzung der Anfechtbarkeit der Rechtsgeschäfte wegen Willensmängel 208

Sechster Titel.

Unerlaubte Rechtsgeschäfte.

§ 105. Gesetzliches Verbot 210
§ 106. Rechtsgeschäfte gegen gute Sitten oder öffentliche Ordnung 211
§ 107. Veräußerungsverbot 212

Siebenter Titel.

Ungültigkeit der Rechtsgeschäfte.

§§ 108—110. Nichtigkeit der Rechtsgeschäfte, Wegfall der Nichtigkeitsgründe, Bestätigung 217
§ 111. Konversion 218
§ 112. Anfechtbarkeit 218
§ 113. Anfechtung erfolgt durch Willenserklärung des Anfechtungsberechtigten gegenüber dem Anfechtungsgegner 220
§ 114. Theilweise Ungültigkeit 222

Achter Titel.

Vertretung und Vollmacht.

I. Vertretung.

§ 115. Grundsätzliche Zulassung der Vertretung, mittelbare Stellvertretung . 223
§ 116. Wirkung der Vertretung; unmittelbare Berechtigung und Verpflichtung der Vertretenen 225
§§ 117, 118. Erforderniß der Willensübereinstimmung, Willensmängel nach der Person des Vertreters zu bestimmen, anders bei Vollmacht für bestimmtes Rechtsgeschäft 226

II. Vollmacht.

§ 119. Entstehung der Vollmacht, Umfang, Erlöschen, Widerruf 228
§ 120. Bevollmächtigung gegenüber Dritten 237
§ 121. Vollmachtsurkunde 239
§ 122. In Vollmacht vorgenommene einseitige Rechtsgeschäfte 240

III. Vertretung ohne Vertretungsmacht.

§ 123. Genehmigung des Vertretenen 240
§§ 124, 125. Vertragschließung ohne Kundgebung des Mangels der Vertretungsmacht, Rücktrittsrecht des anderen Vertragschließenden, persönliche Verhaftung des Vertreters 243
§ 126. Einseitige Rechtsgeschäfte ohne Vertretungsmacht 244

Neunter Titel.

§ 127. **Einwilligung und Genehmigung** 245

Zehnter Titel.

Bedingung und Befristung.

Vorbemerkung, modus, Ablehnung des generellen Begriffes der Nebenbestimmungen 248

I. Bedingung.

§§ 128, 129. Aufschiebende, auflösende Bedingung, Wirkung der Erfüllung . 250
§ 130. Rückbeziehung nach dem Willen der Kontrahenten 254

Seite
§ 131. Ausfall der Bedingung 255
§§ 132—135. Schwebezustand der Bedingung:
1. Der aufschiebenden, Vererblichkeit des bedingten Rechtes, Recht auf Sicherung, Schutz Dritter 255
2. Der auflösenden 261
§ 136. Verhinderung der Erfüllung der Bedingung durch den bedingt Verpflichteten 262
§ 137. Auf die Gegenwart oder die Vergangenheit gestellte Bedingungen, nothwendige, unmögliche 264
§ 138. Bedingung, welche auf willkürliches Handeln, auf bloßes Wollen des Verpflichteten gestellt ist 266
§ 139. Unverständliche, widersinnige, unerlaubte Bedingung 267
§ 140. Rechtsbedingung 268

II. Befristung.

§§ 141, 142. Anfangstermin, Endtermin, Anwendbarkeit der Vorschriften über Bedingung 269

III.

§ 143. Dies incertus an ist Bedingung 270

Anhang.

Rechte im Allgemeinen, Entstehung, Erlöschen, Rechtsnachfolge, Uebertragbarkeit, Vererblichkeit, Konfusion, Konsolidation, Verzicht, concursus causarum lucrativarum, Ausübung der Rechte, Chikane, Kollision der Rechte, Klagenkonkurrenz 271

Fünfter Abschnitt.

Fahrlässigkeit. Irrthum.

§§ 144, 145. I. Fahrlässigkeit. Begriff. Grade 279
§ 146. II. Irrthum; Rechtsirrthum; Kennenmüssen; Wissenmüssen 281

Sechster Abschnitt.

Zeitbestimmungen.

§§ 147, 148. Fristberechnung; Civilkomputation 282
§§ 149—151. Berechnung des halben Monates, halben Jahres u. s. w. . . 285
§ 152. Berechnung der Fristverlängerung 286
§ 153. Anfang, Mitte, Ende des Monates, Sonn- und Feiertage 286

Siebenter Abschnitt.

Anspruchsverjährung.

Vorbemerkung; Begriff des Anspruches, Einreden verjähren nicht 288
§ 154. Regel der Verjährbarkeit der Ansprüche, Ausnahmen, Feststellungsklage 292
§ 155. Ordentliche Verjährungsfrist 295
§ 156. Zweijährige Anspruchsverjährung 297
§ 157. Vierjährige Anspruchsverjährung 305

Beginn der Verjährung.

§ 158. a) Der ordentlichen Verjährung 307
§ 159. b) Der zwei- und vierjährigen Verjährung 310
§ 160. c) Des Gesammtanspruches bei wiederkehrenden Leistungen 310

Hemmung und Unterbrechung der Verjährung:

§ 161. a) Begriff der Hemmung und Unterbrechung 311
§ 162. b) Allgemeine Hemmungsgründe; rechtliches Hinderniß 312

Seite
§ 163. c) Hemmung des Eigenthumsanspruches gegenüber dem Pfandgläubiger 315
§ 164. d) Stillstand der Rechtspflege 315
§ 165. e) Höhere Gewalt, Kriegsdienst 317
§ 166. f) Verjährung gegen Geschäftsunfähige, beschränkt Geschäftsfähige, juristische Personen, (Minderjährige) 318
§ 167. g) Einfluß der Erbfolge 322
§ 168. h) Ansprüche zwischen Vormund und Mündel, Eltern und Kindern, Ehegatten 324
§ 169. i) Unterbrechung durch Anerkennung 326
§ 170. k) Unterbrechung durch Klagerhebung; gleichstehende Fälle 327
§ 171. l) Einfluß der Zurücknahme und Abweisung der Klage 330
§ 172. m) Unterbrechung durch Mahnverfahren 331
§ 173. n) Unterbrechung durch Zwangsvollstreckung 331
§ 174. o) Dauer der Unterbrechung durch Klagerhebung 331
§ 175. p) Unterbrechung durch Streitverkündung 333
§ 176. q) Unterbrechung durch Anmeldung im Konkurse 334
§§ 177—179. Verjährung rechtskräftig festgestellter Ansprüche, analoge Anwendung auf Schiedsgerichte, Verwaltungsgerichte, Verwaltungsbehörden 337
§ 180. Zulässigkeit des Rechtsweges abhängig von der Vorentscheidung einer Behörde 340
§ 181. Rechtsnachfolge in den Anspruch, accessio temporis 340

Wirkung der Verjährung:

§ 182. Zerstörende Einrede, keine condictio indebiti, keine Aufrechnung . . 341
§ 183. Pfandrecht für den verjährten Anspruch 344
§ 184. Wirkung der Verjährung des Hauptanspruches auf Nebenleistungen . . 345
§ 185. Zwingende Natur der Verjährungsvorschriften 345

Anhang.

Unvordenkliche Verjährung, keine allgemeinen Vorschriften über Präklusivfristen 346

Achter Abschnitt.

Selbstvertheidigung und Selbsthülfe.

§ 186. Nothwehr 348
§ 187. Vertheidigungsrecht gegen fremde gefahrdrohende Sachen 349
§§ 188, 189. Selbsthülfe, Selbstzugriff 352

Neunter Abschnitt.

Urtheil.

Vorbemerkung; Klagbarkeit der Rechte, Einredebegriff des materiellen Rechtes; Einwirkung der Litigiosität, einredeweise Geltendmachung des Anspruches 357
§ 190. Fälligkeit der Leistung ist Voraussetzung der Verurtheilung; wiederkehrende Leistungen 364
§ 191. Materielle Rechtskraft des Urtheiles, kein Zurückbleiben einer naturalis obligatio, objektiver Umfang der Rechtskraft; exceptio rei judicatae . 367
§ 192. Wirkung des Urtheiles inter partes, gegen Dritte 376

Zehnter Abschnitt.

Beweis.

§§ 193—195. Regelmäßiger Umfang der Beweispflicht 382
§§ 196—197. Beweis des Klagegrundes, der erfüllten oder ausgefallenen Bedingung 383
§ 198. Vermuthung 384

Anhang.

Materielle Beweiskraft außergerichtlicher Geständnisse 385

Seite

Elfter Abschnitt.

Sicherheitsleistung.

§§ 199—204. Verpflichtung; Höhe; Mittel, keine juratorische Kaution . . . 387
§ 205. Ergänzung der unzureichend werdenden Sicherheit 392

Anhang.

Wiedereinsetzung in den vorigen Stand . . 392

Zweiter Band.

Recht der Schuldverhältnisse.

Einleitung 1

Erster Abschnitt.

Schuldverhältnisse im Allgemeinen.

Erster Titel.

Gegenstand der Schuldverhältnisse.

§ 206. Begriff der Leistung 5
§§ 207—212. Alternativobligationen; Wahlrecht 6
§§ 213, 214. Generische Obligationen; Auswahl 10
§§ 215, 216. Zahlung der Geldschuld 12
§ 217. Zinspflicht; Höhe der Zinsen; Zinsen ultra alterum tantum . . . 15

Schadensersatz:

§ 218. Umfang des Schadensersatzes; damnum emergens, lucrum cessans, compensatio lucri et damni 17
§ 219. Restitution oder Geldentschädigung 19
§ 220. Ersatz des außerordentlichen Werthes 21
§ 221. Nichtvermögensrechtlicher Schaden 21
§ 222. Konkurrirendes Verschulden des Beschädigten 23
§ 223. Uebergang von Ansprüchen des Entschädigten gegen Dritte auf den Ersatzleistenden 24

Zweiter Titel.

Inhalt der Schuldverhältnisse.

I. Verpflichtung zur Leistung.

§ 224. Vollständige Erfüllung, Haftung für culpa levis, custodia; Haftung für Vertreter 26
§ 225. Kein Erlaß im Voraus der vorsätzlichen Nichterfüllung 31
§ 226. Person des Erfüllenden 32
§ 227. Erfüllung durch Dritte; Widerspruch des Schuldners 32
§ 228. Theilleistung 33
§§ 229, 230. Ort der Leistung 34
§ 231. Zeit der Leistung 37
§ 232. Interusurium 40

II. Zurückbehaltungsrecht.

§§ 233—236. Verwendungen, Erforderniß der Konnexität und Fälligkeit; Anwendung von Vorschriften über gegenseitige Verträge; kein Zurückbehaltungsrecht bei vorsätzlichem Delikte. Anwendung der Vorschriften auf alle gesetzlichen Fälle des Retentionsrechtes 40

Seite

III. Unmöglichkeit der Leistung und Folgen der Nichtleistung.

§ 237. Befreiung des Schuldners bei objektiver Unmöglichkeit, bei subjektivem Unvermögen 44
§ 238. Surrogationsprinzip; bei bedingten Schuldverhältnissen 46
§ 239. Beweis der unverschuldeten Unmöglichkeit 47
§ 240. Schadensersatzanspruch des Gläubigers bei verschuldeter Unmöglichkeit . 49
§ 241. Unmöglichkeit bei entschuldbarem Irrthume des Schuldners 51
§ 242. Theilweise Unmöglichkeit durch Verschulden des Schuldners 52
§ 243. Nichtleistung des rechtskräftig verurtheilten Schuldners, Schadensersatzanspruch statt Erfüllungsanspruch 53
§ 244. Herausgabe eines bestimmten Gegenstandes, Rechtshängigkeit des Anspruches, Analogie des Eigenthumsanspruches 55

IV. Verzug des Schuldners.

§ 245. Mahnung, dies interpellat pro homine 56
§ 246. Verschulden als Voraussetzung des Verzuges 60
§§ 247—252. Wirkungen des Verzuges; volles Verzugsinteresse, Verzugszinsen, Ersatz höheren Schadens, Verzugszinsen von Zinsen, Haftung für omnis culpa, casus, Verzinsung der Ersatzleistung für untergegangenen oder verschlechterten Gegenstand 61
§ 253. Purgatio morae 66

V. Verzug des Gläubigers.

§ 254. Verweigerung der Annahme 68
§ 255. Realoblation; Verbaloblation 69
§ 256. Verzug, wenn Gläubiger zur Annahme bereit ist, aber die Gegenleistung nicht anbietet 73
§§ 257—261. Wirkungen des Verzuges; Beschränkung der Haftung des Schuldners auf dolus und culpa lata; Uebergang der Gefahr auf den Gläubiger; Aufhören der schuldnerischen Haftung für nicht gezogene Nutzungen; Aufhören der Zinsverpflichtung; Nichteintritt der Folgen der Nichtleistung; Ersatz von Mehraufwendungen des Schuldners 73
§ 262. Purgatio morae 77

Dritter Titel.

Erlöschen der Schuldverhältnisse.

Einleitung; Novation; contrarius consensus, concursus causarum lucrativarum 77

I. Erfüllung.

§ 263. Bewirkung der Leistung, Erlöschen des Schuldverhältnisses 80
§§ 264, 265. Annahme an Erfüllungsstatt, Entwehrung, Gewährleistung . . 82
§ 266. Leistung an einen Dritten 84
§§ 267, 268. Anrechnung nicht ausreichender Leistung auf mehrere Schuldposten 86
§§ 269, 270. Quittung 88
§ 271. Zurückgabe des Schuldscheines; Mortifikationsschein 90

II. Hinterlegung.

§§ 272, 273. Befugniß des Schuldners zur öffentlichen Hinterlegung; Hinterlegungsstelle 91
§§ 274—276. Zurücknahme der Hinterlegung 98
§ 277. Gegenstand der Hinterlegung gehört nicht zur Konkursmasse des Schuldners 101
§ 278. Verkaufsrecht des Schuldners bei zur öffentlichen Hinterlegung nicht geeigneten Gegenständen 102
§ 279. Kosten der Hinterlegung und des Verkaufes 103
§ 280. Bestimmung der Hinterlegungsstellen und ihrer Zuständigkeit durch die Landesgesetze 104

III. Aufrechnung.

§§ 281—283. Voraussetzungen; Aufrechnungserklärung; Wirkung 104
§ 284. Mehrere kompensable Forderungen 110
§ 285. Verschiedenheit des Leistungsortes 111

Seite

§ 286. Aufrechnung von später erworbener Gegenforderung mit beschlagnahmter Forderung 111
§ 287. Keine Aufrechnung gegen Deliktsforderungen 112
§ 288. Keine Aufrechnung gegen unpfändbare Forderungen 113
§ 289. Aufrechnung gegen Fiskus, stationes fisci 114

IV. Erlaß.

§ 290. Formloser Vertrag; keine Angabe des Rechtsgrundes; Quittung als Erlaßvertrag; Unwirksamkeit einseitigen Verzichtes 114

V. Vereinigung.

§ 291. Wirkung; Wiederaufhebung 116

VI. Tod des Gläubigers oder des Schuldners.

§ 292. Vererblichkeit der Schuldverhältnisse, Ausnahmen 117

Vierter Titel.

Sondernachfolge in Forderung und Schuld.

I. Uebertragung der Forderung.

§ 293. Begriff; Wirkung der Uebertragung 118
§ 294. Uebertragungsakte: Vertrag, gerichtliche Anordnung, Gesetz, Ueberweisung durch Zwangsvollstreckung 119
§ 295. Regel der Uebertragbarkeit; Ausnahmen: an Persönlichkeit des Gläubigers gebundene Forderungen, Vertrag 121
§ 296. Nichtübertragbarkeit unpfändbarer Forderungen, Unpfändbarkeit nicht übertragbarer Forderungen 123
§ 297. Mitübergang der Vorzugsrechte 124
§§ 298—300. Haftung für nomen verum, für nomen bonum, keine Haftung bei cessio legis 125
§ 301. Pflicht des bisherigen Gläubigers zur Auskunftsertheilung, Beurkundung 128
§§ 302, 303. Einreden des Schuldners, höchstpersönliche Einreden aus der Person des bisherigen Gläubigers, Aufrechnung 128
§§ 304, 305. Schutz des Schuldners wegen Unkenntniß von der geschehenen Uebertragung 132
§§ 306, 307. Anzeige des Gläubigers von der Uebertragung; Widerruf; Aufhebung gerichtlicher Uebertragung 135
§ 308. Legitimation des neuen Gläubigers durch Anzeige oder Uebertragungsurkunde; Mahnung, Kündigung, Klageanstellung ohne solche 137
§§ 309, 310. Abtretung einer fremden Forderung; Einwilligung; Genehmigung; Beerbung des Dritten 138
§ 311. Abtretung von Diensteinkommen, Pensionen durch Beamte u. s. w. . . 140
§ 312. Uebertragung und Pfändung anderer übertragbarer Rechte außer Forderungen, Pfändung nur der Ausübung nach übertragbarer Rechte . . 141
§ 313. Abtretung des ganzen Vermögens, einer Erbschaft 141

II. Schuldübernahme.

1. Schuldübernahme.

§§ 314, 315. Vertrag zwischen Gläubiger und Dritten, zwischen Schuldner und Dritten 142
§ 316. Einreden des Schuldübernehmers aus der Person des bisherigen Schuldners, aus dem Rechtsgrunde der Schuldübernahme; Aufrechnung 146
§ 317. Fortbestand von Neben- und Vorzugsrechten, Ausnahmen 147

2. Erfüllungsübernahme.

§ 318. Unterschied von Schuldübernahme; Uebernahme einer Schuld in Anrechnung auf den Kaufpreis 147

3. Uebernahme eines ganzen Vermögens.

§ 319. Haftung für die Schulden neben dem Uebertragenden, pro viribus des Aktivvermögens, keine vertragsmäßige Ausschließung dieser Haftung; Uebernahme eines Bruchtheiles eines Vermögens 151

Seite

Fünfter Titel.
Schuldverhältnisse mit einer Mehrheit von Gläubigern oder Schuldnern.

§ 320. **I. Antheilsweise Berechtigung oder Verpflichtung** 153

II. Gesammtschuldverhältniß.

§ 321. Begriff, Ausdrücke für Bestehen eines Gesammtschuldverhältnisses durch Rechtsgeschäft 154
§ 322. Verschiedenheit des Inhaltes der Berechtigung oder Verpflichtung der Betheiligten 157
§ 323. Aktives Gesammtschuldverhältniß 157
§ 324. Passives Gesammtschuldverhältniß 158

Rechtshandlungen einzelner Betheiligter:

§ 325. 1. Verschulden 159
§ 326. 2. Verzug 159
§ 327. 3. Prozeßführung 160
§ 328. 4. Uebertragung seitens eines Gesammtgläubigers 161
§ 329. 5. Erfüllung. Hinterlegung, Leistung an Erfüllungsstatt 161
§§ 330, 331. 6. Aufrechnung 162
§ 332. 7. Erlaß. Vergleich 164
§ 333. 8. Vereinigung 166
§ 334. 9. Eintritt der Unmöglichkeit der Leistung in der Person eines Gesammtgläubigers oder Gesammtschuldners 167
§§ 335, 336. 10. Verjährung 167

Inneres Verhältniß.

§ 337. Regelmäßige Rechte und Pflichten zu gleichen Antheilen 169
§ 338. Bei Gesammtschuldverhältniß auf Schadensersatz aus Delikt 170

III. Untheilbarkeit der Leistung.

§ 339. Mehrere Gläubiger 171
§ 340. Mehrere Schuldner 173
§ 341. Verwandlung in eine theilbare Leistung 173

Zweiter Abschnitt.
Schuldverhältnisse aus Rechtsgeschäften unter Lebenden.

Erster Titel.
Allgemeine Vorschriften.

I. Einseitiges Versprechen.

§§ 342, 343. Unverbindlichkeit. Anwendung der Vorschriften über Schuldverhältnisse auf die vom Gesetze als verbindlich anerkannten Fälle . . 175

II. Gegenstand der Verträge.

§§ 344—347. Unmögliche, verbotene, gegen die guten Sitten verstoßende Leistung, negatives Vertragsinteresse bei dolus des einen Kontrahenten 176
§ 348. Vertrag über Sachen, Rechte, Handlungen eines Dritten 181
§ 349. Nichtigkeit des Vertrages über die Erbschaft eines Lebenden oder unbestimmten Dritten; desgl. Vermächtniß, Pflichttheil 182
§ 350. Nichtigkeit des Vertrages über das ganze künftige Vermögen, Vertrag über das ganze gegenwärtige Vermögen 186
§ 351. Vertrag auf Eigenthumsübertragung an Grundstücken, Formvorschrift, Ersatz des Formmangels durch Eintragung in das Grundbuch . . . 189
§ 352. Nichtigkeit des Vertrages über unbestimmte Leistung 191
§§ 353, 354. Bestimmung der Leistung durch einen der Vertragschließenden, arbitrium boni viri 192
§§ 355—357. Bestimmung der Leistung durch einen Dritten, arbitrium boni viri 193
§ 358. Zinsfreiheit in den Grenzen der Wuchergesetzgebung 195

Seite

III. Inhalt der Schuldverhältnisse aus Verträgen.

§ 359. Treue und Glauben 197
§ 360. Rücktritt vom Vertrage bei Nichterfüllung von der Gegenseite, clausula rebus sic stantibus 198
§ 361. Fixgeschäft 199
§ 362. Gegenseitiger Vertrag, Erfüllung Zug um Zug 200
§ 363. Mehrere Vertragschließende, Untheilbarkeit der Gegenleistung 201
§ 364. Weigerung der Leistung bis zur Gegenleistung 202
§ 365. Klage auf Verurtheilung zur Leistung Zug um Zug, Klage des Vorleistungspflichtigen 203
§ 366. Exceptio non impleti contractus 204
§ 367. Exceptio non rite impleti contractus 204
§ 368. Tragung der Gefahr 205
§ 369. Vom Schuldner verschuldete Unmöglichkeit, Wahl des Gläubigers zwischen Rücktritt und Schadensersatz, verschuldete theilweise Unmöglichkeit . . 209

IV. Gewährleistung des veräußerten Rechtes.

§ 370. Pflicht des Veräußerers zur Eigenthumsverschaffung an den Erwerber . 211
§ 371. Haftung für Nichtvorhandensein von Rechten an der Sache 214
§ 372. Oeffentliche Lasten und Abgaben sind nicht Gegenstand der Gewährleistung 215
§ 373. Kenntniß des Erwerbers vom Mangel im Rechte des Veräußerers; Pfandrechte, Grundschulden 215
§ 374. Verweigerung der Gegenleistung bis zur Rechtsverschaffung 216
§§ 375, 376. Entwehrung, Begriff; Erwerb des Rechtes 218
§ 377. Schadensersatzanspruch in Folge Entwehrung 220
§ 378. Löschung des entgegenstehenden Rechtes im Grundbuche bei Veräußerung von Grundstücken; Anwendung auf registrirte Schiffe 222
§ 379. Beweispflicht des Erwerbers hinsichtlich des Rechtes des Dritten . . . 222
§ 380. Ausschließung der Gewährleistung durch Vertrag 223

V. Gewährleistung wegen Mängel der veräußerten Sache.

§§ 381, 382. Haftung für zugesicherte Eigenschaften, für Mängel, welche den Werth oder die Tauglichkeit erheblich mindern, Kenntniß oder grobfahrlässige Unkenntniß des Erwerbers 224
§§ 383, 384. Wandelung, Minderung, Wahlrecht, Ausübung der Wahl . . . 227
§ 385. Schadensersatzanspruch beim Mangel zugesicherter Eigenschaft, bei dolus des Veräußerers 228
§ 386. Vorbehaltslose Annahme bei Kenntniß des Mangels 229

Wandelung:

§ 387. Wirkungen 230
§ 388. Haftung für zugesicherte Größe eines Grundstückes 232
§§ 389—391. Wandelung bei Veräußerung mehrerer Sachen 235

Minderung:

§§ 392, 393. Berechnung. Entdeckter weiterer Mangel 236
§ 394. Mehrere Erwerber oder Veräußerer 237
§ 395. Keine Gewährleistung bei Veräußerung im Wege der Zwangsvollstreckung 237
§ 396. Ausschließung der Gewährleistung durch Vertrag 238
§ 397. Verjährung der Ansprüche auf Wandelung und Minderung 238
§ 398. Gewährleistung bei nur der Gattung nach bestimmten Sachen, Recht auf Wandelung, Minderung, Lieferung einer mangelfreien Sache, Schadensersatz 241
§§ 399—411. Gewährleistung für Viehmängel 243

VI. Versprechen der Leistung an einen Dritten.

§ 412. Unmittelbare Berechtigung des Dritten 265
§ 413. Zeit der Entstehung des Forderungsrechtes des Dritten 270
§ 414. Aufhebung des Vertrages durch die Kontrahenten 270
§ 415. Ausschlagung seitens des Dritten 271
§ 416. Einreden des Versprechenden gegen den Dritten 272

Seite

VII. Daraufgabe.

§ 417. Daraufgabe beim Vertrage gilt als Zeichen der Vertragschließung, bei Vereinbarung als Reugeld 273
§ 418. Anrechnung auf die Vertragsleistung 274
§ 419. Zurückbehaltung bei Verschulden des Gebers an Wiederaufhebung, Unmöglichkeit der Erfüllung des Vertrages 274

VIII. Konventionalstrafe.

§ 420. Festsetzung für den Fall der Nichterfüllung 275
§ 421. Festsetzung für den Fall nicht gehöriger Erfüllung 276
§ 422. Voraussetzungen der Verwirkung 278
§ 423. Erlöschen der Hauptverbindlichkeit 278
§ 424. Unwirksamkeit der Hauptverbindlichkeit 279
§ 425. Beweislast des Schuldners hinsichtlich der Erfüllung 279

IX. Rücktritt vom Vertrage.

§ 426. Vertragsmäßiges Rücktrittsrecht, Ausübung 280
§ 427. Wirkung des Rücktrittes, Rückgewähr 280
§ 428. Rückgewähr Zug um Zug 282
§ 429. Rücktrittsrecht bei zufälligem Untergange des Empfangenen 282
§ 430. Fälle, in welchen das Rücktrittsrecht ausgeschlossen ist 283
§§ 431, 432. Erlöschen des Rücktrittsrechtes 283
§ 433. Untheilbarkeit des Rücktrittsrechtes 284
§ 434. Beweislast 284
§ 435. Rücktrittsrecht gegen Reugeld 285
§ 436. Vorbehalt der Rechtsverwirkung 285

Zweiter Titel.

Schenkung.

§§ 437, 438. Begriff, negotium mixtum cum donatione, Vertragsnatur 286
§ 439. Ausgeschiedene Fälle: Fehlen der Bereicherung, der Vermögensminderung, Ausschlagung einer Erbschaft, eines Vermächtnisses 290
§§ 440, 441. Form der Schenkung. Schenkungsversprechen 291
§§ 442—445. Haftung des Schenkers wegen Nichterfüllung, wegen Mangels in seinem Rechte, wegen Mangels der Sache, wegen Verzuges 296
§ 446. Ort der Erfüllung 298
§ 447. Schenkung einer wiederkehrenden Unterstützung, Verpflichtung des Erben 298
§ 448. Schenkung unter einer Auflage 299
§§ 449—452. Widerruf wegen Undankes 302

Dritter Titel.

Darlehen.

§ 453. Wesen, Realkontrakt, Eigenthumsverschaffung, contractus mohatrae, Annuitätendarlehen, condictio Juventiana 305
§ 454. Verwandelung einer Schuld in Darlehen 312
§§ 455, 456. Darlehenszinsen 312
§ 457. Rückerstattung des Darlehens, Kündigung 313
§ 458. Vertrag über die Hingabe eines Darlehens 314

Vierter Titel.

Kauf und Tausch.

I. Kauf.

§ 459. Verpflichtung des Verkäufers zur Rechtsverschaffung, des Käufers zur Zahlung des Kaufpreises und Abnahme der Sache; Vorbehalt des Eigenthumes; Lieferungsvertrag, Hoffnungskauf 316
§ 460. Kaufpreis: Geld, weitere Leistungen, laesio enormis 320
§ 461. Marktpreis als Kaufpreis 322
§ 462. Auskunftspflicht des Verkäufers 322
§ 463. Gefahr, insbesondere bei Grundstücken 322

Seite

§ 464. Verwendungen des Verkäufers auf die Kaufsache 325
§ 465. Transportgefahr 326
§ 466. Kosten der Erfüllung: Messen, Wägen, Auflassung und Eintragung in das Grundbuch 328
§ 467. Verzinsung des Kaufpreises 329
§§ 468, 469. Verbot der Theilnahme an einem Kaufe (Zwangsvollstreckungsbeamte u. s. w.) 330
§ 470. Kauf nach Probe oder Muster, Aufbewahrung der Probe 332
§§ 471—473. Kauf auf Besicht oder Probe, Untersuchung, Mißbilligung . . 333
§§ 474, 475. Verkauf mit Vorbehalt besseren Angebotes (in diem addictio) . 337

II. Wiederkauf.

§§ 476, 477. Vorbehalt des Wiederkaufes, Wiederkaufpreis, Ausübung des Wiederkaufrechtes, Vorbehalt des Wiederverkaufes 339
§§ 478, 479. Verpflichtungen beider Theile aus dem Wiederkaufe 342
§ 480. Wiederkauf zum Schätzungswerthe 344

III. Vorkauf.

§§ 481, 482. Obligatorisches Vorkaufsrecht; Entstehung, Ausübung 344
§ 483. Anzeige des Verpflichteten 348
§ 484. Eintritt des Vorkaufsberechtigten 348
§ 485. Kein Vorkauf beim Zwangsverkaufe 350
§ 486. Unübertragbarkeit des Vorkaufsrechtes 351
§ 487. Erlöschen des Vorkaufsrechtes 351

IV. Erbschaftskauf.

§ 488. Gegenstand ist eine dem Verkäufer angefallene Erbschaft. Käufer tritt in die Rechte und Pflichten des Erben. Nacherbschaft, Anwachsung, Vorausvermächtniß sind nicht Gegenstand 352
§ 489. Verpflichtung zur Uebertragung der Sachen und Rechte 356
§ 490. Abtretung der Ansprüche 356
§ 491. Auslieferung des aus der Erbschaft Erlangten, pretium succedit in locum rei, Ersatz für Veräußerungen 357
§§ 492, 493. Gewährleistungspflicht des Verkäufers 358
§ 494. Gefahr. Nutzungen 359
§ 495. Uebergang der Lasten der Erbschaft. Prinzip der Erfüllungsübernahme 360
§ 496. Verwendungen des Verkäufers 361
§§ 497, 498. Rechte der Nachlaßgläubiger; Inventarrecht; Nachlaßkonkurs, Absonderungsrecht 362
§ 499. Vereinigung 365
§ 500. Veräußerung einer Erbschaft durch andere Verträge, Analogie des Erbschaftskaufes; Schenkung 365
§ 501. Veräußerung des Bruchtheiles einer Erbschaft 366

V. Tausch.

§ 502. Anwendung der Vorschriften über Kaufvertrag 366

Fünfter Titel.

Miethe und Pacht.

Terminologie 368

I. Miethe.

§ 503. Miethvertrag; Gegenstand, Miethzins 369
§ 504. Ueberlassung und Erhaltung in vertragsmäßigem Zustande 372
§§ 505—507. Gewährleistung wegen Mängel, Rücktrittsrecht, Wegfall, Minderung des Miethzinses, Schadenserſatzanspruch des Miethers 373
§ 508. Gewährleistungspflicht des Vermiethers gegen Entwehrung 378
§§ 509—511. Kauf bricht Miethe, Räumungsfrist 380
§ 512. Vertrag zwischen Erwerber und Vermiether zu Gunsten des Miethers . 391
§ 513. Auslagen bei Miethe beweglicher Sachen, Fütterungskosten für ein Thier 393
§ 514. Verwendungen des Miethers 393
§ 515. Lasten und Abgaben 395
§ 516. Untermiethe 395

Seite
§ 517. Zeit der Entrichtung des Miethzinses, Vorleistungspflicht des Vermiethers 398
§ 518. Nichtausübung des Gebrauchsrechtes durch den Miether 399
§ 519. Obhut des Miethers, Anzeigepflicht bei nöthigen Ausbesserungen, bei Anmaßung von Rechten durch Dritte 400
§ 520. Rückgabe der Miethsache, Haftung für Mängel 401
§ 521. Gesetzliches Pfandrecht des Vermiethers an den eingebrachten Sachen des Miethers, Erlöschen mit Wegschaffen der Sachen 402
§ 522. Endigung der Miethe, Kündigungsfristen bei unbeweglichen Sachen . . 410
§ 523. Zulässige Dauer der Miethe 413
§ 524. Stillschweigende Verlängerung der Miethe 413
§ 525. Fortsetzung des Gebrauches nach Endigung der Miethe 415
§ 526. Tod des Miethers, Kündigungsrecht der Erben 416
§ 527. Kündigungsrecht von Beamten u. s. w. bei Versetzung 416
§ 528. Rücktrittsrecht des Vermiethers 417
§ 529. Rücktrittsrecht des Miethers 418
§ 530. Anwendung der Vorschriften über vorbehaltenes Rücktrittsrecht . . . 421

II. Pacht.

§ 531. Gewährung des Gebrauches und Fruchtgenusses, Pachtzins 421
§ 532. Anwendbarkeit der Vorschriften über Miethe 422
§ 533. Unterpacht 423
§ 534. Remissionsansprüche der Pächter 423
§ 535. Verpachtung eines Grundstückes mit Inventar 425
§ 536. Gesetzliches Pfandrecht des Pächters am Inventar 426
§ 537. Pacht eines Grundstückes oder Rechtes auf unbestimmte Zeit 426
§ 538. Tod des Pächters 428

Pacht landwirthschaftlicher Grundstücke:

§ 539. Zeit der Entrichtung des Pachtzinses 429
§ 540. Pflicht des Pächters zu gewöhnlichen Ausbesserungen 429
§ 541. Aenderungen in der Bewirthschaftung 430
§ 542. Stillschweigende Verlängerung der Pacht 431
§ 543. Gesetzliches Pfandrecht des Verpächters an den eingebrachten Sachen und den Früchten 432
§ 544. Uebernahme des Inventars nach Taxe 433
§§ 545—547. Rückgewähr des Grundstückes, der Wirthschaftsvorräthe; Zurücklassung der zur Bewirthschaftung nöthigen Früchte, des Düngers . . . 439
§ 548. Rückgewähr bei Uebernahme nach Taxe 441

Anhang:

Viehverstellung, Eisernviehvertrag 441

Sechster Titel.

Gebrauchsleihe.

§ 549. Unentgeltlichkeit des Gebrauches, bewegliche, unbewegliche Sachen; Realvertrag. Pflichten des Entleihers, des Verleihers 443
§§ 550, 551. Haftung des Verleihers für dolus und culpa lata, für Mängel 446
§ 552. Ueberlassung des Gebrauches an Dritte 447
§ 553. Auslagen des Entleihers für den Gebrauch, Verwendungen 447
§ 554. Rückgabe der Leihsache, Zurückbehaltungsrecht, Haftung des Entleihers für Fahrlässigkeit 448
§§ 555, 556. Zeit der Rückgabe 451
§ 557. Rücktrittsrecht des Verleihers 452
§ 558. Prekarium 453

Siebenter Titel.

Dienst- und Werkvertrag.

I. Dienstvertrag.

§ 559. Inhalt, Dienstverpflichteter, Dienstberechtigter, Dienste aller Art, Vergütung 455
§ 560. Vorleistung des Dienstverpflichteten, Zeit der Vergütung 461
§ 561. Annahmeverzug des Dienstberechtigten 461
§ 562. Vorübergehende Verhinderung des Dienstverpflichteten 463

Seite

§ 563. Beendigung des Dienstverhältnisses. Kündigungsfrist 464
§ 564. Zulässige Dauer des Dienstvertrages 465
§ 565. Stillschweigende Verlängerung 468
§ 566. Rücktrittsrecht beider Theile 468

II. Werkvertrag.

§ 567. Begriff, Uebernehmer, Besteller, Vergütung 470
§ 568. Beschaffung des Stoffes durch den Uebernehmer, nur der Zuthaten oder Nebensachen, Kaufvertrag oder Werkvertrag 474
§ 569. Haftung des Uebernehmers für Mängel und wegen zugesicherter Eigenschaften, Rücktrittsrecht des Bestellers, Schadensersatzanspruch, Recht auf Beseitigung des Mangels 478
§ 570. Vereinbarung über die Haftung wegen Mängel, dolus des Uebernehmers 485
§ 571. Verjährung der Ansprüche des Bestellers wegen Mängel 486
§ 572. Abnahmepflicht des Bestellers, Vorbehalt wegen Mängel 489
§ 573. Zeit der Gegenleistung des Bestellers, bei einzeln abzunehmenden Theilen 492
§ 574. Gesetzliches Pfandrecht des Uebernehmers 494
§ 575. Unmöglichkeit der Ausführung, Annahmeverzug des Bestellers 494
§ 576. Gefahr 497
§ 577. Mängel des vom Besteller gelieferten Stoffes, Anweisungen des Bestellers hinsichtlich der Ausführung, Unmöglichkeit der Ausführung, Untergang . 500
§ 578. Rücktritt des Bestellers 502
§ 579. Werkvertrag auf Bewirkung eines anderen Erfolges als Herstellung einer Sache 506

III. Mäklervertrag.

§ 580. Mäkler, Mäklergebühr, Heirathsvermittelung 509

Anhang:

Trödelvertrag 516

Achter Titel.
Auslobung.

§ 581. Versprechen einer Belohnung durch öffentliche Bekanntmachung für ein Werk oder sonstige Handlung, Person des Berechtigten 518
§ 582. Widerruf 521
§ 583. Konkurrenz mehrerer Vollbringer 523
§ 584. Preisausschreibung 523

Neunter Titel.
Auftrag.

§§ 585, 586. Rechtsverhältniß zwischen Auftraggeber und Beauftragtem, Vergütung 525
§ 587. Ablehnung seitens eines öffentlich zur Geschäftsbesorgung Bestellten oder sich Anbietenden, Anzeigepflicht 530
§ 588. Substitutionsbefugniß des Beauftragten 530
§ 589. Haftung für Substituten und Gehülfen, unbefugte Substitution . . . 532
§ 590. Abweichung von der Anweisung des Auftraggebers 535
§ 591. Rechenschaftsablegung 537
§ 592. Herausgabe des Erhaltenen 538
§ 593. Verzinsung von Geldern 539
§ 594. Vorschußpflicht des Auftraggebers 540
§ 595. Ersatzpflicht des Auftraggebers für Aufwendungen, Verzinsung von Geldaufwendungen, Liberationspflicht 541
§ 596. Entrichtung der Vergütung 542
§ 597. Widerruf des Auftrages 543
§ 598. Kündigung des Auftrages, Schadensersatz bei unzeitiger Kündigung . . 545
§§ 599, 600. Einfluß des Todes des Auftraggebers, Geschäftsunfähigkeit, beschränkte Geschäftsfähigkeit desselben 547
§ 601. Tod des Beauftragten 549
§ 602. Konkurs des Auftraggebers 550
§ 603. Eintritt der Wirkung des Erlöschens außer durch unbedingten Widerruf 553
§ 604. Rath. Empfehlung 554

Seite

Zehnter Titel.

Anweisung.

§ 605. Begriff und Inhalt, Anweisungsempfänger, Angewiesener 555

Annahme des Angewiesenen:

§ 606. 1. Gegenüber dem Anweisenden 559
§ 607. 2. Gegenüber dem Anweisungsempfänger 559
§ 608. Leistung an den Anweisungsempfänger 562
§ 609. Anweisung ist keine Zahlung 562

Verpflichtung des Anweisungsempfängers:

§ 610. 1. Zur Leistungsaufforderung 563
§ 611. 2. Zur Anzeige an den Anweisenden 564
§ 612. Widerruf der Anweisung 565
§ 613. Einwirkung des Todes, der Geschäftsunfähigkeit, eines Betheiligten . . 566

Elfter Titel.

Hinterlegungsvertrag.

§§ 614, 615. Realvertrag; pactum de deponendo, Aufbewahrungspflicht, Vergütung, Haftung des Verwahrers bei gemeinschaftlicher Gefahr . . . 569
§ 616. Substitution 574
§ 617. Abweichung von der vereinbarten Art der Aufbewahrung 575
§ 618. Depositum irregulare 576
§ 619. Zurückgabe, Verzinsung gebrauchter Gelder 579
§ 620. Ort der Rückgabe 580
§ 621. Aufwendungen des Verwahrers 581
§ 622. Ersatz des aus der Hinterlegung entstandenen Schadens 581
§ 623. Fälligkeit, Bemessung der Vergütung 582
§§ 624, 625. Zeit der Rückforderung, Anspruch des Verwahrers auf Zurücknahme 582

Zwölfter Titel.

Einbringung von Sachen bei Gastwirthen.

§ 626. Haftung für eingebrachte Sachen des Gastes, Haftung für die Leute des Gastwirthes, kein Ausschluß durch Anschlag 584
§ 627. Haftung für Gelder, Werthpapiere und Kostbarkeiten 588
§ 628. Gesetzliches Pfandrecht des Gastwirthes 590

Dreizehnter Titel.

Gesellschaft.

Uebersicht, gemeinrechtliche Sozietät, Erwerbsgeschäft, Verein 591
§ 629. Begriff, Unmöglichkeit des Zweckes 593
§ 630. Nothwendigkeit der Beitragsleistung, deren Art und Größe 596
§ 631. Rechtsverhältniß an den Beiträgen 598
§ 632. Pflicht zur Förderung des Gesellschaftszweckes 601
§ 633. Diligentia quam in suis 601
§§ 634—637. Führung der Geschäfte 602
§ 638. Entziehung der im Gesellschaftsvertrage eingeräumten Geschäftsführung 605
§ 639. Anwendung der Vorschriften über Auftrag auf die Geschäftsführung . 606
§ 640. Gegenseitige Vertretung der Gesellschafter 609
§ 641. Erwerb für die Gesellschaft 610
§ 642. Verpflichtung der Gesellschafter aus Rechtsgeschäften mit Dritten . . 611
§ 643. Information über den Stand der Gesellschaft 613
§ 644. Unübertragbarkeit der Forderungen aus dem Gesellschaftsvertrage, Ausnahme 613
§ 645. Verbot der Verfügung des einzelnen Gesellschafters über seinen Antheil, kein Recht auf Theilung vor Auseinandersetzung 615
§ 646. Rechnungsabschluß und Gewinnvertheilung 616
§ 647. Antheile am Gewinne und Verluste 616

Seite

Auflösung der Gesellschaft:

§§ 648, 649. 1. Kündigung, unzeitige Kündigung, Ausschließung des Kündigungsrechtes . . . 617
§ 650. 2. Gesellschaft auf Lebenszeit . . . 621
§ 651. 3. Erreichung oder Unmöglichwerden des Zweckes . . . 622
§ 652. 4. Tod eines Gesellschafters . . . 622
§ 653. 5. Konkurs eines Gesellschafters . . . 623
§ 654. Geschäftsführung nach Auflösung außer durch Kündigung . . . 624
§§ 655, 656. Auseinandersetzung . . . 625
§§ 657, 658. Ausscheiden eines Gesellschafters . . . 630
§ 659. Offene Erwerbsgesellschaft . . . 632

Vierzehnter Titel.

Leibrente.

§ 660. Glücksverträge. Leibgedings-, Altentheilsvertrag. Begriff des Leibrentenvertrages . . . 635
§§ 661, 662. Vorausentrichtung, Zahlungsperioden, Bemessung nach Jahresperioden . . . 639
§ 663. Leibrente durch Verfügung von Todeswegen, Gesetz, Urtheil . . . 642

Fünfzehnter Titel.

Spiel und Wette.

§ 664. Spiel- und Wettvertrag, Anerkennung der Schuld . . . 643
§ 665. Lotterie- oder Ausspielvertrag . . . 648

Sechzehnter Titel.

Vergleich.

§ 666. Gegenstand (streitiges Schuld- oder anderes Rechtsverhältniß) . . . 649
§ 667. Einfluß des Irrthumes . . . 654

Siebzehnter Titel.

Bürgschaft.

§§ 668, 669. Keine Vorschriften über Interzession der Frauen, über Garantievertrag, über Versicherung einer Forderung, über Konstitutum. Gegenstand der Bürgschaft . . . 657
§ 670. Verpflichtung des Bürgen über die Hauptschuld hinaus . . . 660
§ 671. Einreden aus der Person des Hauptschuldners . . . 661
§ 672. Umfang der Haftung des Bürgen . . . 663
§ 673. Mitbürgen . . . 666
§§ 674, 675. Einrede der Vorausklage . . . 667
§ 676. Regreß des Bürgen . . . 672
§ 677. Anspruch des Bürgen auf Befreiung oder Sicherheitsleistung . . . 676
§ 678. Beerbung des Hauptschuldners durch den Bürgen oder umgekehrt . . . 678
§ 679. Aufgabe von Nebenrechten, insbes. Pfandrechten durch den Gläubiger . . . 678
§ 680. Kreditauftrag (mandatum qualificatum) . . . 682

Achtzehnter Titel.

Verpfändungsvertrag.

§ 681. Begriff, Haftung für Verschaffung des Pfandrechtes . . . 684
§ 682. Folgen der Nichterfüllung . . . 686

Neunzehnter Titel.

Schuldversprechen.

§ 683. Vertragsnatur. Unterliegendes Schuldverhältniß, Schuldbekenntniß, Abrechnungsvertrag, Schriftform . . . 687
§ 684. Einwendungen, Kondiktion des Schuldversprechens . . . 693

Seite

Zwanzigster Titel.

Schuldverschreibung auf Inhaber.

§ 685. Begriff, Freiheit der Ausstellung, einseitige Verpflichtung, Form . . . 694
§ 686. Eintritt der Verpflichtung des Ausstellers 697
§ 687. Unredlicher Erwerb des Inhabers 697
§ 688. Leistung gegen Aushändigung der Urkunde 698
§ 689. Einwendungen des Ausstellers gegen den Inhaber 699
§ 690. Zinsschein auf Inhaber 701
§ 691. Erlöschungsfristen 703
§§ 692, 693. Kraftloserklärung, Aufgebot, Zahlungssperre 705
§ 694. Hemmung der Verjährung durch Zahlungssperre 707
§§ 695, 696. Ausschlußurtheil, Aufhebung desselben 708
§ 697. Verlust von Zinsscheinen, Rentenkupons, Gewinnantheilscheinen . . . 709
§ 698. Verlust eines Talons 712
§ 699. Beschädigung der Schuldverschreibung, Erneuerung 713
§ 700. Umschreibung auf Namen 713
§ 701. Recht zur Ausstellung. Staatsgenehmigung 718
§ 702. Billete, Karten, Marken 721
§ 703. Schuldverschreibung auf Inhaber bei benanntem Gläubiger, an Ordre . 722

Dritter Abschnitt.

Schuldverhältnisse aus unerlaubten Handlungen.

Erster Titel.

Allgemeine Vorschriften.

§§ 704, 705. Begriff der unerlaubten Handlungen, Schadensersatzpflicht . . . 724
§ 706. Einwilligung des Beschädigten 730
§ 707. Entschuldbarer Irrthum 731
§§ 708, 709. Mangelnder Vernunftgebrauch, Betrunkenheit, Kindesalter, Alter von 7 bis 18 Jahren 731
§ 710. Haftung bei Verletzung der Aufsichtspflicht 734
§§ 711, 712. Haftung des Geschäftsherrn für Angestellte, Pflicht zur Wahl geeigneter Personen 736
§ 713. Gesammtschuldnerische Haftung 737
§ 714. Anstifter, Thäter, Gehülfen, Begünstiger, Hehler 738
§ 715. Inhalt des Schadensersatzes 738
§ 716. Haftung für Zufall 740
§ 717. Verzinsung entzogenen Geldes, der Ersatzsumme 740
§ 718. Ersatz von Verwendungen 741
§§ 719, 720. Verjährung des Schadensanspruches, Kondiktion der Bemühung . 741
§ 721. Buße 744

Zweiter Titel.

Einzelne unerlaubte Handlungen.

Vorbemerkung: culpa in contrahendo, Eigenthumsanspruch, reichsgesetzliche Bestimmungen, Sachbeschädigung, Ausgießen, Schaden bei Aufruhr, Feld- und Waldfrevel, Entwendung, Forstdiebstahl, Ehrverletzung, Verführung, Verlöbnißbruch, actio doli, exceptio doli, ungerechtfertigte Arrestanlage, Verletzung einer Berufspflicht, actio quod metus causa, exceptio metus, Selbsthülfe, Eigenmacht bei Grundstücken, interdictum quod vi aut clam, operis novi nuntiatio, Popularklagen, Hinderung der Beendigung, actio aquae arcendae 744
§§ 722—725. Tödtung, Schadensersatz, Entschädigung Unterhaltsberechtigter, Rentensystem 766
§ 726. Körperverletzung 792
§ 727. Freiheitsentziehung 795
§ 728. Nicht vermögensrechtlicher Schaden bei Körperverletzung und Freiheitsentziehung, bei strafbarem Beischlafe 799

Seite

§§ 729—733. Ausgießen, Auswerfen, Ausstellen, Aushängen aus bezw. an einem Gebäude 803
§ 734. Beschädigung durch Thiere 809
§ 735. Beschädigung durch Einsturz eines Gebäudes oder Werkes 814
§ 736. Verletzung der Amtspflicht 819

Vierter Abschnitt.

Einzelne Schuldverhältnisse aus anderen Gründen.

Erster Titel.

Bereicherung.

Vorbemerkung: Prinzip der Kondiktionen 829

I. Leistung einer Nichtschuld.

§ 737. Rückforderung (condictio indebiti) 831
§ 738. Keine condictio indebiti bei Leistung vor Fälligkeit 835
§§ 739, 740. Verbindlichkeit des gutgläubigen Empfängers, Kondiktion der Bereicherung, Herausgabe des Erwerbes aus dem Geleisteten, Ersatz von Verwendungen 836
§ 741. Verbindlichkeit des bösgläubigen Empfängers 840

II. Nichteintritt des bei einer Leistung vorausgesetzten künftigen Ereignisses oder rechtlichen Erfolges.

§ 742. Condictio ob rem 842
§ 743. Ausschluß der condictio ob rem 844
§ 744. Umfang der Herausgabepflicht des gutgläubigen, des bösgläubigen Empfängers 845

III. Wegfall des Rechtsgrundes einer Leistung.

§ 745. Condictio ob causam finitam 846
§ 746. Aufhebung eines für vorläufig vollstreckbar erklärten, eines unter Vorbehalt der Rechte ergangenen Urtheiles 847

IV. Verwerflicher Empfang.

§ 747. Condictio ob turpem causam, ex injusta causa 849

V. Sonstiges grundloses Haben.

§ 748. Condictio sine causa 851

Zweiter Titel.

Geschäftsführung ohne Auftrag.

§§ 749, 750. Wesen der negotiorum gestio; negotium alienum; Fälle der Haftung nur für dolus und culpa lata 854
§ 751. Rechenschaftsablegung; Herausgabepflicht, Anwendung der Vorschriften über Auftrag 859
§ 752. Geschäftsunfähigkeit, beschränkte Geschäftsfähigkeit des negotiorum gestor; Bereicherung 860
§ 753. Anspruch des negotiorum gestor; negotium utiliter gestum . . . 860
§ 754. Absicht zur Verpflichtung des Geschäftsherrn, Fälle der Vermuthung gegen dieselbe 863
§ 755. Zulässige negotiorum gestio gegen Verbot 865
§ 756. Geschäftsunfähigkeit, beschränkte Geschäftsfähigkeit des Geschäftsherrn . 865
§ 757. Irrthum über die Person des Geschäftsherrn 865
§ 758. Mangel des negotii utiliter gesti, Bereicherungsanspruch 866
§ 759. Geschäftsführung im eigenen Interesse 868
§ 760. Geschäftsführung im Auftrage eines Dritten 869
§ 761. Irrthümliche Besorgung als eigenes Geschäft 869
Anhang: Actio de in rem verso 871

Seite

Dritter Titel.

Gemeinschaft.

§ 762. Grundsatz der Gemeinschaft nach Bruchtheilen 873
§ 763. Verfügung eines Theilhabers über seinen Antheil 874
§ 764. Vermuthung für Gleichheit der Antheile 875
§ 765. Gemeinschaftliche Verwaltung des gemeinschaftlichen Gegenstandes . . 875
§ 766. Lasten, Kosten der Erhaltung, Verwaltung, Benutzung 877
§ 767. Anspruch auf Aufhebung der Gemeinschaft, Wirkung des Ausschlusses durch Rechtsgeschäft, des Todes oder Konkurses eines Theilhabers, unvollständiger Theilung 879
§ 768. Unverjährbarkeit des Aufhebungsanspruches 881
§ 769. Theilungsmodus 881
§ 770. Ansprüche der Theilhaber gegen einander aus der Gemeinschaft . . . 885
§ 771. Gewährleistung für Rechtsverschaffung, für Mängel 887
§ 772. Regelung der Verwaltung, so lange die Aufhebung der Gemeinschaft unzulässig 888
§ 773. Gemeinschaft aus Gesellschaftsverhältniß 889

Vierter Titel.

Vorlegung und Offenbarung.

§ 774. Actio ad exhibendum 889
§ 775. Urkundenedition 891
§ 776. Gefahr und Kosten der Edition 893
§ 777. Offenbarungseid 893

Dritter Band.

Sachenrecht.

Allgemeine Gesichtspunkte.

I. Stellung des Sachenrechtes im Systeme des Entwurfes 1
II. Dingliche Rechte 2
III. Ausschließung gewisser sachenrechtlicher Rechtsmaterien 4
IV. Rechtsgeschäfte des Sachenrechtes; dinglicher Vertrag 6
V. Die Bucheinrichtung als Grundlage des Immobilienrechtes 9
VI. Ausscheidung des formellen Grundbuchrechtes 21
VII. Eintheilung des Sachenrechtes 22

Erster Abschnitt.

Allgemeine Vorschriften.

Vorbemerkungen: Res in commercio, extra commercium; universitas rerum; Werth; Impensen; bewegliches und unbewegliches Vermögen 25
§ 778. Begriff der Sache 32
§ 779. Vertretbare Sachen 33
§ 780. Verbrauchbare Sachen 34
§ 781. Unbewegliche Sachen, Grundstücke, selbständige Berechtigungen . . . 36

Sachbestandtheile:

§ 782. Wesentliche Bestandtheile 40

Wesentliche Bestandtheile eines Grundstückes:

§ 783. Res solo junctae, superficies solo cedit, Bestandtheile eines Gebäudes 42
§ 784. Erzeugnisse, Samen, Pflanzen 46
§ 785. Ausschließung der Bestandtheilseigenschaft in gewissen Fällen 47
§ 786. Avulsio 48

Seite

Das einheitliche Grundstück:

§ 787. Einfaches, zusammengesetztes Grundstück 53
§ 788. Rechte als Grundstücksbestandtheile 60

Zubehör:

§ 789. Begriff, Unterschied von Bestandtheil 61
§ 790. Auslegungsregel für Rechtsgeschäfte 65
§ 791. Zubehör eines zu gewerblichen Zwecken eingerichteten Gebäudes, eines Landgutes 66

Nutzungen und Lasten einer Sache und eines Rechtes:

§ 792. Früchte 67
§ 793. Nutzungen 70
§ 794. Vertheilung der Früchte zwischen den nach einander zur Beziehung Berechtigten 71
§ 795. Vertheilung der Lasten und Abgaben desgleichen 76
§ 796. Rechtsgeschäftliche Beschränkung der Verfügung über die dinglichen Rechte 77

Zweiter Abschnitt.

Besitz und Inhabung.

Erwerb und Verlust des Besitzes.

Vorbemerkungen: Zusammenhang der Vorschriften über Besitz mit denjenigen über Eigenthum; Qualifikationen des Besitzes 78
§ 797. Besitzerwerb: Inhabung, Besitzwille 80
§ 798. Möglichkeit des Besitzes 83
§ 799. Gemeinschaftlicher Besitz 84
§ 800. Besitzerwerb geschäftsunfähiger oder in der Geschäftsfähigkeit beschränkter Personen 85
§ 801. Besitzerwerb durch Vertreter 86
§ 802. Keine compossessio in solidum 89
§§ 803—805. Besitzerwerb mittels Uebergabe, Uebergabe der Inhabung; brevi manu traditio; Uebergabe durch Anweisung; constitutum possessorium 89
§ 806. Fortdauer des erworbenen Besitzes 99
§§ 807—813. Verlust des Besitzes, keine Vererblichkeit; Aufgeben der Inhabung; Verlust durch Vertreter 100

Schutz des Besitzes und der Inhabung.

Vorbemerkung: Schutz der Inhabung durch Selbsthülfe, durch Besitzklagen . . 109
§ 814. Verbotene Eigenmacht 110
§ 815. Nothwehr und erlaubte Selbsthülfe des Inhabers, Nacheile 112
§ 816. Verbotene Eigenmacht im Falle der Theilinhabung 114
§ 817. Desgleichen im Falle der Mitinhabung 115

Besitzklagen.

Vorbemerkungen: possessorischer Schutz von Mobilien und Immobilien, possessorium summariissimum, interdictum quod vi aut clam, operis novi nuntiatio 116
§ 818. Fehlerhafte Inhabung durch verbotene Eigenmacht 122
§ 819. Anspruch auf Wiedereinräumung der Inhabung, exceptio vitiosae possessionis 123
§ 820. Anspruch wegen Störung in der Inhabung 125
§ 821. Besitzklagen des Besitzers bei Ausübung durch Detentor 127
§ 822. Einwendungen im Besitzprozesse, Ausschluß petitorischer Einreden, Einwand nicht vorhandener verbotener Eigenmacht 129
§ 823. Verhältniß der Besitzklage zur Klage aus dem Rechte, Erledigung des possessorii durch das petitorium 130
§ 824. Frist für Rüge der verbotenen Eigenmacht 131
§ 825. Vermuthungen hinsichtlich des Werthes zu Gunsten des Besitzklägers . 133

Seite

Dritter Abschnitt.

Allgemeine Vorschriften über Rechte an Grundstücken.

Vorbemerkungen: Eintragungs- und Konsensprinzip; formale Rechtskraft der Eintragung; Oeffentlichkeitsprinzip, Ausscheidung der Zwangsvollstreckung; Grundsätze für die Zwangsversteigerung; Deckungsprinzip, Erlöschen von Rechten, Veräußerungsverbot, Haftung des Grundstückes für Zinsen, Vorzugsrechte 136

1. Feststellung der in das Grundbuch eingetragenen Rechte.
§ 826. Vermuthung für die Richtigkeit des Grundbuchinhaltes 153
§ 827. Bedeutung der Eintragung eines als Mehreren gemeinschaftlich und ungetheilt zustehend eingetragenen Rechtes 155

2. Erwerb der Rechte an Grundstücken durch Rechtsgeschäft.
§ 828. Dinglicher Vertrag, Eintragung in das Grundbuch 158
Anhang: Vorbehalte für die Grundbuchordnung 176
§ 829. Bedeutung des Rechtsgrundes für den dinglichen Vertrag 187
§ 830. Eintragungsbewilligung eines Nichtberechtigten 188
§ 831. Verfügungsbeschränkung gegen den Urheber der Eintragsbewilligung . . 190
§ 832. Eintragung auf Grund eines Scheingeschäftes 193
§ 833. Ersatz der Eintragungsbewilligung und deren Annahme durch Urtheil . 196

§ 834. 3. Verzicht auf Rechte an Grundstücken 200

§ 835. 4. Vereinigung des Eigenthumes und eines anderen Rechtes am Grundstücke in derselben Person . . . 201

§ 836. 5. Löschung eines auf die Lebenszeit des Berechtigten eingetragenen Rechtes 205

6. Oeffentlicher Glaube des Grundbuches:
§ 837. Schutz des Rechtserwerbes durch den öffentlichen Glauben des Grundbuches, bestimmte Rechtsgeschäfte 208
§ 838. Ausdehnung des Schutzes des § 837 223
§ 839. Anspruch desjenigen, welcher in den Fällen der §§ 837, 838 den Verlust eines Rechtes erleidet 224

7. Rangverhältniß der das Grundstück belastenden Rechte:
§ 840. Rangordnung 225
§ 841. Nachträgliche Aenderung der Rangordnung 228
§ 842. Vorbehalt des Ranges für ein künftig einzutragendes Recht 233

§ 843. 8. Berichtigung des Grundbuches 234

9. Vormerkung.
§ 844. Grundsätze bezüglich der Eintragung eines Widerspruches zur Erhaltung eines Rechtes auf Eintragung 237
§ 845. Voraussetzungen der Eintragung einer Vormerkung 242

§ 846. 10. Eintragungen im Wege der Zwangsvollstreckung, des Arrestes, einer einstweiligen Verfügung 245

§ 847. 11. Verjährung der Ansprüche aus Eintragung . . 250

Vierter Abschnitt.

Eigenthum.

Erster Titel.

Inhalt und Begrenzung des Eigenthumes.

Vorbemerkungen: Gegenstand des Eigenthumes, polizeiliche Beschränkungen, Noralobligation, cautio damni infecti, Hammerschlags- oder Leiterrecht, Umwenderecht, Schaufelschlagsrecht 257
§§ 848, 849. Inhalt des Eigenthumes, räumliche Erstreckung des Grundstückseigenthumes 262

Seite
§ 850. Immissionen 265
§ 851. Grenze, Abmarkung 268
§ 852. Grenzverwirrung 270
§ 853. Unverjährbarkeit der Ansprüche auf Grenzfeststellung 273
§ 854. Grenzanlagen 274
§ 855. Grenzbaum 277
§ 856. Wasserabfluß 279
§§ 857—860. Grenzüberbau 282
§ 861. Hinüberragen von Zweigen und Wurzeln 287
§ 862. Ueberfall von Baumfrüchten 289
§ 863. Nothweg 289
§ 864. Verbotene Anlagen 293
§ 865. Verbotenes Vertiefen des Erdbodens 295
§ 866. Vorbehalt weiterer Beschränkungen durch Landesgesetze 296
§ 867. Abholen einer beweglichen Sache von einem fremden Grundstücke . . 296

Zweiter Titel.

Erwerb des Eigenthumes an Grundstücken.

A. Standpunkt des Entwurfes im Allgemeinen: Eintragungsprinzip; übergangene Erwerbsarten; insula nata, Meeresufer, Enteignung; Agrarverfahren; Bergrecht; Gesetzliche Erwerbsarten 300
B. Ersitzung 306
C. Uebertragung durch Rechtsgeschäft:

Auflassung:

§ 868. Form der Auflassung 313
§ 869. Auflassung durch die Erben des eingetragenen Eigenthümers 317
§ 870. Auflassung unter aufschiebender Bedingung oder Anfangstermin . . . 318
§ 871. Auflassung unter auflösender Bedingung oder Endtermin 320

D. Zueignung und Aufgebot:

§ 872. Zueignung, Dereliktion 324
§ 873. Aufgebot 327

Dritter Titel.

Erwerb des Eigenthumes an beweglichen Sachen.

Vorbemerkungen: 332

I. Uebertragung durch Rechtsgeschäft.

§ 874. Vertragsprinzip, Traditionsprinzip; Besitzübergabe; Veräußerung an den Besitzer; constitutum possessorium, Eigenthumsvorbehalt 333
§ 875. Zwangsvollstreckung 340
§ 876. Veräußerung durch den Nichteigenthümer, Konvaleszenz 340
§§ 877—880. Erwerb vom Nichteigenthümer in gutem Glauben 341

II. Ersitzung.

Vorbemerkungen: Ordentliche, außerordentliche Ersitzung, Titel, res extra commercium, res furticae 350
§ 881. Erforderniße, zehnjähriger Besitz 352
§ 882. Accessio temporis 353
§ 883. Vermuthung der Fortdauer des Besitzes 353
§ 884. Hemmung des Beginnes und der Fortsetzung der Ersitzung 353

Unterbrechung der Ersitzung:

§ 885. a) Besitzverlust 354
§ 886. b) Mala fides superveniens 355
§ 887. c) Klagerhebung 355
§ 888. Ersitzung des Putativerben 356
§ 889. Wirkung der Ersitzung 356

III. Verbindung, Vermischung, Verarbeitung.

Vorbemerkungen, dominium dormiens 357
§ 890. Verbindung einer beweglichen Sache mit einem Grundstücke . . . 358

Seite
§ 891. Verbindung beweglicher Sachen 359
§ 892. Vermischung und Vermengung 359
§§ 893, 894. Verarbeitung und Umbildung 360
§§ 895, 896. Einfluß der Verbindung u. s. w. auf die begrenzten Rechte an der Sache 361
§ 897. Ausgleichung des Rechtsverlustes, Bereicherungsanspruch 362

IV. Erwerb des Eigenthumes an Erzeugnissen und ähnlichen Bestandtheilen einer Sache.

§ 898. Grundsatz des Erwerbes durch den Eigenthümer 363
§ 899. Fruchterwerb des dinglich Berechtigten mit der Trennung, Ausnahme zu Gunsten des redlich besitzenden Eigenthümers 363
§ 900. Fruchterwerb des redlichen Besitzers 364
§§ 901, 902. Fruchterwerb des Nutzungsberechtigten kraft obligatorischen Rechtes 367

V. Zueignung.

§ 903. Okkupation herrenloser Sachen, Ausnahme vom Rechte der Zueignung 369
§ 904. Dereliktion 370
§ 905. Herrenlose Thiere. Wilde Thiere in Thiergärten; Fische in Teichen; consuetudo revertendi 371
§§ 906—909. Bienen 372

VI. Gefundene Sachen.

§ 910. Begriff des Findens; Anzeige an die Polizeibehörde, Bekanntmachung derselben 375
§§ 911—913. Weitere Behandlung des Fundes 378
§§ 914—916. Ansprüche des Finders 379
§ 917. Ersatzansprüche der Polizeibehörde 382
§§ 918—920. Eigenthumserwerb des Finders 382
§ 921. Geringwerthige Fundsachen 386
§ 922. Herausgabe der Bereicherung seitens des Finders 386
§ 923. Uebergang des Rechtes des Finders auf die Gemeinde des Fundortes . 386
§§ 924—926. Behandlung der in den Geschäftsräumen oder Transportmitteln einer öffentlichen Behörde oder Verkehrsanstalt gefundenen Sachen . . 386
§ 927. Behandlung anderweit in die Inhabung einer öffentlichen Behörde gelangten Sachen unbekannter Berechtigter 389
§ 928. Schatz 390

Vierter Titel.

Eigenthumsanspruch.

Vorbemerkungen: Bedürfniß besonderer Vorschriften, rein dingliche Ansprüche, obligatorische Ansprüche auf dinglicher Grundlage, unredlicher Besitz als Delikt 392
§ 929. Anspruch auf Herausgabe der Sache gegen Besitzer und Inhaber ficta possessio 396
§§ 930—932. Schuldverhältniß zwischen Eigenthümer und Besitzer bezw. Inhaber, Nutzungen, Beschädigung, Früchte, unredlicher Besitzer 400
§ 933. Haftung des Prozeßbesitzers 407
§ 934. Verzug des Besitzers oder Inhabers 408
§ 935. Haftung des bösgläubigen Besitzers 410
§ 936 Gegenansprüche wegen Verwendungen 411
§§ 937, 938. Geltendmachung des Verwendungsanspruches, Retention 415
§ 939. Anspruch des gutgläubigen Erwerbers einer beweglichen Sache gegenüber dem Eigenthumsanspruche (Lösungsanspruch) 417
§ 940. Lösungsanspruch des gutgläubigen Pfandnehmers 420
§ 941. Annahmeverzug des Eigenthümers 420
§ 942. Einwendungen gegen den Anspruch auf Herausgabe auf Grund eigenen Rechtes, exceptio rei venditae et traditae 421
§ 943. Actio negatoria 422
§ 944. Einwendungen gegen den negatorischen Anspruch, laudatio auctoris . 428
§ 945. Actio Publiciana 429

Seite

Fünfter Titel.

Miteigenthum.

Vorbemerkungen: Bruchtheile, Gemeinschaft, Sonderrechte an Gebäudetheilen . 433
§ 946. Begriff; Bruchtheile oder Gemeinschaft 437
§ 947. Belastung der Sache für einen Miteigenthümer 438
§ 948. Uebertragung und Belastung eines Antheiles 439
§ 949. Ausschließung der Theilung 439
§ 950. Erwerbung des Antheiles eines Miteigenthümers durch Zueignung und durch Aufgebot 442
§ 951. Schutz des Miteigenthumes 443

Fünfter Abschnitt.

Vorkaufsrecht an Grundstücken.

Vorbemerkungen: Näherrechte, Retrakt 447
§ 952. Inhalt des Vorkaufsrechtes 452
§ 953. Vorkaufsrecht an einem Bruchtheile eines Grundstückes 454
§ 954. Rechtsverhältniß zwischen dem Berechtigten und dem Vorkaufspflichtigen auch dem dritten Erwerber 454
§ 955. Einwendungen des dritten Erwerbers 456
§ 956. Frist für Ausübung des Vorkaufsrechtes 456
§ 957. Gegenseitige Verpflichtungen 457
§ 958. Entstehung der gegenseitigen Verpflichtungen 460
§ 959. Unzulässige Erweiterungen des Vorkaufsrechtes 460
§ 960. Aufhebung des Vorkaufsrechtes durch Rechtsgeschäft 460

Sechster Achschnitt.

Erbbaurecht.

Vorbemerkungen über Superfizies; Terminologie; Recht am Schatze 466
§ 961. Begriff des Erbbaurechtes 469
§ 962. Begründung des Erbbaurechtes, Auflassung 471
§ 963. Untergang des Bauwerkes 473
§ 964. Schutz des Erbbaurechtes 474
§ 965. Aufhebung des Erbbaurechtes durch Rechtsgeschäft 474

Siebenter Abschnitt.

Dienstbarkeiten.

Vorbemerkungen: Begriff; Begründung durch Gesetz; Rechtsbesitz 475

Erster Titel.

Grunddienstbarkeiten.

§ 966. Begründungsvertrag; herrschendes, dienendes Grundstück 478
§ 967. Begrenzung des Inhaltes; Bedürfniß oder Vortheil und Annehmlichkeit für die Benutzung des herrschenden Grundstückes 481
§ 968. Untheilbarkeit 482
§ 969. Eintragung in das Grundbuch 483
§ 970. Schonende Ausübung 483
§ 971. Unterhaltungspflicht 483
§ 972. Verlegung des Ausübungsortes 485
§ 973. Kollision mit anderen Grunddienstbarkeiten, Nutzungsrechten, Gebrauchsrechten 486
§ 974. Untrennbarkeit der Grunddienstbarkeit von dem herrschenden Grundstücke 487
§§ 975, 976. Theilung des dienenden oder herrschenden Grundstückes 487
§ 977. Aufhebung durch Rechtsgeschäft 489
§§ 978, 979. Schutz der Grunddienstbarkeit, der Ausübung derselben 489

Seite

Zweiter Titel.

Nießbrauch.

I. Nießbrauch an Sachen.

§ 980. Begriff und Inhalt, gesetzlicher Nießbrauch 493
§ 981. Nießbrauch an Bruchtheilen einer Sache 494
§ 982. Eintragung des Nießbrauches an einem Grundstücke in das Grundbuch . 495
§ 983. Begründung des Nießbrauches an einer beweglichen Sache 495
§ 984. Ausübung des Nießbrauches an einem Bruchtheile der Sache 497
§ 985. Kollision des Nießbrauches mit anderem Nießbrauche, Dienstbarkeit, Nutzungs-, Gebrauchsrechte 499
§ 987. Umfang des Nießbrauches an einem Grundstücke 499
§ 988. Rechte des Nießbrauchers an den getrennten Bestandtheilen, Fruchterwerb, im Uebermaße getrennte Früchte 500
§ 989. Anlagen zur Gewinnung von Bodenbestandtheilen, bergrechtliche Bestimmungen, Erbkure 502
§ 990. Schatz in der Nießbrauchssache 504
§ 991. Pflichten des Nießbrauchers zur Erhaltung, wirthschaftlichen Nutzung, Rückgewähr 504
§§ 922, 993. Feststellung des Zustandes der Sache durch Sachverständige, Inventar 506
§§ 994, 995. Veränderungen der Sache, der wirthschaftlichen Bestimmung, Wiederherstellungspflicht des Nießbrauchers 508
§ 996. Eingriffe eines Dritten, Anzeigepflicht des Nießbrauchers 508
§§ 997—1000. Erhaltung der Nießbrauchssache, Reparaturen, Inventarergänzung 510
§§ 1001, 1002. Versicherung der Nießbrauchssache gegen Unfälle 513
§ 1003. Tragung der Lasten und Abgaben, Hypothekenzinsen, Versicherungsprämien 515
§ 1004. Ansprüche des Eigenthümers während der Dauer des Nießbrauches . 518
§§ 1005, 1006. Sicherheitsleistung des Nießbrauchers 518
§ 1007. Zurückgewährung der Nießbrauchssache 520
§ 1008. Einfluß der Beendigung des Nießbrauches auf Mieth- und Pachtverträge, welche Nießbraucher geschlossen hat 521
§ 1009. Ersatz von Bestellungskosten bei Beendigung des Nießbrauches . . . 522
§ 1010. Ersatz von Verwendungen des Nießbrauchers 523
§ 1011. Veräußerung und Belastung des Nießbrauches 525
§ 1012. Veräußerung eines Antheiles bei gemeinschaftlichem Nießbrauche, kein Verkaufsanspruch zum Zwecke der Theilung 527
§ 1013. Einfluß der Veräußerung des Nießbrauches, Stellung des neuen Erwerbers zum Eigenthümer 528

Erlöschen des Nießbrauches.

§ 1014. 1. Tod des Nießbrauchers, Erlöschen der berechtigten juristischen Person 530
§§ 1015, 1016. 2. Rechtsgeschäft. Vereinigung 531
§ 1017. Schutz des Nießbrauches, Anwendung der Vorschriften über Schutz des Eigenthumes 532
§§ 1018—1020. Nießbrauch an verbrauchbaren Sachen (quasi-ususfructus) . 533

II. Nießbrauch an Rechten.

§§ 1021—1026. Allgemeine Vorschriften: Anwendung derjenigen für Nießbrauch an Sachen; Uebertragbarkeit; Begründung; Veräußerung; Verfügungsbeschränkung; Aufhebung durch Rechtsgeschäft; Ansprüche gegen Dritte als Nutzungen des Rechtes 538
§ 1027. Nießbrauch an einer Leibrente, Altentheil und dergl. 542

Nießbrauch an Forderungen:

§§ 1028, 1029. Einziehungsrecht, Einziehungspflicht, Nießbrauch am Gegenstande der Leistung 544
§ 1030. Nießbrauch an einer Forderung auf Leistung verbrauchbarer Sachen . 548
§ 1031. Nießbrauch an einer gegen den Nießbraucher bestehenden Forderung . 549
§ 1032. Vereinigung 550
§§ 1033, 1034. Nießbrauch an einer auf Zinsen ausstehenden Forderung . . 550
§ 1035. Nießbrauch an einer Grundschuld oder einer Eigenthümerhypothek . . 555
§§ 1036, 1037. Nießbrauch an Inhaberpapieren 556

Seite

III. Nießbrauch an einem Vermögen.

§ 1038. Analogie des Nießbrauches an einzelnen Sachen und Rechten; Schatz; Erwerbsgeschäft 558
§ 1039. Begründung des Nießbrauches an Rechten, welche zum Vermögen gehören 560
§ 1040. Rechte des Bestellers wegen der Schuldentilgung 560
§ 1041. Verzinsung der Schulden 564
§ 1042. Inventar 565
§ 1043. Nießbrauch am Bruchtheile eines Vermögens 565

Dritter Titel.

Beschränkte persönliche Dienstbarkeiten.

§ 1044. Begriff; usus 566
§ 1045. Untheilbarkeit 567
§ 1046. Maßgeblichkeit des persönlichen Bedürfnisses des Berechtigten . . . 567
§ 1047. Keine Veräußerung und Belastung 567
§ 1048. Anwendbarkeit der Vorschriften über Grunddienstbarkeiten, über Nießbrauch 568
§ 1049. Erlöschen 569
§ 1050. Wohnungsrecht 570

Achter Abschnitt.

Reallasten.

Vorbemerkungen: Bedürfniß reichsgesetzlicher Regelung 572
§ 1051. Begriff und Entstehung 581
§ 1052. Abgrenzung gegen Dienstbarkeiten, kein Unterlassen als Gegenstand . . 585
§ 1053. Keine Reallast auf Bruchtheile eines Grundstückes 586
§ 1054. Ergänzung der Eintragung durch den Inhalt der Eintragungsbewilligung 586
§ 1055. Dinglicher Anspruch des Berechtigten 587
§ 1056. Persönliche Haftung des Eigenthümers des belasteten Grundstückes für die zur Zeit seines Eigenthumes fälligen Leistungen, Haftung mehrerer Eigenthümer bei Theilung als Gesammtschuldner 587
§ 1057. Untrennbarkeit des Rechtes von dem Grundstücke, wenn es zu Gunsten des jeweiligen Eigenthümers eines solchen bestellt ist 589
§ 1058. Theilung des Grundstückes, dessen jeweiligem Eigenthümer die Reallast zusteht 590
§ 1059. Veräußerung und Belastung der zu Gunsten einer bestimmten Person bestehenden Reallast 592
§ 1060. Anspruch auf eine rückständige Leistung 593
§ 1061. Aufhebung der Reallast durch Rechtsgeschäft 593

Neunter Abschnitt.

Pfandrecht und Grundschuld.

Vorbemerkungen: Stellung des Pfandrechtes im Systeme; Generalhypothek . . 595

Erster Titel.

Pfandrecht an Grundstücken (Hypothek).

A. Allgemeine Gesichtspunkte.

I. Das Realkreditbedürfniß und die Hypothek; Eintragungsprinzip, Oeffentlichkeitsprinzip; Rechtliche Natur der Hypothek 598
II. Verhältniß zur Grundschuld 604
III. Hypothekenbrief 612
IV. Sicherungshypothek; Kautionshypothek; Zwangshypothek; Arresthypothek . 619
V. Die übrigen im geltenden Rechte vorkommenden Realkreditformen:
1. Besitzpfand (Antichresis) 628
2. Handfeste 631
3. Eingetragene Geldrente 631

Seite

B. Vorschriften des Entwurfes.

I. Hypothek ohne Hypothekenbrief.

§ 1062. Begriff und Erfordernisse 633
§ 1063. Belastung des Bruchtheiles eines Grundstückes 638

Eintragung der Hypothek:

§ 1064. 1. Bezeichnung der Forderung im Grundbuche 640
§ 1065. 2. Nachträgliche Eintragung der Verzinslichkeit oder Erhöhung des Zinsfußes 646
§ 1066. 3. Erstreckung der Hypothek auf gesetzliche Zinsen, auf die Kosten der Kündigung und Rechtsverfolgung 647

Umfang der hypothekarischen Haftung:

§ 1067. 1. Gegenstände der Haftung 650
§ 1068. 2. Haftung der getrennten Bestandtheile und des Zubehörs des Grundstückes 661
§ 1069. 3. Haftung der Mieth- und Pachtzinsforderungen, derjenigen aus einem mit dem Eigenthume an dem Grundstücke verbundenen Rechte . . 663
§ 1070. 4. Haftung der Forderungen aus Versicherung 664
§ 1071. 5. Untheilbarkeit der hypothekarischen Haftung 668

Schutz des Gläubigers gegen Verschlechterung des Grundstückes:

§ 1072. Drohende Verschlechterung 669
§ 1073. Eingetretene Verschlechterung 670
§ 1074. Verschlechterung und Entfernung von Zubehör 674

Anspruch des Gläubigers auf Befriedigung aus dem Grundstücke und den mithaftenden Gegenständen:

§ 1075. 1. Beitreibung der Forderung durch Zwangsverwaltung und Zwangsversteigerung 675
§ 1076. 2. Geltendmachung des Anspruches nach Vereinigung des Gläubigerrechtes und des Eigenthumes in derselben Person 678
§ 1077. 3. Verträge gegen den gesetzlichen Inhalt des Anspruches aus der Hypothek 679
§ 1078. 4. Anspruch aus Korrealhypothek 682
§ 1079. 5. Kündigung des Kapitales 687
§ 1080. 6. Recht des Eigenthümers, den Gläubiger zu befriedigen 689
§ 1081. 7. Ablösungsrecht (jus offerendi) 690
§ 1082. 8. Hinterlegung und Aufrechnung in den Fällen der beiden vorigen Paragraphen 693
§ 1083. 9. Erstreckung des öffentlichen Glaubens des Grundbuches auf die Forderung, für welche die Hypothek bestellt ist 694
§ 1084. 10. Einwendungen gegen den Anspruch aus der Hypothek 696
§ 1085. 11. Vormerkung zur Erhaltung einer Einwendung gegen die Forderung. 702

Uebertragung der Hypothek:

Vorbemerkungen: Erbfall; hypothekarische Sukzession; Uebertragung nach den Vorschriften des Sachenrechtes 704
§ 1086. 1. Uebergang durch Uebertragung der Forderung 706
§ 1087. 2. Uebertragung durch Abtretung 707
§ 1088. 3. Ueberweisung im Wege der Zwangsvollstreckung 709
§ 1089. 4. Vorgänge nach der Uebertragung 711
§ 1090. 5. Uebertragung der Forderung wegen Zinsen und Kosten 713

Erlöschen der Hypothek:

Vorbemerkungen über Erlöschungsgründe 715
§ 1091. 1. Aufhebung durch Rechtsgeschäft, Löschung 719
§ 1092. 2. Erlöschen in Folge Erlöschens der Forderung 720
§ 1093. 3. Erlöschen in Folge einer Einrede gegen die Forderung 724

Seite

Aufrechterhaltung der Hypothek in der Hand des Eigenthümers; Eigenthümerhypothek:

§ 1094. Befriedigung des Gläubigers durch den Eigenthümer 725
§ 1095. Theilweise Befriedigung des Gläubigers durch den Eigenthümer . . 730
§ 1096. Verpflichtung des befriedigten Gläubigers wegen der Berichtigung des Grundbuches 731
§ 1097. Vereinigung von Forderung und Schuld in der Person des Eigenthümers 733
§ 1098. Inhalt der Eigenthümerhypothek 733
§ 1099. Geltendmachung der Eigenthümerhypothek durch den Eigenthümer . . 734
§ 1100. Uebertragung der Eigenthümerhypothek 735
§ 1101. Unanwendbarkeit der §§ 1094—1100 auf die Forderung wegen rückständiger Zinsen und nicht eingetragener Kosten 735
§ 1102. Unzulässigkeit der Eintragung einer neuen Hypothek an Stelle der erloschenen; Vorrücken der Nachhypothek 736

Aufgebot der Hypothek:

§ 1103. Aufgebot einer angeblich erloschenen Hypothek . . . 738
§ 1104. Aufgebot einer bestehenden Hypothek 740
§ 1105. Zuständigkeit für das Aufgebotsverfahren 742

II. **Hypothek mit Hypothekenbrief (Briefhypothek).**

§ 1106. Ertheilung eines Hypothekenbriefes 742
§ 1107. Umwandlung der Briefhypothek in eine Hypothek ohne Hypothekenbrief 743
§ 1108. Anwendung der Vorschriften für die Hypothek ohne Hypothekenbrief . 744
§ 1109. Eigenthum an dem Hypothekenbriefe 744
§ 1110. Beweis der Forderung vor Aushändigung des Hypothekenbriefes an den Gläubiger 746
§ 1111. Ausschließung der Vormerkung aus § 1085 Abs. 2 747

Uebertragung der Briefhypothek:

§ 1112. 1. Abtretung 748
§ 1113. 2. Ueberweisung durch Zwangsvollstreckung 751
§ 1114. 3. Inhabung des Hypothekenbriefes als Ersatz der Eintragung des Inhabers als Gläubiger 751
§ 1115. 4. Eintragung der Uebertragung in das Grundbuch 754
§ 1116. 5. Kenntniß des Inhaltes des Hypothekenbriefes 756

Anspruch des Gläubigers:

§ 1117. 1. Grundsatz der Vorlegung des Hypothekenbriefes 757
§ 1118. 2. Mahnung und Kündigung 758
§ 1119. 3. Befriedigung des Gläubigers durch den Eigenthümer 758
§ 1120. 4. Geltendmachung des persönlichen Anspruches 760
§ 1121. 5. Unanwendbarkeit der §§ 1117—1120 auf rückständige Zinsen und Kosten 760
§ 1122. Theilhypothekenbrief 761

Aufgebot:

§ 1123. 1. Des Hypothekenbriefes 762
§ 1124. 2. Der Briefhypothek 763

III. **Sicherungshypothek.**

§ 1125. Begriff. 764
§ 1126. Bezeichnung im Grundbuche 764
§ 1127. Unzulässigkeit der Ertheilung eines Hypothekenbriefes 765
§ 1128. Nichtanwendung der §§ 1079, 1085, 1097; beschränkte Anwendung der §§ 1094, 1095 765
§ 1129. Kautionshypothek 767
§§ 1130, 1131. Zwangshypothek, theilweise Löschung wegen übermäßiger Sicherheit 769
§§ 1132, 1133. Arresthypothek 775
§ 1134. Umwandelung der Sicherungshypothek in eine gewöhnliche Hypothek . 776

Seite

Zweiter Titel.

Grundschuld.

§ 1135. Begriff und Entstehung 779
§ 1136. Anwendung der Vorschriften für Briefhypothek 780
§ 1137. Keine Bedingung oder Zeitbestimmung 787
§ 1138. Grundschuldbrief 788
§ 1139. Zeit und Ort der Zahlung der Grundschuld 788
§ 1140. Verzugszinsen 790
§ 1141. Rückständige Grundschuldzinsen 790

Eigenthümergrundschuld:
§ 1142. Begründung 791
§ 1143. Inhalt 794
§ 1144. Umwandlung der Grundschuld in eine Hypothek und umgekehrt . . . 795

Dritter Titel.

Pfandrecht an beweglichen Sachen (Faustpfandrecht).

Vorbemerkungen: Begründung durch Rechtsgeschäft, Gesetz, Pfändung 796
§ 1145. Begriff und Gegenstand des Faustpfandrechtes 797
§ 1146. Pfandrecht an einem Bruchtheile 800
§ 1147. Begründung durch Uebergabe, constitutum possessorium 800
§ 1148. Umfang der Pfandhaftung 803
§ 1149. Pfandhaftung für fremde Schuld 804
§ 1150. Haftung eines jeden Theiles des Pfandes, getrennte Bestandtheile . . 805
§§ 1151, 1152. Rangverhältniß 805
§ 1153. Inhabungsrecht des Pfandgläubigers 806
§ 1154. Nutzungspfand 807
§ 1155. Schutz des Faustpfandrechtes 809
§ 1156. Verwahrungspflicht und Rückgewährungspflicht des Pfandgläubigers . 810
§ 1157. Verkaufsrecht wegen Verderbes, Werthminderung des Pfandes . . . 812
§ 1158. Rückgewährung des Pfandes gegen Befriedigung 812
§ 1159. Ersatz der Verwendungen des Pfandgläubigers 813
§ 1160. Einwendungen des Eigenthümers gegen den Anspruch auf Befriedigung aus dem Pfande 814
§§ 1161—1164. Einlösungsrecht des Eigenthümers und der Realberechtigten . 815
§ 1165. Befriedigung durch Verkauf des Pfandes 817
§ 1166. Konkurrirende Verkaufsrechte 819
§ 1167. Verfallvertrag (lex commissoria) 820
§ 1168. Geld als Gegenstand des Faustpfandrechtes 821
§§ 1169—1176. Verkaufsverfahren 822
§ 1177. Vereinbarung einer abweichenden Art des Verkaufes 828
§ 1178. Abweichungen im beiderseitigen Interesse 829
§ 1179. Benachrichtigung des Eigenthümers von dem Verkaufe 830
§ 1180. Wirkungen der rechtmäßigen Veräußerung 830
§ 1181. Nicht rechtmäßige Veräußerung 831
§ 1182. Gutgläubiger Erwerb des Erstehers, gestohlene u. s. w. Sachen . . 831
§ 1183. Recht am Erlöse 833
§§ 1184, 1185. Faustpfandrecht an einem Bruchtheile 834
§§ 1186—1188. Uebertragung der Forderung mit dem Faustpfandrechte . . 836
§§ 1189—1193. Aufhebung des Faustpfandrechtes 838
§ 1194. Kein Zurückbehaltungsrecht wegen anderer Forderungen 842
§ 1195. Eigenthumsvermuthung zu Gunsten des Verpfänders, Schutz des gutgläubigen Pfandgläubigers 843
§§ 1196—1205. Pfandrecht an Schiffen, Schiffsregister 844

Vierter Titel.

Pfandrecht an Rechten.

§ 1206. Anwendung der Vorschriften über Faustpfandrecht 852
§ 1207. Uebertragbarkeit des Rechtes als Voraussetzung 852
§ 1208. Begründung 853

Seite
§ 1209. Erwerb in gutem Glauben 854
§ 1210. Ausschließung des constitutum possessorium 855
§ 1211. Verpfändung von Forderungen 855
§ 1212. Verpfändung abtretbarer Rechte 856
§ 1213. Beschränkung der Verfügungsbefugniß des Berechtigten durch die Verpfändung 856
§ 1214. Nutzungspfandrecht an fruchttragenden Sachen 857
§ 1215. Ausübung des Pfandrechtes durch Zwangsvollstreckung 858
§ 1216. Aufhebung des Pfandrechtes durch Rückgabe 859
§§ 1217—1222. Pfandrecht an einer Forderung 860
§ 1223. Vereinigung 867
§ 1224. Pfandrecht an Eigenthümerhypothek, Grundschuld 867
§ 1225. Pfandrecht an indossablen Papieren 868
§ 1226. Pfandrecht an Inhaberpapieren 868

Vierter Band.

Familienrecht.

Erster Abschnitt.

Ehe.

Erster Titel.

Eingehung der Ehe.

I. Verlöbniß.

§§ 1227, 1228. Keine Verbindlichkeit der Verlobten zur Eheschließung; Schadensersatz wegen Rücktrittes, Forderungsberechtigte 1
§ 1229. Schenkungen unter Verlobten 6
§ 1230. Verjährung der Ansprüche aus Rücktritt und Schenkung 7

II. Ehehindernisse.

Vorbemerkung zu Ehehindernissen und Eheschließung, Stellung des Entwurfes zu dem Reichsgesetze vom 6. Februar 1875 8
§ 1231. Geschäftsunfähigkeit 10
§ 1232. Beschränkte Geschäftsfähigkeit, Einwilligung des gesetzlichen Vertreters, Ergänzung derselben durch das Vormundschaftsgericht 10
§ 1233. Ehemündigkeit 17
§ 1234. Verbot der Bigamie 18
§ 1235. Wirkung der Todeserklärung hinsichtlich der Zulassung zur Eheschließung 18
§ 1236. Verwandtschaft und Schwägerschaft, uneheliche Abstammung, Schwägerschaft im Falle der Ungültigkeit der Ehe 21
§ 1237. Eheverbot wegen Ehebruches, Dispensation 24
§ 1238. Einwilligung der Eltern als solche, bei unehelichen Kindern, bei legitimirten, richterliche Ergänzung der Einwilligung 25
§ 1239. Elterliche Einwilligung bei an Kindesstatt angenommenen Kindern . . 30
§ 1240. Ehehinderniß der Adoptivverwandtschaft 31
§ 1241. Wartezeit der Frauen, Dispensation 32
§ 1242. Sicherstellung der Kinder aus früherer Ehe 33
§ 1243. Eheschließung der Militärpersonen, Landesbeamten und Ausländer . . 33
§ 1244. Dispensationsbefugniß, Zuständigkeit für dieselbe 34

Anhang.

Nichtaufnahme weiterer Ehehindernisse, Einwilligung der Eheschließenden, Vertretung, Bedingung 35

Seite

III. Eheschließung.

§ 1245. Prinzip der obligatorischen Civilehe, Standesbeamte, deren Zuständigkeit, eigene Eheschließung derselben 35
§ 1246. Zuständigkeit der Standesbeamten 38
§ 1247. Eheschließung vor dem Standesbeamten eines anderes Bezirkes . . . 38
§§ 1248, 1249. Wesentliche und nicht wesentliche Förmlichkeiten der Eheschließung, Landesherren, Taube, Stumme; Eigenschaften der Zeugen, keine Bedingung oder Zeitbestimmung 39

IV. Ungültigkeit der Ehe.

Vorbemerkungen über Nichtigkeit und Anfechtbarkeit 43
§§ 1250, 1251. Nichtigkeit der Ehe, Formmangel, Geschäftsunfähigkeit; Bigamie; verbotener Grad der Verwandtschaft und Schwägerschaft; Mentalreservation; Simulation, Scherz; Konvalescenz der Nichtigkeit wegen Geschäftsunfähigkeit 47
§ 1252. Rechtlicher Karakter der Nichtigkeit 56
§ 1253. Nichtigkeitsklage, Legitimation zu derselben 58
§ 1254. Prozeßfähigkeit, Vertretung durch den gesetzlichen Vertreter 60
§ 1255. Provisorische Maßregeln während des Rechtsstreites 61
§ 1256. Wirkung des Urtheiles für und gegen Alle, Ausnahme 62
§ 1257. Schutz gutgläubiger Dritter bezüglich Rechtsgeschäfte mit den Ehegatten oder einem derselben 63
§ 1258. Wirkungen der Putativehe, Wahlrecht des gutgläubigen Theiles in vermögensrechtlicher Beziehung, mala fides superveniens 66
§ 1259. Anfechtbarkeit der Ehe, Drohung, Betrug, Verhehlung persönlicher Eigenschaften, Irrthum, Impotenz, Eheunmündigkeit, mangelnde Einwilligung des gesetzlichen Vertreters 71
§ 1260. Rechtlicher Karakter der Anfechtbarkeit 84
§ 1261. Berechtigung zur Anfechtung 86
§ 1262. Ausschließung der Anfechtung, Einfluß der Auflösung der Ehe . . . 87
§ 1263. Genehmigung seitens des anfechtungsberechtigten Ehegatten 90
§ 1264. Frist zur Anfechtung 93
§ 1265. Persönliche Natur des Anfechtungsrechtes, keine Vertretung. Anwaltszwang 94
§ 1266. Form der Anfechtung, Anfechtungsklage, Willenserklärung gegenüber dem Nachlaßgerichte 95
§ 1267. Prozeßfähigkeit, provisorische Maßregeln während des Rechtsstreites . 97
§ 1268. Zurücknahme der Anfechtungsklage, Genehmigung der Ehe 97
§ 1269. Wirkung des Urtheiles für und gegen Alle 101
§ 1270. Schutz gutgläubiger Dritter hinsichtlich Rechtsgeschäften mit den Ehegatten 101
§ 1271. Klage auf Feststellung des Bestehens oder Nichtbestehens einer Ehe zwischen den Parteien 103

Zweiter Titel.

Wirkungen der Ehe.

I. Allgemeine Vorschriften.

§ 1272. Eheliche Lebensgemeinschaft 104
§ 1273. Stellung des Ehemannes in der ehelichen Gemeinschaft 105
§ 1274. Familienname, Stand der Ehefrau 106
§ 1275. Stellung der Ehefrau in der ehelichen Gemeinschaft 107
§ 1276. Klage auf Herstellung des ehelichen Lebens 108
§ 1277. Verpflichtung der Ehefrau zu persönlicher Leistung, Anfechtbarkeit des bezüglichen ohne Einwilligung des Ehemannes abgeschlossenen Rechtsgeschäftes 110
Anhang: Schenkungen unter Ehegatten. Interzessionen der Ehefrau . . . 113
§ 1278. Schlüsselgewalt der Ehefrau: Vertretung des Ehemannes in ihrem häuslichen Wirkungskreise, Beschränkung hierin durch den Ehemann . 117
Anhang: Gegenseitige Vertretung der Ehegatten in Behinderungsfällen . . . 120
§ 1279. Haftung wegen Fahrlässigkeite, diligentia quam in suis 121

Seite
§ 1280. Unterhaltspflicht des Ehemannes gegenüber der Ehefrau 122
§ 1281. Unterhaltspflicht der Ehefrau gegenüber dem Ehemanne 126
§ 1282. Praesumtio Muciana 127

II. Eheliches Güterrecht.

Einleitung: Einheitliche Regelung; vertragsmäßige Güterstände; Dotalrecht; Deutschrechtliche Systeme 133

1. Ehegut und Vorbehaltsgut.

§ 1283. Prinzip des gesetzlichen ehelichen Güterrechtes, Nutznießung und Verwaltung durch den Ehemann (Ehegut) 161
§ 1284. Einstweilige Trennung der Güter 164
§ 1285. Zum persönlichen Gebrauche der Ehefrau bestimmte Sachen 166
§ 1286. Vorbehaltsgut auf Grund des Ehevertrages, Morgengabe 167
§ 1287. Vorbehaltsgut auf Grund von Zuwendungen Dritter 168
§ 1288. Erwerb der Ehefrau durch Rechtsgeschäfte unter Lebenden, zu denen der Ehemann die Genehmigung verweigert 170
§ 1289. Erwerb der Ehefrau durch ihre Arbeit, durch selbständigen Betrieb eines Erwerbsgeschäftes 173
§ 1290. Surrogation bei dem Vorbehaltsgute 177
§ 1291. Schutz des gutgläubigen Dritten bei Rechtsgeschäften über Vorbehaltsgut; Verwaltung desselben durch den Ehemann 179

2. Nutznießung des Ehegutes.

§ 1292. Begriff der ehelichen Nutznießung, Anwendung der Vorschriften über Nießbrauch 180
§ 1293. Gegenstand der ehelichen Nutznießung ist das jeweilige Ehegut . . . 193
§ 1294. Eheliche Nutznießung an verbrauchbaren Sachen 194
§ 1295. Vertragsmäßige Nutznießung an verbrauchbaren Sachen 197
§ 1296. Ersatzpflicht des Ehemannes vor Beendigung der ehelichen Nutznießung 198
§ 1297. Lasten der ehelichen Nutznießung, Aufzählung derselben, zu denen der Ehemann verpflichtet ist, außer den Erhaltungskosten 199
§§ 1298, 1299. Haftung der Substanz des Ehegutes für die Schulden des Ehemannes; Veräußerlichkeit, Pfändbarkeit, Früchte 205

3. Beschränkung des Verfügungsrechtes der Ehefrau.

Vorbemerkungen über Geschäftsfähigkeit der Ehefrau und Beschränkung ihres Verfügungsrechtes 219
§§ 1300, 1301. Rechtsgeschäfte der Ehefrau über Ehegutsrechte, über Leistungen aus dem Ehegute 226
§§ 1302, 1303. Prozeßführung der Ehefrau 230
§ 1304. Einseitige Rechtsgeschäfte Dritter bezüglich eines Ehegutsrechtes, einer Ehegutsverbindlichkeit 235
§ 1305. Wirksamkeit der Beschränkung des Verfügungsrechtes der Ehefrau gegen Dritte 236
§ 1306. Verfügungsrecht der Ehefrau bei Abwesenheit oder Krankheit des Ehemannes und Gefahr im Verzuge 239
§ 1307. Betrieb eines Erwerbsgeschäftes durch die Ehefrau 240
§§ 1308—1310. Fälle, wo die Einwilligung des Ehemannes nicht erforderlich; Bedeutung dieser Ausnahmen 242

4. Verbindlichkeiten der Ehefrau.

§§ 1311, 1312. Begriff der Ehegutsverbindlichkeiten, Ausnahmen 249
§ 1313. Unterhaltspflicht der Ehefrau gegenüber Verwandten 255
§ 1314. Zwangsvollstreckung gegen das Ehegut 257
§ 1315. Vollstreckbare Ausfertigung gegen den Ehemann 259
§ 1316. Ausgleichung zwischen Ehegut und Vorbehaltsgut 260

5. Verwaltung des Ehegutes.

Vorbemerkung: Karakter des ehemännlichen Verwaltungsrechtes, Vertretungsmacht, Mitwirkungspflicht der Ehefrau, Handeln für Rechnung der Ehefrau, Pflicht zur Verwaltung 267
§ 1317. Recht und Pflicht des Ehemannes im Allgemeinen 272

Seite

§ 1318. Verfügungsrecht und Vertretungsmacht des Ehemannes, bewegliche Sachen, verbrauchbare Sachen, Gelder, Forderungen, Verbindlichkeiten, Aufrechnung, Erhaltung und Sicherung des Eheguts, Erbschaften, Mieth- und Pachtverträge, einseitige Rechtsgeschäfte Dritter, Kontrahiren mit sich selbst . . . 273
§ 1319. Bevollmächtigung zu sonstigen Rechtsgeschäften durch die Ehefrau, Anzeige an diese und Mitwirkungspflicht bei zur ordnungsmäßigen Verwaltung erforderlichen Geschäften . . . 278
§ 1320. Mitwirkungspflicht des Ehemannes . . . 280
§ 1321. Verwendung von Ehegut für die persönlichen Angelegenheiten der Ehefrau . . . 280
§ 1322. Rechtsstreitigkeiten über Ehegut . . . 281
§ 1323. Anlegung von Ehegutsgeldern . . . 282
§ 1324. Anwendung der Vorschriften über Auftrag . . . 283
§ 1325. Verhältniß der ehelichen Nutznießung zur Verwaltung des Ehegutes . 286

§ 1326. 6. Ausübung der ehelichen Nutznießung und Verwaltung durch den gesetzlichen Vertreter des Ehemannes . . 286

7. Beendigung der ehelichen Nutznießung und Verwaltung:
§ 1327. Beendigungsgründe, Zeit der Restitution . . . 288
§ 1328. Verletzung der dem Ehemanne obliegenden Verpflichtungen, Aufzählung im Einzelnen, Berechtigung der Ehefrau zum Antrage auf Aufhebung 295
§ 1329. Zeitpunkt der Zurückgewährung des Ehegutes . . . 302
§ 1330. Eintritt der Gütertrennung nach Beendigung der ehelichen Nutznießung und Verwaltung . . . 302
§ 1331. Wiederherstellung der ehelichen Nutznießung und Verwaltung . . . 303
§ 1332. Wiederherstellung im Falle unbegründeter Todeserklärung des Ehemannes . . . 304

Dritter Titel.

Eheverträge.

I. Allgemeine Vorschriften.

§ 1333. Vertragsfreiheit betreffs des gesetzlichen Güterstandes, auch während der Ehe; Begriff des Ehevertrages . . . 304
§ 1334. Unzulässigkeit der Regelung nach nicht mehr bestehendem oder ausländischem Gesetze; Ausnahme zu Gunsten im Auslande lebender Ehegatten . . . 309
§ 1335. Form des Ehevertrages . . . 311
§ 1336. Schutz des guten Glaubens Dritter bei Rechtsgeschäften, Wirkung der Veröffentlichung des Ehevertrages . . . 314
§ 1337. Schutz des guten Glaubens Dritter bei Rechtsstreitigkeiten . . . 320
Vorbemerkung über die im Entwurfe geregelten vertragsmäßigen Güterstände . 320

II. Trennung der Güter.

§ 1338. Wesen des vertragsmäßigen Güterstandes; Begriff der Gütertrennung 321
§ 1339. Beitragspflicht der Ehefrau zur Bestreitung der ehelichen Lasten . . 322
§ 1340. Vertragsmäßige Verwaltung des Vermögens der Ehefrau durch den Ehemann. . . . 324

III. Allgemeine Gütergemeinschaft.

Vorbemerkung: Zweck und Grundgedanken juristische Konstruktion 326

1. Vereinbarung der Gütergemeinschaft.
§ 1341. Gesetzlicher Inhalt des Vertrages, Abschluß durch gesetzliche Vertreter, Genehmigung des Vormundschaftsgerichtes . . . 333

2. Verhältniß während bestehender Gütergemeinschaft.
§ 1342. Prinzip, Gesammtgutsbegriff . . . 335
§ 1343. Eintritt der Gesammtgutseigenschaft kraft Gesetzes, Eintragung in das Grundbuch . . . 336

Seite

§§ 1344, 1345. Nähere Karakterisirung: keine Bruchtheile an den Sachen, Ungetheiltheit der Forderungen, Unveräußerlichkeit der Antheile, Ausschluß der Theilungsklage . . . 337
Unterscheidung zwischen Vorbehaltsgut und Sondergut . . . 338
§ 1346. Vorbehaltsgut auf Grund eines Ehevertrages . . . 340
§ 1347. Vorbehaltsgut aus Zuwendungen Dritter . . . 341
§ 1348. Vorbehaltsgut der Ehefrau . . . 341
§ 1349. Anwendung des Surrogationsprinzipes auf das Vorbehaltsgut . . . 342
§ 1350. Schutz des guten Glaubens Dritter . . . 343
§ 1351. Sondergut; Begriff; Arten, Schutz des guten Glaubens . . . 344
§§ 1352, 1353. Verwaltung des Gesammtgutes durch den Ehemann, Rechte und Pflichten desselben, Mitwirkung der Ehefrau, Schenkungsversprechen 348
§ 1354. Geltendmachung des Anspruches auf Berichtigung des Grundbuches durch die Ehefrau ohne Mitwirkung des Ehemannes . . . 360
§ 1355. Erwerb der Ehefrau von Todeswegen, Ablehnung von Vertragsanträgen, von Schenkungen ohne Mitwirkung des Ehemannes . . . 361
§ 1356. Betrieb eines Erwerbsgeschäftes durch die Ehefrau . . . 362
§ 1357. Fortsetzung eines bei Eintritt der Gütergemeinschaft anhängigen Rechtsstreites der Ehefrau . . . 362
§ 1358. Handeln der Ehefrau in Fällen der Abwesenheit oder Krankheit des Ehemannes . . . 363
§ 1359. Haftung des Gesammtgutes für die Verbindlichkeiten der Ehegatten (Gesammtgutsverbindlichkeiten) . . . 364
§ 1360. Zwangsvollstreckung gegen das Gesammtgut . . . 368
§ 1361. Stellung des Gesammtgutes im Konkurse des Ehemannes, der Ehefrau 370
§ 1362. Verbindlichkeiten der Ehefrau, welche nicht Gesammtgutsverbindlichkeiten sind . . . 373
§ 1363. Gesetzliche Unterhaltspflicht der Ehegatten gegenüber Verwandten; Stellung des Vorbehaltsgutes oder Sondergutes in diesem Falle . . 376
§ 1364. Verantwortlichkeit des Ehemannes wegen Verwaltung des Gesammtgutes, desgl. der Ehefrau . . . 379
§ 1365. Verwendungen des Ehemannes aus dem Gesammtgute in sein Vorbehaltsgut und umgekehrt . . . 380
§ 1366. Verwendungen aus dem Gesammtgute für persönliche Angelegenheiten der Ehefrau . . . 384
§ 1367. Gemeinschaftlichkeit der Gesammtgutsverbindlichkeiten, Ausnahmen . . 384
§ 1368. Ausstattung eines Kindes durch den Ehemann . . . 390
§ 1369. Zeit der Geltendmachung gegenseitiger Ansprüche der Ehegatten . . . 390
§ 1370. Verwaltung des Gesammtgutes durch den gesetzlichen Vertreter des Ehemannes . . . 393

3. Auflösung der Gütergemeinschaft.

§ 1371. Auflösungsgründe: Auflösung der Ehe, Vertrag . . . 393
§ 1372. Fälle der Auflösung auf Verlangen der Ehefrau . . . 394
Vorbemerkungen über das nach Auflösung der Gütergemeinschaft eintretende Rechtsverhältniß . . . 400
§ 1373. Fortdauer des Gesammtgutsverhältnisses bis zur Auseinandersetzung . 405
§ 1374. Zwangsvollstreckung gegen das Gesammtgut . . . 406
§ 1375. Konkurs eines Ehegatten vor Auseinandersetzung . . . 408
§ 1376. Anspruch auf Auseinandersetzung nach Auflösung der Gütergemeinschaft 410
§ 1377. Berichtigung der Gesammtgutsverbindlichkeiten . . . 410
§ 1378. Umsatz in Geld zum Zwecke der Berichtigung der Gesammtgutsverbindlichkeiten, Art der Theilung des Ueberrestes . . . 414
§ 1379. Grundleglich zu machender Zeitpunkt für die Auseinandersetzung . . 415
§ 1380. Haftung wegen unberichtigt gebliebener Gesammtgutsverbindlichkeiten . 415
§ 1381. Eintritt des gesetzlichen Güterstandes nach Auflösung der Gütergemeinschaft beim Mangel anderer Vertragsbestimmung . . . 418

4. Gütergemeinschaftliche Erbfolge.

§ 1382. Zugehörigkeit des Antheiles des verstorbenen Ehegatten am Gesammtgute zu dessen Nachlasse bei Auflösung der Ehe durch Tod . . . 419
§ 1383. Erbfolge beim Vorhandensein einseitiger Abkömmlinge, beim Nichtvorhandensein von Abkömmlingen . . . 420

Seite
§ 1384. Rechtsverhältniß im Falle beerbter Ehe, fortgesetzte Gütergemeinschaft . . . 424
§ 1385. Anwendung der Vorschriften über Erbvertrag auf das gütergemeinschaftliche Erbrecht . . . 435
§ 1386. Ausschlagung der gütergemeinschaftlichen Erbfolge . . . 439
§ 1387. Entziehung des gütergemeinschaftlichen Erbrechtes . . . 440
§ 1388. Letztwillige Ausschließung eines gemeinschaftlichen Abkömmlinges von der fortgesetzten Gütergemeinschaft . . . 442
§ 1389. Letztwillige Verfügung über den Antheil eines Abkömmlinges . . . 443
§ 1390. Zustimmungen des anderen Ehegatten zu den letztwilligen Verfügungen der §§ 1388, 1389; Form, Unwiderruflichkeit . . . 445
§ 1391. Anwendung der erbrechtlichen Vorschriften über den außerordentlichen Pflichttheil zu Gunsten eines antheilsberechtigten Abkömmlinges . . 446
§ 1392. Erbunwürdigkeitserklärung eines gemeinschaftlichen Abkömmlinges . . 446
§ 1393. Verzicht eines gemeinschaftlichen Abkömmlinges während des Bestehens der ehelichen Gütergemeinschaft . . . 448
§ 1394. Ausgleichung des Vorempfangenen zwischen den Abkömmlingen und dem überlebenden Ehegatten . . . 449
§ 1395. Berufung zu dem Vorbehaltsgute oder Sondergute des verstorbenen Ehegatten . . . 451
§ 1396. Umfang des Gesammtgutes bei der fortgesetzten Gütergemeinschaft . . 455
§ 1397. Entstehung und Karakter des Gesammtgutes; Unveräußerlichkeit und Unvererblichkeit der Antheile; Anfall des Antheiles eines Abkömmlinges an die übrigen Theilhaber . . . 456
§ 1398. Verzicht eines Abkömmlinges auf seinen Antheil am Gesammtgute; Abfindung . . . 460
§ 1399. Verwaltung des Gesammtgutes . . . 461
§ 1400. Gemeinschaftlichkeit der Gesammtgutsverbindlichkeiten; Ausnahmen . 464
§ 1401. Ausstattung eines Kindes durch den überlebenden Ehegatten . . . 465
§ 1402. Konfusion in Folge des gütergemeinschaftlichen Erbrechtes . . . 465
§ 1403. Auflösung der fortgesetzten Gütergemeinschaft, Tod des überlebenden Ehegatten, Wiederverheirathung, Erklärung vor dem Nachlaßgerichte, Vertrag, Urtheil . . . 466
§ 1404. Sicherstellung der Abkömmlinge bei Wiederverheirathung des überlebenden Ehegatten . . . 470
§ 1405. Fälle, in welchen der antheilsberechtigte Abkömmling die Auflösung der fortgesetzten Gütergemeinschaft verlangen kann . . . 472
§ 1406. Rechtsverhältniß nach der Auflösung, Haftung gegenüber den Gesammtgutsgläubigern, Haftung der Betheiligten unter einander, Berichtigung der Gesammtgutsverbindlichkeiten, Theilungsverhältniß, Konkurrenz einseitiger Abkömmlinge des verstorbenen Ehegatten, Recht des überlebenden Ehegatten zur Uebernahme des Gesammtgutes, Todtheilung, Nutzungsrechte des Ehegatten an den Antheilen der Kinder . . . 475
§ 1407. Grundleglich zu machender Zeitpunkt für die Auseinandersetzung . . 483
§ 1408. Theilungsverhältniß unter den Abkömmlingen . . . 484
§ 1409. Verbot letztwilliger Anordnungen des überlebenden Ehegatten wegen der Rechte der Abkömmlinge am Gesammtgute, wegen der Auseinandersetzung . . . 485
Anhang: Einkindschaft . . . 486

IV. Errungenschaftsgemeinschaft.

§ 1410. Entstehung durch Ehevertrag . . . 491
§ 1411. Wesen der Errungenschaftsgemeinschaft, Begriff . . . 492
§ 1412. Sondergut: das beim Eintritte der Errungenschaftsgemeinschaft jedem Ehegatten zustehende Vermögen, späterer Erwerb von Todeswegen, durch Schenkung, Ausstattung; Hochzeitsgeschenke . . . 495
§ 1413. Sondergut auf Grund des Ehevertrages . . . 498
§ 1414. Anwendung des Surrogationsprinzipes auf das Sondergut . . . 498
§ 1415. Weitere Gegenstände des Sondergutes, unübertragbare Gegenstände, mit dem Tode des Berechtigten erlöschende Rechte, durch den Tod eines Ehegatten bedingte Rechte . . . 503
§ 1416. Vorbehaltsgut . . . 505

Seite

§ 1417. Entstehung des Gesammtgutes kraft Gesetzes; juristische Natur; Verwaltung; Schenkungen und Ausstattungen aus dem Gesammtgute; Verantwortlichkeit des Ehemannes; Verwendungen, Vertretung des Ehemannes durch die Ehefrau; Rechtsverhältniß des Sondergutes . . 505
§ 1418. Erhaltungskosten und Lasten des Sondergutes aus dem Gesammtgute 512
§ 1419. Ehelicher Aufwand aus dem Gesammtgute zu bestreiten 513
§ 1420. Ersatzansprüche wegen Bereicherung des Sondergutes aus dem Gesammtgute und umgekehrt 514
§ 1421. Vermuthungen zu Gunsten des Gesammtgutes 516
§ 1422. Vermögensverzeichniß über die Sondergüter 518
§ 1423. Gesammtgutsverbindlichkeiten 519
§ 1424. Zwangsvollstreckung gegen das Gesammtgut; Konkurs des Ehemannes, der Ehefrau 528
§ 1425. Gesetzliche Unterhaltspflicht der Ehegatten gegen Verwandte 530
§ 1426. Gemeinschaftlichkeit der Gesammtgutsverbindlichkeiten, Ausnahmen . . 530
§ 1427. Ausstattung eines Kindes durch den Ehemann 532
§ 1428. Zeitpunkt der Geltendmachung gegenseitiger Ansprüche der Ehegatten . 533
§§ 1429, 1430. Auflösungsgründe, Wiederherstellung, Rechtsverhältniß nach Auflösung, Tragung der Einbuße 533

V. Gemeinschaft des beweglichen Vermögens und der Errungenschaft.

§ 1431. Gestaltung nach Analogie der allgemeinen Gütergemeinschaft, Gesammtgut, Vorbehaltsgut, Sondergut, Gesammtgutsverbindlichkeiten, Schuldenhaftung, (eheliche, voreheliche Schulden), Auflösung 541
§ 1432. Sondergut. Unbewegliches Vermögen im Sinne dieses Paragraphen . 548
§ 1433. Gemeinschaftlichkeit der durch Erwerb von Todeswegen oder Schenkung begründeten Verbindlichkeiten 551
§ 1434. Ausschluß der gütergemeinschaftlichen Erbfolge 552

Vierter Titel.

Eherechtliches Register.

§ 1435. Veröffentlichung vermögensrechtlicher Verhältnisse der Ehegatten durch Eintragung in das eherechtliche Register, öffentliche Bekanntmachung der Eintragung; Oeffentlichkeit des Registers 553
§ 1436. Zuständigkeit für die Eintragung, bei Wechsel des Wohnsitzes . . . 555
§§ 1437, 1438. Antrag auf Eintragung: Legitimation, Form; Inhalt der Eintragung 557
§ 1439. Oeffentliche Bekanntmachung der Eintragung 558

Anhang.

Nachtheile der Wiederverheirathung 559

Fünfter Titel.

Auflösung der Ehe.

I. Scheidung und Trennung von Tisch und Bett.

Einleitung: Allgemeine Gesichtspunkte bei Regelung des Scheidungsrechtes, Ausschluß der Scheidung auf Grund gegenseitiger Einwilligung, wegen unüberwindlicher Abneigung, wegen körperlicher Gebrechen, wegen Geisteskrankheit, wegen Religionsveränderung. Absolute und relative Scheidungsgründe. Ablehnung des absoluten Scheidungsgrundes der Mißhandlung und Beleidigung, des Verbrechens, schimpflichen Gewerbes, der Verweigerung der ehelichen Pflicht. — Landesherrliches Ehescheidungsrecht. — Gesichtspunkte bei Regelung der zeitweiligen Scheidung von Tisch und Bett 562
§ 1440. Zulässigkeit der Scheidung, der einstweiligen Trennung von Tisch und Bett, Unzulässigkeit der dauernden Trennung von Tisch und Bett . . 581
§ 1441. Scheidung wegen Ehebruches, Bigamie, widernatürlicher Unzucht . . 582
§ 1442. Scheidung wegen Lebensnachstellung 587
§ 1443. Scheidung wegen böslicher Verlassung. Quasidesertion. Herstellung der häuslichen Gemeinschaft vor dem Urtheile 588

Seite

§ 1444. Relative Scheidungsgründe: Mißhandlung, ehrloses Verhalten, entehrende Verbrechen und Vergehen. Regel der vorgängigen Trennung von Tisch und Bett, Ausnahme der sofortigen Scheidung. Zeit der einstweiligen Trennung 593
§ 1445. Urtheil auf Trennung von Tisch und Bett, Scheidungsrecht auf Grund des Trennungsurtheiles, Erlöschen desselben 599
§ 1446. Verzeihung, Verzicht 602
§ 1447. Ausschließung der Klage auf Scheidung und Trennung durch Zeitablauf 604
§ 1448. Nochmalige Benutzung eines ausgeschlossenen Scheidungs- oder Trennungsgrundes 606
§ 1449. Entscheidung der Schuldfrage (schuldiger Theil) 606
§ 1450. Inhalt der Urtheilsformel bei Scheidung wegen Ehebruches 609
§ 1451. Prozeßfähigkeit. Vertretung 609
§ 1452. Zeitpunkt der Auflösung der Ehe, Rechtskraft des Urtheiles 610
§ 1453. Widerruf von Schenkungen an den schuldigen Theil 612
§ 1454. Unterhaltspflicht des schuldigen Theiles, keine sonstigen Ehescheidungsstrafen 613
§ 1455. Geschiedene Ehefrau behält den Familiennamen des Ehemannes; Stand derselben 620
§ 1456. Einfluß der Scheidung auf die elterliche Gewalt 622
§ 1457. Persönlicher Verkehr mit den Kindern 628
§ 1458. Unterhalt der Kinder 628

Wirkungen der zeitweiligen Trennung von Tisch und Bett.

Allgemeine Bemerkungen 630
§ 1459. Aufhebung der häuslichen Gemeinschaft, der ehelichen Pflicht 632
§ 1460. Fortbestand der gegenseitigen Unterhaltspflicht der Ehegatten, Geldrente; zur Führung abgesonderten Haushaltes der Ehefrau erforderliche Sachen, Beschränkung der Unterhaltspflicht des Ehemannes 633
§ 1461. Sorge für die Person der Kinder 635
§ 1462. Einstweilige Verfügungen während des Scheidungsprozesses, vorläufige Trennung, Sorge für die Person der Kinder; Prozeßkostenvorschuß . 636
§ 1463. Mittheilung des Scheidungs- oder Trennungsurtheiles an das Vormundschaftsgericht 640

II. Auflösung der Ehe in Folge Todeserklärung.

§ 1464. Auflösung in Folge Todeserklärung, neue Ehe, Anfechtungsrecht . . 640
§ 1465. Sorge für die Person der Kinder, Unterhalt derselben 645

Zweiter Abschnitt.

Verwandtschaft.

Erster Titel.

Eheliche Abstammung.

§ 1466. Voraussetzungen der ehelichen Abstammung, Senatusconsultum Plancianum 646
§ 1467. Empfängnißzeit 648
§ 1468. Vermuthung der ehelichen Vaterschaft 650
§ 1469. Gegenbeweis gegen die Vermuthung der ehelichen Vaterschaft . . . 652
§ 1470. Empfängniß vor Schließung der Ehe, keine exceptio plurium constupratorum 656
§ 1471. Geltendmachung der Unehelichkeit des Kindes durch Anfechtungsklage . 657
§ 1472. Erlöschen des Anfechtungsrechtes durch Anerkennung des Kindes . . . 664
§ 1473. Erlöschen des Anfechtungsrechtes durch Zeitablauf 667
§ 1474. Persönliche Natur der Anfechtung und Anerkennung der Ehelichkeit, nicht durch gesetzlichen Vertreter 668
§ 1475. Form der Anfechtung der Ehelichkeit, Anfechtungsklage 669
§ 1476. Prozeßfähigkeit, keine Vertretung. Zurücknahme der Anfechtungsklage . 671
§ 1477. Wirkung des Urtheiles für und gegen Alle 673
§ 1478. Anfechtung der Anerkennung des Kindes 674
§ 1479. Vorzeitige Wiederverheirathung der Ehefrau 674

Seite

Zweiter Titel.
Unterhaltspflicht.

Vorbemerkung: Privatrechtlicher Karakter 676
§ 1480. Unterhaltspflichtige Personen: Verwandte in gerader Linie, Geschwister 678
§ 1481. Bedürftigkeit des den Anspruch Erhebenden, Begriff der Vermögenslosigkeit, Unterhaltsanspruch der Kinder gegenüber den Eltern . . . 680
§ 1482. Leistungsfähigkeit des in Anspruch Genommenen, erweiterte Unterhaltspflicht der Eltern 685
§ 1483. Zusammentreffen mehrerer Berechtigter, eines Ehegatten mit Verwandten, eines geschiedenen Ehegatten mit anderen Berechtigten . 688
§ 1484. Verhältniß der Unterhaltspflicht der Verwandten zu derjenigen der Ehegatten 689
§ 1485. Reihenfolge der Unterhaltspflichtigen 689
§ 1486. Haftung mehrerer gleichzeitig Verpflichteter 692
§ 1487. Leistungsunfähigkeit eines Verwandten, Behinderung oder Erschwerung der Rechtsverfolgung gegen einen Verwandten, Pflicht der übrigen Verwandten 694
§ 1488. Umfang der Unterhaltspflicht; standesmäßiger Unterhalt; nothdürftiger Unterhalt, Beerdigungskosten 696
§ 1489. Unterhaltspflicht der Geschwister auf Nothdurft beschränkt 699
§ 1490. Unwürdigkeit des Bedürftigen, Beschränkung der Unterhaltspflicht auf Nothdurft 699
§ 1491. Art der Gewährung des Unterhaltes, Geldrente als Regel; Konkurrenz der Unterhaltspflicht mit dem Erziehungsrechte 702
§ 1492. Ausschließung der Nachforderung des Unterhaltes für die Vergangenheit; Ausnahmen im Falle des Verzuges und der Rechtshängigkeit . . . 705
§ 1493. Abänderung eines die Verpflichtung zur Gewährung des Unterhaltes aussprechenden Urtheiles bei veränderten Verhältnissen 707
§ 1494. Konkurs des Verpflichteten, keine Geltendmachung des Unterhaltsanspruches für die Zukunft 708
§ 1495. Kein Verzicht auf Unterhaltsanspruch für die Zukunft, Befreiung durch Vorausleistung 709
§ 1496. Tod des Berechtigten oder Verpflichteten 710

Dritter Titel.
Rechtsverhältniß zwischen Eltern und ehelichen Kindern.

I. Allgemeine Vorschriften.

§ 1497. Familiennamen des Kindes, Vornamen, Stand 712
§ 1498. Kindlicher Gehorsam 713
§ 1499. Dienstleistungen der Kinder im Hauswesen und Gewerbe der Eltern 714
§ 1500. Ausstattung durch die Eltern, keine Rechtspflicht 716

II. Elterliche Gewalt.

1. Allgemeine Vorschriften.

§§ 1501, 1502. Karakter und Inhalt der elterlichen Gewalt, Dauer, Berechtigung des Vaters und der Mutter elterliche Nutznießung 721

2. Sorge für die Person und das Vermögen des Kindes.

§ 1503. Anwendung der Vorschriften des Vormundschaftsrechtes; Vertretungsmacht; Schenkungen, Verwendung des Kindesvermögens; Inventar; Sicherheitsleistung; Haftung für die Sorgfalt eines ordentlichen Hausvaters; Ersatz von Aufwendungen; Rechnungslegung, Offenbarungseid; Unterhalt des Kindes 740
§ 1504. Erziehungsrecht, Assistenz des Vormundschaftsgerichtes 750
§ 1505. Anspruch auf Herausgabe des Kindes, Zurückführung 753
§ 1506. Antheil der Mutter an der Sorge für die Person des Kindes . . . 754
§ 1507. Entlassung des Kindes aus dem Staatsverbande 756
§ 1508. Religiöses Bekenntniß des Kindes 757
§ 1509. Sorge für die verheirathete Tochter; elterliche Gewalt über einen verheiratheten Sohn 758

Seite

§ 1510. Elterliche Vermögensverwaltung; Ausschließung durch Anordnung Dritter; Erwerbsgeschäft des Kindes . . . 759
§ 1511. Fälle der Genehmigung des Vormundschaftsgerichtes in Ansehung von Rechtsgeschäften, welche auf das Kindesvermögen sich beziehen . . . 762
§ 1512. Ueberlassung von Vermögensgegenständen an das Kind . . . 767
§ 1513. Allgemeine Ermächtigung des Vormundschaftsgerichtes an den Inhaber der elterlichen Gewalt zu Rechtsgeschäften . . . 768
§ 1514. Karakter der Genehmigung des Vormundschaftsgerichtes . . . 768
§ 1515. Beginn eines neuen Erwerbsgeschäftes im Namen des Kindes . . . 768

3. Elterliche Nutznießung.

Vorbemerkung über freies Vermögen . . . 770
§ 1516. Freies Vermögen; Sachen zum persönlichen Gebrauche des Kindes, Kleidung, Schmuck . . . 773
§ 1517. Zuwendungen Dritter als freies Vermögen . . . 774
§ 1518. Erwerb des Kindes durch Arbeit oder Betrieb eines Erwerbsgeschäftes als freies Vermögen . . . 774
§ 1519. Anwendung des Surrogationsprinzipes auf das freie Vermögen . . . 774
§ 1520. Anwendung der Vorschriften über den Nießbrauch auf die elterliche Nutznießung . . . 775
§ 1521. Gegenstand der elterlichen Nutzung ist das jeweilige Vermögen des Kindes . . . 777
§ 1522. Keine Inventarisationspflicht des Inhabers der elterlichen Gewalt . . . 777
§ 1523. Elterliche Nutznießung an verbrauchbaren Sachen . . . 777
§ 1524. Sicherheitsleistung des Inhabers der elterlichen Gewalt . . . 780
§ 1525. Ersatzpflicht des Inhabers der elterlichen Gewalt vor Beendigung der Nutznießung . . . 780
§ 1526. Elterliche Nutznießung an Forderungen, Aktien auf Inhaber, Grundschulden und Eigenthümerhypotheken . . . 781
§ 1527. Elterliche Nutznießung an einem Erwerbsgeschäfte . . . 782
§ 1528. Stellung der Gläubiger des Kindes, Zwangsvollstreckung, Konkurs . . . 784
§ 1529. Unterhaltspflicht des Kindes gegen Dritte . . . 787
§ 1530. Ausgleichung zwischen dem der elterlichen Nutznießung unterliegenden und dem freien Vermögen des Kindes . . . 788
§ 1531. Lasten der elterlichen Nutznießung . . . 788
§§ 1532, 1533. Elterliche Nutznießung bei Ausschluß der elterlichen Verwaltung; Entziehung der Ausübung der elterlichen Nutznießung, sofortige Erfüllung gewisser Verbindlichkeiten . . . 789
§§ 1534, 1535. Unveräußerlichkeit und Unpfändbarkeit der elterlichen Nutznießung, Pfändung der Früchte . . . 793
§ 1536. Beendigung der elterlichen Nutznießung durch Eheschließung des Kindes, Ausnahme . . . 795
§ 1537. Verzicht auf die elterliche Nutznießung, Form desselben . . . 796

4. Elterliche Gewalt der Mutter.

§ 1538. Fälle der Zuordnung eines Beistandes durch das Vormundschaftsgericht . 797
§ 1539. Wirkungskreis des Beistandes . . . 800
§§ 1540—1542. Rechte und Pflichten des Beistandes, Mitwirkung bei Rechtsgeschäften, bei Anlegung von Geldern . . . 800
§ 1543. Anwendung der Vorschriften über Berufung u. s. w. des Gegenvormundes auf den Beistand . . . 801

5. Fürsorge und Aufsicht des Vormundschaftsgerichtes. Beschränkung der elterlichen Gewalt.

§ 1544. Fürsorge bei Verhinderung des Inhabers der elterlichen Gewalt . . 802
§ 1545. Fürsorge wegen Nichtbefolgung der Anordnung Dritter . . . 802
§ 1546. Fürsorge wegen Gefährdung der Person des Kindes, wegen Mißbrauches des Erziehungsrechtes, Vernachlässigung. Anderweite Unterbringung des Kindes, Entziehung der elterlichen Gewalt mit Ausnahme der Nutznießung . . . 803
§ 1547. Gefährdung des Vermögens des Kindes . . . 807
§ 1548. Wiederverheirathung des Inhabers der elterlichen Gewalt . . . 811
§ 1549. Kosten der Hinterlegung oder Sicherheitsleistung . . . 814

Seite
§ 1550. Entziehung der Vermögensverwaltung 815
§ 1551. Wiederaufhebung der Anordnungen des Vormundschaftsgerichtes . . . 815
§ 1552. Mitwirkung der Gemeindewaisenräthe 815
§ 1553. Beendigung der elterlichen Vermögensverwaltung durch Konkurs des Inhabers der elterlichen Gewalt, Wiedereinräumung nach Beendigung des Konkurses 816

6. Ruhen und Beendigung der elterlichen Gewalt.
§ 1554. Ruhen der elterlichen Gewalt: Geschäftsunfähigkeit, beschränkte Geschäftsfähigkeit des Inhabers, thatsächliche Verhinderung der Ausübung. Sorge für die Person des Kindes bei Minderjährigkeit des Inhabers; Entmündigung desselben wegen Verschwendung 818
§ 1555. Elterliche Gewalt der Mutter im Falle des Ruhens der elterlichen Gewalt des Vaters 821
§ 1556. Unbekanntschaft des Familienstandes des Kindes 824
Vorbemerkungen über Beendigung der elterlichen Gewalt: Emanzipation, abgesonderter Haushalt, Heirath, Entmündigung des Inhabers wegen Verschwendung, Verlassen des Kindes, Klostergelübde 824
§ 1557. Tod, Volljährigkeit des Kindes; Tod, Todeserklärung des Inhabers . 830
§ 1558. Wiederverheirathung der Mutter 833
§ 1559. Verwirkung der elterlichen Gewalt 836
§ 1560. Unfähigkeit, die elterliche Gewalt zu erlangen 842
§ 1561. Kein Verzicht auf die elterliche Gewalt 842

Vierter Titel.

Rechtsverhältniß der Kinder aus ungültigen Ehen.

§ 1562. Rechtsstellung der Kinder aus nichtigen Ehen, Behandlung aus ehelicher 843
§ 1563. Fall des guten Glaubens beider Eheleute bei nichtiger Ehe 845
§ 1564. Guter Glaube der Ehefrau allein; elterliche Gewalt derselben . . . 846
§ 1565. Guter Glaube des Ehemannes allein, Ausschließung der elterlichen Gewalt der Mutter 847
§ 1566. Böser Glaube beider Ehegatten 848
§ 1567. Kinder aus anfechtbarer und angefochtener Ehe 850

Fünfter Titel.

Rechtsverhältniß der unehelichen Kinder.

I. Allgemeine Vorschriften.

§ 1568. Stellung zu der Mutter und deren Verwandten, zum Vater und dessen Verwandten, Anerkennung 851
§ 1569. Familiennamen des unehelichen Kindes 859
§ 1570. Keine elterliche Gewalt der unehelichen Mutter, Pflicht derselben zur Sorge für die Person des Kindes 859

II. Unterhaltspflicht des unehelichen Vaters.

§ 1571. Erforschung der unehelichen Vaterschaft, Rechtsgrund der Unterhaltspflicht, Verhältniß derselben zu derjenigen der Mutter und deren Verwandten 864
§ 1572. Beweis der unehelichen Vaterschaft, exceptio plurius concumbentium 883
§ 1573. Beschränkung der Unterhaltspflicht auf nothdürftigen Unterhalt, auf die Zeit bis zum zurückgelegten vierzehnten Lebensjahre des Kindes . . 893
§ 1574. Anwendung der Vorschriften über Unterhaltspflicht der Verwandten . 895
§ 1575. Vererblichkeit der Verpflichtung 901
§ 1576. Vertrag, Vergleich über die Unterhaltspflicht 905
§ 1577. Entbindungs- und Wochenbettskosten, keine Deflorationsklage . . . 906
§ 1578. Verjährung des Anspruches der unehelichen Mutter 917

Sechster Titel.

Legitimation unehelicher Kinder.

Vorbemerkung: legitimatio per testamentum, per nuncupationem, minus plena 918

I. Legitimation durch nachfolgende Ehe.

§ 1579. Begriff, Voraussetzungen, Wirkung 919
§ 1580. Beweis der Vaterschaft, exceptio plurium concumbentium, Anerkennung 925

Seite
§ 1581. Einfluß der Ungültigkeit der Ehe 928
§ 1582. Wirkungen der nachfolgenden Ehe auf die Abkömmlinge des verstorbenen Kindes 929

II. Legitimation durch Ehelichkeitserklärung.

§ 1583. Begriff, legitimatio per rescriptum principis, Wirkungen 930
§ 1584. Zuständigkeit 937
§ 1585. Antrag des Vaters, legitimatio per testamentum 937
§ 1586. Legitimationsfähigkeit, Möglichkeit der Ehe 939
§ 1587. Einwilligung des Kindes, der Ehefrau des Vaters 940
§ 1588. Beschränkte Vertretung der Betheiligten 942
§ 1589. Einwilligung des gesetzlichen Vertreters, Genehmigung des Vormundschaftsgerichtes 943
§ 1590. Einwilligung des gesetzlichen Vertreters der Ehefrau des Vaters . . 944
§ 1591. Form der Willenserklärung der Betheiligten 944
§ 1592. Versagung der Ehelichkeitserklärung 945
§ 1593. Unwirksamkeit der Ehelichkeitserklärung wegen Mangels eines gesetzlichen Erfordernisses 946
§ 1594. Keine Bedingung oder Zeitbestimmung 946
§ 1595. Tod des Vaters oder Kindes vor der Ehelichkeitserklärung 946
§ 1596. Wirkung der Ehelichkeitserklärung in Ansehung der Verwandtschaft und Schwägerschaft 947
§ 1597. Aufhebung der Pflicht der Mutter zur Sorge für die Person des Kindes 948
§ 1598. Unterhaltspflicht des Vaters 949
§ 1599. Einfluß demnächstiger Verheirathung des Vaters auf dessen elterliche Gewalt 949
§ 1600. Anfechtung der Willenserklärungen 950

Siebenter Titel.

Annahme an Kindesstatt.

Vorbemerkung: Annahme an Enkelsstatt, Pflegekindschaft 951
§ 1601. Karakter und Wirkung der Annahme an Kindesstatt, adoptio testamentaria 954
§ 1602. Erfordernisse: Mangel ehelicher Abkömmlinge, nasciturus, Ausnahme bei angenommenen Kindern 957
§ 1603. Alter des Annehmenden, Dispensation 960
§ 1604. Alter des Anzunehmenden, Dispensation 960
§ 1605. Zuständigkeit für die Dispensation 961
§ 1606. Einwilligung des Ehegatten des Annehmenden 961
§ 1607. Annahme eines bereits von einem Anderen angenommenen Kindes . . 962
§ 1608. Annahme als gemeinschaftliches Kind durch Ehegatten 963
§ 1609. Annahme von Ehegatten an Kindesstatt, Einwilligung des Ehegatten des Anzunehmenden 963
§ 1610. Einwilligung der Eltern des Anzunehmenden 964
§ 1611. Tod, Todeserklärung, Genehmigung des Einwilligungsberechtigten . . 965
Anhang: Ablehnung weiterer Erfordernisse, Gelübde der Ehelosigkeit, Zeugungsunfähigkeit, uneheliche Kinder, Ausländer 966
§ 1612. Beschränkte Vertretung der Vertragschließenden 969
§ 1613. Einwilligung des gesetzlichen Vertreters des Anzunehmenden, Genehmigung des Vormundschaftsgerichtes 970
§ 1614. Einwilligung oder Genehmigung eines Dritten durch gesetzlichen Vertreter 970
§ 1615. Keine Bedingung oder Zeitbestimmung 971
§ 1616. Form des Annahmevertrages 971
§ 1617. Gerichtliche Bestätigung des Annahmevertrages 972
§ 1618. Tod eines Vertragschließenden vor der Bestätigung, Geschäftsunfähigkeit 976
§ 1619. Versagung der Bestätigung des Annahmevertrages 977
§ 1620. Wirkung der Annahme hinsichtlich der Abkömmlinge des Angenommenen, kein Verwandtschaftsverhältniß zu den Verwandten des Annehmenden, keine Schwägerschaft 978
§ 1621. Annahme eines Kindes durch beide Ehegatten, des Kindes eines Ehegatten durch den anderen 980

Seite

§ 1622. Familiennamen des Angenommenen, Beifügung des bisherigen Familiennamens, Stand . . . 981
§ 1623. Elterliche Gewalt des Annehmenden, Nutznießung, Vermögensverzeichniß, Befugnisse des Vormundschaftsgerichtes, Eheschließung des Annehmenden, elterliche Gewalt einer Frau . . . 983
§ 1624. Kein Erbrecht des Angenommenen, des Annehmenden . . . 986
§ 1625. Verhältniß zwischen dem Angenommenen und dessen Verwandten . . 989
§ 1626. Stellung der leiblichen Eltern des Angenommenen . . . 990
§ 1627. Unterhaltspflicht zwischen dem Annehmenden und Angenommenen . . 991
§ 1628. Aenderungen der gesetzlichen Wirkungen im Annahmevertrage . . . 993
§ 1629. Aufhebung der Annahme an Kindesstatt, durch Vertrag . . . 996
§ 1630. Anfechtung des Annahme- oder Aufhebungsvertrages . . . 1001
§ 1631. Wirkung einer wegen Adoptivverwandtschaft verbotenen Ehe . . . 1001

Achter Titel.

Feststellung familienrechtlicher Verhältnisse.

§ 1632. Feststellung familienrechtlicher Verhältnisse, Wirkung des Urtheiles . . 1002

Vierter Abschnitt.

Vormundschaft.

Allgemeine Begründung.

I. Ausscheidung der das Verfahren in Vormundschaftssachen betreffenden Bestimmungen . . . 1008
II. Stellung des Entwurfes zur Preußischen Vormundschaftsordnung im Allgemeinen. Uebersicht über die wichtigeren Prinzipien . . . 1008
III. Obervormundschaft. Mitwirkung der Gemeinde und der Familie . . . 1011
IV. Prinzip der Selbständigkeit des Vormundes . . . 1022
V. Verwaltender Vormund, Gegenvormund, Ehrenvormund . . . 1028
VI. Bestellung des Vormundes. Gesetzliche Vormundschaft . . . 1034
VII. Sicherstellung des Mündels gegenüber dem Vormunde . . . 1039
VIII. Pflegschaft im Gegensatze zur Vormundschaft . . . 1043

Erster Titel.

Vormundschaft über Minderjährige.

I. Anordnung der Vormundschaft.

§ 1633. Voraussetzungen der Vormundschaft . . . 1046
§ 1634. Anordnung der Vormundschaft von Amtswegen . . . 1047
§ 1635. Berufung zur Vormundschaft, Reihenfolge . . . 1047
§ 1636. Benennung des Vormundes durch letzwillige Verfügung der Eltern . 1053
§ 1637. Bedeutung der Berufungsgründe, Uebergehung, keine Bestellung eines Mitvormundes ohne Zustimmung des Berufenen . . . 1056
§ 1638. Auswahl des Vormundes durch das Vormundschaftsgericht, Berücksichtigung der Verwandten und Verschwägerten, Zahl der Vormünder, Vorbehalt der Entlassung . . . 1061
§ 1639. Verpflichtung zur Uebernahme der Vormundschaft, Schadensersatz bei Verletzung solcher Verpflichtung, Ordnungsstrafen . . . 1062
§ 1640. Unfähigkeit, Vormund zu sein . . . 1065
§ 1641. Bestellung einer Ehefrau, Einwilligung des Ehemannes . . . 1071
§ 1642. Bestellung eines Beamten oder Religionsdieners . . . 1071
§ 1643. Gründe der Ablehnung der Uebernahme einer Vormundschaft . . . 1073
§ 1644. Geltendmachung des Ablehnungsrechtes, Verlust desselben . . . 1077
§ 1645. Bestellung des Vormundes, Form der Verpflichtung, Bestallung . . 1078
§ 1646. Bestellung eines unfähigen Vormundes . . . 1081
§ 1647. Bestellung eines Gegenvormundes . . . 1082

II. Führung der Vormundschaft.

§ 1648. Rechte und Pflichten des Vormundes, Beginn derselben . . . 1082
§ 1649. Vertretungsmacht des Vormundes . . . 1083
§ 1650. Konkurrenz von Vormundschaft und Pflegschaft . . . 1087

Seite

§ 1651. Fälle, in welchen die Vertretungsmacht des Vormundes ausgeschlossen ist 1088
§ 1652. Geschäftsführung mehrerer Vormünder, Meinungsverschiedenheiten, Theilung der Geschäfte, bezügliche Anordnungen der Eltern des Mündels . . . 1093
§ 1653. Entscheidung von Meinungsverschiedenheiten bei getrennter Verwaltung 1095
§ 1654. Wirkungskreis des Gegenvormundes . . . 1095
§ 1655. Sorge für die Person des Mündels . . . 1096
§ 1656. Konkurrenz eines Elterntheiles bei der Sorge für die Person des Mündels 1098
§ 1657. Entlassung des Mündels aus dem Staatsverbande . . . 1098
§ 1658. Religiöses Bekenntniß des Mündels . . . 1099
§ 1659. Inventarisationspflicht des Vormundes, Form des Inventares . . . 1099
§ 1660. Anordnungen Dritter über die Vermögensverwaltung . . . 1102
§ 1661. Schenkungen aus dem Mündelvermögen . . . 1106
§ 1662. Verwendungen aus dem Mündelvermögen in den Nutzen des Vormundes 1107
§ 1663. Beginn oder Auflösung eines Erwerbsgeschäftes . . . 1108
§ 1664. Anlegung der Mündelgelder . . . 1108
§ 1665. Interimistische Anlegung der Mündelgelder . . . 1116
§ 1666. Mitwirkung des Gegenvormundes bei der Anlegung der Mündelgelder 1117
§ 1667. Anderweite Anlegung mit Genehmigung des Vormundschaftsgerichtes . 1120
§ 1668. Nichtdauernde Anlegung von Geldern zur Bestreitung laufender Ausgaben . . . 1120
§ 1669. Verfügung über Ansprüche des Mündels, Genehmigung des Gegenvormundes oder Vormundschaftsgerichtes, Ausnahmen . . . 1121
§ 1670. Hinterlegung von Inhaberpapieren, Umschreibung auf den Namen des Mündels, Außerkurssetzung . . . 1129
§ 1671. Beschränkung der Vertretungsmacht des Vormundes bei geschehener Hinterlegung bezüglich der Erhebung u. s. w. . . . 1133
§ 1672. Freiwillige Hinterlegung oder Umschreibung . . . 1135
§ 1673. Kosten der Hinterlegung oder Umschreibung . . . 1135
§ 1674. Fälle der erforderlichen Genehmigung des Vormundschaftsgerichtes zu Rechtsgeschäften . . . 1136
§ 1675. Allgemeine Ermächtigung des Vormundschaftsgerichtes zu Rechtsgeschäften . . . 1147
§ 1676. Theilung eines gemeinschaftlichen Gegenstandes, Veräußerung im Zwangsvollstreckungsverfahren . . . 1148
§ 1677. Verbot der Ueberlassuug von Gegenständen, deren Veräußerung Genehmigung des Gegenvormundes oder des Vormundschaftsgerichtes erfordert, an den Mündel . . . 1149
§ 1678. Anhörung von Verwandten oder Verschwägerten des Mündels durch das Vormundschaftsgericht vor einer ihm zustehenden Entscheidung . . . 1149
§ 1679. Anhörung des Gegenvormundes . . . 1151
§ 1680. Anhörung des Mündels . . . 1152
§ 1681. Karakter der Gehmigung des Vormundschaftsgerichtes; vorgängige, nachträgliche Genehmigung, Verweigerung der letzteren, Rücktrittsrecht des Vormundes vom Vertrage, Genehmigung des geschäftsfähig gewordenen Mündels . . . 1153
§ 1682. Karakter der Genehmigung des Gegenvormundes . . . 1155

III. Allgemeine Fürsorge und Aufsicht des Vormundschaftsgerichtes.

§ 1683. Einstweilige Maßregeln vor Bestellung eines Vormundes, bei dessen Behinderung . . . 1155
§ 1684. Aufsicht des Vormundschaftsgerichtes . . . 1155
§ 1685. Anordnung der Unterbringung des Mündels in einer Familie oder Anstalt . . . 1156
§ 1686. Auskunftspflicht des Vormundes und Gegenvormundes . . . 1156
§ 1687. Jährliche Rechnungslegung des Vormundes, Einrichtung der Rechnung, Bilanz an Stelle derselben . . . 1157
§ 1688. Prüfung der Rechnung durch das Vormundschaftsgericht . . . 1159
§ 1689. Sicherheitsleistung des Vormundes unter besonderen Umständen . . . 1161

IV. Befreite Vormundschaft.

Allgemeine Betrachtung, Personen, welche zur Anordnung befugt sind, Wesen der befreiten Vormundschaft . . . 1162

Seite

§ 1690. Anordnung der Nichtbestellung eines Gegenvormundes, Ausschließung der Genehmigung des Vormundschaftsgerichtes, wo dieselbe sonst gesetzlich erforderlich . . . 1168
§ 1691. Befreiung von der Rechnungslegung, Einreichung von Vermögensübersichten an deren Stelle . . . 1170
§ 1692. Befreiung von Hinterlegung und Umschreibung . . . 1172
§ 1693. Voraussetzungen der bezüglichen elterlichen Anordnungen . . . 1172
§ 1694. Außerkraftsetzung der Anordnungen durch das Vormundschaftsgericht . 1173
§ 1695. Verbot der Offenlegung des Vermögensverzeichnisses . . . 1173

V. **Verbindlichkeiten zwischen Vormund und Mündel. Haftung des Vormundschaftsrichters.**

§ 1696. Haftung des Vormundes für die Sorgfalt eines ordentlichen Hausvaters. Haftung des Gegenvormundes. Gesammtschuldnerische Haftung mehrerer Verantwortlicher . . . 1175
§ 1697. Verzinsungspflicht bei Verzögerung der Anlage von Mündelgeldern, bei Verwendung von Mündelvermögen in eigenem Nutzen . . . 1180
§ 1698. Aufwendungen des Vormundes oder Gegenvormundes . . . 1181
§ 1699. Honorar des Vormundes, des Gegenvormundes . . . 1181
§ 1700. Herausgabe des Vermögens, Rechnungslegung . . . 1184
§ 1701. Mitwirkung des Vormundschaftsgerichtes bei Abnahme der Schlußrechnung 1186
§ 1702. Haftung des Vormundschaftsrichters . . . 1190

VI. **Beendigung der Vormundschaft.**

§ 1703. Beendigungsgründe: Tod des Mündels, Volljährigkeit, Todeserklärung, Eintritt der elterlichen Gewalt, Legitimation durch nachfolgende Ehe . 1193
§ 1704. Beendigung des Amtes des Vormundes: Tod, Todeserklärung, Geschäftsunfähigkeit, Entlassung . . . 1195
§ 1705. Obligatorische Entlassungsgründe . . . 1197
§ 1706. Entlassung auf Antrag des Vormundes . . . 1199
§ 1707. Entlassung einer Frau im Falle der Eheschließung . . . 1200
§ 1708. Pflicht zur Anzeige vom Tode eines Vormundes . . . 1201
§ 1709. Schutz des Vormundes gegen Nichtkenntniß von der Beendigung, Fortführung angefangener Geschäfte . . . 1202
§ 1710. Beendigung des Amtes des Gegenvormundes . . . 1202
§ 1711. Zurückgabe der Bestallung . . . 1203

VII. **Familienrath.**

§ 1712. Einsetzung auf Anordnung der Eltern; bedingte Anordnung; Mangel fähiger und geeigneter Mitglieder . . . 1203
§ 1713. Einsetzung auf Antrag von Verwandten, Verschwägerten, des Vormundes oder Gegenvormundes. Untersagung der Einsetzung durch die Eltern . 1205
§ 1714. Zusammensetzung des Familienrathes . . . 1207
§ 1715. Berufung der Mitglieder durch die Eltern, Auswahl durch das Vormundschaftsgericht . . . 1209
§ 1716. Fälle der Unfähigkeit zur Mitgliedschaft . . . 1212
§ 1717. Freiwilligkeit der Uebernahme des Amtes . . . 1215
§ 1718. Voraussetzungen der elterlichen Anordnung . . . 1216
§ 1719. Rechte und Pflichten des Familienrathes . . . 1216
§ 1720. Ersatz baarer Auslagen der Mitglieder . . . 1218
§ 1721. Einberufung des Familienrathes, Ordnungsstrafen . . . 1218
§ 1722. Beschlußfähigkeit des Familienrathes, Ausschließung wegen kollidirender Interessen, Stimmenmehrheit, Stimmengleichheit . . . 1220
§ 1723. Beendigung des Amtes eines Mitgliedes . . . 1224
§ 1724. Aufhebung des Familienrathes . . . 1225

§ 1725. VIII. **Mitwirkung des Gemeindewaisenrathes** 1225

Zweiter Titel.

Vormundschaft über Volljährige.

§ 1726. Vormundschaft über Entmündigte . . . 1227
§ 1727. Vormundschaft über Schutzbedürftige: Taube, Blinde, Stumme. Einwilligung der Schutzbedürftigen . . . 1229

Seite
§ 1728. Anwendung der Vorschriften über Altersvormundschaft 1235
§ 1729. Berufung zur Vormundschaft, Reihenfolge 1236
§ 1730. Umfang der Sorge für die Person des Mündels 1238
§ 1731. Gewährung einer Ausstattung 1239
§ 1732. Fälle von Pacht- und Miethverträgen und Verpflichtung zu wiederkehrenden Leistungen, in denen die Genehmigung des Vormundschaftsgerichtes erforderlich ist 1240
§ 1733. Befreite Vormundschaft der Eltern 1240
§ 1734. Eheschließung der zu Vormündern bestellten Eltern 1244
§ 1735. Beendigung der Vormundschaft 1244
§ 1736. Einsetzung eines Familienrathes 1246
§ 1737. Vorläufige Vormundschaft bei Beantragung der Entmündigung . . 1246

Dritter Titel.

Pflegschaft.

Vorbemerkung über Wesen und Kategorien der Pflegschaft 1252
§ 1738. Pflegschaft über Minderjährige, über bevormundete oder zu bevormundende Volljährige bei Verhinderung des Inhabers der elterlichen Gewalt oder des Vormundes, bei Anordnung durch den Vermögenszuwender 1253
§ 1739. Pflegschaft wegen Gebrechlichkeit, Einwilligung 1256
§ 1740. Abwesenheitspflegschaft 1256
§ 1741. Pflegschaft für eine Leibesfrucht (cura ventris) 1262
§ 1742. Pflegschaft für unbekannte Betheiligte 1265
§ 1743. Anwendung der Vorschriften über Vormundschaft 1266
§ 1744. Berufung zur Pflegschaft 1267
§ 1745. Berufung durch den Vermögenszuwender 1268
§ 1746. Bestellung eines Gegenvormundes 1269
§ 1747. Prozeßfähigkeit des Pflegebefohlenen 1270
§ 1748. Beendigung der Pflegschaft 1271

Fünfter Band.

Erbrecht.

Erster Abschnitt.

Allgemeine Vorschriften.

Vorbemerkung über Erbrecht 1
§ 1749. Begriff des Erbfalles, der Erbschaft, des Erben, der Erbfolge . . . 2
§ 1750. Erbtheile 3
§ 1751. Erbeinsetzung 3
§ 1752. Ueberleben des Erben 4

Zweiter Abschnitt.

Letztwillige Verfügung.

Erster Titel.

Allgemeine Vorschriften.

Vorbemerkung über die Nomenklatur von letztwilliger Verfügung, Testament, letzter Wille 6
§§ 1753, 1754. Testirfreiheit, Freiheit der Aufhebung der letztwilligenden Verfügung, Nichtigkeit der Verträge über Errichtung und Nichterrichtung, derogatorische Klausel 7
1755. Inhalt letztwilliger Verfügung: Bestimmung des Erben, Ausschließung einer bestimmten Person 9

		Seite
§ 1756.	Begriff des Vermächtnisses	9
§ 1757.	Begriff der Auflage	10
§ 1758.	Bedenkung eines Nasciturus, einer zur Zeit des Erbfalles noch nicht empfangenen Person	11
§ 1759.	Bedenkung einer juristischen Person	15
§ 1760.	Zulässigkeit einer Bedingung oder Zeitbestimmung, conditio si volet, in praesens suo praeteritum collata, necessaria; widersinnige, unerlaubte Bedingung, auflösende Bedingung, Religionswechsel, kaptatorische Verfügung, privatorische Klausel u. s. w.	16
§ 1761.	Aufschiebend bedingte letztwillige Zuwendung, dies incertus	24
§ 1762.	Erfüllung der Bedingung vor dem Erbfalle	26
§ 1763.	Bedingung zum Vortheile eines Dritten	27
§ 1764.	Bedingung auf willkürliche Handlung des Bedachten, cautio Muciana	28
§ 1765.	Bedingung auf bloßes Wollen des Beschwerten	30
§ 1766.	Beliebige Leistungszeit	31
§ 1767.	Vorbehalt einer Ergänzung	31
§ 1768.	Ungewißheit der Person des Bedachten	32
§ 1769	Alternative Erbeinsetzung, Vermächtniß	33
§ 1770.	Bestimmung der Person durch den Beschwerten oder einen Dritten	34
§ 1771.	Bedenkung der Verwandten oder nächsten Verwandten ohne nähere Bezeichnung	36
§§ 1772, 7773.	Bedenkung der Kinder oder Abkömmlinge des Erblassers ohne nähere Bezeichnung	37
§ 1774.	Bedenkung der Abkömmlinge eines Dritten ohne nähere Bezeichnung	38
§ 1775.	Bedenkung einer Klasse von Personen	39
§ 1776.	Bedenkung der „Armen"	39
§ 1777.	Unzulässigkeit der Bestimmung des Gegenstandes der Zuwendung durch Andere, Bestimmung über die Vertheilung	41
§ 1778.	Allgemeine Auslegungsregel für Aufrechterhaltung der letztwilligen Verfügung	43
§ 1779.	Willensdogma	45
§ 1780.	Anfechtung letztwilliger Verfügung wegen Drohung oder Betruges	47
§ 1781.	Anfechtung wegen Irrthums oder irriger Voraussetzung	48
§ 1782.	Uebergehung eines zur Zeit der Errichtung noch nicht bekannten u. s. w. Pflichttheilsberechtigten	50
§ 1783.	Anfechtung der Bedenkung eines Ehegatten, Verlobten	53
§ 1784.	Anfechtungsberechtigte in den Fällen der §§ 1780—1783	55
§ 1785.	Zeitliche Beschränkung des Anfechtungsrechtes	57
§ 1786.	Ausschließung der Anfechtung durch Unthätigkeit des Erblassers	59
§ 1787.	Unwirksamkeit einzelner Verfügungen	60

Zweiter Titel.

Erbeinsetzung.

§ 1788.	Auslegungsregel, ob Erbeinsetzung oder Vermächtniß, das Wort „Erbe" nicht erforderlich	61
§ 1789.	Ausschließung der gesetzlichen Erbfolge durch Erbeinsetzung	62
§ 1790.	Eintritt der gesetzlichen Erbfolge neben den eingesetzten Erben (Aufgeben des Satzes nemo paganus pro parte testatus u. s. w.)	63
§ 1791.	Ausschließung des Anfalles eines Vermögensgegenstandes an den gesetzlichen Erben	64
§ 1792.	Einsetzung Mehrerer ohne Bruchtheile	64
§ 1793.	Einsetzung auf Bruchtheile, welche das Ganze übersteigen	65
§ 1794.	Einsetzung auf Bruchtheile, welche das Ganze nicht erschöpfen	65
§ 1795.	Einsetzung theils auf Bruchtheile, theils ohne solche	66
§ 1796.	Einsetzung Mehrerer auf einen gemeinschaftlichen Erbtheil	68
§ 1797.	Voraussetzung und Wirkung der Anwachsung	69
§ 1798.	Ausschließung der Anwachsung durch den Erblasser	72
§ 1799.	Beschwerung des angewachsenen Erbtheiles	73
§ 1800.	Zulässigkeit der Einsetzung von Ersatzerben	74
§ 1801.	Auslegungsregel (Erbe nicht „will" oder „kann")	75
§ 1802.	Einsetzung als Nacherbe ist im Zweifel auf solche als Ersatzerbe	75
§ 1803.	Wechselseitige Erbeinsetzung	76

Seite

Dritter Titel.

Einsetzung eines Nacherben.

Vorbemerkung 79
§ 1804. Begriff der Nacherbfolge, Nacherbe, Vorerbe, Zulässigkeit 81
§ 1805. Anordnung der Herausgabe der Erbschaft mit Eintritt eines bestimmten Zeitpunktes oder Ereignisses 83
§ 1806. Verbot des Erblassers an den Erben, von Todeswegen zu verfügen, gesetzliche Erben des Erben als Nacherben 84
§ 1807. Erbeinsetzung unter auflösender Bedingung oder Endtermin ohne weitere Bestimmung, gesetzliche Erben des Erblassers als Nacherben . . . 86
§ 1808. Erbeinsetzung unter aufschiebender Bedingung oder Anfangstermin, gesetzliche Erben des Erblassers als Vorerben; Einsetzung noch nicht empfangener, unbestimmter Person 87
§ 1809. Eintritt der Nacherbfolge mit dem Tode des Vorerben 88
§ 1810. Uebergang der Rechte des Nacherben auf dessen Erben 89
§ 1811. Einsetzung von Nacherben für kinderlose Abkömmlinge 89
§§ 1812, 1813. Beschränkung der Zulässigkeit der Nacherbfolge, Ersatzerbeinsetzung für den Nacherben, zeitliche Beschränkung 90
§ 1814. Erstreckung des Rechtes des Nacherben auf die Anwachsung, nicht auf Rechte, des Vorerben aus Ersatzeinsetzung oder Vorausvermächtniß . . 92

Rechtsverhältniß zwischen Vorerben und Nacherben.

§ 1815. a) Anwendung der Vorschrifteu über den Nießbrauch 93
§ 1816. b) Gemeinschaftliche Verfügung, Aufhebung der Gemeinschaft . . . 95
§ 1817. c) Versicherungspflicht des Vorerben 96
§ 1818. d) Kündigung einer auf Zinsen ausstehenden Forderung durch den Vorerben 96
§ 1819. e) Einziehung einer auf Zinsen ausstehenden Forderung durch den Vorerben 97
§ 1820. f) Wiederanlegung erhobener Kapitalien 98
§ 1821. g) Grundschulden, Eigenthümerhypotheken 98
§ 1822. h) Inhaberpapiere 98
i) Anwendbarkeit der §§ 980 ff. des Entwurfes: Begründung des Nießbrauches, Schatz, Verwaltung und Herausgabe, Verwaltungspflicht, Inventarpflicht, Verbindlichkeiten des Eigenthümers, Sicherheitsleistung, Mieth- und Pachtverhältnisse, Veräußerung, verbrauchbare Sachen 101
§ 1823. k) Verfügungen des Vorerben zur ordnungsmäßigen Verwaltung der der Nacherbfolge unterliegenden Gegenstände 107
§ 1824. l) Beilegung größerer Rechte durch den Erblasser 109
§ 1825. Anwendung des Surrogationsprinzipes auf die der Nacherbfolge unterliegenden Gegenstände 109
§ 1826. Eintragung des Rechtes des Nacherben in das Grundbuch zugleich mit derjenigen des Rechtes des Vorerben 111
§ 1827. Bestellung eines Pflegers für den Nacherben 112
§ 1828. Verfügung des Vorerben über einen der Nacherbfolge unterliegenden Gegenstand 114
§ 1829. Zwangsvollstreckung oder Arrest gegen den Vorerben 117
§ 1830. Wirkung des Urtheiles für und gegen den Vorerben gegenüber dem Nacherben 117
§ 1831. Form der Einwilligung des Nacherben in den gesetzlichen Fällen . . 120

Rechtsstellung des Vor- und Nacherben.

§ 1832. a) Ausschlagung der Nacherbschaft 120
§ 1833. b) Aufhebung der Wirkungen der Vereinigung mit Eintritt der Nacherbfolge 123
§ 1834. c) Vermächtnisse als Lasten der Erbschaft 123
d) Nachlaßverbindlichkeiten:
1. Vorbemerkung 124
§ 1835. 2. Grundsatz der Haftung des Nacherben 126
§ 1836. 3. Inventarrecht des Nacherben 126
§ 1837. 4. Haftung des Vorerben nach Eintritt der Nacherbfolge . . . 126

		Seite
§ 1838.	5. Gläubigeraufgebot	128
§§ 1839—1841.	Nacherbschaft auf den Ueberrest	128
Pupillarsubstitution, Quasipupillarsubstitution		132

Vierter Titel.

Vermächtniß.

Vorbemerkung:	Terminologie, Ablehnung des Vindikationslegates	133
§ 1842.	Erbe als Beschwerter	136
§ 1843.	Mehrere Erben oder Vermächtnißnehmer als Beschwerte, alternative Beschwerung	137
§ 1844.	Verbot der Veräußerung eines Gegenstandes, Auslegung als Vermächtniß	138
§ 1845.	Vorausvermächtniß	139
§ 1846.	Mehrere mit einem und demselben Gegenstande Bedachte, Forderung, vertretbare Sachen	140
§ 1847.	Unbestimmte Bezeichnung des Gegenstandes, res extra commercium	141
	Dem Erblasser oder einem anderen gehöriger Gegenstand	142
§ 1848.	Vermächtniß eines als dem Erblasser gehörend zugewendeten Gegenstandes, Wirksamkeit	144
§ 1849.	Verschaffungsvermächtniß	148
§ 1850.	Zuwendung eines in sich bestimmten Gegenstandes	149
§ 1851.	Zuwendung eines dem Bedachten gehörenden Gegenstandes, legatum debiti	150
§ 1852.	Begründung eines Rechtes als Gegenstand des Vermächtnisses	153
§ 1853.	Wegfall des Vermächtnisses wegen Unmöglichkeit der Leistung	153
§ 1854.	Untergang der Sache durch Verbindung, Vermischung u. s. w.	156
§ 1855.	Forderung als Gegenstand des Vermächtnisses	157
§ 1856.	Aufrechnung des Schuldners gegen den Erben mit der vermachten Forderung	158
§ 1857.	Nichtigkeit des Vermächtnisses der Erbschaft eines zur Zeit des Erbfalles noch lebenden Dritten	161
§ 1858.	Wirksames Vermächtniß einer Erbschaft	162
§ 1589.	Zubehör einer vermachten in sich bestimmten Sache, Vermächtniß eines Inbegriffes von Sachen	163
§ 1860.	Vermächtniß eines vermietheten oder verpachteten Gegenstandes	164
§ 1861.	Vermächtniß eines (mit Pfandrechten u. s. w.) belasteten Gegenstandes	165
§ 1862.	Wahlvermächtniß	170
§ 1863.	Gattungsvermächtniß	173
§ 1864.	Gemischt-generisches Vermächtniß	174
§ 1865.	Vermächtnißanspruch	176
§ 1866.	Vermächtniß einer Forderung des Erblassers gegen den Erben, keine Vereinigung	176
§ 1867.	Anfall des Vermächtnisses	177
§ 1868.	Voraussetzung des Ueberlebens des Vermächtnißnehmers	181
§ 1869.	Zeitliche Begrenzung des Anfalles, Bedingung, nasciturus, unbestimmte Persönlichkeit zur Zeit des Erbfalles	182
§ 1870.	Anwachsung, gemeinschaftlicher Antheil	184
§ 1871.	Ausschließung der Anwachsung durch den Erblasser	185
§ 1872.	Beschwerung des angewachsenen Antheiles	186
§ 1873.	Annahme und Ausschlagung des Vermächtnisses, Anwendbarkeit gewisser Vorschriften über Annahme und Ausschlagung der Erbschaft, mehrere Vermächtnisse	186
§ 1874.	Erbunwürdigkeit des Vermächtnißnehmers	189
§ 1875.	Unwirksamkeit des Vermächtnisses kommt dem Beschwerten zu statten	189
§ 1876.	Wirkung des Wegfalles des Beschwerten	189
§ 1877.	Erfüllung des Vermächtnißanspruches, beschwerter Vermächtnißnehmer	191
§ 1878.	Umfang des Vermächtnißanspruches, Zuwachs, Zinsen, Surrogate	194
§ 1879.	Gewährleistung, insonderheit bei dem Gattungsvermächtnisse	196
§ 1880.	Verwendungen des Beschwerten	199
	Kürzung des Vermächtnisses, quarta Falcidia, Abzugsrecht des Erben, Wirkungen der Angehörigkeit eines Rechtsstreites über die Erbschaft	204
§ 1881.	Kürzungsrecht des Vermächtnißnehmers, Anwendung der Vorschriften über die Abzugseinrede des Inventarerben	206

Seite
§ 1882. Minderung der Beschwerungen des Vermächtnißnehmers, welcher selbst Kürzungen erlitten hat . . . 207
§ 1883. Ersatzberufung . . . 207
§§ 1884, 1885. Nachvermächtniß . . . 208

Fünfter Titel.
Auflage.

§ 1886. Anwendung von Vorschriften über das Vermächtniß . . . 211
§ 1887. Folgen der Unwirksamkeit der Auflage . . . 212
§ 1888. Berechtigte Personen, die Vollziehung der Auflage zu fordern . . . 214

Sechster Titel.
Testamentsvollstrecker.

§ 1889. Ernennung des Testamentsvollstreckers durch den Erblasser . . . 217
§ 1890. Ueberlassung der Bestimmung der Person des Testamentsvollstreckers an einen Dritten . . . 219
§ 1891. Geschäftsunfähigkeit, beschränkte Geschäftsfähigkeit des Ernannten . . . 219
§ 1892. Beginn des Amtes des Testamentsvollstreckers, Annahme, Ablehnung . 220
§ 1893. Stellung mehrerer Testamentsvollstrecker . . . 222
§ 1894. Erlöschen des Amtes . . . 223
§ 1895. Kündigung des Amtes . . . 223
§ 1896. Enthebung von dem Amte . . . 224
§ 1897. Ausführung der letztwilligen Verfügungen des Erblassers, unzureichender Nachlaß . . . 226
§ 1898. Auseinandersetzung der Miterben . . . 228
§ 1899. Inhabung und Realisirung des Nachlasses . . . 231
§ 1900. Verfügungsmacht des Testamentsvollstreckers . . . 232
§ 1901. Verfügungsmacht des Erben . . . 233
§ 1902. Eingehung von Verbindlichkeiten durch den Testamentsvollstrecker . . 234
§ 1903. Vertretung in Prozessen, Aktivprozesse, Passivprozesse . . . 235
§ 1904. Zwangsvollstreckung gegen den Nachlaß, Interventionsrecht des Testamentsvollstreckers . . . 237
§ 1905. Letztwillige Einschränkung der Befugnisse des Testamentsvollstreckers . 241
§ 1906. Nachlaßverzeichniß . . . 242
§ 1907. Aushändigung erbschaftlicher Gegenstände an den Erben während des Amtes . . . 242
§ 1908. Anwendung von Vorschriften über den Auftrag . . . 244
§ 1909. Vergütung an den Testamentsvollstrecker . . . 244
§ 1910. Vollstrecker hinsichtlich der Beschwerungen eines Vermächtnißnehmers . 245

Siebenter Titel.
Errichtung letztwilliger Verfügungen.

§ 1911. Ausschluß der Vertretung . . . 246
§ 1912. Testamentsfähigkeit, Lebensalter des Verfügenden . . . 247
§ 1913. Unzulässigkeit gemeinschaftlicher Testamente . . . 253

Ordentliche Testamentsform.

Oeffentliche Form. Ablehnung der Privattestamente . . . 257
§ 1914. Gerichtliche oder notarielle Form . . . 261
§ 1915. Mitwirkende Personen . . . 261
§ 1916. Hinderungsgründe der Mitwirkung aus Verhältniß zu dem Verfügenden 263
§ 1917. Hinderungsgründe der Mitwirkung aus Verhältniß zu dem Richter oder Notar, Qualifikation der Zeugen . . . 266
§§ 1918—1920. Art der Errichtung, Uebergabe der Testamentsniederschrift, mündliche Verlautbarung; Erfordernisse des Protokolles, Unterschrift, Erklärung nicht schreiben zu können; Senatusconsultum Libonianum 270
§§ 1921, 1922. Erfordernisse hinsichtlich gewisser Gebrechlicher, Taube, Stumme oder zu sprechen Verhinderte, Unfähigkeit, Geschriebenes zu lesen, Blinde 275
§ 1923. Erfordernisse für der Deutschen Sprache nicht Mächtige, Dolmetscher, der fremden Sprache mächtige Mitwirkende . . . 278

Seite

§ 1924. Vorbehalt für die Landesgesetze über die Errichtung gerichtlicher oder notarieller Urkunden 280

Außerordentliche Testamentsform:

§§ 1925, 1926. Errichtung vor dem Gemeinde- oder Verbandsvorsteher, zeitliche Beschränkung der Gültigkeit 281
§§ 1927, 1928. Testament bei Verkehrssperrung, zeitliche Beschränkung der Gültigkeit 283
§§ 1929, 1930. Militairtestament. Seetestament, zeitliche Beschränkung der Gültigkeit des letzteren 286
§ 1931. Gesandten- (Berufskonsuln-) Testament 288
Ablehnung einer Erleichterung der Form für andere Fälle: Anordnungen über Begräbniß, über Auseinandersetzung, Ernennung eines Testamentsvollstreckers; gewisse familienrechtliche Anordnungen; Oralfideikommisse, Nachzettel, Verbot der Siegelung, testamentum ad pias causas, Testament katholischer Geistlicher 288
§ 1932. Verschließung und Verwahrung letztwilliger Verfügungen 295
§ 1933. Aufhebung der letztwilligen Verfügung durch Widerruf 297
§ 1934. Aufhebung durch Vernichtung der Testamentsurkunde, Vermuthung des Willens der Aufhebung 299
§ 1935. Aufhebung durch Herausgabe der Testamentsurkunde an den Erblasser 302
§ 1936. Aufhebung durch Errichtung neuer letztwilliger Verfügung 303
§ 1937. Ablieferung der Testamentsurkunde bei Eintritt des Erbfalles an das Nachlaßgericht 305
§ 1938. Verkündung 306
§ 1939. Benachrichtigung der Betheiligten von dem Inhalte der verkündeten letztwilligen Verfügung 307

Dritter Abschnitt.

Verfügung von Todeswegen durch Vertrag.

Vorbemerkung über Erbvertrag und Vermächtnißvertrag 310
§ 1940. Erbeinsetzungsvertrag, Vertragserbe 313
§ 1941. Ausschließung der Vertretung bei der Errichtung 314
§ 1942. Erfordernisse in der Person des Erblassers 314
§ 1943. Regelmäßige Form der Errichtung, Anwendung von Vorschriften über Testamentserrichtung 315
§ 1944. Erbeinsetzungsverträge Stummer oder zu sprechen Verhinderter . . . 317
§ 1945. Verschließung, Verwahrung, Verkündung 319
§ 1946. Anwendung von Vorschriften über die Erbeinsetzung durch letztwillige Verfügung 320
§ 1947. Willensmängel 322
§ 1948. Anfechtung des Erbeinsetzungsvertrages durch den Erblasser; den Ehegatten, Verlobten (bei Einsetzung eines Dritten), Genehmigung, Ausschließung der Vertretung, Präklusivfrist 322
§ 1949. Anfechtung durch andere Personen 325
§ 1950. Verhältniß des Erbeinsetzungsvertrages zu dem gesetzlichen Erbrechte des Vertragserben 326
§ 1951. Verfügungsbefugniß unter Lebenden trotz Erbeinsetzungsvertrages . . 327
§ 1952. Schenkungen des Erblassers 328
§ 1953. Verhältniß des Erbeinsetzungsvertrages zu anderen, früheren oder späteren Verfügungen von Todeswegen 331
§ 1954. Keine Vererblichkeit der Rechte des Vertragserben 332
§§ 1955, 1956. Sonstiger Inhalt des Erbeinsetzungsvertrages, Zulässigkeit und Wirksamkeit anderweiter Verfügungen 333
§ 1957. Aufhebung des Erbeinsetzungsvertrages durch Vertrag 339
§ 1958. Rücktritt auf Grund Vorbehaltes, Form, Unwiderruflichkeit 342
§ 1959. Aufhebung eines gegenseitigen Erbeinsetzungsvertrages 344
§ 1960. Aufhebung sonstiger Verfügungen neben der Einsetzung des Vertragserben 346
§ 1961. Gegenseitiger Erbeinsetzungsvertrag mit Rücktrittsvorbehalt 348
§ 1962. Vermächtnißvertrag 349
§ 1963. Schenkung auf den Todesfall 350

Seite

Vierter Abschnitt.

Gesetzliche Erbfolge.

Erster Titel.

Gesetzliche Erben.

Vorbemerkung: Parentelerbfolge, Schoßfallsrecht, römisches Recht 353
§ 1964. Maßgebender Zeitpunkt für die gesetzliche Erbfolge, Erbberechtigung eines nasciturus 357
§ 1965. Erste Linie: Abkömmlinge, Erbfolge nach Stämmen 358
§ 1966. Zweite Linie: Eltern und deren Abkömmlinge 361
§ 1967. Gemeinsame Vorschrift für die erste und zweite Linie: Angehörigkeit zu verschiedenen Stämmen, jeder Antheil besonderer Erbtheil 363
§ 1968. Dritte Linie: Großeltern und deren Abkömmlinge 364
§ 1969. Vierte rc. Linie: Urgroßeltern und deren Abkömmlinge, Voreltern . 366
§ 1970. Gemeinsame Vorschrift für alle Linien, successio ordinis 367
§ 1971. Erbfolge der Ehegatten, Voraus des Ehegatten 367
§ 1972. Ausschlagung, Ausschließung, Erbunwürdigkeit eines gesetzlichen Erben, derselbe wird als vor dem Erbfalle gestorben angesehen 375
§ 1973. Besonderer Erbtheil des nach § 1972 Weggefallenen, sowie bei Vorversterben eines gesetzlichen Erben hinsichtlich Vermächtnisse, Auflagen und Ausgleichungspflicht 377
§ 1974. Erbrecht des Fiskus 378

Zweiter Titel.

Pflichttheil.

§ 1975. Begriff. Berechtigte: Abkömmlinge, Eltern, Ehegatten; Hälfte . . 381
§ 1976. Nur Anspruch auf eine Geldleistung (Pflichttheilsanspruch) 390
§ 1977. Bedeutung der Zuwendung des Pflichttheiles, im Zweifel keine Erbeinsetzung 391
§ 1978. Ausschließung des Pflichttheilsberechtigten von der Erbfolge, Geldanspruch 391
§ 1979. Einsetzung auf einen zu geringen Bruchtheil, Ergänzung in Geld . . 391
§ 1980. Zuwendung des Pflichttheiles durch Vermächtniß 392
§ 1981. Zuwendung durch Erbeinsetzung unter Beschränkung, Beschwerung, Belastung 394
§ 1982. Zuwendung durch beschränktes rc. Vermächtniß 399
§ 1983. Nur ein Pflichttheil für denselben Stamm 401
§ 1984. Mitzuzählende Personen bei Berechnung der Größe des Pflichttheiles . 403
§ 1985. Maßgebende Zeit für die Berechnung 405
§ 1986. Werthberechnung 405
§ 1987. Berücksichtigung des Voraus 409
§ 1988. Auskunftspflicht des Erben 409
§ 1989. Abrechnung auf den Pflichttheil, gesetzliche, angeordnete 410
§ 1990. Art der Berechnung für die abzurechnenden Werthe 414
§ 1991. Abrechnung der Zuwendungen eines Ehegatten aus dem Gesammtgute 416
§ 1992. Entstehung des Pflichttheilsanspruches mit dem Erbfalle, Vererblichkeit, Uebertragbarkeit, Pfändung desselben, Zwangsvollstreckung 417
§ 1993. Pflichttheilslast; Verhältniß derselben zu den Nachlaßverbindlichkeiten 420
§ 1994. Haftung mehrerer Erben 421
§§ 1995—1998. Haftung mehrerer Erben im Verhältnisse zu einander . . . 421
§ 1999. Verjährung des Pflichttheilsanspruches 425
§ 2000. Berechtigung des Erblassers zur Entziehung des Pflichttheiles . . . 428
§ 2001. Gründe der Entziehung gegenüber einem Abkömmlinge 430
§ 2002. Exheredatio bona mente 437
§ 2003. Gründe der Entziehung gegenüber einem Elterntheile 442
§ 2004. Wegfall des Entziehungsgrundes bei Verzeihung 443
§ 2005. Gründe der Entziehung gegenüber dem Ehegatten 444
§ 2006. Art der Entziehung (durch letztwillige Verfügung) 447
§ 2007. Nothwendigkeit der Angabe des Grundes der Entziehung 448
§ 2008. Beweislast bezüglich des Entziehungsgrundes 449

Seite
§§ 2009—2018 Inofficiosa donatio. Außerordentlicher Pflichttheil . 449
§ 2009. Voraussetzungen des außerordentlichen Pflichttheiles, Art der in Betracht kommenden Schenkungen . . . 456
§ 2010. Anwendung der Vorschriften über den Pflichttheil . . . 460
§ 2011. Anspruch des Berechtigten im Falle der Einsetzung auf den Pflichttheilsbruchtheil . . . 461
§ 2012. Schenkung an den Pflichttheilsberechtigten selbst . . . 462
§ 2013. Haftung des Erben für den außerordentlichen Pflichttheil . . . 463
§ 2014. Haftung des Beschenkten . . . 466
§ 2015. Haftung mehrerer zu verschiedener Zeit Beschenkter . . . 467
§ 2016. Herausgabepflicht . . . 467
§ 2017. Schenkungen aus dem ehelichen Gesammtgute . . . 468
§ 2018. Ausnahme für Schenkungen aus sittlicher Pflicht oder Anstand . . . 469

Fünfter Abschnitt.

Erbverzicht.

Vorbemerkung . . . 470
§ 2019. Zulässigkeit und Wirkung des Erbverzichtvertrages, kein Pflichttheilsrecht, Beschränkung auf Ausschließung des Pflichttheilsrechtes . . . 472
§ 2020. Errichtung und Aufhebung des Erbverzichtvertrages . . . 473
§ 2021. Verbindung des Erbverzichtvertrages mit einem Erbeinsetzungsvertrage oder Vermächtnißvertrage . . . 476
§ 2022. Erbverzicht zu Gunsten einer bestimmten Person . . . 477
§ 2023. Ausgleichung oder Anrechnung der Gegenleistung für die eintretenden Abkömmlinge des Verzichtenden . . . 480
§ 2024. Verzicht auf die vertragsmäßige Zuwendung von Todeswegen . . . 483

Sechster Abschnitt.

Rechtsstellung des Erben.

Erster Titel.

Erwerb der Erbschaft.

Vorbemerkung: Erwerb kraft Gesetzes . . . 485
§ 2025. Anfall der Erbschaft kraft Gesetzes . . . 488
§ 2026. Anfall an einen nasciturus . . . 488
§ 2027. Unterhaltsanspruch der Mutter eines nasciturus. Missio in possessionem ventris nomine, missio ex edicto Carboniano, senatusconsultum Plancianum . . . 489
§ 2028. Ausschlagung der Erbschaft . . . 491
§ 2029. Annahme der Erbschaft, pro herede gestio . . . 494
§ 2030. Ausschlagungsfrist . . . 497
§ 2031. Tod des Erben vor Ablauf der Ausschlagungsfrist . . . 502
§ 2032. Form der Erklärung der Ausschlagung . . . 502
§ 2033. Ausschlagung vor Beginn der Ausschlagungsfrist . . . 503
§ 2034. Ausschlagung des beschwerten Pflichttheilsberechtigten . . . 504
§ 2035. Keine Bedingung oder Zeitbestimmung bei Annahme oder Ausschlagung der Erbschaft . . . 505
§ 2036. Keine Beschränkung der Annahme oder Ausschlagung auf einen Theil 506
§ 2037. Annahme oder Ausschlagung bei Berufung des Erben zu mehreren Erbtheilen . . . 506
§ 2038. Annahme oder Ausschlagung bei verschiedenen Berufungsgründen . . 508
§ 2039. Unwiderruflichkeit der Annahme oder Ausschlagung . . . 510
§ 2040. Anfechtung der Ausschlagungserklärung durch den Pflichttheilsberechtigten, wegen Drohung oder Betruges, Frist . . . 510
§ 2041. Anfechtung der Annahmeerklärung . . . 512
§ 2042. Wirkungen der Ausschlagung, weiterer Anfall der ausgeschlagenen Erbschaft 513
§§ 2043, 2044. Ausschlagung durch unter elterlicher Gewalt oder Vormundschaft Stehende, Genehmigung des Vormundschaftsgerichtes; Fall, wo solche nicht erforderlich . . . 514

Seite

Zweiter Titel.

Erbunwürdigkeit.

§ 2045. Fälle der Erbunwürdigkeit 516
§ 2046. Geltendmachung der Erbunwürdigkeit durch Anfechtung des Anfalles der Erbschaft an den Erbunwürdigen, Zeit der Zulässigkeit, Berechtigter, Frist 520
§ 2047. Die Anfechtung geschieht durch Erhebung der Klage auf Erbunwürdigkeitserklärung 521
§ 2048. Wirkungen der durchgeführten Anfechtung 522
§ 2049. Der Erbunwürdige hat keinen Pflichttheilsanspruch 523
§ 2050. Verzeihung 524

Dritter Titel.

Wirkungen des Erbschaftserwerbes.

§ 2051. Uebergang der einzelnen Rechte und Verbindlichkeiten kraft Gesetzes, bei mehreren Erben nach Verhältniß der Erbtheile 525
§ 2052. Besitz und Inhabung gehen nicht kraft Gesetzes über 530
§ 2053. Verbotene Eigenmacht gegen den Erblasser, Vererblichkeit der possessorischen Rechtsmittel 531
§ 2054. Verbotene Eigenmacht eines Dritten nach dem Erbfalle 533
§ 2055. Kosten der Beerdigung des Erblassers 535
§ 2056. Rechtsverhältniß des Ausschlagungsberechtigten, Geschäftsbesorgung während der Ausschlagungsfrist, Anwendung der Vorschriften über Geschäfsführung ohne Auftrag. Veräußerung und Belastung von Erbschaftsgegenständen 536
§ 2057. Rechtsstreit, Zwangsvollstreckung, Arrest während der Ausschlagungsfrist 539

Vierter Titel.

Fürsorge des Nachlaßgerichtes.

§ 2058. Sicherung des Nachlasses bei unbekannten u. s. w. Erben 541
§ 2059. Nachlaßpflegschaft bei unbekannten Erben, beim nasciturus, bei zu errichtender Stiftung 543
§ 2060. Anwendung der Vorschriften über die Pflegschaft auf die Nachlaßpflegschaft 548
§ 2061. Rechte und Pflichten des Nachlaßgerichtes bei der Nachlaßpflegschaft . 549
§ 2062. Umfang der Vertretungsmacht des Nachlaßpflegers 549
§ 2063. Inventarrecht des Erben bleibt durch bezüglichen Verzicht oder Versäumung des Nachlaßpflegers unberührt 550
§ 2064. Aufgebot der Nachlaßgläubiger, Antrag auf Eröffnung des Konkurses seitens des Nachlaßpflegers 551
§ 2065. Verpflichtungen des Nachlaßpflegers bei unzureichendem Nachlasse . . 552
§ 2066. Aufhebung der Nachlaßpflegschaft 553
§ 2067. Oeffentliche Aufforderung zur Anmeldung der Erbrechte bei unbekannten Erben durch das Nachlaßgericht, Eintritt des Fiskus bei erfolgter Aufforderung 554

Fünfter Titel.

Erbschein.

Vorbemerkung über Aufnahme des Institutes 557
§ 2068. Voraussetzung und Inhalt des Erbscheines über gesetzliche Erbfolge . 558
§ 2069. Inhalt des Antrages auf Ertheilung des Erbscheines 559
§ 2070. Beweismittel für die Richtigkeit der Angaben des Antragstellers . . 560
§ 2071. Ergebniß der Ermittelungen 562
§ 2072. Oeffentliche Aufforderung zur Anmeldung von Erbrechten durch das Nachlaßgericht 562
§ 2073. Einziehung, Kraftloserklärung des Erbscheines 563
§ 2074. Anspruch des wirklichen Erben gegen den vermeintlichen auf Herausgabe des Erbscheines an das Nachlaßgericht, Auskunftspflicht des vermeintlichen Erben, neuer Erbschein für den wirklichen Erben 564

Seite

§ 2075. Erbschein für den Vorerben, Namhaftmachung des Nacherben, des Testamentsvollstreckers . . . 565
§ 2076. Vermuthung für die Richtigkeit des Erbscheines . . . 567
§ 2077. Dingliche Rechtsgeschäfte des im Erbscheine als Erbe Bezeichneten, Vermuthung zu Gunsten gutgläubiger Dritter . . . 569
§ 2078. Zeugniß für den eingesetzten Erben . . . 573
§ 2079. Erbschein für gewisse (außerdeutsche) Erbfälle . . . 574

Sechster Titel.

Erbschaftsanspruch.

Vorbemerkung . . . 575
§ 2080. Begriffe des Erbschaftsbesitzes und Erbschaftsanspruches, Voraussetzungen des Anspruches . . . 578
§ 2081. Herauszugebende Erbschaftsgegenstände . . . 580
§ 2082. Auskunftspflicht des Erbschaftsbesitzers . . . 586
§ 2083. Bereicherungsanspruch gegen den Erbschaftsbesitzer . . . 587
§ 2084. Ersatz der Verwendungen, getilgte Nachlaßverbindlichkeiten . . . 589
§ 2085. Haftung des Erbschaftsbesitzers bei mala fides, Anwendung der Vorschriften über Eigenthumsanspruch . . . 591
§ 2086. Verzug, unerlaubte Handlungen des Erbschaftsbesitzers . . . 591
§ 2087. Erbschaftsanspruch ist Universalanspruch . . . 592
§ 2088. Geltendmachung des Einzelanspruches gegen den Erbschaftsbesitzer an Stelle des Erbschaftsanspruches, senatusconsultum Juventianum. Ablehnung weiterer etwa in Betracht kommender Vorschriften. Verweisung auf Eigenthumsanspruch, Beweis, vorläufiger Erbschaftsbesitz 593
§ 2089. Hereditatis petitio utilis im Falle einer Todeserklärung . . . 597
§ 2090. Schutz Dritter in dem Falle der Todeserklärung . . . 599
§ 2091. Schutz Dritter bei anfechtbarer Erbeinsetzung . . . 600

Siebenter Titel.

Inventarrecht.

§§ 2092, 2093. Begriffe der Nachlaßverbindlichkeiten und des Inventarrechtes. Keine Entziehung des Inventarrechtes durch den Erblasser oder durch Vertrag . . . 602
§ 2094. Verzicht auf das Inventarrecht, Anfechtung desselben . . . 607
§ 2095. Versäumung der Inventarfrist . . . 608
§ 2096. Antrag eines Nachlaßgläubigers auf Bestimmung der Inventarfrist . 610
§ 2097. Beginn und Dauer der Inventarfrist . . . 610
§ 2098. Schuldlose Versäumung der Inventarfrist . . . 611
§ 2099. Tod des Erben vor Ablauf der Inventarfrist . . . 612
§ 2100. Hemmung der Frist in gewissen Fällen . . . 613
§ 2101. Inventarfrist für unter elterlicher Gewalt oder Vormundschaft Stehende 614
§§ 2102, 2103. Aufnahme des Inventars, Antrag des Erben darauf an das Nachlaßgericht . . . 615
§ 2104. Inventarerrichtung durch Bezugnahme auf ein bereits vorhandenes Inventar . . . 617
§ 2105. Inhalt des Inventars . . . 618
§ 2106. Absichtliche, nicht beabsichtigte Unvollständigkeit des Inventars, Erlöschen des Inventarrechtes, bezw. Ergänzung des Inventars . . . 618
§ 2107. Einsicht des Inventars durch die Interessenten . . . 621
§ 2108. Verlust des Inventarrechtes gegenüber einem einzelnen Nachlaßgläubiger 621

Nachlaßkonkurs.

§ 2109. Regelmäßige Unzulässigkeit bei Verlust des Inventarrechtes . . . 622
§ 2110. Wirkungen der Konkurseröffnung . . . 623
§ 2111. Verfügungen des Erben über Nachlaßgegenstände trotz Eröffnung des Konkurses . . . 625
§ 2112. Verhältniß des Erben zur Konkursmasse, Anwendung der Vorschriften über Geschäftsführung ohne Auftrag . . . 626
§ 2113. Masseschulden . . . 629

Seite

§ 2114. Aufhebung der Wirkungen der Vereinigung in Folge des Erbfalles mit der Eröffnung des Konkurses 631
§ 2115. Ansprüche des Erben im Nachlaßkonkurse, Eintrittsrecht an Stelle der von ihm befriedigten Nachlaßgläubiger 633
§ 2116. Aufhebung der Wirkung der Aufrechnung des Nachlaßgläubigers gegen eine ihm gegen den Erben zustehende, nicht zum Nachlasse gehörige Forderung. Aufrechnungsrecht des Erben, des Erbschaftsschuldners, des Nachlaßgläubigers 634
§ 2117. Ausdehnung des Nachlaßkonkurses auf alle Nachlaßgläubiger; Forderungen, welche erst nach allen übrigen berichtiget werden, Rangordnung derselben 636
§ 2118. Ueberschuß aus der Konkursmasse, Haftung des Erben mit demselben gegenüber den unbefriedigten Nachlaßgläubigern ohne bestimmte Reihenfolge 640
§ 2119. Besonderer Konkurs über jeden Erbtheil bei mehreren Erben . . . 642

Aufgebot der Nachlaßgläubiger.

§ 2120. Erfordernisse (antretender Inventarerbe, Frist von zwei Jahren) . . 643
§ 2121. Zuständigkeit des Nachlaßgerichtes 646
§ 2122. Einreichung eines Gläubigerverzeichnisses 646
§ 2123. Verhältniß des Aufgebotes zum Nachlaßkonkurse 646
§ 2124. Aufgebotsfrist, Bekanntmachung derselben, Zustellung an bekannte Gläubiger 647
§ 2125. Nicht betroffene Gläubiger (Pfandgläubiger, Grundschuldgläubiger, diejenigen, welche im Konkurse den Faustpfandgläubigern gleichstehen u. s. w.) 647
§ 2126. Anmeldung der Forderung 649
§ 2127. Rechtsverhältniß der ausgeschlossenen Gläubiger 649
§ 2128. Ausgeschlossener Gläubiger ist ausgeschlossen vom Nachlaßkonkurse . 651
§ 2129. Auf die ausgeschlossenen Gläubiger erstreckt sich die Wirkung des Verzichtes des Erben auf das Inventarrecht nach Erlassung des Ausschlußurtheiles nicht 652
§ 2130. Wirkungen der Zulassung des Aufgebotsantrages, Aufhebung der Zwangsvollstreckung für einen Nachlaßgläubiger, demselben bleibt das Recht des Antrages auf Konkurseröffnung 653
§ 2131. Nichterscheinen des Erben im Aufgebotstermine 654
§ 2132. Beendigung des Aufgebotsverfahrens 654

Abzugseinrede.

§ 2133. Voraussetzungen der Abzugseinrede des Inventarerben 654
§ 2134. Schätzung der nicht auf Geld gerichteten Forderung 657
§ 2135. Maßgebender Zeitpunkt für die Berechnung des abzuziehenden Betrages 658
§ 2136. Abschätzung der noch vorhandenen Nachlaßgegenstände 659
§ 2137. Schätzung bedingter, ungewisser, unsicherer Rechte und Forderungen . 660
§ 2138. Schätzung bedingter, zweifelhafter Nachlaßverbindlichkeiten . . . 662
§ 2139. Berücksichtigung und Wirksamkeit der Aufrechnung, Zurückforderung auf Grund der Abzugseinrede 665
§ 2140. Vorbehalt des Inventarrechtes oder der Abzugseinrede im Urtheile . 667
§ 2141. Erledigung der vorbehaltenen Abzugseinrede 668
§ 2142. Offenbarungseid des Erben 669
§ 2143. Einstellung der Zwangsvollstreckung bis zu der Errichtung des Inventars oder dem Erlöschen des Inventarrechtes 672
§ 2144. Einfluß des Urtheiles über die Abzugseinrede auf die Befugniß zum Antrage auf Konkurseröffnung 673
§ 2145. Nachlaßkonkurs nach Feststellung des Abzuges 674
§ 2146. Abzugseinrede gegenüber einem Miterben 676

Besondere Vorschriften über Inventarrecht.

§ 2147. Inventarrecht in Ansehung mehrerer Erbtheile desselben Erben . . . 677
§§ 2148, 2149. Inventarrecht einer Ehefrau, wenn die Erbschaft Ehegut, Gesammtgut oder Sondergut geworden ist 679
§ 2150. Rechte der Nachlaßgläubiger, wenn der Konkurs über das Vermögen des Erben eröffnet ist 682

Seite

Achter Titel.

Auseinandersetzung der Miterben.

§ 2151. Anwendung der Vorschriften über Gemeinschaft auf das Rechtsverhältniß der Miterben 687
§ 2152. Letztwillige Anordnung des Erblassers für die Auseinandersetzung . . 688
§ 2153. Letztwillige Anordnung des Erblassers wegen Nichtaufhebung der Gemeinschaft, Aufschiebung der Theilung 688
§ 2154. Aufschiebung der Theilung wegen Unbestimmtheit der Erbtheile (nasciturus, staatlich zu genehmigende Stiftung) 690
§ 2155. Ausschließung der Theilung hinsichtlich gewisser Schriftstücke . . . 691
§ 2156. Antragsmäßige Mitwirkung des Nachlaßgerichtes, actio familiae herciscundae 692

Ausgleichung wegen des Vorempfangenen.

Vorbemerkung: Ausgleichungspflicht nur unter Abkömmlingen als gesetzlichen Erben, Werthausgleichung, nicht Realkollation 698
§ 2157. Vorempfangenes. Ausgleichungspflicht 701
§§ 2158, 2159. Gegenstände der Ausgleichungspflicht 702
§ 2160. Ausgleichungspflicht des an die Stelle eines Ausgleichungspflichtigen Tretenden 704
§ 2161. Ausgleichung bezüglich Zuwendungen an entferntere Abkömmlinge, an Adoptirte, Legitimirte 706
§ 2162. Ausgleichung bezüglich Zuwendungen seitens eines Ehegatten aus dem Gesammtgute 707
§ 2163. Art und Weise, maßgebende Zeit der Ausgleichung 708
§ 2164. Ausgleichungspflicht ist Nachlaßverbindlichkeit, die Forderung der Ausgleichung nicht Bestandtheil des gesetzlichen Erbtheiles des Berechtigten 709

Sachregister

zum

Entwurfe und den Motiven eines bürgerlichen Gesetzbuches

für das Deutsche Reich.

Sachregister.

(E bedeutet den Entwurf des bürgerlichen Gesetzbuches, M die Motive, die römischen Zahlen den Band der Motive, die arabischen Zahlen die Seite.)

A.

Abänderung des Urtheils über Entschädigungsrente für Tödtung bei veränderten Verhältnissen E 161, M II 789 f.; über Unfallsrente E 356, M IV 707.

Abfallen von Früchten auf ein benachbartes Grundstück E 197, M III 289.

Abfinden, Abfindung des Erwerbers an den Dritten, welcher Rechte an die veräußerte Sache geltend macht E 84, M II 220 ff. — A. beim Schadensersatze E 161 ff., M II 784 ff. — A. eines antheilsberechtigten Abkömmlings vom Gesammtgute der fortgesetzten Gütergemeinschaft E 328, M IV 460.

Abfluß des Wassers von Grundstücken E 196, M III 279 ff.

Abgaben, öffentliche. Fehlen derselben ist nicht Gegenstand der Gewährleistung beim Verkaufe von Grundstücken E 83, M II 215. Tragung der A. von vermietheten Sachen E 112, M II 395; beim Erbschaftskauf E 107, M II 360; beim Nießbrauch E 229, M III 515 ff. — A. von einer Sache, Vertheilung unter die nach einander zur Tragung Verpflichteten E 180, M III 76 f. — A. vom Ehegute E 298 f., M IV 199 ff.; von dem in elterlicher Nutznießung stehenden Vermögen der Hauskinder E 365, M IV 788 f.

Abgesonderte Befriedigung, s. Absonderungsrecht.

Abgesonderter Haushalt des Kindes endet die elterliche Gewalt nicht M IV 826 f.

Abgeleiteter Eigenthumserwerb M III 429 ff.

Abhanden gekommene Sachen, s. gefundene Sachen; a. g. Schuldverschreibungen auf Inhaber, Hypothekenbriefe, s. Aufgebot.

Abholen einer beweglichen Sache von einem fremden Grundstücke E 198, M III 296 ff.

Abkömmlinge. Vermuthung, daß A. aus Unterhaltsgewährung an die Eltern keinen Anspruch haben erlangen wollen E 170, M II 864. — Gemeinschaftliche A. bei gütergemeinschaftlicher Erbfolge E 323 ff., M IV 420 ff. (s. im Einzelnen: Gütergemeinschaftliche Erbfolge). — Einsetzung der „Abkömmlinge“ des Erblassers in letztwilliger Verfügung E 424, M V 37 f.; den „A.“ eines Dritten E 424, M V 38 f. Bestimmung eines Nacherben für einen kinderlosen A. E 431, M V 89 f. — A. als erste Linie der gesetzlichen Erbfolge E 468, M V 358 ff.; A. in den weiteren Linien E 469, M IV 361 ff. — Pflichttheil der A. E 471, M V 382 f. 389; Entziehung desselben E 478 f., M V 430 ff. — Wirkung des Erbverzichtes eines gesetzlichen Erben für dessen A. E 483, M V 481 ff. — Ausgleichungspflicht der Abkömmlinge E 514 ff., M V 698 ff. (s. das Einzelne unter Ausgleichungspflicht).

Abkürzung der Verjährungsfrist E 43, M I 346; der Gewährfrist für Viehmängel E 90, M II 263 f.

Ablauf der Fristen E 34 f., M I 282 ff. S. auch Abfluß.

Ablehnung von Vertragsanträgen E 21, M I 175; von Schenkungen E 96, M II 288 f.; des Auftrages E 129, M III 530. — A. von Vertragsanträgen, von Schenkungen durch Ehefrau ohne Einwilligung des Ehemannes E 302, M IV 244 f., E 315, M IV 361. — A. von Vormundschaften E 390, M IV 1073 ff.

Ablösungsrecht bei Hypotheken E 247, M III 690 ff.

Abmarkung der Grenze von Grundstücken E 194 f., M III 269 ff.

Abnahme des Werkes durch den Besteller E 125, M II 489 ff.; der gekauften Sache durch den Käufer E 100, M III 318; Tragung der Kosten derselben E 101, M III 328.

Abneigung, unüberwindliche, kein Scheidungsgrund M IV 569.

Abrechnung, s. Anrechnung.

Abrechnungsvertrag M II 691.

Abschlagszahlung, s. Theilleistung. — A. unterbricht die Anspruchsverjährung E 40, M I 327.

Abschriften aus dem eherechtlichen Register E 340, M IV 555.

Absendung von Vertragsanträgen E 20, M I 168 ff.

Absence declarée, présumée M I 34.

Absonderungsrecht. Kein A. der Ehefrau in Ansehung des Gesammtgutes bei Konkurs des Ehemannes E 316, M IV 370 ff.; desgl. der Ehegatten nach Auflösung der Gütergemeinschaft vor Auseinandersetzung E 321, M IV 408 ff.; desgl. der Gläubiger im Nachlaßkonkurse E 503, M V 623 f. — A. der Nachlaßgläubiger durch Antrag auf Konkurseröffnung über den Nachlaß bei Konkurs über das Vermögen des Erben E 512 f., M V 682 ff.

Abtrennung, s. Trennung.

Abtretung von Forderungen durch Vertrag E 65 f., M II 119 ff. S. auch Uebertragung.

Abtritte M III 294.

Abweisung der Klage, Wirkung auf die Anspruchsverjährung E 40, M I 330 f.

Abwendung rechtswidriger Angriffe E 44, M I 348 ff.

Abwesende, Willenserklärung unter A. E 18, M I 156 ff.; Vertragschließung unter A. E 20, M I 169 ff.; Pflegschaft über A. E 417, M IV 1256 ff.

Abwesenheit, s. Todeserklärung. — A. des Ehemannes, Verfügungsrecht der Ehefrau ohne dessen Einwilligung bei Gefahr im Verzuge E 301, M IV 239 f., E 315 f., M IV 363 f., 510; Beendigung der ehelichen Nutznießung und Verwaltung E 308, M IV 299 f.

Abwesenheitspflegschaft E 417, M IV 1256 ff.

Abzug von Vermächtnissen durch den beschenkten Vermächtnißnehmer E 446 f., M V 204 ff.; durch den Erben E 476, M V 420.

Abzugseinrede des Inventarerben E 508 ff., M V 654 ff. (s. das Einzelne unter Inventarrecht). — A. hemmt die Anspruchsverjährung nicht E 38, M I 314.

Accessio temporis bei der Anspruchsverjährung E 42, M I 340; bei der Ersitzung E 202, M III 353.

Accession, s. Nebenansprüche, Nebenleistungen, Zubehör.

Actio Pauliana M II 2, IV 411. — actio redhibitoria, s. Wandelung. — actio quanti minoris, s. Minderung. — actio aestimatoria M II 516. — actio injuriarum aestimatoria M II 750 f. — actio servi currupti M II 753. — actio doli M II 754 f. — actio quod metus causa M II 758 f. — actio aquae pluviae arcendae M II 766, III 280, s. auch Wasserablauf. — actio de effectis et dejectis M II 804. — actio de pauperie M II 809. — actio de in rem verso M II 873 f. — actio communi dividundo

M II 878. — actio ad exhibendum M II 889 ff. — actio negatoria M III 422 ff. — actio Publiciana M III 429 ff., M V 534. — actio hypothecaria M III 675. — actio de peculio, tributoria, de in rem verso, quod jussu M IV 730. — actio suppletoria M V 385, 425. — actio familiae herciscundae M V 692.

Action en nullité M I 139, 199, 209.

Addictio in diem, s. Gebot, Rücktritt.

Adel, Autonomie desselben M I 13 ff. — Erwerb des A. durch Ehelichkeitserklärung (?) M IV 937, 949.

Adjektizische Klagen M IV 730 f.

Aditio hereditatis, s. Erbschaftserwerb, Annahme.

Administration, s. Verwaltung, Zwangsverwaltung.

Adoption, s. Annahme an Kindesstatt; s. auch M I 65. — Wohnsitz Adoptirter E 9, M I 76. — Adoptio plena, minus plena M IV 954 f.; testamentaria M IV 956, 957.

Adoptivverwandtschaft ist aufschiebendes Ehehinderniß M IV 53 f.

Adventicium regulare, irregulare M IV 742, 771 f.

Aedilicium edictum, s. Gewährleistung.

Aenderungen, s. Abänderung.

Aerzte, Verjährung ihrer Ansprüche E 36, M I 303. — A. als Testamentszeugen M V 269.

Affektionsinteresse M II 22.

Affektionswerth, Bestimmung des Fundlohnes E 209, M III 381.

Affinität, s. Schwägerschaft. Affinitas illegitima kein Ehehinderniß M IV 21 f.

Afterbürge M II 672.

Aftermiethe, s. Untermiethe.

Afterpacht, s. Unterpacht.

Agnition, s. Anerkennung.

Agrarverfahren, Erwerb des Eigenthumes durch A. M III 305.

Akkreszenz, s. Anwachsungsrecht.

Aktien, Nießbrauch an A. auf Inhaber E 236, M III 555 ff.; Pfandrecht E 278, M III 868 f.; elterliche Nutznießung E 363, M IV 781 f.; Umschreibung auf den Namen des Hauskindes E 369, M IV 809 f. — Hinterlegung oder Umschreibung von A. des Mündels E 397, M IV 1129 ff.; bei der Nacherbfolge E 434, M V 98 f.

Akzeptation, s. Annahme.

Aleatorische Verträge, s. Spiel, Wette.

Alienatio, s. Veräußerung.

Alimente, Alimentationsverbindlichkeit, s. Unterhaltspflicht.

Alimentationsvertrag M II 636.

Alle für Einen und Einer für Alle E 72.

Allgem. Gütergemeinschaft, s. Gütergemeinschaft.

Alluvion E 178, M III 48 ff. S. auch Vereinigung.

Altentheilsvertrag E 145, M II 636. Nießbrauch an einem Altentheile E 234, M III 543.

Alter, Altersstufen E 6, M I 52 ff. — Einfluß des A. bei Schadenszufügung E 157, M II 732 f. — A. der Testirfähigkeit E 453, M V 247 f.

Alternativobligationen E 48 f., M II 6 ff. S. auch Wahlrecht. — Alternative letztwillige Zuwendung E 423, M V 33 f.; a. Beschwerung mit Vermächtniß M V 138.

Alveus derelictus, s. Inselbildung.

Amt, Zuwendungen zur Uebernahme eines A., Ausgleichungspflicht E 514, M V 702. — Abrechnung auf Pflichttheil E 475, M V 412.

Amtsgerichte, Zuständigkeit bei öffentlicher Zustellung von Willenserklärungen E 18, M I 160 f.; für Todeserklärungen E 3, 5, M I 41, 46 für Kraftloserklärung von Vollmachtsurkunden E 28. Vorführung von in Folge der Selbst-

hilfe Festgenommener E 44, M I 356. Zuständigkeit für Bestellung eines besonderen Vertreters der Körperschaft E 10, eines Liquidators E 12, bei Stiftungen E 14; für Bestellung von Sachverständigen Zwecks Feststellung des Werthes der belasteten Sache beim Nießbrauche E 227, beim Nießbrauche an verbrauchbaren Sachen E 233. — Führung des eherechtlichen Registers E 341 f., M IV 553 ff.

Amtspflicht, Haftung aus derselben bei Ertheilung von Rath oder Empfehlung E 132, M II 555. — Haftung für Schadensersatz bei Verletzung der A. E 164 f., M II 819 f.

Analogie, M I 14 ff.

Analphabeten, schriftliche Willenserklärungen M I 187. Zeugen bei Testamenten M V 269; Testamentserrichtung E 456, M V 273.

Anatocismus, M II 196.

Anbieten der Leistung, s. Verzug.

Anerkennung, Anerkenntniß des Anspruches unterbricht die Verjährung E 40, M I 326 f. — Negativer Anerkennungsvertrag E 64, M II 115. — Anerkenntniß der Schuld E 150 f., M II 687 ff. — A. eines Kindes E 350, M IV 664 f., E 352, M IV 673; Anfechtung derselben E 352, M IV 674. — A. des unehelichen Kindes durch den Vater M IV 852; der unehelichen Vaterschaft M IV 892 f., 928. — A. der Schlußrechnung des Vormundes durch den Mündel E 406, M IV 1188 f.

Anfall des Vermögens einer erloschenen Körperschaft E 11, M I 110 f.; desgl. Stiftung E 14. — A. des Vermächtnisses E 443, M V 177 ff. — A. der Erbschaft, Begriff E 483, M V 485 ff.

Anfang der Wirksamkeit der Gesetze M I 1 f.; der Anspruchsverjährung E 37 f., M I 307 ff.; des Monates E 35, M I 286; der Rechtsfähigkeit E 1, M I 28 ff.

Anfangstermin, Auflassung unter Beifügung eines A. ist unwirksam E 198, M III 318 ff. S. auch Befristung.

Anfechtbarkeit der Rechtsgeschäfte E 26, M I 218 ff.; der Rechtsgeschäfte über Grundstücke, Kenntniß des Erwerbers davon schließt die Berufung auf den gegentheiligen Inhalt des Grundbuches aus E 191, M III 220 ff. — A. der Ehe E 290 ff., M IV 71 ff. (s. im Einzelnen unter Ungültigkeit); von Rechtsgeschäften auf persönliche Leistungen der Ehefrau durch den Ehemann E 294, M IV 110 ff.

Anfechtung von Willenserklärungen E 24, M I 208 ff.; der Ehelichkeit eines Kindes E 350 f., M IV 657 ff.; der Anerkennung der Ehelichkeit E 352, M IV 674; der Annahme an Kindesstatt oder deren Aufhebung E 385 f., M IV 1001; letztwilliger Verfügungen E 425 ff., M V 47 ff.; von Erbeinsetzungsverträgen E 464, M V 322 ff.; der Ausschlagungs- und Annahmeerklärung über Erbschaften E 486 f., M V 510 ff. — A. des Anfalles der Erbschaft an einen Erbunwürdigen E 488 f., M V 520 ff. — A. des Verzichtes auf das Inventarrecht E 500, M V 607.

Anfechtungsklage bei Todeserklärungen E 5, M I 51 ff.; beim Aufgebot von Schuldverschreibungen auf Inhaber E 154, M II 207; bei der Ehe E 292, M IV 95 f.; gegen die Ehelichkeit eines Kindes E 350 ff., M IV 657 ff. — A. auf Erbunwürdigkeitserklärung E 489, M V 521 f.

Angeld, s. Daraufgabe.

Angewiesener, s. Anweisung.

Anhören durch das Vormundschaftsgericht, s. Gutachten.

Anlagen, deren Benutzung eine unzulässige Einwirkung auf das Nachbargrundstück zur Folge hat, sind verboten E 197, M III 293 ff. — Unterhaltungspflicht der A. auf dem dienenden Grundstücke bei Grunddienstbarkeiten E 222, M III 483 f. S. auch Gewerbliche Anlagen.

Anmeldung im Konkurse unterbricht die Anspruchsverjährung E 40, 41, M I 328, 334. — A. von Erbrechten auf öffentliche Aufforderung des Nachlaßgerichtes E 492,

M V 554 f., E 494, M V 562 f.; auf Aufgebot der Nachlaßgläubiger E 507, M V 649.

Annahme von Vertragsanträgen E 19 ff., M I 164 ff. — A. der Schenkung E 96, M II 289. — A. des Angewiesenen bei der Anweisung E 133, M II 559 ff. — A. der Eintragsbewilligung bei Verträgen über Grundstücke oder Rechte an solchen E 188 f., M III 158 ff. — A. von Erbschaften u. s. w. durch die Ehefrau ohne Einwilligung des Ehemannes E 302, M IV 242 f., E 315, M IV 361. — A. des Vermächtnisses E 445, M V 186 f.; der Erbschaft E 484, M V 494 ff. (s. das Einzelne unter Erbschaftserwerb). Verzug der A. s. Verzug.

Annahme an Erfüllungsstatt, s. Erfüllungsstatt.

Annahme an Kindesstatt. Ehekonsens bei derselben E 282, M IV 30 f.; Eheschließung zwischen dem Angenommenen, dem Annehmenden und dessen Abkömmlinge E 281, M IV 31 f.

Einzelnes E 380 ff., M IV 951 ff.: Vertrag, Wirkung E 380, M IV 954 ff. Voraussetzung ist Mangel ehelicher Abkömmlinge des Annehmenden, Ausnahme bei angenommenen Kindern E 380, M IV 957 ff. Fünfzigstes Lebensjahr des Annehmenden, Dispensation E 380, M IV 960; Anzuzunehmender achtzehn Jahre jünger, Dispensation E 380, M IV 960 f.; Zuständigkeit für die Dispensation E 380, M IV 961. Einwilligung des Ehegatten des Annehmenden E 380, M IV 961 f.; Annahme eines bereits von einem Anderen angenommenen Kindes E 380 f., M IV 961 f.; Annahme als gemeinschaftliches Kind nur durch Ehegatten E 381, M IV 963 f.; Annahme von Ehegatten, Einwilligung des Ehegatten des Anzunehmenden E 381, M IV 963 f.; Einwilligung der Eltern des noch nicht fünfundzwanzigjährigen Anzunehmenden E 381, M IV 964 f.; Tod, Genehmigung des Einwilligungsberechtigten E 381, M IV 965 f.; Vertretung des noch nicht vierzehnjährigen Anzunehmenden E 381, M IV 969, bei beschränkter Geschäftsfähigkeit des Anzunehmenden oder Annehmenden, Genehmigung des Vormundschaftsgerichtes, Annahme durch den Vormund E 381 f., M IV 970. Einwilligung und Genehmigung Dritter kann nicht durch Vertreter geschehen E 382, M IV 970 f. Keine Bedingung oder Zeitbestimmung E 382, M IV 971. Form des Annahmevertrages, Unwiderruflichkeit der Genehmigung oder Einwilligung Dritter E 382, M IV 971 f. Bestätigung des Annahmevertrages durch das zuständige Gericht E 382, M IV 972 ff.; Tod eines Theiles vor der Bestätigung E 382, M IV 976 f.; Versagung der Bestätigung E 383, M IV 977 f. Wirkung der Annahme auf die Abkömmlinge des Angenommenen, keine Verwandtschaft und Schwägerschaft mit den Verwandten und Verschwägerten des Annehmenden E 383, M IV 978 ff. Annahme eines Kindes durch beide Ehegatten, oder des Kindes eines Ehegatten durch den anderen E 383, M IV 980 f. Familiennamen des Angenommenen, Beifügung des bisherigen Familiennamens E 383, M IV 981 ff. — Elterliche Gewalt des Annehmenden, Vermögensverzeichniß, Befugnisse des Vormundschaftsgerichtes E 383 f., M IV 983 ff. Kein Erbrecht des Annehmenden, wohl aber des Angenommenen (Kindeserbrecht und Pflichttheilsrecht) E 384, M IV 986 ff. — Fortbestand der Rechte und Pflichten zwischen dem Angenommenen und dessen Verwandten E 384, M IV 389. — Die leiblichen Eltern verlieren die elterliche Gewalt über den Angenommenen E 384, M IV 990 f. — Unterhaltungspflicht zwischen Annehmenden und Angenommenen, Haftung des Annehmenden vor den Verwandten des Angenommenen E 384 f., M IV 991 f. Vertragsmäßige Ausschließung der elterlichen Nutznießung am Vermögen des Angenommenen, des Erbrechtes und Pflichttheilsrechtes des Angenommenen E 385, M IV 993 ff. — Aufhebung der Annahme an Kindesstatt durch Vertrag

E 385, M IV 996 ff. Anfechtung des Annahme- oder Aufhebungsvertrages E 385 f., M IV 1001. — Wirkung einer in Folge Adoptivverwandtschaft verbotenen Ehe E 385, M IV 1001 f.

Annuitätendarlehen M II 310.

Anpreisung, allgemeine M I 166.

Anrechnung der Erfüllung auf mehrere gleichartige Schuldverhältnisse E 59 f., M II 86 ff.; der Besitzzeit des Rechtsvorgängers bei der Ersitzung E 202, M III 353; der während des Besitzes der Rechtsvorgänger verstrichenen Verjährungszeit bei der Anspruchsverjährung E 42 f., M I 340 f. — A. bei Auseinandersetzung nach aufgelöster allgemeiner Gütergemeinschaft E 321, M IV 413. — A. auf den Pflichttheil E 475, M V 410 ff. — A. der für den Verzicht des gesetzlichen Erben gewährten Gegenleistung, Pflicht seiner Abkömmlinge dazu E 483, M V 482.

Anschlag der Gastwirthe zur Vermeidung der Haftpflicht E 137, M II 587.

Anschuldigung, s. Falsche Anschuldigung.

Anschwemmung E 173, M III 48 ff.

Anspruch, Begriff E 35, M I 291.

Anspruchsverjährung E 35 ff., M I 288 ff.: Einredenverjährung M I 291 f. Verjährung dinglicher Ansprüche M I 292 f. Keine Verjährung gewisser familienrechtlicher Ansprüche E 35, M I 294, der Feststellungsklage M I 295, M IV 1004. — Ordentliche Verjährungsfrist E 36, M I 295 ff. Zweijährige Verjährungsfristen E 36 f., M I 297 ff. Vierjährige Verjährungsfrist E 37, M I 305 ff. — Beginn der Verjährung E 37 f., M I 307 ff., der Verjährung des Gesammtanspruches bei gewissen wiederkehrenden Leistungen E 38, M I 310 f. — Hemmung und Unterbrechung der Verjährung E 38 f., M I 327 ff.; insbesondere durch Klagerhebung E 40 ff., M I 327 ff. Verjährung rechtskräftiger Ansprüche E 42, M I 337 ff. Rechtsnachfolge E 42 f., M I 340 f. — Vollendung der Verjährung erzeugt eine zerstörende Einrede, keine Rückforderung des Geleisteten, keine Aufrechnung mit verjährten Forderungen E 43, M I 341 ff. Fortdauer des Pfandrechtes bei verjährtem Anspruche E 43, M I 344. — Verjährungsvorschriften sind zwingender Natur E 43, M I 345. — Unvordenkliche Verjährung M I 346 ff. — Verjährung der Ansprüche auf Wandelung und Minderung E 88, M II 238 ff.; bei Wandelung wegen Hauptmängel von Hausthieren E 90, M II 261 ff.; wegen übernommener sonstiger Mängel E 90, M II 264. — Verjährung der Ansprüche des Bestellers wegen Mängel u. s. w. des Werkes E 125, M II 486 ff., E 127, M II 508. — Erlöschen der Ansprüche aus Schuldverschreibungen auf Inhaber E 152 f., M II 703 ff. — Verjährung des Schadensersatzanspruches aus widerrechtlichen Handlungen E 159, M II 741 ff.; des Schadensanspruches wegen aus einem Gebäude ausgegossener, ausgeworfener, herabgefallener Sachen E 163, M II 808. — Unverjährbarkeit des Anspruches auf Gemeinschaftstheilung E 173, M II 881. — Verjährung der Ansprüche aus verletztem Besitze E 185, M III 131 ff. — Unverjährbarkeit der Ansprüche aus in das Grundbuch eingetragenen oder vorgemerkten Rechten E 193 f., M III 250 ff. — Unverjährbarkeit der Ansprüche auf Feststellung der Grenze E 195, M III 273 f. — Verjährung des Anspruches auf Bereicherung gegen den Finder E 211, M III 386. — Verjährung des Anspruches aus Verhinderung oder Störung der Ausübung einer Grunddienstbarkeit E 224, M III 491. — Verjährung der Ansprüche aus Verlöbnißbruch E 280, M IV 7 f. — Verjährung des Anspruches auf Ehescheidung und Trennung von Tisch und Bett E 343 f., M IV 604 ff. — Verjährung des Unterhaltsanspruches M IV 711, gegen den unehelichen Vater M IV 904. — Verjährung des Anspruches der außerehelich Geschwängerten E 376, M IV 917 f. — Verjährung der

Anfechtung letztwilliger Verfügungen E 456, M V 57 f.; von Erbeinsetzungsverträgen E 464, M V 324. — Verjährung des Anspruches des Vertragserben gegen den vom Erblasser Beschenkten E 465, M V 328. — Verjährung des Pflichttheilsanspruches E 477, M V 425 ff. — Verjährung der Anfechtung der Ausschlagung oder Annahme von Erbschaften E 487, M V 512, 513; der Anfechtung des Anfalles der Erbschaft an einen Erbunwürdigen E 488 f., M V 520 f.

Anstand, s. Sitten.

Ansteckende Krankheiten bei Veräußerung von Hausthieren M II 258. — Testamente bei a. K. E 458, M V 283 ff.

Anstifter bei widerrechtlichen Handlungen, gesammtschuldnerische Haftung E 158, M II 738.

Antheile der Gesellschafter, keine Verfügung darüber bis zur Auseinandersetzung E 140, M II 615 f. — A. derselben am Gewinn und Verlust E 141, M II 616 f. — A. der Ehegatten am Gesammtgute bei allgemeiner Gütergemeinschaft E 312 f., M IV 337 f. S. auch Bruchtheil, Gemeinschaft.

Antichresis M III 628 f., 808. S. auch Nutzungen.

Antrag zur Vertragschließung E 19 ff., M I 164 ff.

Antretung der Erbschaft, s. Erbschaftserwerb.

Anwachsung, Anwachsungsrecht. Die A. ist nicht Gegenstand des Erbschaftskaufes E 106, M II 355. — A. unter eingesetzten Erben E 249, M V 69 ff.; Ausschließung durch den Erblasser, durch Einsetzung eines Ersatzerben E 249, M V 72 f.; der angewachsene Erbtheil gilt bezüglich Vermächtnisse und Auflagen als besonderer Erbtheil E 429, M V 73. Recht des Nacherben auf A. E 432, M V 92. — A. bei Vermächtnissen E 444, M V 184 ff.; beim Erbeinsetzungsvertrage E 463, M V 321 f. — A. kommt auch den Erben des Berufenen zu Statten M V 492.

Anwaltszwang bei Anfechtung der Ehe E 292, M IV 95.

Anweisender, s. Anweisung.

Anweisung E 132 ff., M II 555 ff.: Begriff und Inhalt, schriftliche Form, Anweisender, Anweisungsempfänger, Angewiesener E 132 f., M II 555 ff. Mündliche A. M II 558. Annahme der A. seitens des Angewiesenen gegenüber dem Anweisenden E 133, M II 559 ff., gegenüber dem Anweisungsempfänger, schriftliche Form, Einwendungen des Angewiesenen E 133, M II 559 ff. Leistung des Angewiesenen, Wirkung gegen den Anweisenden E 133, M II 562. Anweisung ist keine Zahlung E 133, M II 562 f. Pflicht des Anweisungsempfängers, den Angewiesenen zur Leistung aufzufordern E 133, M II 563 f., zur Anzeige an den Anweisenden bei Verweigerung der Leistung oder Annahme, Schadensersatz bei unterlassener Anzeige E 134, M II 564 f. Widerruf der A. E 134, M II 565 f. Nichterlöschen der A. durch Tod oder eintretende Geschäftsunfähigkeit eines Betheiligten E 134, M II 566 ff. Uebergabe einer Sache durch A. E 182, M III 95 ff.

Anweisungsempfänger, s. Anweisung.

Anwesende, Vertragsanträge an A. E 20, M I 168.

Anzeigen, Anzeigepflicht. Keine A. der Uebertragung der Forderung an den Schuldner erforderlich E 65, M II 118 f.; geschehene A. der Uebertragung E 68, M II 135 ff. — Anzeigepflicht des Finders E 208, M III 375 ff.; bei Tod des Vormundes E 408, M IV 1201; bei Pflegschaftsbedürfniß E 417, M IV 1255 f.

Apostasie ist kein Grund zur Entziehung des Pflichttheiles M V 437.

Aqua pluvia, s. Wasserabfluß.

Arbeit, Erwerb der Ehefrau durch ihre A. ist Vorbehaltsgut E 297, M IV 173 ff. Pflicht der Ehefrau zu häuslichen Ar-

beiten E 293, M IV 107. — Erwerb der Hauskinder durch A. ist freies Vermögen E 362, M IV 774.

Arbeiter, s. Gewerbliche Arbeiter.

Arbeitgeber, Anspruchsverjährung wegen Vorschüsse E 37, M I 304.

Arbeitsverträge Minderjähriger E 16, M I 144 ff. S. auch Dienstvertrag.

Arbitrium boni viri, s. Billiges Ermessen.

Arglist bei Rath und Empfehlung E 132, M II 554 f.

Armen, letztwillige Zuwendung an die A., Auslegung E 424, M V 39 ff.

Arrest, Eintragung in das Grundbuch im Wege des A. und Löschung desselben E 193, M III 245 ff. — A. gegen den Vorerben E 435 f., M V 117. — A. in den Pflichttheilsanspruch E 476, M V 419. — A. während der Ueberlegungsfrist des Erben E 490 f., M V 539 f.; A. in den Nachlaß und das Vermögen des Erben im Nachlaßkonkurse E 503, M V 624. — Wirkungen des zugelassenen Aufgebotes der Nachlaßgläubiger auf A. E 508, M V 653.

Arrestanlage, ungerechtfertigte, Schadensersatz M II 757.

Arresthypothek E 258, M III 624 f., 775.

Arrha, s. Daraufgabe.

Arrogation M IV 954 f.

Assignation, s. Anweisung.

Aszendenten, s. Eltern, Großeltern, Urgroßeltern, Voreltern.

Auctoritatis interpositio M I 134.

Aufbewahrung, s. Hinterlegungsvertrag. Ersatz der Aufwendungen für A. bei Verzug des Gläubigers E 58, M II 76 f.

Aufenthalt, Begründung des Wohnsitzes durch A. E 7 f., M I 69 ff.

Aufforderung, öffentliche durch das Nachlaßgericht zur Anmeldung von Erbrechten E 492 f., M V 554 f., E 494, M V 562 f.

Aufgeben des Besitzes E 182, M III 102 ff.; des Eigenthums an einem Grundstücke E 199, M III 324 f.; an beweglichen Sachen E 207, M III 370 f.; des Miteigenthums E 217, M III 442 f. S. auch Aufhebung, Zueignung.

Aufgebot, Aufgebotsverfahren bei Todeserklärungen E 3, M I 41 ff.; bei Schuldverschreibungen auf Inhaber E 153 f., M II 705 ff.; zum Zwecke der Erwerbung des Eigenthums an Grundstücken E 199 f., M III 327 ff., des Antheiles eines Miteigenthümers E 217, M III 442 f. — Aufgebot von Hypotheken E 251 f., M III 378 ff.; von Hypothekenbriefen und Briefhypotheken E 255, M III 762 ff. — A. bei Eheschließung M IV 9, E 283 (Anm.) — A. bei Nacherbfolge E 437, M V 128. — Aufgebot der Nachlaßgläubiger durch den Nachlaßpfleger E 492, M V 551 f.; durch den Inventarerben E 506 ff., M V 643 ff. (s. das Einzelne unter Nachlaßgläubiger).

Aufhebung des Wohnsitzes E 7, M I 70; der Gemeinschaft E 172 f., M II 879 ff.; des Vorkaufsrechtes an Grundstücken E 219 f., M III 460 f.; des Erbbaurechtes E 221, M III 474; der Grunddienstbarkeit E 224, M III 489; des Nießbrauches E 232, 234, M III 531 ff., 541 f.; der beschränkten persönlichen Dienstbarkeit E 238, M III 568 f.; der Reallast E 241, M III 593 f.; der Hypothek E 249, M III 719 f.; des Faustpfandrechtes E 270, M III 838 f.; des Pfandrechtes an Inhaberpapieren E 278, M III 868 f.; der ehelichen Nutznießung und Verwaltung E 308, M IV 295 f.; des durch Annahme an Kindesstatt begründeten Verhältnisses E 385, M IV 996 ff.; des Familienrathes E 412, M IV 1225; der Vormundschaft über Volljährige E 415 f., M IV 1244 ff.; der Pflegschaft E 419, M IV 1271 ff.; letztwilliger Verfügungen E 460 f., M V 297 ff.; des Erbeinsetzungsvertrages E 466, M V 339 ff.; der Nachlaßpflegschaft E 492, M V 553 f.

Aufkündigung, s. Kündigung.

Auflage M I 248 f. — Schenkung unter einer A. E 97, M II 299 ff. — A. bei letztwilligen Zuwendungen, Begriff E 421, M V 10. A. bei angewachsenem Erbtheile E 429, M V 73. Letztwillige Auflagen E 447 f., M V 211 ff.: Entsprechende Anwendung von Vorschriften über das Vermächtniß E 447, M V 211 f. Unwirksamkeit, Unmöglichkeit berührt im Zweifel die Zuwendung an den Beschwerten nicht E 447, M V 212 ff. Berechtigung zur Forderung der Vollziehung, Auflagen im öffentlichen Interesse E 447 f., M V 214 ff. — Rangordnung von Forderungen aus A. im Nachlaßkonkurse E 505, M V 638.

Auflassung, s. Eintragsbewilligung. Simulation einer A. M III 194 f. — A. zur Uebertragung des Eigenthums an Grundstücken E 198 f., M III 312 ff.

Auflösende Bedingung bei Erbeinsetzung, Nacherbfolge E 431, M V 86 f.

Auflösung der Gesellschaft E 141 ff., M II 617 ff. — A. der Ehe, s. Eheauflösung; der Gütergemeinschaft, s. Gütergemeinschaft; der Errungenschaftsgemeinschaft, s. Errungenschaftsgemeinschaft.

Aufnahme von Geld auf Kredit der Hauskinder, Genehmigung des Vormundschaftsgerichtes E 360, M IV 762 ff., desgl. des Mündels E 399, M IV 1144.

Aufrechnung mit verjährten Forderungen E 43, M I 343.

Aufrechnung von Leistungen E 63 f., M II 104 ff.: Voraussetzungen E 63, M II 104 ff. Aufrechnungserklärung E 63, M II 106 ff. Rückwirkende Kraft der A. E 63, M II 108 f. Replica compensationis M II 110. Wahl des Gläubigers, welche von mehreren Forderungen durch A. erlöschen soll E 63, M II 110 f. A. bei verschiedenen Leistungsarten E 63 f., M II 111. A. gegen beschlagnahmte Forderungen E 64, M II 111 f. Keine A. gegen Forderungen aus unerlaubten Handlungen E 64, M II 112 f., gegen unpfändbare Forderungen E 64 M II 113. A. gegen Forderungen des Reichs, der Bundesstaaten und Gemeinden E 64, M II 114. — A. gegen zedirte Forderungen E 67, M II 129 ff. — A. von Forderungen des bisherigen Schuldners Seitens des Schuldübernehmers E 71, M II 146 f. — A. beim Gesammtschuldverhältniß E 74, M II 162 ff. — A. beim Hinterlegungsvertrage M II 579. — A. bei Rückforderung der Leistung einer Nichtschuld M II 838. — A. bei Hypotheken E 247, M III 693 f. — Befriedigung des Pfandgläubigers durch A. E 264, M III 816. — A. von Ehegutsforderungen gegen Ehegutsverbindlichkeiten durch den Ehemann E 305, M IV 777. — Keine A. der Beitragspflicht der Ehefrau zu den ehelichen Lasten bei Gütertrennung E 311, M IV 324; zum Unterhalte der gemeinschaftlichen Kinder nach Ehescheidung E 347, M IV 230. — Keine A. des Anspruches aus gesetzlicher Unterhaltspflicht M IV 710. — A. des Schuldners mit der vermachten Forderung nach dem Erbfalle E 441, M V 158 ff. — A. im Nachlaßkonkurse E 504, M V 634 ff.; bei der Abzugseinrede des Inventarerben E 510, M V 665 ff.

Aufreizung des Thäters bei der Tödtung, Einfluß auf den Schadensersatzanspruch M II 772.

Aufruf, s. Aufgebot.

Aufruhr, Entschädigungspflicht bei A. M II 749.

Aufschiebende Bedingung E 30 ff., M I 248 ff.; bei letztwilliger Zuwendung E 422, M V 24 ff., E 431, M V 87 f., E 443, M V 178, 182.

Aufsicht, Aufsichtspflicht, Aufsichtsrecht des Staates über juristische Personen E 14, M I 81. — Verletzung der Aufsichtspflicht, Schadensersatz E 157 f., M II 734 ff., beim Halten von Thieren E 164, M II 809 f. — A. des Vormundschaftsgerichtes bei der elterlichen

Gewalt E 368 ff., M IV 802 ff.; bei der Vormundschaft E 401 ff., M IV 1155 ff. — Haftung des Gegenvormundes oder Mitvormundes aus Verletzung der Aufsichtspflicht E 405, M IV 1178 f.

Aufsuchen einer beweglichen Sache in einem fremden Grundstücke E 198, M III 296 ff.

Auftrag E 129 ff., M II 525 ff.: Annahme des A., negotium alienum, Festsetzung oder Vermuthung einer Vergütung E 129, M II 525 ff. — Ablehnung E 129, M II 530. — Im Zweifel Ausführung in Person ohne Substitutionsbefugniß E 129, M II 530 ff. — Haftung des Beauftragten für Substituten und Gehülfen E 129, M II 532 ff. — Abweichung von der Anweisung des Auftraggebers E 129, M II 535 f. — Pflicht des Beauftragten zur Rechenschaftsablegung und Rechnungslegung E 130, M II 537 ff. — Herausgabe des Erhaltenen E 130, M II 538 f. — Verzinsung von Geldern E 130, M II 539 f. — Ersatzpflicht des Auftraggebers für Aufwendungen, Vorschuß, Verzinsung E 130, M II 540 ff. — Vergütung an den Beauftragten E 131, M II 542 f. — Zurückbehaltungsrecht des Beauftragten M II 543. — Widerruf des A. E 131, M II 543 f. — Kündigung des A. E 131, M II 545 ff. — Einfluß des Todes des Auftraggebers, seiner eintretenden Geschäftsunfähigkeit E 131, M II 547 ff.; des Todes des Beauftragten E 132, M II 549 f.; des Konkurses über das Vermögen des Auftraggebers E 132, M II 551 f.; des Beauftragten M II 550. — Erlöschen des A. aus anderem Grunde als durch Widerruf E 132, M II 553 f. — Ertheilung eines Rathes, einer Empfehlung E 132, M II 554 f. — Kreditauftrag E 150, M II 682 ff. — Geschäftsführung ohne Auftrag E 169 ff., M II 854 ff. — Gewerbsmäßige Besorgung von Aufträgen, Anspruchsverjährung E 37, M I 303. — Anwendung der Vorschriften über A. bei Verwaltung des Ehegutes E 306 M IV 283; beim Testamentsvollstrecker E 453, M V 244; beim Verhältnisse des Erben zur Nachlaßkonkursmasse E 503, M V 626 ff.

Auftraggeber, s. Auftrag.

Aufwand, Aufwendungen, s. Verwendungen. — Ehelicher A. bei Errungenschaftsgemeinschaft E 335, M IV 513.

Augenschein, gerichtlicher, bei Viehmängeln E 89, M II 254 f.

Auktionatoren dürfen nicht kaufen E 101, M II 330. — Versteigerung durch A., Eigenthumserwerb E 202, M III 349. — Versteigerung gefundener Sachen E 208, M III 378; von Pfandsachen E 263, 266, M III 812, 824.

Ausbesserungen der vermietheten Sache E 112 f., M II 395; bei der Grundstückspacht mit Inventar E 117, M II 426; bei der Pacht landwirthschaftlicher Grundstücke E 118, M II 429 f.; beim Nießbrauch an Sachen E 228, M III 510 ff.

Ausbeute einer Sache als Frucht E 179, M III 69.

Auseinandersetzung der Gesellschaft E 142 ff., M II 625 ff.; nach Auflösung der allgemeinen Gütergemeinschaft E 320 ff. M IV 405 ff.; der fortgesetzten Gütergemeinschaft E 332 f., M IV 475 ff. — A. mit dem Ehemanne bei der allgemeinen Gütergemeinschaft im Konkursfalle E 316, M IV 370 ff.; bei Auflösung der allgemeinen Gütergemeinschaft E 321 f., M IV 410 ff.; der fortgesetzten Gütergemeinschaft E 332, M IV 475 ff.; bei der Wiederverheirathung E 370, M IV 813 f. — Genehmigung des Vormundschaftsgerichtes zur Erbauseinandersetzung bei Mündeln E 398, M IV 1140. — A. bei Eheschließung der zu Vormündern über ein volljähriges Kind bestellten Eltern E 415, M IV 1244. — A. der Miterben durch den Testamentsvollstrecker E 450, M V 228 ff. — Formlose letztwillige Anordnungen über A. der Erbschaft M V 290 f. — Auseinandersetzung der Miterben E 513 ff., M V 687 ff. (s. das Einzelne unter Miterben).

Ausfall der Bedingung E 31, M I. 255. — Tragung des Ausfalles durch Gesammtschuldner E 75, M II 170.

Ausfertigung des Testamentes an Interessenten E 462, M V 308.

Ausgießen aus einem Gebäude, Haftpflicht des Inhabers für den Schaden, Regreß desselben gegen den Thäter E 163, M II 803 ff.

Ausgleichungspflicht der Gesammtschuldner E 75, M II 170. — Einfluß des Wegfalles eines gesetzlichen Erben auf die A. E 470 f., M V 378. — A. bei Pflichttheilsberechnung E 475, M V 414 f. — A. der Abkömmlinge des durch Erbverzicht ausgeschlossenen Erben bezüglich der für den Verzicht gewährten Gegenleistung E 483, M V 482. — Rangordnung der Forderungen aus A. im Nachlaßkonkurse E 505, M V 638. — Ausgleichungspflicht der Abkömmlinge wegen des Vorempfangenen E 514 ff., M V 698 ff.: Begriff E 514, M V 701; Gegenstände E 514, M V 702 ff. — Ausgleichungspflicht des an die Stelle des Pflichtigen tretenden weiteren Abkömmlings E 515, M V 704 ff. Zuwendungen an einen entfernteren Abkömmling vor Wegfall des näheren sind ohne besondere Anordnung nicht ausgleichungspflichtig E 515, M V 706 f. Ausgleichungspflicht bei Zuwendungen durch einen Ehegatten aus dem Gesammtgute E 515, M V 707 f. Inhalt der Ausgleichungspflicht, Berechnung E 516, M V 708 f. Ausgleichungspflicht ist Nachlaßverbindlichkeit, die Forderung daraus nicht Bestandtheil des gesetzlichen Erbrechtes, Analogie der Gemeinschaft E 516 M V 709 ff.

Aushängen, s. Ausstellen.

Auskunftspflicht über einen Inbegriff von Vermögensgegenständen, Offenbarungseid E 175, M II 893 f. — A. des Vormundes E 402, M IV 1156 f.; des Gegenvormundes E 406, M IV 1184; des Fiskus als gesetzlichen Erben gegenüber den Nachlaßgläubigern E 471, M V 381; des Erben zur Berechnung des Pflichttheiles E 407, M V 409 f.; des Nachlaßpflegers gegenüber den Nachlaßgläubigern E 492, M V 552 f.; desjenigen, welchem der Erbschein ertheilt ist, gegenüber dem wirklichen Erben E 494, M V 564; des Erbschaftsbesitzers gegenüber dem Erben E 497, M V 586 f.; des Erben bei Aufnahme des Inventars E 501, M V 616 f.

Auslagen für die vermiethete bewegliche Sache E 111, M II 393; bei Gebrauchsleihe E 121, M II 447. — A. des Uebernehmers beim Werkvertrage E 126, M II 494, 500 f. — A. der Mitglieder des Familienrathes E 411, M IV 1218.

Ausland, Wohnsitz der im A. angestellten Beamten E 8, M I 74; der Ehefrau bei Wohnsitz des Ehemannes im A. E 8, M I 74 f. — Testamente von Gesandten und Berufskonsuln im A. E 459, M V 288.

Ausländer, Erlaubniß zur Eheschließung E 283, M IV 34. — Annahme an Kindesstatt M IV 969; Bestellung einer Vormundschaft M IV 1047. — Fähigkeit zur Zeugenschaft bei Testamenten M V 269.

Ausländische Erbschaft, Erbschein über dieselbe E 496, M V 574 f.

Ausländisches Gesetz, vertragsmäßige Bestimmung des ehelichen Güterstandes nach demselben E 310, M IV 310.

Auslegung der Gesetze M I 14 ff. — Authentische Interpretation M I 23 f. — A. von Willenserklärungen, s. Willenserklärung; von letztwilligen Verfügungen, s. d. W. (unter Willenserklärung).

Auslobung, Versprechen einer Belohnung für die Herstellung eines Werkes oder sonstige Handlung durch öffentliche Bekanntmachung E 127 ff., M II 518 ff.; Widerruf E 128, M II 521 ff.; Vollbringen der Handlung durch Mehrere, Theilung der Belohnung, Loos E 128, M II 523. — Auslobung einer Preisbewerbung E 128, M II 523 f.

Ausscheiden eines Gesellschafters E 144, M II 630 ff.

Ausschlagung der Erbschaft E 484, M V 491 ff. (das Einzelne s. unter Erbschaftserwerb). — A. einer Erbschaft, eines Vermächtnisses ist keine Schenkung E 96, M II 290. — A. einer Erbschaft u. s. w. durch die Ehefrau ohne Einwilligung des Ehemannes E 302, M IV 242 ff., E 315, M IV 361. — A. der gütergemeinschaftlichen Erbfolge E 324, M IV 439 f. — A. der Erbschaft durch den Nacherben E 435, M IV 120 ff. — A. des Vermächtnisses E 445, M V 186 f. — A. der Erbschaft durch den gesetzlichen Erben E 470, M V 375 f. — Keine A. durch den Fiskus E 471, M V 379 f.

Ausschlagungsfrist für den Erben E 484 f., M V 495 ff. — Inhabung und Verwaltung des Erben während der A. E 490, M V 536 ff.

Ausschließung von der Vormundschaft durch letztwillige Verfügung E 389, M IV 1068 f., E 391, M IV 1081. — A. bestimmter Personen in letztwilliger Verfügung E 422, M V 9. — A. des gesetzlichen Erben E 470, M V 376. — A. vom Pflichttheilsrechte E 447 f., M V 428 ff.; durch Erbverzicht E 482, M V 472.

Ausschlußurtheil bei Todeserklärungen E 5, M I 51 ff.; beim Aufgebot von Schuldverschreibungen auf den Inhaber E 154, M II 708 f.; beim Aufgebotsverfahren zum Zwecke des Eigenthumserwerbes an einem Grundstücke E 200, M III 331; beim Aufgebot einer Hypothek E 252, M III 740, 741, E 256, M III 762 ff.; beim Aufgebote der Nachlaßgläubiger E 507, M V 649 ff.

Aussonderung, s. Absonderungsrecht.

Ausspielvertrag E 146, M II 648 f.; Wirkung staatlicher Genehmigung, s. daselbst.

Ausstattungen von Kindern aus dem Gesammtgute der allgemeinen Gütergemeinschaft E 319, M IV 358, 383, 390; bei fortgesetzter Gütergemeinschaft E 330, M IV 462, 465. — A. sind Sondergut bei der Errungenschaftsgemeinschaft E 334, M IV 497 f. — A. durch den Ehemann aus dem Gesammtgute der Errungenschaftsgemeinschaft E 338, M IV 507, 532. — Ausstattung des ehelichen Kindes durch die Eltern (keine Schenkung, Gewährleistung, Vermuthung für Entnahme aus dem Vermögen der Kinder) E 357 f., M IV 716 ff. — Gewährung oder Zusicherung einer A. bei Vormundschaft über Volljährige E 414, M IV 1239 f. — Ausgleichungspflicht E 514, M V 702.

Ausstattungsvermächtniß M V 170.

Ausstellen (Aushängen) einer Sache an einem Gebäude, Schadensersatz wegen Herabfallens E 163, M II 808 f.

Ausstellung von Schuldscheinen auf Inhaber erfordert staatliche Genehmigung E 155, M II 718.

Aussteuer, s. Ausstattung.

Auswahl, s. Wahlrecht. — A. bei generischen Obligationen E 49, M II 10 ff. — A. geeigneter Vertreter, Haftung dafür E 158, M II 737. — A. der Vormünder durch das Vormundschaftsgericht E 388, M IV 1061 f.

Auswerfen aus einem Gebäude, Haftung des Inhabers, Regreß desselben gegen den Thäter E 163, M II 803 ff.

Außerehelich, s. Unehelich.

Außerkurssetzung von Schuldverschreibungen auf Inhaber M II 714 ff.; von Werthpapieren des Mündels (?) M IV 1133.

Außerordentlicher Pflichttheil E 479 ff., M V 449 ff. (s. das Einzelne unter Pflichttheil).

Außerordentlicher Werth, Erstattung desselben E 50, M II 21.

Auszug, Auszugsleistungen, Verjährung des Anspruches auf Rückstände E 37, M I 106. — Nießbrauch an einem A. E 234, M III 543.

Auszugsvertrag E 145, M II 636.

Authentische Interpretation M I 23 f.

Autonomie M I 10 ff., I 93 f.

Avulsio, s. Erdkörper.

(E bedeutet Entwurf, M Motive, die röm. Zahl den Bd. der Motive, die arab. Zahl die Seite.)

B.

Baares Geld, s. Geld.

Bank, inländische, Belegung von Mündelgeldern E 395, M IV 1116 f.

Banknoten, Bestimmungen der Landesgesetze über hinterlegte B. E 63, M II 104.

Bau, s. Gebäude.

Bauliche Anlage als Gegenstand der Grunddienstbarkeit E 222, M III 484.

Baum auf der Grenze, Rechte daran, Recht auf Beseitigung E 195 f., M III 277 ff. — Hinüberragen der Zweige oder Wurzeln in fremdes Grundstück E 197, M III 287 ff. — Ueberfallen von Baumfrüchten E 197, M III 289.

Baumaterialien, Bestandtheile eines Gebäudes M III 44.

Bauwerk, Herstellung auf dem Grund und Boden des Bestellers ist Werkvertrag E 124, M II 476. — Verjährung der Ansprüche aus Mängeln eines B. E 125, M II 488 f. — B. als Gegenstand des Erbbaurechtes E 220, M III 466 ff.

Beamte, im Auslande, Wohnsitz E 8, M I 74. — Abtretung von Gehaltsansprüchen E 69, M II 14. — Kündigung des Miethverhältnisses bei Versetzung E 115, M II 416; nicht bei Pacht E 117, M II 429. — Verletzung der Amtspflicht E 164 f., M II 819 ff. — Erlaubniß zur Eheschließung E 283, M IV 33 f. — Bestellung zum Vormunde E 390, M IV 1071 f., E 408, M IV 1199; zum Mitgliede eines Familienrathes M IV 1215.

Bearbeitung einer beweglichen Sache, Eigenthumserwerb E 204, M III 361.

Beauftragung, Beauftragter, s. Auftrag.

Bedenkzeit, s. Ausschlagungsfrist.

Bedingung E 30 ff., M I 248 ff.: Aufschiebende, auflösende B. E 30, M I 250 ff. — Keine Rückwirkung beim Eintritt E 30 f., M I 252. — Herstellung des früheren Zustandes von Rechtswegen beim Eintritt der auflösenden B. E 31, M I 258 f. — Rückbeziehung nach dem Willen der Parteien E 31, M I 254. — Ausfall der B. E 31, M I 255. — Schwebezustand der B.: Vererblichkeit von Recht und Verpflichtung E 31, M I 256; Recht auf Sicherung E 31, M I 256 ff.; Konkurs des bedingten Verpflichteten E 31, M I 258; Schadensersatz des Verpflichteten bei schuldvoller Vereitelung oder Beeinträchtigung des bedingten Rechtes E 31 f., M I 258 ff.; Verfügungen während schwebender B. E 32, M I 259 ff. — Erfüllung der B. E 32, M I 262 ff.; Vereitelung durch den bedingt Verpflichteten E 32, M I 263. — B., welche auf die Gegenwart oder die Vergangenheit gestellt sind E 32, M I 264. — Nothwendige, unmögliche B. M I 265. — Zulässigkeit der auf eine Handlung des Verpflichteten gestellten B. E 32, M I 266. — Unverständliche oder widersinnige B. E 33, M I 267. — Unerlaubte B. M I 267. — Rechtsbedingungen E 33, M I 268. — Dies incertus an ist B. E 33, M I 270. — Beweispflicht bezüglich der B. E 46, M I 384. — Unmöglichkeit der Leistung bei bedingtem Schuldverhältnisse E 54, M II 47. — Der Aufrechnungserklärung darf keine B. beigefügt sein E 63, M II 108. — Berechtigung oder Verpflichtung des einzelnen Gesammtgläubigers oder Gesammtschuldners unter verschiedenen B. E 72, M II 157. — Aufschiebende B. darf der Auflassung nicht beigefügt werden E 198, M III 318 ff.; Auflassung unter auflösender B. E 198 f., M III 320 ff. — B. bei der Eigenthumstradition M III 337 f.; bei Bestellung einer Grundschuld E 259, M III 787. — B. beim Ehekonsense M IV 14, 27; keine B. bei Eheschließung M IV 42; bei Anerkennung eines Kindes E 350, M IV 666; bei Ehelichkeitserklärung E 379, M IV 946; bei Annahme an Kindesstatt E 382, M IV 971. — B. bei Benennung des Vormundes M IV 1054; bei Anordnung der Einsetzung des Familienrathes E 409,

M IV 1204. — B. bei letztwilligen Verfügungen E 421 f., M V 16 ff., E 431, M V 86 ff. (s. das Einzelne unter letztwillige Verfügung, Nacherbschaft), speziell bei Vermächtnissen E 443 f., M V 178, 182 f. — Keine B. bei Annahme des Amtes des Testamentsvollstreckers E 448, M V 220. — B. beim Erbeinsetzungsvertrage E 463, M V 321. — Bedingte Rechte und Verbindlichkeiten bei Werthberechnung des Pflichttheiles E 474, M V 407 f. — Keine B. bei Annahme oder Ausschlagung der Erbschaft E 485, M V 505; bei Verzicht auf das Inventarrecht E 499, M V 607. — Berücksichtigung bedingter Rechte bei der Abzugseinrede des Inventarerben E 509, M V 660 ff; desgl. Nachlaßverbindlichkeiten E 510, M V 662 ff.

Bedürfnisse, vermehrte, des Verletzten, Schadensersatzpflicht bei Körperverletzung E 162, M II 793.

Beerdigung, Hinderung derselben M II 766. — Ersatz der Beerdigungskosten bei Tödtung E 160, M II 775. — Beerdigungskosten als Gegenstand der gesetzlichen Unterhaltspflicht E 355, M IV 699. — Formlose letztwillige Verfügung über B. M V 289. — Kosten der B. des Erblassers E 490, M V 535 f., sind Masseschuld E 504, M V 631.

Befreite Vormundschaft E 403 ff., M IV 1162 ff. (s. das Einzelne unter Vormundschaft.)

Befristung E 33, M I 269 ff. — B. bei der Eigenthumstradition M III 337 f. — S. auch Zeitbestimmung.

Beginn, s. Anfang.

Begleiter des Gastes, Stellung ihrer Handlungen zur Haftpflicht des Gastwirthes E 137, M II 586.

Begräbniß, s. Beerdigung.

Begräbnißplätze M III 27.

Begrenzung des Eigenthumes E 194 ff., M III 257 ff.

Begründung von Rechten an Grundstücken (Eintragung in das Grundbuch) E 187 f., M III 158 ff.

Behörden, öffentliche, Willenserklärung gegenüber solchen E 18, M I 159. — Behandlung der in ihren Geschäftsräumen oder Transportmitteln gefundenen Sachen E 211 f., M III 386 ff.

Beilaß, s. Inventar.

Beischlaf, strafbarer mit einer Frau, Entschädigung E 162, M II 801 f.

Beisitz M III 570.

Beistand der Mutter bei Ausübung der elterlichen Gewalt E 367 f., M IV 797 ff.

Beitrag der Gesellschafter E 137 f., M II 596 ff.; der Ehefrau zu den ehelichen Lasten bei Gütertrennung E 311, M IV 322 ff.; zu den Kosten des Unterhaltes eines gemeinschaftlichen Kindes nach Ehescheidung E 346 f., M IV 628 ff.

Bekanntmachung, öffentliche, des Erlöschens von Körperschaften E 12, M I 116; der Bevollmächtigung E 28, M I 257; bei Auslobungen E 127, M II 519; der Staatsgenehmigung zur Ausgabe von Inhaberschuldverschreibungen auf Geldsummen E 156, M II 720; des Fundes E 208, 210, 211, M III 377, 386, 388; der Versteigerung des Pfandes M III 824; der Eintragungen in das eherechtliche Register E 341, M IV 558 f.; der Kraftloserklärung des Erbscheines E 494, M V 563; des Aufgebotes der Nachlaßgläubiger E 506, M V 647.

Belastung von Grundstücken (Eintragung in das Grundbuch) E 187 ff., M III 158 ff. — B. des Nießbrauches E 231, M III 525 ff.; der Reallast E 240, M III 590; des Antheiles eines Ehegatten am Gesammtgute E 313. — B. des vermachten Gegenstandes E 442, M V 165 ff.

Beleidigung, Widerruf der Schenkung wegen B. E 98, M II 302. — B. als Ehescheidungsgrund (?) M IV 575.

Beleihungsgrenze für Mündelgelder in Grundstücken E 395, M IV 1110 ff.

Belohnung, Versprechen durch öffentliche Bekanntmachung, s. Auslobung.

Benefizialerbe, s. Inventarerbe.

Beneficium cedendarum actionum M II 170, 673. — B. competentiae des Schenkers M II 298; des Hauskindes M IV 732. — B. excussionis sive ordinis beim Pfand für fremde Schuld M III 818.

Benennung des Gewährmannes bei der Negatorienklage E 216, M III 428 f.; des Vormundes E 387 f., M IV 1048 f., 1053 ff.

Berechnung der Fristen E 34 f., M I 282 ff.

Berechtigungen, Behandlung gewisser B., welche ein Blatt im Grundbuche erhalten können, als Grundstücke E 177, M III 36 ff.

Bereicherung als Voraussetzung der Schenkung E 95 f., M II 286 ff. — B. aus widerrechtlichen Handlungen, Anspruch des Verletzten E 159 f., M II 743 f. — Schuldverhältnisse aus ungerechtfertigter B. E 165 ff., M II 829 ff.; beim dinglichen Vertrage E 188, M III 188. — Haftung des geschäftsunfähigen Geschäftsführers ohne Auftrag für B. E 169, M II 860; Anspruch des Geschäftsführers auf die B. des Geschäftsherrn E 170, M II 866. — Ungerechtfertigte B. aus dinglichen Verträgen E 191, M III 224 f. — Anspruch desjenigen auf Herausgabe der B., welcher durch den Erwerb einer Sache in gutem Glauben, die einem Dritten gehört, den Verlust eines Rechtes erleidet E 202, M III 350; ebenso desjenigen, welcher durch Verbindung, Vermischung, Verarbeitung solchen Verlust erleidet E 205, M III 362. — B. des Sondergutes aus dem Gesammtgute und umgekehrt bei der Errungenschaftsgemeinschaft E 335, M IV 514 ff. — B. bei der Nacherbfolge auf den Ueberrest, keine Herausgabe M V 131. — Anspruch des Vertragserben gegen den vom Erblasser Beschenkten auf die B. E 465, M V 328 ff. — Herausgabe der B. durch den Erbschaftbesitzer E 497, M V 587 f.

Bergbauberechtigung M III 37 f.

Bergrecht ausgeschlossen vom Entwurfe E 176, M III 4.

Bergrechtliche Vorschriften bei Ausübung des Nießbrauches E 226, M III 502 f.

Bergwerkseigenthum M III 305.

Berichtigung des Inhaltes des Grundbuches E 192, M III 234 ff.; Befugniß der Ehefrau zur Geltendmachung E 315, M IV 360 f. — B. des Schiffsregisters E 273, M III, 849.

Berufskonsul, Form letztwilliger Verfügung E 459, M V 288 f.

Berufung als Vormund, Reihenfolge E 387 f., M IV 1047 ff.; desgl. als Vormund über Volljährige E 414, M IV 1236 ff. — B. zur Pflegschaft E 418, M IV 1267 f.

Beschlagnahme von Forderungen, Anfechtung gegen solche E 64, M II 111 f. — B. der Zubehör des Grundstückes bei Hypotheken E 243 f., M III 661 ff. — Wirkung der B. auf die Zinsen bei Eigenthümerhypothek E 251, M III 794.

Bescholtenheit M I 27. — B. der unehelichen Mutter M IV 889.

Beschränkte persönliche Dienstbarkeiten E 238 f., M III 566 ff.

Beschränkungen des Eigenthums, s. Begrenzung.

Beschwerter beim Vermächtnisse, bei der Auflage, E 421, M V 9 ff.

Besicht, Kauf auf B. E 102, M II 333 ff.

Besichtigung, s. Vorlegung.

Besitz, Rückforderungsrecht bei Nichtschuld, wenn die Leistung in Einräumung des B. bestand E 165, M II 830, 834. — Besitz und Inhabung E 181 ff., M III 78 ff.: Besitzerwerb durch Inhabung und Besitzwillen E 181, M III 80 ff. — Möglichkeit des Besitzes (wo Eigenthum möglich) E 181, M III 83 f. — Gemeinschaftlicher Besitz E 181, M III 84 f. — Besitzerwerb geschäftsunfähiger und in der Geschäftsfähigkeit beschränkter Personen E 181, M III 85 f. — Besitzerwerb durch Vertreter E 181, M III 86 f. — Besitzerwerb ohne den Willen des Be-

sitzers erfordert Besitzentziehung E 181, M III 89. — Besitzerwerb durch Uebergabe, brevi manu traditio, Uebergabe durch Anweisung, constitutum possessorium E 182, M III 89 ff. — Fortdauer des erworbenen Besitzes E 182, M III 99 f. — Verlust des Besitzes: Unmöglichkeit E 182, M III 100 f., Aufgeben E 182, M III 102 ff.; Entziehung der thatsächlichen Gewalt über die Sache E 183, M III 103 f.; Aufhebung der thatsächlichen Gewalt, insonderheit bei Grundstücken, Kenntniß des Inhabers E 183, M III 104 ff.; Verlust des durch Vertreter ausgeübten Besitzes E 183, M III 106 ff. — Schutz des Besitzes E 183 ff., M III 109 ff.: Verbotene Eigenmacht E 183, M III 110 ff.; Nothwehr, Wiederbemächtigungsrecht, Nacheile E 183 f., M III 112 ff.; verbotene Eigenmacht bei Inhabung eines Theiles der Sache E 184, M III 114 f., bei gemeinschaftlicher Inhabung E 184, M III 115 f. — Besitzklagen E 184 ff., M III 116 ff.: Fehlerhafte Inhabung in Folge verbotener Eigenmacht E 184, M III 122 f.; Anspruch auf Wiedereinräumung der Inhabung, exceptio vitiosae possessionis E 184, M III 123 ff.; Anspruch wegen Störung der Inhabung, wegen Besorgniß weiterer Störung E 184 f., M III 125 ff. — Besitzklagen des Besitzers, welcher nicht zugleich Inhaber ist E 185, M III 127 ff. — Einwendungen gegen Besitzklagen unzulässig, soweit sie nicht die vom Kläger behauptete verbotene Eigenmacht verneinen E 185, M III 129 f. — Verhältniß der Besitzklage zu den Klagen aus dem Rechte E 185, M III 130 f. — Ausschlußfrist für die Rügung der verbotenen Eigenmacht E 185, M III 131 ff. — Vermuthung, daß das Vermögen des den Besitz Verlierenden, um den Werth der Sache, desjenigen, dessen Sache während des Besitzes beschädigt ist, um den Minderwerth der Sache verringert ist E 186, M III 133 ff. — Besitz bei der Ersitzung E 202 f., M III 350 ff. — Anspruch des Eigenthümers auf Herausgabe der Sache gegen den Besitzer und den Inhaber E 212, M III 392 ff. — Besitz und Inhabung gehen nicht kraft Gesetzes auf den Erben über E 489, M V 530 f.

Besitzer, s. Besitz.

Besitzklage, s. Besitz.

Besitzpfand, M III 628 f.

Besitzschutz, s. Besitz.

Besitzstand bei Grenzverwirrung E 195, M III 271.

Besitzwille, s. Besitz.

Besoldungen, Verjährung des Anspruches auf Rückstände E 32, M I 306.

Besserungsanstalt, kein Wohnsitz in B. E 8, M I 71 f. — Unterbringung in B. des Hauskindes durch das Vormundschaftsgericht E 369, M IV 805 ff.; des Mündels E 401, M IV 1156.

Bestallung des Vormundes E 390 f., M IV 1079 f., E 407, M IV 1203, E 412, M IV 1225.

Bestandtheile, wesentliche einer Sache E 177, M III 40 ff.; eines Grundstückes, Gebäudes E 177 f., M III 42 ff. — Rechte als B. eines Grundstückes E 179, M III 60 f. — Erwerb des Eigenthums an B. einer Sache durch Trennung E 205 f., M III 363 ff. — Haftung der B. eines Grundstückes für die Hypothek E 243, M III 650 ff. — Haftung der getrennten B. einer verpfändeten beweglichen Sache E 262, M III 805.

Besteller, s. Werkvertrag.

Bestellung des Vormundes, Prinzip, keine gesetzliche Vormundschaft M IV 1010, 1034 ff.

Bestellungskosten, Ersatz derselben bei Beendigung der Pacht (?) E 119, M II 439 f.; bei Beendigung des Nießbrauches E 230 f., M III 522 f., der elterlichen Nutznießung M IV 776.

Bestimmung der Leistung durch Einen der Vertragschließenden E 78, M II 192; durch einen Dritten E 79, M II 193 f.; der Größe der Gegenleistung E 78, M

II 192; der Person eines letztwillig Bedachten durch einen Dritten E 423, M V 34 ff.; des Gegenstandes der letztwilligen Zuwendung durch einen Dritten E 424 f., M V 41 f.

Betagte, s. Befristung.

Betrug bei Willenserklärungen E 24, M I 204 ff. — Schadensersatzanspruch aus B. M II 754 f. — B. bei Vertragschließung durch Vertreter E 27, M I 227 f.; Beweislast E 46, M I 382 f. — Anfechtbarkeit der Ehe wegen B. E 290, M IV 72 f. — B. bei letztwilligen Verfügungen E 425, M V 47 f. — Anfechtung der Ausschlagung oder Annahme einer Erbschaft wegen B. E 487 f., M V 510 ff. — Bestimmung des Erblassers zu einer Verfügung von Todeswegen durch B. macht erbunwürdig E 488, M V 518.

Betrunkenheit bei beschädigenden Handlungen E 157, M II 732; bei Vertragsverhältnissen E 51, M II 27.

Beurkundung von Rechtsgeschäften E 22, M I 184 ff.; der Eheschließung M IV 9, E 283 (Anm.).

Beuterecht M III 370.

Bevollmächtigung, s. Vollmacht.

Beweggründe, Irrthum in denselben E 24, M I 203; bei letztwilligen Verfügungen E 425, M V 48 ff.

Bewegliche Sachen, Verpfändung derselben zur Sicherheitsleistung E 46 f., M I 390. — Eigenthumserwerb an b. Sachen E 200 ff., M III 332 ff. — B. S. des Mündels, Veräußerung M IV 1128.

Bewegliches Vermögen M III 31. — Verfügungsrecht des Ehemannes über b. V. M IV 273. — Eheliche Gemeinschaft des b. V. E 339 f., M IV 541 ff. — Erbeinsetzung auf das b. V. M V 67.

Beweis E 45 f., M I 382 ff.; Beweispflicht bei behaupteter Unmöglichkeit der Leistung E 54, M II 47 ff. — Beweispflicht des Erwerbers bei behauptetem Mangel im Rechte des Veräußerers E 84, M II 222 f. — Sicherung des Beweises an Hauptmängeln der Hausthiere E 89, M II 255. — Beweispflicht des Schuldners bei Konventionalstrafe E 93, M II 279. — Beweispflicht des Bürgen, daß die Hauptverbindlichkeit erfüllt sei E 147, M II 659. — Beweislast der Verschuldung bei widerrechtlichen Handlungen M II 729. — Beweislast bei der Negatorienklage E 210, M III 428. — Beweislast der Entbehrlichkeit von Früchten aus der ehelichen Nutznießung E 300, M II 219; bei Ersatzansprüchen der Ehefrau gegen den Ehemann wegen des Ehegutes E 306, M IV 283. — Beweislast hinsichtlich der Bedürftigkeit bei Alimentationsansprüchen M IV 683 f.; hinsichtlich der Leistungsfähigkeit M IV 687. — Beweislast bei Entschädigungsansprüchen des Kindes gegen den Inhaber der elterlichen Gewalt M IV 748 f. — Beweislast hinsichtlich des Grundes der Entziehung des Pflichttheiles E 479, M V 449. — Beweislast beim Erbschaftsanspruche M V 593. — Beweislast über den Umfang der Erbschaft bei Abzugseinrede des Inventarerben M V 661 f., 665.

Beweiskraft, materielle, außergerichtlicher Geständnisse M I 385 f.

Beweislast, Beweispflicht, s. Beweis.

Beweisurkunden, Herausgabe bei Uebertragung der Forderung E 67, M II 128; beim Kaufe E 100, M II 322.

Bewirthschaftung eines verpachteten landwirthschaftlichen Grundstückes, Aenderungen E 118, M II 430 f.

Bienen, Selbstvertheidigungsrecht gegen dieselben M I 351. — Bestimmungen über Bienenschwärme E 207 f., M III 372 ff.

Bigamie, s. Doppelehe.

Bilanz beim kaufmännischen Erwerbsgeschäfte ersetzt die Vormundschaftsrechnung E 402, M IV 1159.

Billete, Ausgabe von E 156, M II 721 f.

Billiges Ermessen für Bestimmung der Vertragsleistung E 78, M II 192, E 79, M II 194.

Binnenschifffahrtsrecht M III 845.

Blankoabtretung von Hypothekenbriefen, Grundschuldbriefen M III 783 f.

Blinde, schriftliche Willenserklärungen M I 187. — Vormundschaft über B. E 413, M IV 1229 ff. — Testamentserrichtung E 456, M V 277.

Bodenbestandtheile, Ausnutzung durch den Nießbraucher E 226, M III 502 ff.

Bösliche Verlassung als Ehescheidungsgrund E 342, M IV 588 ff.; als Grund der Entziehung des Pflichttheiles unter Ehegatten E 479, M V 444 ff.

Bona fides, s. Guter Glaube, Treue und Glauben.

Borg, Kauf auf B. M II 320.

Boten, Verjährung ihrer Ansprüche E 37, M I 303.

Brauhaus, Zubehör eines B. E 179, M III 67.

Braut, Schwängerung derselben M IV 915 f.

Brautgeschenke E 280, M IV 6 f. Widerruf nach Ehescheidung E 345, M IV 612 f.

Brautkinder M IV 857 f.

Brennmaterialien, Verjährung des Anspruches für Lieferung E 36, M I 301.

Brevi manu traditio M III 94, 335.

Briefwechsel, keine genügende Form schriftlicher Vertragschließung M I 189.

Briefhypothek E 253 ff., M III 724 ff. S. im Uebrigen Hypothek.

Bruchtheile eines Vermögens, einer Erbschaft, Uebertragung E 70, M II 142, E 78; Uebernahme E 72. Kauf oder sonstige Veräußerung von B. einer Erbschaft E 108, M II 366. — Zahlung des Pachtzinses in B. der Früchte (colonia partiaria) E 117, M II 423. — Gemeinschaft nach B. E 171, M II 873. — B. an einem für Mehrere in das Grundstück eingetragene Rechte E 187, M III 155 ff. — B. beim Miteigenthume E 217, M III 437 f. — Kein Vorkaufsrecht am B. von Grundstücken E 218, M III 454; desgl. kein Erbbaurecht E 220, M III 470 f. — Keine Begründung oder Aufhebung der Grunddienstbarkeit nach B. E 222, M III 482. — Nießbrauch an B. einer Sache E 224, 225, M III 494 f., 497 ff.; eines Vermögens E 237 f., M III 565. — Keine beschränkte persönliche Dienstbarkeit an B. eines Grundstückes E 238, M III 567; desgl. keine Reallast E 240, M III 586; desgl. keine Hypothek E 242, M III 638 ff. — Pfandrechte am B. einer beweglichen Sache E 261, M III 800, E 269, M III 835 f. — Keine B. an den einzelnen Gegenständen bei allgemeiner Gütergemeinschaft E 312. M IV 337. — Veräußerung von B. des Vermögens eines Mündels E 398, M IV 1140. — Erbeinsetzung auf einen B. E 427 f., M V 62 ff.; Einsetzung Mehrerer ohne Beschränkung auf B. gilt als Einsetzung auf gleiche B. E 428, M V 64 f.; Reduktion bei Einsetzung auf B., welche das Ganze übersteigen E 428, M V 65; welche das Ganze nicht erschöpfen E 248, M V 65 f.; theils auf B., theils ohne solche E 428 f., M V 66 ff.; Anwachsung bei Einsetzung auf B., welche das Ganze nicht erschöpfen E 429, M V 72. — Vermächtniß des B. der Erbschaft eines Dritten E 441, M V 161 f. — B. beim Erbeinsetzungsvertrage E 463, M V 321.

Bucheinrichtung als Grundlage des Immobilienrechtes (Betrachtung der Motive) M III 9 ff.

Buchhypothek, s. Hypothek ohne Hypothekenbrief.

Bürgschaft als Mittel der Sicherheitsleistung, Voraussetzung E 47, M I 391. — Fortbestand der B. bei Schuldübernahme (?) E 71, M II 147. — Bürgschaft im Besonderen E 147 ff., M II 657 ff.: Bürgschaftsvertrag, gültige, künftige, bedingte, unbestimmte Hauptverbindlichkeit, Beweislast des Bürgen hinsichtlich Erfüllung der Hauptverbindlichkeit E 147, M II 658 ff. Verpflichtung des Bürgen zu einer größeren oder beschwerlicheren Verbindlichkeit, Haftung nur im Umfange der Haupt-

schuld E 147, M II 660 f. Einreden des Bürgen aus der Person des Hauptschuldners, nicht aus dessen Inventarrecht E 147, M II 661 ff. Umfang der Haftung des Bürgen, Kosten der Rechtsverfolgung E 147 f., M II 663 ff. — Mitbürgen haften als Gesammtschuldner, keine Einrede der Theilung E 148, M II 666 f. Einrede der Vorausklage, Fälle, wo sie ausgeschlossen ist E 148, M II 667 ff. — Nachbürge M II 672; fidejussor indemnitatis M II 672. — Regreß (Rückgriff) des Bürgen gegen den Hauptschuldner, Uebergang der Rechte des Gläubigers auf den Bürgen kraft Gesetzes, unbeschadet des besonderen Rechtsverhältnisses zwischen Bürgen und Hauptschuldner E 149, M II 672 ff. — Rückbürgschaft M II 676. — Anspruch des Bürgen gegen den Hauptschuldner auf Befreiung oder Sicherheitsleistung E 149, M II 676 ff. Beerbung des Hauptschuldners durch den Bürgen oder umgekehrt E 149 M II 678. Aufgeben einer Sicherheit, eines Pfandrechtes durch den Gläubiger, Einfluß auf die B. E 149 f., M II 678 ff. Gewährung einer Nachfrist an den Hauptschuldner M II 680. — Kreditauftrag wird nach den Vorschriften über B., nicht nach denjenigen über den Auftrag beurtheilt E 150, M II 682 ff.

Bürgschaftsbestellung, Unterbrechung der Anspruchsverjährung E 40, M I 326 f.

Bundesrath, Zustimmung zu Kaiserlicher Verordnung über Viehmängel E 89, M II 253 f. — Bestimmungen über bei Reichsbehörden und Verkehrsanstalten gefundene Sachen E 212, M III 388 f. — Beschluß über Anlegungsstellen von Mündelgeldern E 395, M IV 1115.

Bundesstaaten, Ausstellung von Schuldverschreibungen auf Inhaber E 156 f., M II 721. — Aufrechnung gegen Forderungen eines B. E 64, M II 114. — Anspruch des Fiskus eines B. auf den Erlös aus gefundenen Sachen E 212, M III 388. — Anlegung von Mündelgeldern in Schuldverschreibungen eines B. E 395, M IV 1112. — Gesetzliches Erbrecht des Fiskus desjenigen B., welchem der Erblasser angehörte E 471, M V 379.

Buße E 160, M II 744.

C.

(S. auch unter K.)

Causa perpetua bei der Grunddienstkeit M III 482.

Cautio damni infecti M II 759, 764, 815, III 259. Cautio Muciana M V 28.

Cautela Socini M V 399.

Cession, s. Uebertragung.

Chikane M I 274, III 260.

Civilkomputation M I 282.

Clausula rebus sic stantibus gewährt kein Rücktrittsrecht vom Vertrage M II 199; beim Darlehnsvertrage M II 315; Tacita cl. r. s. s. M II 843. Clausula generalis bei Ehescheidung M IV 573, 593 ff.

Commercium, res in c., extra c. M III 25 ff., 352; Verträge darüber M II 177; Vermächtniß M V 142.

Commis interessé M II 460.

Commixtio, s. Vermischung.

Compensatio, s. Aufrechnung. C. lucri et damni M II 18 f., 608, 783.

Compossessio in solidum M III 89.

Concursus causarum lucrativarum M I 273, II 80, V 161.

Condicio si volet M V 17, E 422, M V 30, in praesens seu praeteritum collata, necessaria M V 18.

Condictio indebiti ausgeschlossen bei Leistung verjährter Forderungen E 43, M I 342; s. im Uebrigen Nichtschuld. — C. Juventiana M II 311. — C. possessionis M II 830, 834, V 533 f. — C. ob rem M II 842 ff. — C. ob causam finitam M II 847 ff. — C. ob turpem causam M II 849 ff. — C. sine causa M II 851 ff.

Confusio, s. Vermengung.

Conjunctio beim Vermächtnisse M V 185.

Constitutum possessorium M III 97 ff., 335, 346, 801, 855.

Consuetudo abrogatoria M I 14. — C. revertendi, s. Gewohnheit.

Contractus mohatrae M II 308.

Contrarius consensus M II 79 f.

Culpa, s. Fahrlässigkeit. — Culpa in contrahendo M I 195 f., 217, 228, II 745. — Culpa levis M II 27. — Culpa lata M II 31. — Culpa in eligendo, s. Auswahl.

Cura prodigi, s. Verschwender. — Cura absentis, s. Abwesenheitspflegschaft. — Cura ventris, s. Leibesfrucht.

Custodia M II 28.

D.

Dampf, Zuführung oder Mittheilung an ein Grundstück E 194, M III 264 ff.

Daraufgabe E 91 f., M II 273 ff.: D. gilt als Zeichen der Vertragschließung E 91, M II 273; als Reugeld E 92, M II 273; Anrechnung auf die Leistung, Rückerstattung E 92, M II 274; Zurückbehaltung bei Verschulden des Gebers E 92, M II 274 f.

Daraufgeld, s. Daraufgabe.

Darlehen E 98 f., M II 305 ff.: Realkontrakt, Gegenstand, Verschaffung des Eigenthumes E 98, M II 305 ff.; contractus mohatrae M II 308; D. von Inhaberpapieren M II 309; Annuitätendarlehen M II 310; Senatus consultum Macedonianum M II 311; condictio Iuventiana M II 311. — Verwandlung einer Schuld in ein D. E 98 f., M II 312; Verjährung des D. E 99, M II 312 f.; Kündigung des D., Frist E 99, M II 313 f. — Darlehensvertrag, Rücktrittsrecht E 99, M II 315. — D. zum Zwecke des Spieles M II 646.

Darlehenshypothek E 248, M III 703 f., E 254, M III 747 f.

Darlehensvertrag, s. Darlehen. Hinterlegung vertretbarer Sachen als D. E 135, M II 576 ff.

Datio in solutum E 59, M II 82 ff.

Deckungsprinzip bei Zwangsversteigerung von Grundstücken E 186, M III 143 ff.

Deflorationsklage M II 752, IV 912 ff.

Deichrecht ausgeschlossen vom Entwurfe E 176, M III 5.

Delegation, s. Schuldübernahme.

Deliktsobligationen, s. Schuldverhältnisse aus unerlaubten Handlungen, unerlaubte Handlungen.

Denunziation, s. Anzeige.

Deposition, s. Hinterlegung.

Depositum, s. Hinterlegungsvertrag. — D. miserabile M II 572. — D. irregulare E 135, M II 576 ff.

Dereliktion, s. Aufgeben. — Dereliktionsbefugniß des Vorerben (?) M V 110 f.

Derogatorische Klausel bei letztwilligen Verfügungen M V 8.

Desuetudo M I 14.

Deszendenten, s. Abkömmlinge.

Detention, s. Inhabung (unter Besitz).

Deutscher. Todeserklärung von D. E 2, M I 36 f.; Pflicht zur Uebernahme von Vormundschaften E 389, M IV 1062 f.

Deutsche Sprache, Protokolle über letztwillige Verfügungen E 455, M V 271. Erblasser, welcher derselben unkundig E 456 f., M V 278 ff.

Dienendes Grundstück, s. Grunddienstbarkeiten.

Dienstbarkeiten an einem Grundstücke, Entstehung durch Eintragung in das Grundbuch M III 164 ff., 204. — Unverjährbarkeit der D. E 193 f., M III 255 f. — Begriff der D. M III 475 ff. — S. im Uebrigen Grunddienstbarkeiten, Nießbrauch, persönliche Dienstbarkeiten, auch Reallast.

Dienstberechtigter, s. Dienstvertrag.

Dienstboten, Dienstleute, s. Gesinde.

Dienste, Dienstleistungen, Verjährung der Ansprüche E 37, M I 303. Unentgeltliche D. des ehelichen Kindes im elterlichen Hause E 357, M IV 714 ff.

Diensteinkommen, Abtretung E 69, M II 140.

Dienstsiegel, s. Siegel.

Dienstverhältniß zum Erblasser, Auslegung letztwilliger Verfügung E 424, M V 39.

Dienstverpflichteter, s. Dienstvertrag.

Dienstvertrag Minderjähriger E 16, M I 144 ff. — Dienstvertrag im Allgemeinen E 122 f., M II 455 ff.: Inhalt des Vertrages, Dienstverpflichteter, Dienstberechtigter, Vergütung, stillschweigende Vereinbarung derselben E 122, M II 455 ff. Vorleistung der Dienstverpflichteten, Zeit der Vergütung E 122, M II 461. Verzug des Dienstberechtigten in Annahme der Dienste, Anspruch des Dienstverpflichteten E 122, M II 462 f. Vorübergehende Verhinderung des Dienstverpflichteten E 122 f., M II 463 f. Beendigung des D., Kündigung E 123, M II 464 f. Stillschweigende Verlängerung des D. E 123, M II 468. Rücktrittsrecht E 123, M II 468 ff.

Dienstverschaffungsvertrag M II 456.

Dies, s. Befristung. — Dies incertus an ist Bedingung E 33, M I 270, V 25. — Dies interpellat pro homine E 55, M II 56 ff. — Dies cedens, veniens bei Vermächtnissen M V 178.

Differenzgeschäfte M II 647.

Diligentia quam in suis E 34, M I 280; des Gesellschafters E 138, M II 601; der Ehegatten E 295, M IV 121 f.

Dilucida intervalla M I 130.

Dingliche Rechte M III 2 ff. Beschränkung der Verfügung über d. R. durch Rechtsgeschäft E 180, M III 77.

Dinglicher Vertrag M III 7 ff.

Dispensation von Eheunmündigkeit E 280; vom Eheverbote des Ehebruchs E 281, M IV 25, von Wartezeit der Frauen bei Wiederverheirathung E 282 f., M IV 32. Befugniß zu diesen Dispensationen E 283, M IV 34. — D. vom 50. Lebensjahre des Annehmers an Kindesstatt E 380, M IV 960, von der Altersdifferenz dabei E 380, M IV 960 f.

Dispositionsbeschränkung, s. Verfügungsbeschränkung, Geschäftsfähigkeit, Geschäftsunfähigkeit.

Dissens bei Willenserklärungen E 24, M I 202.

Dividendenscheine M II 702. S. auch Gewinnantheilscheine.

Dolmetscher, Zuziehung bei letztwilligen Verfügungen E 456 f., M V 278 ff.

Dolus, s. Vorsatz. — Pactum, ne dolus praestetur E 51, M II 31.

Domicile élu M I 69.

Dominium utile, directum M III 263; dormiens M III 358.

Domizil, s. Wohnsitz.

Donatio propter nuptias M IV 613.

Doppelehe E 280, M IV 18; Nichtigkeit E 285, M IV 51; Ehescheidungsgrund E 342, M IV 583 f. Grund der Entziehung des Pflichttheiles unter Ehegatten E 479, M V 444 ff.

Doppelter Wohnsitz M I 70 f.

Dos M IV 613.

Dotalrecht M IV 137, 143 f.

Dreißig Jahre, Miethantrag auf mehr als solche E 114, M II 413; Gemeinschaft E 172 f., M II 880.

Dreißigste, Institut des, M V 534.

Dritte, Verträge über Sachen, Rechte, Handlungen eines D. E 77 f., M II 181 f.; über die Erbschaft eines lebenden oder unbestimmten D. E 77, M II 182 ff. — Bestimmung der Vertragsleistung durch einen D. E 79, M II 193 f. — Rechte D. an der veräußerten Sache, dem ver-

äußerten Rechte (Entwehrung) E 83 f., M II 218 ff. — Versprechen der Leistung an einen D. E 91, M II 265 ff. — Vertrag mit einem dritten Erwerber der vermietheten Sache zu Gunsten des Miethers E 111, M II 391 ff. — Schutz gutgläubiger Dritter bei der Nichtigkeitsklage wegen Eheungültigkeit E 289, M IV 63 ff. — Bestimmung der Person des Bedachten, des Gegenstandes der Zuwendung bei letztwilligen Verfügungen durch Dritte E 423, M V 34 ff., E 424 f., M V 41 f. Erbeinsetzungsvertrag zu Gunsten Dritter E 462, M V 313 f.; Vermächtnißvertrag E 468, M V 349 f.

Drohung bei Willenserklärungen E 24, M I 204 ff. D. bei Rechtsgeschäften, Schadensersatzanspruch M II 758 f. D. bei Rechtsgeschäften durch Stellvertreter E 27, M I 226 f. — Beweislast E 46, M I 382 f. — Anfechtbarkeit der Ehe wegen D. E 290, M IV 71 f.; letztwilliger Verfügungen E 425, M V 47 f. — Anfechtung der Ausschlagung oder Annahme einer Erbschaft wegen D. E 487 f., M V 510 ff. — Bestimmung des Erblassers zu einer Verfügung von Todeswegen durch D. macht erbunwürdig E 488, M V 518.

Drucken, Eigenthumserwerb E 204, M III 361.

Dünger bei Verpachtung landwirthschaftlicher Grundstücke E 119, M II 440 f.; als Zubehör eines Landgutes E 179, M III 67.

E.

Ehe, Ungültigkeit derselben E 285 ff., M IV 43 ff. S. im Einzelnen: Ungültigkeit. — Allgemeine Vorschriften über die Wirkungen der Ehe E 293 ff., M IV 104 ff.: Eheliche Lebensgemeinschaft E 293, M IV 104 f.; Bestimmung von Wohnort und Wohnung durch den Mann, Folgepflicht der Frau E 293, M IV 105 f.; Familiennamen des Ehemannes erhält die Ehefrau E 293, M IV 106; häuslicher Wirkungskreis der Ehefrau E 293 f., M IV 107 f.; Klage auf Herstellung des ehelichen Lebens, keine Zwangsvollstreckung E 294, M IV 108 ff.; Einwilligung des Ehemannes zu Rechtsgeschäften auf persönliche Leistungen der Ehefrau, Recht der Anfechtung E 294, M IV 110 ff.; Schlüsselgewalt der Ehefrau E 294 f., M IV 117 ff.; gegenseitige Vertretung der Ehegatten in Behinderungsfällen M IV 120 f.; Haftung der Ehegatten für diligatia quam in suis E 295, M IV 121 f.; Unterhaltspflicht des Ehemannes (Vertheidigungs-, Prozeßkosten?) E 295, M IV 122 ff.; desgl. der Ehefrau E 295, M IV 126 f.; Vermuthung, daß die in Innhabung des Ehemannes, oder der Ehefrau, oder beider Ehegatten befindlichen Sachen dem Ehemanne gehören (praesumtio Muciana) E 295, M IV 127 ff.

Eheauflösung E 341 ff., M IV 562 ff.: Keine Scheidung auf Grund gegenseitiger Einwilligung M IV 567 f., auf Grund unüberwindlicher Abneigung M IV 569, wegen körperlicher Gebrechen M IV 569, Geisteskrankheit M IV 570 f., Religionsveränderung M IV 572, Mißhandlung und Beleidigung (?) M IV 575, Verurtheilung wegen strafbarer Handlungen (?) M IV 576, schimpfliches Gewerbe (?) M IV 577. Verweigerung der ehelichen Pflicht (?) M IV 577. Landesherrliches Ehescheidungsrecht (?) E 577 f. — Auflösung der Ehe durch Urtheil (Scheidung), zeitweilige (keine beständige) Trennung von Tisch und Bett E 341, M IV 581 (s. auch 578 ff.). Scheidungsgründe: Ehebruch, widernatürliche Unzucht, Doppelehe E 342, M IV 582 ff.; Lebensnachstellung E 342, M IV 587; bösliche Verlassung (Quasidesertion) E 342, M IV 588 ff. Gründe der Trennung von Tisch und Bett, sofortige Scheidung bei deren Vorhandensein, zuläßige Zeit der Trennung E 342 f., M IV 593 ff; Ablauf der urtheilsmäßigen Trennungszeit, Klage

auf Scheidung, auf Wiederherstellung des ehelichen Lebens E 343, M IV 599 ff.; Verzeihung E 343, M IV 602 ff. Ausschließung der Klage auf Scheidung oder Trennung durch Zeitablauf E 343 f., M IV 604 ff.; ausgeschlossene Scheidungsgründe können nicht wieder benutzt werden E 344, M IV 606; Entscheidung der Schuldfrage (schuldiger Theil) im Urtheile E 344, M IV 606 ff.; Urtheilsformel bei Scheidung wegen Ehebruches E 345, M IV 609. Prozeßfähigkeit, keine Legitimation des gesetzlichen Vertreters E 345, M IV 609. Zeitpunkt der Auflösung der Ehe mit Eintritt der Rechtskraft des Urtheiles E 345, M IV 610 ff. Widerruf von Schenkungen aus der Zeit des Brautstandes oder der Ehe E 345, M IV 612 f. Unterhaltspflicht des schuldigen Theiles gegenüber dem unschuldigen E 345 f., M IV 617 ff. Geschiedene Frau behält den Familiennamen des Mannes E 346, M IV 620 ff. Sorge für die Person der gemeinschaftlichen Kinder, ergänzende Bestimmungen des Vormundschaftsgerichtes E 346, M IV 622 ff., persönlicher Verkehr mit denselben E 346, M IV 628; Unterhalt derselben E 347 f., M IV 628 ff. — Wirkungen der Trennung von Tisch und Bett: Aufhebung der häuslichen Gemeinschaft, keine Leistung der ehelichen Pflicht E 347, M IV 632 f.; Fortbestand der gegenseitigen Unterhaltspflicht E 347, M IV 633 ff.; Sorge für die Person der Kinder E 347, M IV 635. — Aufhebung der häuslichen Gemeinschaft und der ehelichen Pflicht während des Prozesses, Regelung der Unterhaltspflicht durch einstweilige Verfügung E 347 f., M IV 636 ff. — Mittheilung des Urtheils auf Scheidung oder Trennung, der getroffenen einstweiligen Verfügung an das Vormundschaftsgericht beim Vorhandensein eines gemeinschaftlichen minderjährigen Kindes E 348, M IV 640. — Auflösung der Ehe in Folge Todeserklärung, Wirkung tritt ein, sobald der andere Ehegatte eine neue Ehe schließt, Kenntniß vom Fortleben des für todt Erklärten, Sorge für die Person der Kinder E 348, M IV 640 ff.

Ehebruch als Ehehinderniß E 281, M IV 24 f., M IV 54 f.; als Ehescheidungsgrund E 343, M IV 582 ff. — E. der Mutter, Vaterschaft (?) M IV 654. — Grund zur Beschränkung der Unterhaltspflicht E 355, M IV 701; zur Entziehung des Pflichttheiles E 478, M V 434 f.

Eheeinwilligung des gesetzlichen Vertreters E 280, M IV 10 ff.; der Eltern E 281 f., M IV 25 ff. — Mangelnde erforderliche E. ist Enterbungsgrund E 478, M V 434 f.; Grund zur Anfechtung der Ehe E 290, M IV 80 ff.

Ehefrau, Wohnsitz E 9, M I 74. S. auch Ehe (Absatz: Allgemeine Vorschriften über die Wirkungen der Ehe). — Interzession der Ehefrau M IV 115 f. — Beschränkungen des Verfügungsrechtes der E., s. Eheliches Güterrecht. — Fähigkeit der E. zur Uebernahme einer Vormundschaft E 389, M IV 1068; Konsens des Ehemannes E 389, M IV 1071. — Vormundschaft über entmündigte E. M IV 1229. — Berufung der E. zur Vormundschaft über den volljährigen Ehemann E 414, M IV 1237. — Inventarrecht der Ehefrau, wenn die Erbschaft Ehegut, Gesammtgut oder Sondergut geworden ist E 511 f., M V 679 ff.

Ehegatten, Vermuthung des Ueberlebens E 2, M I 30 ff. — Berechtigung zur Anfechtung von Todeserklärungen E 5, M 51. — Verschwägerung mit den Verwandten des anderen Ehegatten E 7, M I 67. — Hemmung der Anspruchsverjährung zwischen Ehegatten E 39, M I 325 f. — Schenkung unter Ehegatten M II 290, IV 113 ff., Widerruf derselben nach Ehescheidung E 345, M IV 612 f. — Gegenseitige Vertretung in Behinderungsfällen der Ehegatten M IV 120 f. — Zusammentreffen des Unterhaltsanspruches von E. mit anderen Unterhaltsansprüchen E 354, M IV 688 f.; Verhältniß ihrer Unterhaltspflicht zu derjenigen der Verwandten E 354, M IV 689. — Anfechtung letzt-

williger Zuwendungen unter Ehegatten E 426, M V 53 ff. — Keine gemeinschaftliche letztwillige Verfügung unter E. E 454, M V 256 f. — E. sind ausgeschlossen von Mitwirkung bei ordentlichen Testamenten E 454, M V 264. — Gesetzliche Erbfolge der Ehegatten E 470, M V 367 ff. — Pflichttheil der Ehegatten E 471, M V 384, 390, Entziehung desselben E 479, M V 444 ff.

Ehegut, Begriff E 296, M IV 162. S. im Uebrigen Eheliches Güterrecht.

Ehegutsverbindlichkeiten, Begriff E 303, M IV 249 ff. S. im Uebrigen Eheliches Güterrecht.

Ehehindernisse E 280 ff., M IV 8 ff., Geschäftsunfähigkeit E 280, M IV 10; beschränkte Geschäftsfähigkeit E 280, M IV 10 ff.; Ehemündigkeit E 280, M IV 17 f.; Verbot der Doppelehe E 280, M IV 18; Wirkung der Todeserklärung E 281, M IV 18 ff.; Verwandtschaft, Schwägerschaft E 281, M IV 21 ff.; Ehebruch E 281, M IV 24 f.; Einwilligung der Eltern E 281 f., M IV 25 ff.; bei Annahme an Kindesstatt E 282, M IV 30 f.; Adoptivverwandtschaft E 282, M IV 31 f., E 386, M IV 1001 f. — Wartezeit der Frauen E 282 f., M IV 32; Sicherstellung der Kinder früherer Ehe E 283, M IV 33; Erlaubniß zur Eheschließung für Beamte, Militärpersonen, Ausländer E 283, M IV 33 f. — Befugniß zu Dispensationen E 283, M IV 34.

Eheliche Abstammung, Verwandtschaft E 7, M I 65 ff., E 349 ff., M IV 646 ff. S. im Uebrigen Eheliche Kinder.

Ehelicher Aufwand bei Errungenschaftsgemeinschaft E 335, M IV 513.

Eheliche Gesinnung E 293, M IV 105 f.

Eheliches Güterrecht E 296 ff., M IV 133 ff.: Einheitliche Regelung desselben M IV 133 ff.; Ehegut E 296 M IV 161 ff.; Nutznießung und Verwaltung des Ehemannes an dem Vermögen, welches die Ehefrau zur Zeit der Eheschließung hat oder während der Ehe erwirbt E 296, M IV 161 ff.; Suspension dieser Rechte des Ehemannes, einstweilige Gütertrennung E 296, M IV 164 ff.; Sachen zum persönlichen Gebrauche der Ehefrau, Kleidung, Schmuck E 296, M IV 166 f. — Vorbehaltsgut E 296 f., M IV 167 ff.: Begriff, Morgengabe E 296, M IV 167 f.; V. auf Grund von Zuwendungen Dritter E 296, M IV 168 ff.; Erwerb der Ehefrau durch Rechtsgeschäfte unter Lebenden, zu welchen der Ehemann seine Zustimmung verweigert E 297, M IV 170 ff.; Erwerb der Ehefrau durch Arbeit oder selbständiges Erwerbsgeschäft E 297, M IV 173 ff.; Erwerb der Ehefrau vom V. (Surrogation) E 297, M IV 177 ff.; Anwendung von Vorschriften für Eheverträge und Gütertrennung E 297, M IV 179 f. — Nutznießung des Ehegutes E 297 ff., M IV 180 ff.: Begriff, Anwendung der Vorschriften über den Nießbrauch E 297, M IV 180 ff.; Beschränkung auf das jeweilige Ehegut E 297, M IV 193 f.; verbrauchbare Sachen E 298, M IV 194 ff.; Verpflichtung gegenüber Ehegutsgläubigern E 298, M IV 198 f.; Tragung der Lasten des Ehegutes bis zum Betrage der Nutzungen E 298 f., M IV 199 ff.; Unveräußerlichkeit und Unpfändbarkeit der Rechte aus der ehelichen Nutznießung, beschränkte Pfändung der Früchte, Interventionsklage der Ehefrau, Beweislast hinsichtlich Entbehrlichkeit der Früchte E 299 f., M IV 205 ff. — Beschränkung des Verfügungsrechtes der Ehefrau E 300 ff., M IV 219 ff.: Rechtsgeschäfte der Ehefrau unter Lebenden über das Ehegut bedürfen der Einwilligung, Verträge der Genehmigung des Ehemannes E 300 f., M IV 226 ff.; ebenso die Prozeßführung E 301, M IV 230 ff.; einseitige Rechtsgeschäfte Dritter, deren Wirksamkeit davon abhängt, daß sie gegenüber einem Betheiligten vorgenommen werden, sind, wenn auf Ehegut bezüglich, gegenüber dem Ehemanne vorzunehmen E 301, M IV 235 f.; Wirksamkeit der Verfügungsbeschränkung gegen

Dritte E 301, M IV 236 ff.; keine Einwilligung bei Abwesenheit oder Krankheit des Ehemannes und Gefahr im Verzuge E 301, M IV 239 ff.; selbständiges Erwerbsgeschäft der Ehefrau mit Einwilligung oder Wissen des Ehemannes E 301 f., M IV 240 ff.; Fälle, in denen die Einwilligung des Ehemannes nicht erforderlich ist (Erbschaft, Vermächtniß, Pflichttheil, Schenkung, Rechtsgeschäfte gegenüber Ehemann. Fortsetzung eines Rechtsstreites, Geltendmachung von Ehegutsrechten, Intervention wegen gepfändeter Früchte des Ehegutes) E 302, M IV 242 ff. — Verbindlichkeiten der Ehefrau E 303 ff., M IV 249 ff.: Begriff der Ehegutsverbindlichkeiten, Grundsatz, daß die Gläubiger der Ehefrau Befriedigung aus dem Ehegute verlangen können, Ausnahmen E 303, M IV 249 ff.; Unterhaltspflicht der Ehefrau gegen Verwandte E 304, M IV 255 ff.; Zwangsvollstreckung gegen das Ehegut, Urtheil gegen Ehefrau zur Leistung, gegen Ehemann zur Gestattung der Zwangsvollstreckung E 304, M IV 257 ff.; vollstreckbare Ausfertigung des Urtheiles gegen Ehemann E 304, M IV 259 f.; Ehegutsverbindlichkeiten, welche aus dem Vorbehaltsgute zu zahlen sind, Ausgleichung zwischen Ehegut und Vorbehaltsgut E 304., M IV 260 ff. Verwaltung des Ehegutes E 305 ff., M IV 367 ff.: Rechte und Pflichten des Ehemannes im Allgemeinen E 305, M IV 372; Verfügungsrecht im Namen der Ehefrau und ohne deren Zuziehung und Benachrichtigung über bewegliche Sachen, Verbindlichkeiten, Aufrechnung, Erhaltung oder Sicherung E 305, M IV 273 ff.; Fälle, wo Vollmacht der Ehefrau erforderlich, Anzeigepflicht des Ehemannes, Mitwirkungspflicht der Ehefrau E 306, M IV 278 ff.; Mitwirkungspflicht des Ehemannes E 306, M IV 280; Verwendung von Ehegut für persönliche Angelegenheiten der Ehefrau E 306, M IV 280 f. Rechtsstreit über Ehegut E 306, M IV 281 f.; Anlegung von Ehegutsgeldern E 306, M IV 282; Anwendung der Vorschriften über Auftrag, Beweislast bei Ersatzansprüchen der Ehefrau E 306 f., M IV 283 ff.; Verhältniß der ehelichen Nutznießung zur ehelichen Verwaltung E 307, M IV 286. — Ausübung der ehelichen Nutznießung und Verwaltung durch den gesetzlichen Vertreter des Ehemannes E 307, M IV 286 ff. — Beendigung der ehelichen Nutznießung und Verwaltung E 307 ff., M IV 288 ff.: Auflösung der Ehe, Aufhebung durch Urtheil, Konkurs des Ehemannes, Todeserklärung desselben, Ehevertrag E 307 f., M IV 288 ff.; Verletzung der dem Ehemanne obliegenden Verpflichtungen, Antrag der Ehefrau E 308, M IV 295 ff.; Zurückgewährung des Ehegutes E 308, M IV 302; Trennung der Güter E 309, M IV 302; Wiederherstellung der ehelichen Nutznießung und Verwaltung E 309, M IV 303 f. S. auch Eheverträge.

Eheliche Kinder. Wohnsitz E 9, M I 75 f. — Abstammung, Empfängniß und Geburt in der Ehe, Empfängniß vor, Geburt in der Ehe E 349, M IV 646 ff. — Empfängnißzeit E 349, M IV 648 ff. — Vermuthung der ehelichen Vaterschaft E 349, M IV 650 ff.; Gegenbeweis E 349, M IV 652 ff. — Empfängniß vor Schließung der Ehe, Beischlaf mit dem Ehemanne vor der Ehe, Vermuthung für denselben, wenn der Ehemann stirbt, ohne die Ehelichkeit des Kindes angefochten zu haben, exceptio plurium constupratorum E 349, M IV 656 f. — Geltendmachung der Unehelichkeit des Kindes durch Anfechtungsklage des Ehemannes, oder nach dessen Tode E 350, M IV 657 ff.; Anerkennung des Kindes schließt die Anfechtung der Ehelichkeit aus E 350, M IV 664 ff.; Ausschluß nach Ablauf der Frist eines Jahres von Kenntniß der Geburt an E 350, M IV 667 f.; persönliche Natur der Anfechtung, nicht durch einen Vertreter E 350, M IV 668 f.; Anfechtungs-

klage bei Lebzeiten des Kindes, nach dessen Tode Erklärung gegenüber dem Nachlaßgerichte E 350 f., M IV 669 ff.; Prozeßfähigkeit des Ehemannes, keine Legitimation des gesetzlichen Vertreters E 351 f., M IV 671 f.; Wirkung des Urtheils für und gegen Alle E 352, M IV 673 f.; Anfechtung der Anerkennung E 352, M IV 674. — Vorzeitige Wiederverheirathung der Ehefrau und Geburt innerhalb dreihundert Tagen nach Auflösung der ersten Ehe E 352, M IV 674 ff. — Rechtsverhältnisse zwischen Eltern und ehelichen Kindern, s. Eltern.

Eheliche Nutznießung, Begriff E 297, M IV 180 f. S. im Uebrigen eheliches Güterrecht.

Ehelichkeitserklärung, s. Legitimation.

Ehelosigkeit, Gelübde derselben hindert nicht die Annahme an Kindesstatt M IV 966.

Ehemann, Bestellung zum Vormunde der Ehefrau vor anderen Berufenen E 388, M IV 1058 f.

Ehemündigkeit E 280, M IV 17 f. — Anfechtung der Ehe wegen fehlender E. E 290, M IV 78 f.

Eherechtliches Register E 341 f., M IV 553 ff.: Veröffentlichung der vermögensrechtlichen Verhältnisse der Ehegatten, Führung durch Amtsgerichte, Oeffentlichkeit des Registers E 341, M IV 553 f.; Zuständigkeit für die Eintragungen, Veränderung des Wohnsitzes des Ehemannes E 341, M IV 555 ff.; Antrag auf Eintragung, Ersetzung durch Urtheil, Inhalt der Eintragung E 341 f., M IV 557 f.; Veröffentlichung der Eintragung E 341, M IV 558 f.

Ehescheidung, s. Eheauflösung.

Ehescheidungsstrafen M IV 613 ff.

Eheschließung vor Standesbeamten E 284, M IV 35 ff.; Zuständigkeit des Standesbeamten E 284, M IV 38; Ermächtigung eines anderen Standesbeamten E 284, M IV 38. — Förmlichkeiten der E. E 284, M IV 39 ff. — E. des Hauskindes endet die elterliche Nutznießung E 367, M IV 795 f. — E. ohne erforderliche Einwilligung ist Grund zur Beschränkung der Unterhaltspflicht E 355, M IV 701, zur Entziehung des Pflichttheiles E 478, M V 434 f.

Eheverträge im Allgemeinen E 309 f., M IV 304 ff.: Begriff E 309, M IV 304 ff.; Verträge nach nicht mehr bestehendem, nach ausländischem Gesetze, Verbot, Ausnahmen E 309 f., M IV 309 ff.; Form E 310, M IV 311 ff.; Schutz des guten Glaubens Dritter E 310, M IV 314 ff. S. im Einzelnen: Trennung der Güter, Allgemeine Gütergemeinschaft, Errungenschaftsgemeinschaft, Gemeinschaft des beweglichen Vermögens und der Errungenschaft.

Ehre, Verletzung derselben E 157, M II 728.

Ehrenminderung, Einfluß auf die Rechtsfähigkeit M I 27.

Ehrenrechte, aberkannte, keine Zeugenschaft bei Eheschließung E 284, M IV 41 f.; bei letztwilligen Verfügungen E 455, M V 267. — Verlust der bürgerlichen E. macht unfähig zum Vormunde E 389, M IV 1066 f., E 391, M IV 1081; zur Zeugenschaft bei Testamenten E 455, M V 267.

Ehrenvormund M IV 1028 ff., 1031.

Ehrloses Verhalten von Ehegatten, Trennung, Scheidung E 342 f., M IV 593 ff.

Ehrverletzung, Schadensersatz M II 750 f.

Eid, kein Mittel der Sicherheitsleistung M I 391 f. — Verträge über Leistung eines Eides M II 657. — Eideszuschiebung bei der Vaterschaftsklage M IV 892.

Eidesstatt, Verpflichtung des Vormundes durch Handschlag an E. E 391, M IV 1078; der Mitglieder des Familienrathes E 409, M IV 1207 ff. — Versicherung an E. bei Anträgen auf Ertheilung des Erbscheines E 494, M V 561.

Eigenmacht, s. Selbsthülfe. — E. bei Grundstücken M II 759 ff. — Verbotene E. E 183 ff., M III 110 ff. — Verbotene Eigenmacht gegen den Erblasser, Vererblichkeit der possessorischen Rechtsmittel E 489, M V 531 f. — Verbotene E. eines Dritten nach dem Erbfalle E 490, M V 533 f.

Eigenthum an Grundstücken, Form des Vertrages zur Uebertragung desselben E 78, M II 189 ff. — Verschaffung des E. der veräußerten Sache ist Gegenstand der Gewährleistung E 82, M II 211 ff. — Erwerb des E. an Grundstücken (Eintragung in das Grundbuch) E 187 ff., M III 158 ff. (s. auch Grundstücke, Absatz: Allgemeine Vorschriften über Rechte an Grundstücken). — Inhalt und Begrenzung des Eigenthumes (Immission, Grenze, Wasserabfluß, Ueberfall von Früchten, Nothweg, verbotene Anlagen, verbotenes Vertiefen des Erdbodens, Recht auf Abholen einer Sache von einem fremden Grundstücke) E 194 ff., M III 257 ff. — Erwerb des Eigenthumes an Grundstücken: Rechtsgeschäft (Auflassung), Zueignung und Aufgebot E 198 ff., M III 312 ff.; Erwerb des Eigenthumes an beweglichen Sachen E 200 ff., M III 322 ff.: Uebertragung durch Rechtsgeschäft E 221 ff., M III 333 ff.; Ersitzung E 202 f., M III 350 ff.; Verbindung, Vermischung, Verarbeitung E 203 ff., M III 357 ff. — Erwerb des Eigenthumes an Erzeugnissen und ähnlichen Bestandtheilen einer Sache E 205 f., M III 366 ff.; durch Zueignung E 206 ff., M III 369 ff.; an gefundenen Sachen E 208 ff., M III 374 ff. — Schutz des Eigenthumes, s. Eigenthumsanspruch. — Miteigenthum E 217 f., M III 433 ff. — Eigenthum an dem Hypothekenbriefe E 253, M III 744 f.

Eigenthumsanspruch E 212 ff., M III 392 ff.: Anspruch auf Herausgabe der Sache gegen Besitzer und Inhaber E 212, M III 397 ff. — Umfang der Haftung des redlichen Besitzers und Inhabers, desgl. des unredlichen für Nutzungen, Untergang und Verschlechterung der Sache E 213 f., M III 400 ff. — Verzug des Besitzers oder Inhabers E 214, M III 408 f. — Haftung derselben aus strafbarer und vorsätzlicher unerlaubter Handlung E 214, M III 410 f. — Gegenansprüche wegen Verwendungen, soweit Eigenthümer bereichert, Recht der Wegnahme, Zurückbehaltungsrecht E 214 f., M III 411 ff. — Anspruch des gutgläubigen Erwerbers einer dem Veräußerer nicht gehörigen beweglichen, gestohlenen oder verlorenen Sache auf Ersatz des Werthes E 215, M III 417 ff.; desgl. des gutgläubigen Pfandnehmers E 215, M III 420. — Annahmeverzug des Eigenthümers E 215, M III 420 f. — Einwendungen gegen die Herausgabe auf Grund eines Rechtes an der Sache oder einer Forderung gegen den Eigenthümer E 216, M III 421 f. — Anspruch des Eigenthümers gegen Störung des Eigenthumes (actio negatoria), Beweispflicht, Benennung des Gewährsmannes E 216, M III 422 ff. — Entsprechende Anwendung der Vorschriften über E. auf den gutgläubigen Erwerber einer beweglichen Sache (actio Publiciana) E 216, M III 429 ff.

Eigenthümergrundschuld E 260, M III 791 ff.

Eigenthümerhypothek E 250 f., M III 203, 727 ff. — Pfandrecht an einer E. E 278, M III 867; elterliche Nutznießung E 363, M IV 781 f. — E. bei der Nacherbfolge E 433, M V 98.

Einbringung von Sachen bei Gastwirthen E 136, M III 584 ff.

Einfriedigungen, Erhaltung durch den Pächter E 118.

Eingebrachte Sachen des Miethers, gesetzliches Pfandrecht des Vermiethers E 113 f., M II 402 ff.; desgl. des Verpächters landwirthschaftlicher Grundstücke E 118, M II 436 f. — E. S. des Gastes, gesetzliches Pfandrecht des Gastwirthes E 137, M II 590. S. auch Ehegut.

(E bedeutet Entwurf, M Motive, die röm. Zahl den Bd. der Motive, die arab. Zahl die Seite.)

Eingemauerte Sachen als Schatz E 212.

Einheitliches Grundstück E 178, M III 53 ff.

Einkindschaft M IV 486 ff.

Einlage der Gesellschafter E 137, M II 597, E 143, M II 628.

Einlassungspflicht des Erben, nicht vor Annahme der Erbschaft E 490, M V 539 f.

Einrechnung der während der Besitzzeit des Rechtsvorgängers verstrichenen Verjährungszeit in die Verjährung E 42 f., M I 340; der Ersitzungszeit desselben in die Ersitzungsfrist E 202, M III 353.

Einreden, materiellrechtlicher Begriff M I 359 f. — Verzögernde, zerstörende E., Hemmung der Anspruchsverjährung M I 313. — E. verjähren nicht M I 291. — E. der rechtskräftig entschiedenen Sache M I 372 ff. — Forderungen, welchen eine E. entgegensteht, können nicht aufgerechnet werden E 63, M II 106. — Keine E. des debitor cessus aus der Person des Zedenten E 67, M II 128 f. — Keine E. des Schuldübernehmers aus der Person des bisherigen Schuldners E 70, M II 146 f. — Keine einredeweise Geltendmachung der Ansprüche auf Wandelung und Minderung nach eingetretener Verjährung E 88, M II 239 f. — E. gegen den Dritten beim Versprechen der Leistung an einen Dritten E 91, M II 272 f.; des Angewiesenen gegen den Anweisungsempfänger E 133, M II 561. — E. des Bürgen aus der Person des Hauptschuldners E 147, M II 661 ff. — E. des Ausstellers von Schuldverschreibungen auf Inhaber E 152, M II 699 ff. — Leistung einer Verbindlichkeit, welcher E. entgegenstehen E 165, M II 832. — E. gegen die Besitzklage E 185, M III 129 f; gegen den Anspruch aus der Hypothek E 247, M III 696 ff.; des Eigenthümers gegen Befriedigung aus dem Pfande E 264, M III 814 f.

Einseitige Willenserklärung des Stifters ist bindend bei Errichtung der Stiftung E 13, M I 119. — E. Versprechen E 76, M II 175 f. — Vornahme eines einseitigen Rechtsgeschäftes durch einen Bevollmächtigten ohne Vollmacht E 28, M I 240; ohne Vertretungsmacht E 29, M I 244 f.; Einwilligung und Genehmigung E 30, M I 246. — E. Erklärungen vor oder gegenüber dem Grundbuchamte E 189, M III 200. — E. Aufgeben des Eigenthumes an Grundstücken E 199, M III 324 ff.; an beweglichen Sachen E 207, M III 370 f. — E. Rechtsgeschäfte Dritter, welche sich auf Ehegutsrechte beziehen E 301, M IV 235 f.

Einsitz M III 570.

Einspruch des Ehemannes gegen den Betrieb eines Erwerbsgeschäftes durch die Frau E 302, M IV 240 ff.

Einsturz eines Gebäudes oder Werkes, Entschädigungspflicht E 164, M II 814 ff.

Einstweilige Verfügungen, Zulässigkeit bei bedingten Rechten E 31, M I 258. — Eintragung in das Grundbuch im Wege e. V. und Löschung derselben E 193, M III 245 ff. — E. V. während der Nichtigkeitsklage bei Ehescheidung E 288, M IV 61 f.; desgl. während der Anfechtungsklage E 292, M IV 97; desgl. während der Klage auf Ehescheidung oder Trennung von Tisch und Bett E 347 f., M IV 636 ff.

Eintragungen in das Grundbuch, Vermuthung der Richtigkeit E 186 f., M III 153. — E. eines gemeinschaftlichen Rechtes E 187, M III 155 ff. — E. in das Grundbuch ist Erforderniß für Uebertragung des Eigenthums, Begründung, Uebertragung oder Belastung eines anderen Rechtes an Grundstücken E 187 f., M III 158 ff. (S. im Einzelnen Grundstücke Absatz: Allgemeine Vorschriften über Rechte an Grundstücken.) — E. in das Schiffsregister E 272 f., M III 844 ff. — E. in das eherechtliche Register E 340 f., M IV 553 ff.

Eintragungsbewilligung als Voraussetzung des Erwerbes von Eigenthum und sonstigen Rechten an Grundstücken E 188 f., M III 172 ff.

Eintragungsprinzip bei Hypotheken M III 600 ff.; beim Erwerbe des Eigenthums an Grundstücken M III 299 ff.; beim Erwerbe von Rechten an Grundstücken M III 137 f.

Einwendungen, s. Einreden.

Einwilligung im Voraus in die Vornahme eines Rechtsgeschäftes, dessen Wirksamkeit davon abhängt E 30, M I 245 ff. — E. des gesetzlichen Vertreters Minderjähriger zur Eingehung von Dienst- und Arbeitsverhältnissen E 16, M I 144 f. — E. des Beschädigten in die beschädigende Handlung E 157, M II 730; des Getödteten, Einfluß auf den Schadensersatzanspruch M II 770. — E. zur Eheschließung beschränkt Geschäftsfähiger E 280, M IV 10 ff.; der Eltern gegenüber den Kindern E 281 f., M IV 25 ff.; Mangel derselben ist Eheanfechtungsgrund E 290, M IV 80 ff. — E. des Ehemannes erforderlich zu Rechtsgeschäften der Ehefrau unter Lebenden über das Ehegut E 300 f., M IV 226 ff.; der Ehefrau zu Rechtsgeschäften über das Gesammtgut E 314, M IV 351 ff. — Gegenseitige Einwilligung kein Scheidungsgrund M IV 567 f. — E. des Schutzbedürftigen zur Anordnung einer Vormundschaft E 413, M IV 1233 f.; einer Pflegschaft E 417, M IV 1256.

Einziehung von Erbscheinen E 494, M V 563.

Eisenbahnverwaltungen, Verjährung ihrer Ansprüche E 37, M I 303.

Eisernviehvertrag M II 442 f.

Eltern, elterliche Gewalt, elterliches Recht. Hemmung der Anspruchsverjährung zwischen E. und ihren minderjährigen Kindern E 39, M I 324 f. — Vermuthung, daß E. für den ihren Abkömmlingen gewährten Unterhalt keinen Anspruch erlangen wollen E 170, M II 864. — Einwilligung der Eltern zur Eheschließung E 281 f., M IV 25 ff. — Verwirkung der elterlichen Gewalt ist Grund zur Auflösung der fortgesetzten Gütergemeinschaft E 332, M IV 473 f. — Allgemeine Vorschriften über das Rechtsverhältniß zwischen Eltern und ehelichen Kindern: Familiennamen des Kindes E 357, M IV 712. — Kindlicher Gehorsam E 357, M IV 713 f. — Unentgeltliche Dienstleistungen des Kindes E 357, M IV 714 ff. — Ausstattung durch die Eltern keine Schenkung, Gewährleistung, Vermuthung zu Gunsten des ausstattenden Elterntheiles E 357 f., M IV 716 ff. — Elterliche Gewalt E 358 ff., M IV 721 ff.: Inhaber derselben, elterliche Nutznießung, Minderjährigkeit, Vermögensfähigkeit des Hauskindes, Haftung für dessen Schulden, Geschäftsfähigkeit, elterliche Gewalt der Mutter E 358, M IV 721 ff. — Sorge für die Person und das Vermögen des Kindes E 358 ff., M IV 740 ff.: Anwendung der Vorschriften des Vormundschaftsrechtes, Vertretungsmacht, Schenkungen, keine Inventarpflicht, keine Sicherheitsleistung, Haftung für Sorgfalt des ordentlichen Hausvaters, Rechnungslegung, Offenbarungseid, Beweislast bei Entschädigungsansprüchen der Hauskinder, Haftung des Vormundschaftsrichters E 358, M IV 740 ff. — Erziehungsrecht, Bestimmung des Berufes, Zuchtrecht, Unterstützung des Vormundschaftsgerichtes, kein Verzicht auf Erziehungsrecht, Aufsichtspflicht E 358 f., M IV 750 ff. — Anspruch auf Herausgabe, Zurückführung des flüchtigen Kindes E 359, M IV 753 f. — Antheil der Mutter an der Sorge für die Person des Kindes, keine Vertretungsbefugniß derselben, bei Meinungsverschiedenheiten entscheidet der Vater E 359, M IV 754 ff. — Entlassung des Kindes aus dem Staatsverbande, Genehmigung des Vormundschaftsgerichtes E 359, M IV 756 f. — Religiöses Bekenntniß des Kindes (Landesgesetze) E 359, M IV 757 f. — Sorge für die verheirathete Tochter beschränkt sich auf die persönlichen Angelegenheiten derselben E 359, M IV 758 f. — Elterliche Vermögensverwal-

tung, Ausschließung derselben durch Anordnungen Dritter von Todeswegen oder unter Lebenden, Erwerbsgeschäft des Kindes E 359 f., M IV 759 ff. — Fälle der erforderlichen Genehmigung des Vormundschaftsgerichtes zu Rechtsgeschäften über das Vermögen des Kindes E 360 f., M IV 762 ff. — Keine Ueberlassung von Gegenständen, deren Veräußerung die Genehmigung des Vormundschaftsgerichtes erfordert, an das Kind E 361, M IV 767 f.; allgemeine Ermächtigung Seitens des Vormundschaftsgerichtes zu bestimmten seiner Genehmigung unterliegenden Rechtsgeschäften E 361, M IV 768; Genehmigung im Voraus, nachträgliche E 361, M IV 768. — Spezielle Genehmigung des Vormundschaftsgerichtes zum Beginne eines neuen Erwerbsgeschäftes im Namen des Hauskindes E 361, M IV 768 ff. — Elterliche Nutznießung, ausgeschlossen davon ist das freie Vermögen (Sachen zum persönlichen Gebrauche, Kleidung, Schmuck, Zuwendungen Dritter mit dieser Bestimmung, Arbeitserwerb, Erwerb vom freien Vermögen [Surrogation]) E 361, M IV 770ff. — Anwendung der Vorschriften über Nießbrauch auf die elterliche Nutznießung E 362, M IV 775 ff. — Beschränkung auf das jeweilige Vermögen E 362, M IV 777; keine Feststellung des Zustandes der Vermögensbestandtheile durch Sachverständige, kein Inventar E 363, M IV 777; verbrauchbare Sachen E 361, M IV 777 ff.; beschränkte Verpflichtung zur Sicherheitsleistung E 363, M IV 780; Erfüllung von Verbindlichkeiten vor Beendigung der Nutznießung E 363, M IV 780; Nutznießung an Forderungen, Aktien auf Inhaber, Grundschulden, Eigenthümerhypotheken E 363 M IV 781 f.; an einem Erwerbsgeschäfte, Berechnung von Gewinn und Verlust E 363, M IV 782 ff.; Stellung der Gläubiger des Kindes, Zwangsvollstreckung, Konkurs E 363, M IV 785 ff.; Unterhaltspflicht des Kindes gegen Dritte E 363 f., M IV 787 f. — Ausgleichung zwischen dem nichtfreien und dem freien Vermögen E 364, M IV 788; Lasten und Abgaben von dem Kindesvermögen, Zinsen, Versicherungsgelder, Prozeßkosten, Vertheidigungskosten E 364 ff., M IV 788 f. — Elterliche Nutznießung bei Ausschluß der elterlichen Verwaltung E 366, M IV 789 ff. — Unveräußerlichkeit und Unpfändbarkeit der elterlichen Nutznießung, Pfändung der Früchte, Konkurs des Inhabers der elterlichen Gewalt E 366 f., M IV 793 ff. — Beendigung der elterlichen Nutznießung durch Eheschließung des Kindes E 367, M IV 795 f. — Verzicht auf die Nutzung, Erklärung vor dem Vormundschaftsgerichte E 367, M IV 796 f. — Elterliche Gewalt der Mutter E 367 f., M IV 797 ff.: Zuordnung eines Beistandes durch das Vormundschaftsgericht E 367, M IV 797 ff. — Wirkungskreis des Beistandes E 367, M IV 800; Rechte und Pflichten des Beistandes E 368, M IV 800 f. — Anwendung der Vorschriften über Gegenvormund E 368, M IV 801. — E. G. der gutgläubigen Mutter bei Nichtigkeit der Ehe E 373 f., M IV 846 f. — Fürsorge und Aufsicht des Vormundschaftsgerichtes. Beschränkung der elterlichen Gewalt E 368 ff., M IV 802 ff.: Verhinderung des Inhabers E 368, M IV 802; Fürsorge für Befolgung von Anordnungen Dritter E 369, M IV 802 f.; Gefährdung der Person des Kindes, Mißbrauch des Erziehungsrechtes, Vernachlässigung, Unterbringung in Erziehungs- u. s. w. Anstalt, Entziehung der elterlichen Gewalt E 369, M IV 803 ff.; Gefährdung des Vermögens, Inventar, Hinterlegung, Umschreibung auf den Namen des Kindes, Sicherheitsleistung E 369 f., M IV 807 ff.; Wiederverheirathung des Inhabers der elterlichen Gewalt, Vermögensverzeichniß, Auseinandersetzung E 370, M IV 811 ff.; Kosten der Hinterlegung oder Sicherheitsleistung E 370, M IV 814. Entziehung der Vermögensverwaltung E 370, M IV 815; Wiederaufhebung der gerichtlichen Anordnungen E 370, M IV 815; Mitwir-

kung der Gemeindewaisenräthe E 370, M IV 815 f. — Beendigung der Vermögensverwaltung bei Eröffnung des Konkurses über das Vermögen des Inhabers der elterlichen Gewalt, Wiedereinräumung der Verwaltung E 371, M IV 816 f. — Ruhen und Beendigung der elterlichen Gewalt E 371 ff., M IV 818 ff.: Ruhen bei Geschäftsunfähigkeit, beschränkter Geschäftsfähigkeit, thatsächlicher Verhinderung des Inhabers, Minderjährigkeit, Entmündigung wegen Verschwendung E 371, M IV 818 ff.; elterliche Gewalt der Mutter im Falle des Ruhens derjenigen des Vaters, Ausnahmen E 371 f., M IV 821 ff.; Unbekanntschaft des Familienstandes des Kindes E 372, M IV 824. — Beendigung der elterlichen Gewalt, Tod, Volljährigkeit, Volljährigkeitserklärung, Todeserklärung, E 372, M IV 825 ff.; Wiederverheirathung der Mutter, Fortbestand der Sorge für die Person des Kindes E 372, M IV 833 ff. — Verwirkung der elterlichen Gewalt, Verbrechen oder Vergehen gegen das Kind, Verurtheilung dafür zu Zuchthausstrafe oder Gefängnißstrafe über sechs Monate E 372 f., M IV 836 ff. — Unfähigkeit die elterliche Gewalt zu erlangen E 373, M IV 842. — Kein Verzicht auf die elterliche Gewalt E 373, M IV 842. — S. auch Kinder (Rechtsverhältniß der Kinder aus ungültigen Ehen). — Beschränkte e. G. der Mutter unehelicher Kinder E 375, M IV 859 ff. — E. G. bei Legitimation durch nachfolgende Ehe M IV 924. — E. G. bei Annahme an Kindesstatt E 383 f., M IV 983 ff., E 384, M IV 990 f. — Eintritt der e. G. und Wegfall der Beschränkung derselben auf die elterliche Nutznießung endet die Vormundschaft E 407, M IV 1194. — Eltern bilden die zweite Linie der gesetzlichen Erbfolge E 469, M V 361 f. — Pflichttheil der Eltern E 471, M V 383 f., 389; Entziehung desselben E 479, M V 442. — Ausschlagung von Erbschaften für unter e. G. Stehende E 487 f., M V 514 ff.

Elterliche Nutznießung, Begriff E 358, M IV 724 ff., E 361 ff., M IV 770 ff. S. im Uebrigen unter Eltern.

Elterliche Vermögensverwaltung, Begriff E 359, M IV 759 ff. S. im Uebrigen unter Eltern.

Eltern- und Kindesverhältniß, Klage auf Feststellung des Bestehens oder nicht E 386, M IV 1006 f.

Emanzipation M I 60, IV 825 ff. — Emancipatio Saxonica M IV 826.

Emphyteuse, ausgeschlossen vom Entwurfe E 176, M III 6.

Empfänger von Willenserklärungen E 18, M I 156 ff.

Empfängnißzeit E 349, M IV 648 ff.; E 375, M IV 890 ff., M V 11.

Empfangene, noch nicht geborene Personen, Erbeinsetzung derselben E 421, M V 11 ff.; Anfall von Vermächtnissen E 443, M V 180, 182 f.; gesetzliches Erbrecht E 468, M V 357 f. — Anfall der Erbschaft E 484, M V 488 f., Unterhaltsanspruch der schwangeren Mutter E 484, M V 489 f. — Nachlaßpflegschaft M V 543 f., 553. — Aussetzung der Auseinandersetzung der Miterben E 513, M V 690.

Empfehlung, Ertheilung einer solchen E 132, M II 554 f.

Emtio spei, rei speratae M II 320, 635.

Ende der Rechtsfähigkeit E 1, M I 28 ff.; des Monates E 35, M I 286.

Endtermin E 33, M I 270 — Beifügung eines E. zur Auflassung E 198 f., M III 320 ff. — E. bei Erbeinsetzung, Nacherbfolge E 431, M V 86 f.

Enkelsstatt, Annahme an (?) M IV 952.

Entbindungskosten bei außerehelicher Schwängerung E 376, M IV 906 ff.

Entehrende Verbrechen und Vergehen des Ehegatten, Trennung von Tisch und Bett E 343, M IV 593 ff.

Enteignungsrecht ausgeschlossen vom Entwurfe E 176. M III 5. — Erwerb des Eigenthumes durch E. M III 304.

Enterbung, Nichtgebrauch des Wortes für Entziehung des Pflichttheiles M V 428, s. im Uebrigen Ausschließung, Entziehung (des Pflichttheiles).

Entführung, Schadensersatz daraus M II 752.

Enthebung, s. Entlassung.

Entlassung aus dem Staatsverbande bei Hauskindern E 359, M IV 756; bei Mündeln E 393, M IV 1098. — E. des Vormundes E 407 f., M IV 1196 ff. (s. das Einzelne unter Vormundschaft); der Mitglieder eines Familienrathes E 412, M IV 1224; des Testamentsvollstreckers E 449, M V 224 f.

Entleiher, s. Gebrauchsleihe.

Entmündigung E 6, M I 60 ff. — Geschäftsunfähigkeit des wegen Geisteskrankheit Entmündigten E 15, M I 129 ff.; des wegen Verschwendung Entmündigten E 17, M I 149 ff. — E. des Ehemannes, Beendigung der ehelichen Nutznießung und Verwaltung E 308, M IV 299 f.; nicht der allgemeinen Gütergemeinschaft M IV 399. — Vormundschaft über Entmündigte E 413 ff., M. IV 1227 ff. — Antrag auf E. wegen Verschwendung beim Erbeinsetzungsvertrage E 645 (Anm.), M V 328.

Entsagung, s. Ausschlagung, Verzicht.

Entscheidung, s. Urtheil.

Entschädigung, s. Schadensersatz.

Entschuldbarer Irrthum E 34, M I 281. — E. J. des Schuldners bei Unmöglichkeit der Leistung E 54, M II 51 f. — E. J. bei beschädigenden Handlungen E 157, M II 731.

Entwehrung E 83 f., M II 218 ff. — E. des geschenkten Gegenstandes bei Schenkung unter einer Auflage E 97, M II 301. S. im Uebrigen Gewährleistung.

Entwendung, Schadensersatz wegen E. M II 749.

Entziehung des Pflichttheiles E 477 f., M V 428 ff. (s. das Einzelne unter Pflichttheil).

Erbbaurecht, Entstehung durch Eintragung in das Grundbuch M III 163 f., 204. — Begriff des E., kein E. an Bruchtheilen eines Grundstückes, an einem Stockwerke E 220, M III 466 ff. — Form des begründenden Vertrages E 220, M III 471 ff. — Schutz des E. E 220 f., M III 474. — Aufhebung durch Rechtsgeschäft, Löschung E 221, M III 474.

Erbe, Begriff E 420, M V 2 f. — Gesetzliche Erben E 468 ff., M V 353 ff. — E. des Schenkers ist zur Fortgewährung einer Unterstützung aus Schenkung nicht verpflichtet E 97, M II 298 f.; Widerruf der Schenkung E 98, M II 303. — E. des Miethers, Kündigung des Miethsverhältnisses E 115, M II 416. — Pflicht des E. des Beauftragten E 132, M II 549; des Gesellschafters E 142, M II 623. — E. des Eigenthümers eines Grundstückes, Auflassung ohne vorherige Eintragung derselben als Eigenthümer E 198, M III 317 f. — Keine Ersitzung des vermeintlichen E. gegen den wirklichen E 203, M III 356. — Fehlerhafte Inhabung des E. E 184, M III 122 f. — Abtretung der Hypothek durch den E. des Gläubigers ohne vorherige Eintragung desselben E 248, M III 707 ff.; nicht so beim Nießbrauche E 233, M III 541; bei Pfandrecht an einem Rechte E 274, M III 854. — Haftung der Erben des unehelichen Vaters für dessen Unterhaltspflicht E 376, M IV 901 ff. — Rechtsstellung des Erben E 483 ff., M V 485 ff. (s. im Einzelnen Erbschaftserwerb, Erbunwürdigkeit, Erbschaftsanspruch, Inventarrecht, Auseinandersetzung).

Erbeinsetzung, Begriff E 420, M V 3 f. — Einzelnes E 427 ff., M V 61 ff.: Auslegung, ob Erbeinsetzung oder Vermächtniß, Zuwendung einzelner Vermögensgegenstände, das Wort „Erbe" nicht erforderlich E 427, M V 61; E. schließt die gesetzliche Erbfolge aus, wenn sie nicht auf einen Bruchtheil beschränkt ist E 427, M V 64 f.; sonst tritt in Ansehung des übrigen Bruchtheiles gesetzliche Erbfolge ein (Aufgeben des Satzes nemo pro parte testatus pro parte intestatus decedere potest) E 427 f., M V 63 f.; Ausschließung eines bestimmten Vermögensgegenstandes wird als Vermächtniß desselben an die gesetzlichen Erben betrachtet E 428, M V 64; Einsetzung mehrerer Erben ohne Bruchtheile gilt als Einsetzung zu gleichen Bruchtheilen E 428, M V 64 f.; verhältnißmäßige Minderung bei Einsetzung auf Bruchtheile, welche das Ganze übersteigen E 428, M V 65; Einsetzung auf Bruchtheile, welche das Ganze nicht erschöpfen E 428, M V 65 f., theils auf Bruchtheile, theils ohne solche E 428, M V 66 ff., mehrerer Erben auf einen und denselben Bruchtheil (gemeinschaftlicher Erbtheil) E 428 f. M V 68 f. — Anwachsung unter Miterben, zunächst auf gemeinschaftlichen Erbtheil, bei Einsetzung auf Bruchtheile, welche das Ganze nicht erschöpfen E 429, M V 69 ff.; Ausschließung der Anwachsung durch den Erblasser, Einsetzung eines Ersatzerben E 429, M V 72 f.; der angewachsene Erbtheil gilt als besonderer Erbtheil bezüglich Vermächtnisse und Auflagen E 249, M V 73 f. — Einsetzung von Ersatzerben E 429, M V 74 f., Einsetzung des Ersatzerben für den Fall, daß der Erbe nicht will, gilt auch für den Fall, daß er nicht kann, und umgekehrt E 429 f., M V 75; Nacherbe auch Ersatzerbe, im Zweifel Ersatzerbe E 430, M V 75 f.; wechselseitige Ersatzerbeinsetzung E 430, M V 76 ff. — Einsetzung eines Nacherben E 430 ff., M V 79 ff. (s. im Einzelnen Nacherbe).

Erbeinsetzungsvertrag E 462 ff., M V 310 ff.: Erbeinsetzung durch Vertrag, Einsetzung des anderen Vertragschließenden oder eines Dritten, Vertragserbe E 462, M V 313 f. — Keine Vertretung beim Vertragschlusse E 462, M V 314. — Kein E. Geschäftsunfähiger E 462, M V 314 f. — Anwendung der Formvorschriften über Testamentserrichtung, Regelmäßigkeit der gerichtlichen oder notariellen Form E 462 f., M V 315 ff. — Stumme, zu sprechen Verhinderte E 463, M V 317 f. — Verschließung, Verwahrung, Verkündung E 463, M V 319 f. — Anwendung der Vorschriften über letztwillige Verfügung, Anwachsung, Bruchtheile, Bedingungen E 463, M V 320 ff. — Willensmangel E 463, M V 322. — Anfechtung: durch den Erblasser, Genehmigung desselben, Ausschließung der Vertretung, Frist für die Anfechtung E 464, M V 322 ff.; durch andere Personen E 464, M V 325 f. — Wirkung des E.: Verhältniß zum gesetzlichen Erbrechte des Vertragserben E 464 f., M V 326 f.; das Recht zur Verfügung unter Lebenden wird nicht beschränkt E 465, M V 327 f.; Schenkungen, Schenkungsversprechen des Erblassers, Anspruch des Erben gegen den Beschenkten auf Bereicherung, Verjährung des Anspruches E 465, M V 328 ff. — Verhältniß des E. zu anderen früheren oder späteren letztwilligen Verfügungen E 465, M V 331 f. — Uebergang der Rechte des Vertragserben auf seinen Erben E 465, M V 332 f. — Zulässigkeit anderer Verfügungen von Todeswegen im E. außer der Einsetzung des Vertragserben E 466, M V 333; Wirksamkeit derselben, Gebundensein des Erblassers nur durch Erbeinsetzung und Vermächtniß E 466, M V 333 ff. — Aufhebung: Vertrag, Form desselben E 466, M V 339 f.; vorbehaltener Rücktritt, Form desselben, persönliches Handeln, Unwiderruflichkeit E 467, M V 342 ff.; Aufhebung eines gegenseitigen Erbeinsetzungsvertrages E 467, M V 344 ff.; Aufhebung sonstiger

Verfügungen neben der Einsetzung des Vertragserben, soweit sie nicht bindend sind, Anfechtung bindender solcher Verfügungen E 467, M V 346 ff. — Aufhebung der Verfügungen des Ueberlebenden bei gegenseitigem Erbeinsetzungsvertrage E 467, M V 348 f. — E. in Verbindung mit einem Erbverzichtvertrage E 482 f., M V 476 f.

Erbentsagung, Ausschlagung, Erbverzicht.

Erbfähigkeit, Voraussetzung des Ueberlebens E 420, M V 4 f. — E. des nasciturus E 421, M V 11 ff.; der juristischen Person E 421, M V 15 f.

Erbfall, Begriff E 420, M V 2.

Erbfolge, Begriff E 420, M V 2. — E. hemmt die Anspruchsverjährung nicht E 39, M I 322 ff. — Gütergemeinschaftliche Erbfolge, s. Gütergemeinschaft. — Gesetzliche Erbfolge E 468 ff., M V 353 ff.: Bestimmung nach der Zeit des Erbfalles, Berechtigung empfangener, noch nicht geborener Personen E 468, M V 357 f. — Erste Linie bilden die Abkömmlinge, Erbfolge nach Stämmen E 468 f., M V 358 ff. — Zweite Linie bilden die Eltern, erben allein zu gleichen Theilen, Abkömmlinge des verstorbenen Elterntheiles als dessen Stamm E 469, M V 361 f. — In der ersten und zweiten Linie erhält derjenige, welcher verschiedenen Stämmen angehört, aus jedem Stamme seinen Antheil, jeder Antheil besonderes Erbtheil E 469, M V 363 f. — Dritte Linie bilden die Großeltern und deren Abkömmlinge, Großeltern erben allein, ein überlebender Großelterntheil ist alleiniger Erbe, ihre Abkömmlinge nach Nähe des Grades mit dem Erblasser E 469, M V 364 f. — Vierte Linie bilden die Urgroßeltern und deren Abkömmlinge, nach ihnen fünfte Linie u. s. w. die weiteren Voreltern E 469 f., M V 366 f. — Folgende Linie erbt erst, wenn aus vorhergehender kein Erbe vorhanden ist E 470, M V 367. — Ehegattenerbfolge, Voraus des Ehegatten E 470, M V 367 ff. — Ausschlagung, Ausschließung, Verzicht, Erbunwürdigkeit des gesetzlichen Erben, derselbe gilt als vor dem Erbfalle gestorben E 470, M V 375 ff.; sein Bruchtheil, wie auch derjenige eines vorverstorbenen gesetzlichen Erben, gilt als besonderer Erbtheil in Ansehung der Vermächtnisse, Auflagen und der Ausgleichungspflicht E 470 f., M V 377 f. — Gesetzliches Erbrecht des Fiskus, keine Ausschlagung, Inventarrecht desselben, Auskunftspflicht gegenüber den Nachlaßgläubigern, Feststellung des Fehlens anderer Erben durch das Nachlaßgericht E 471, M V 378 ff., E 493, M V 556.

Erbkuxe, Nießbrauch an E. M III 503.

Erblosigkeit, Erbrecht des Fiskus E 471, M V 378 ff. — Feststellung der E. E 492 f., M V 554 ff.

Erbpachtrecht ausgeschlossen vom Entwurfe E 176, M III 6.

Erbrecht, gütergemeinschaftliches, Begriff E 324, M IV 435 ff. — Kein E. des an Kindesstatt Annehmenden E 384, M IV 987 ff. — Allgemeine Vorschriften über E. E 420, M V 1 ff.

Erbschaft, Begriff der E. E 420, M V 2. — E. ruhende, juristische Persönlichkeit (?) M I 80. — Uebertragung einer E. E 70, M II 141 f. — Vertrag über die E. eines noch lebenden oder unbestimmten Dritten ist nichtig E 77, M II 182 ff. — Kauf einer E. s. Erbschaftskauf. — Nießbrauch an einer E. oder deren Bruchtheil E 238, M III 565. — Vermächtniß der E. oder eines Bruchtheiles davon eines Dritten E 441, M V 161 f. — Erwerb der E. s. Erbschaftserwerb.

Erbschaftsanspruch E 496 ff., M V 576 ff.: Erbschaftsbesitzer, Erbschaftsanspruch, Begriffe E 496, M V 578 ff.; Herausgabe der Erbschaftsgegenstände E 496 f., M V 580 ff. — Auskunftspflicht des Erbschaftsbesitzers E 497, M V 586 f. — Pflicht des Erbschaftsbesitzers zur Herausgabe der Bereicherung E 497, M V 587 f.; Verwendungen des-

selben E 497, M V 589 f. — Haftung des Erbschaftsbesitzers von Kenntniß seiner Eigenschaft als Nichterbe, sonst von Rechtshängigkeit des Erbschaftsanspruches an, Analogie von Eigenthümer und Besitzer E 497, M V 591; Verzug, unerlaubte Handlungen E 498, M V 591 f. — Ansehung der Erbschaft als Ganzes in Bezug auf Verwendungen und Bereicherung E 498, M V 592. — Schutz des mit der Einzelklage in Anspruch genommenen Erbschaftsbesitzers E 498, M V 592 ff. — Analogie des Erbschaftsanspruches bei *Todeserklärung*, wenn der für todt Erklärte überlebt oder das Urtheil auf Todeserklärung aufgehoben wird, Pflicht des vermeintlichen Erben zur Herausgabe des Erbscheines und des Vermögens E 498, M V 597 ff.; Wirksamkeit der von und gegen den vermeintlichen Erben vorgenommenen Rechtsgeschäfte mit Dritten E 498, M V 599 f. — Schutz gutgläubiger Dritter im Falle der Anfechtung einer anfechtbaren Erbeseinsetzung E 499, M V 600 ff.

Erbschaftsbesitzer, s. Erbschaftsanspruch.

Erbschaftserwerb E 483 ff., M V 485 ff.: *Anfall* der Erbschaft, kraft Gesetzes vorbehaltlich der Ausschlagung, regelmäßig mit dem Erbfalle E 483 f., M V 488. — Anfall an eine empfangene, noch nicht geborene Person E 484, M V 488 f., Unterhaltsanspruch der schwangeren Mutter E 484, M V 489 f. — *Ausschlagung* durch die Erbeserben, durch einen derselben E 484, M V 491 ff.; das Recht erlischt durch ausdrückliche oder stillschweigende *Annahme*, *pro herede gestio* E 484, M V 494 f.; *Frist der Ausschlagung* (Ueberlegungsfrist) E 484 f., M V 497 ff. — Tod des Erben während der Ausschlagungsfrist E 485, M V 502; Form der Ausschlagung E 485, M V 502 f.; keine Ausschlagung oder Annahme von Beginn der Ausschlagungsfrist E 485, M V 503 f.; Beginn der Ausschlagungsfrist für den beschwerten Pflichttheilsberechtigten, für denselben als Ersatzerben E 485, M V 504 f.; keine Bedingung oder Zeitbestimmung bei Annahme oder Ausschlagung, Angabe des Berufungsgrundes E 485, M V 505 f. — Keine Annahme oder Ausschlagung auf einen Theil des Erbtheiles E 485 f., M V 506; Berufung des Erben zu mehreren Erbtheilen, Wirkung der Annahme oder Ausschlagung des einen auf die anderen E 486, M V 506 ff.; bei Verschiedenheit der Berufungsgründe E 486, M V 508 ff. — Unwiderruflichkeit der Annahme oder Ausschlagung E 486, M V 510. — *Anfechtung* der Ausschlagungserklärung durch einen Pflichttheilsberechtigten wegen ihm unbekannt gebliebenen Wegfalles von Beschwerungen, wegen Drohung oder Betruges, Form, Frist E 486 f., M V 510 ff.; Anfechtung der Annahme wegen Drohung oder Betruges, Form, Frist E 487, M V 512 f. — *Wirkung der Ausschlagung* E 487, M V 513 f. — Genehmigung des Vormundschaftsgerichtes zur Ausschlagung für Hauskinder und Mündel E 487 f., M V 514 ff. — *Wirkungen des Erbschaftserwerbes* E 489 ff., M V 525 ff.: Uebergang der Rechte und Verbindlichkeiten kraft Gesetzes, desgl. Theilung derselben nach den Erbtheilen E 489, M V 525 ff.; nicht so Besitz und Inhabung E 489, M V 530 f. — Uebergang der Rechte und Verbindlichkeiten aus verbotener Eigenmacht E 489, M V 531 ff.; verbotene Eigenmacht Dritter nach dem Erbfalle, bevor der Erbe Besitzer oder Inhaber geworden ist E 490, M V 533 ff. — Kosten der standesmäßigen Beerdigung des Erblassers E 490, M V 535 f. — Inhabung und Verwaltung des Erben während der Ueberlegungsfrist, Veräußerung, Belastung, Rechtsgeschäfte, Wirkung der demnächstigen Ausschlagung E 490, M V 536 ff. — Ruhen der Rechtsstreitigkeiten während der Ueberlegungsfrist, Zwangsvollstreckung, Arrest E 490 f., M V 539 f.

Erbschaftskauf E 106 ff., M II 352 ff.: Gegenstand ist eine angefallene Erbschaft E 106; M II 352; nicht die Nacherbschaft,

das Vorausvermächtniß, die Anwachsung E 106, M II 354 f. — Uebertragung der zur Erbschaft gehörigen Sachen und Rechte (keine Universalsukzession) E 106, M II 356. — Abtretung der Ansprüche E 106, M II 356 f. — Gewährleistung E 106 f., M II 358 f. — Gefahr E 107, M II 359 f. — Verpflichtungen des Käufers, Ersatz der Verwendungen E 107, M II 360 ff. — Rechte der Nachlaßgläubiger E 107 f., M II 362 f. — Inventarrecht des Käufers E 108, M II 363. — Nachlaßkonkurs E 108, M II 365. — Aufgebot der Nachlaßgläubiger E 108, M II 365. — Ausschließung des Erlöschens von Schuldverbindlichkeiten durch Vereinigung im Verhältnisse zwischen Käufer und Verkäufer E 108, M II 365. — Veräußerung einer Erbschaft durch andere Verträge E 108, M II 365 f.

Erbschein E 493 ff., M V 557 ff.: Ertheilung an den gesetzlichen Erben durch das Nachlaßgericht E 493, M V 558 f.; Erfordernisse zur Begründung des Antrages E 493, M V 559 f.; Nachweis der Erfordernisse durch den Antragsteller mittelst öffentlicher Urkunden oder anderer Beweismittel, in deren Ermangelung eidesstattliche Versicherung E 493 f., M V 560 ff.; Beweisaufnahme, keine Ertheilung bei anhängigem Rechtsstreite über das Erbrecht E 494, M V 562; Befugniß zur öffentlichen Aufforderung zur Anmeldung von Erbrechten E 494, M V 562; Einziehung, Kraftloserklärung des Erbscheines E 494, M V 563 f. — Anspruch des wirklichen Erben auf Herausgabe des Erbscheines, Auskunftspflicht desjenigen, welchem der unrichtige Erbschein ertheilt ist E 494, M V 564 f.; Erbschein für den Vorerben, Angabe der Ernennung des Testamentsvollstreckers E 495, M V 565 f. — Vermuthung für die Richtigkeit des Erbscheines E 495, M V 567 f.; Veräußerung, Belastung, Rechtsgeschäfte nach Ertheilung des Erbscheines, Wirkung zu Gunsten gutgläubiger Dritter E 495, M V 569 ff. — Zeugniß des Nachlaßgerichtes an den eingesetzten Erben, daß keine entgegenstehende Verfügung von Todeswegen vorhanden, an den nicht aus der letztwilligen Verfügung allein erkennbaren Eingesetzten, daß und in welchem Umfange die bezeichnete Person der Erbe sei E 495 f., M V 573 f. — Erbscheine über außerdeutsche Erbschaften E 496, M V 574 f.

Erbtheil Begriff E 420, M V 3. — Gemeinschaftlicher E. Begriff E 428, M V 68. — Angewachsener E. gilt für Vermächtnisse und Auflagen als besonderer E. E 429, M V 73. — Konkurs über den Erbtheil E 506, M V 442 f. — Inventarrecht bei mehreren Erbtheilen desselben Erben E 511, M V 677 f.

Erbtheilung s. Auseinandersetzung (unter Miterben).

Erbunfähigkeit (?) M V 14 f.

Erbunwürdigkeit des Vermächtnißnehmers E 445, M V 189; des gesetzlichen Erben E 470, M V 376. — Erbunwürdigkeit kraft Gesetzes: Gründe E 488, M V 516 ff. — Geltendmachung durch Anfechtung, Berechtigter, Frist E 488 f., M 520 f. — Anfechtungsklage auf Erbunwürdigkeitserklärung E 489, M V 521 f. — Wirkungen der durchgeführten Klage sind diejenigen der Ausschlagung der Erbschaft, der Anfechtende darf nicht ausschlagen E 489, M V 522 f. — Erbunwürdige haben keinen Pflichttheilsanspruch E 489, M V 523 f. — Wirkung der Verzeihung E 489, M V 524 f.

Erbvertrag, s. Erbeinsetzungsvertrag, Erbverzicht, Vermächtnißvertrag.

Erbverzicht des gesetzlichen Erben E 470 f., M V 376, E 482 f., M V 470 ff.: Erbverzichtvertrag schließt von der gesetzlichen Erbfolge aus, vom Pflichttheilsrechte, Beschränkung auf Ausschließung vom Pflichttheilsrechte E 481, M V 472 f. — Errichtung, Aufhebung, Anwendung der Vorschriften über Erbvertrag E 482, M V 473 ff. — Verbindung mit einem Erbeinsetzungsvertrage oder Vermächtnißvertrage E 482 f., M V 476 f. — E. zu

Gunsten einer bestimmten Person ist bei deren Wegfall im Zweifel unwirksam E 483, M V 477 ff. — Wirkung für die Abkömmlinge des Verzichtenden, Pflicht der Ausgleichung und Anrechnung der für den E. gewährten Gegenleistung E 483, M V 480 ff. — Verzicht auf vertragsmäßige Zuwendung von Todeswegen E 483, M V 483 f.

Erbzinsrecht, ausgeschlossen vom Entwurfe E 176, M III 6.

Erdboden, unzulässige Vertiefung E 198, M III 295 f.

Erdkörper unter einem Grundstücke E 194, M III 263 f. — Vereinigung eines abgerissenen E. mit einem anderen Grundstücke E 178, M III 48 ff.

Erfüllung der Bedingung E 30 f., M I 250 ff. — E. beim Gesammtschuldverhältnisse, Wirkung E 74, M II 161; s. im Uebrigen Leistung.

Erfüllungsstatt, Hingabe, Annahme an an E. E 59, M II 82 ff. — Gewährleistung für Entwehrung bei derselben E 59, M II 83. — E. beim Gesammtschuldverhältnisse E 74, M II 162.

Erfüllungsübernahme E 71, M II 147 ff.

Erhaltungspflicht beim Nießbrauche an Sachen E 227 f., M III 510 ff.; bei der Herausgabepflicht E 55, M II 55. — E. des Erbschaftsbesitzers E 497; bei der ehelichen Nutznießung E 298 f., M IV 199 ff., E 305, M IV 277 f.; bezüglich der Sondergüter bei Errungenschaftsdemeinschaft E 335, M IV 512; bei der elterlichen Nutznießung E 364, M IV 788 f.

Ergänzung der Einwilligung zur Eheschließung durch das Gericht E 280, M IV 15, E 282, M IV 29 f. — E. des Pflichttheiles E 472, M V 391 f.

Erlaß der Schuld E 64 f., M II 114 ff.: Negativer Schuldanerkennungsvertrag E 64, M II 115; Unwirksamkeit einseitigen Verzichtes E 65, M II 116. — Wirkung des E. beim Gesammtschuldverhältniß E 74, M II 164 f.

Erlöschen von Körperschaften E 11, M I 109 ff.; von Stiftungen E 14, M I 124. — E. der Schuldverhältnisse E 59 ff., M II 77 ff. — E. des Nießbrauchsrechtes juristischer Personen E 232, M III 530. — E. der Rechte an beweglichen Sachen durch Erwerb seitens Dritter in gutem Glauben E 201, M III 347; durch Verbindung, Vermischung, Verarbeitung E 204 f., M III 361 f.; des Eigenthumes und sonstiger Rechte an einem Bienenschwarm E 208; an gefundenen Sachen E 210, M III 382 ff., an der Pfandsache durch deren rechtmäßige Veräußerung E 268, M III 830 f.

Ermächtigung Minderjähriger durch ihren gesetzlichen Vertreter zur selbständigen Betreibung eines Erwerbsgeschäftes E 16 M I 141 ff. — E. eines unzuständigen Standesbeamten zur Eheschließung E 284, M IV 38. — Allgemeine E. Seitens des Vormundschaftsgerichtes an den Inhaber der elterlichen Gewalt zur Vornahme bestimmter sonst der gerichtlichen Genehmigung bedürfender Geschäfte E 361, M IV 768; desgl. an den Vormund E 399, M IV 1147 f.

Erneuerung einer Schuldverschreibung auf Inhaber E 155, M II 713.

Erneuerungsscheine, Begriff E 153, M II 707; Verjährung des Anspruches aus solchen E 153, M II 703 ff.; Verlust derselben E 154, M II 712. — E. von Mündeln E 397, M IV 1129 ff.; von der Nacherbfolge unterliegenden Papieren E 434, M V 99.

Errungenschaftsgemeinschaft M IV 151 ff., E 333 ff., M IV 491 ff.: Entstehung durch Ehevertrag E 333, M IV 491 f.; Gesammtgut, Sondergut E 333, M IV 492 ff.; Sondergut ist der Erwerb von Todeswegen und aus Schenkungen, zu Ausstattungen E 334, M IV 495 ff.; Sondergut durch Ehevertrag E 334, M IV 498; Sondergut durch Surrogation, Erwerb aus demselben, aus auf dasselbe sich beziehenden Rechtsgeschäften E 334, M IV 498 ff.; Sonder-

gut sind die unübertragbaren, die mit dem Tode des Berechtigten erlöschenden, die durch den Tod eines Ehegatten bedingten Rechte E 334, M IV 503 ff. — Vorbehaltsgut, Anwendung der bezüglichen Vorschriften für die allgemeine Gütergemeinschaft E 334, M IV 505. — Entstehung des Gesammtgutes kraft Gesetzes, Verwaltung desselben, Verwendungen, Rechtsverhältniß der Sondergüter E 334, M IV 505 ff.; Erhaltungskosten und Lasten der Sondergüter fallen dem Gesammtgute zur Last E 335, M IV 513 f.; Bereicherung des Sondergutes aus dem Gesammtgute und umgekehrt E 335, M IV 514 ff.; Vermuthung, daß das vorhandene Vermögen Gesammtgut ist, daß verbrauchbare Sachen für das Gesammtgut verwendet und dieses um deren Werth bereichert ist E 335, M IV 516 ff.; Aufnahme eines Vermögensverzeichnisses über das Sondergut E 335, M IV 518 ff.; Gesammtgutsverbindlichkeiten sind alle Verbindlichkeiten des Ehemannes, bestimmte Verbindlichkeiten der Ehefrau E 335 f., M IV 519 ff.; Zwangsvollstreckung gegen das Gesammtgut, Konkurs des Ehemannes, der Ehefrau E 337, M IV 528 ff.; Unterhaltspflicht der Ehegatten gegen Verwandte E 336 f., M IV 530; Gemeinschaftlichkeit der Gesammtgutsverbindlichkeiten, Ausnahmen E 337 f., M IV 530 ff.; Ausstattung eines Kindes durch den Ehemann E 338, M IV 530; Zeitpunkt der Geltendmachung der gegenseitigen Ansprüche E 338, M IV 533; Auflösung der Errungenschaftsgemeinschaft, Anwendung der Vorschriften für die allgemeine Gütergemeinschaft, Konkurs des Ehemannes, Wiederherstellung, Rechtsverhältniß nach der Auflösung E 338 f., M IV 533 ff.; s. auch Gemeinschaft (des beweglichen Vermögens und der Errungenschaft).

Ersatz, s. Schadensersatz.

Ersatzberufung, s. Ersatzerbe. — E. beim Vermächtnisse E 447, M V 207 f. — Annahme der E. der Abkömmlinge eines in letztwilliger Verfügung bedachten Abkömmlings E 424, M V 38.

Ersatzerbe, Recht desselben geht dem Anwachsungsrechte vor E 429 M V 72 f. — Begriff, mehrere E. E 429, M V 74; E. gilt für Nichtkönnen und Nichtwollen des Erben E 429 f., M V 75. — Nacherbe auch E., im Zweifel E. E 430, M V 75 f. — Wechselseitige Ersatzerbeinsetzung E 430, M V 76 ff. — Recht des Nacherben erstreckt sich nicht auf Ersatzerbschaft E 432, M V 93.

Erschütterungen, Zuführung oder Mittheilung an ein Grundstück E 194, M III 264 ff.

Ersitzung, kein Eigenthumserwerb an Grundstücken durch E. M III 306 ff. — E. beweglicher Sachen E 202 f., M III 350 ff.: Zehnjähriger Besitz ohne bösen Glauben E 202, M III 352. — Anrechnung der Besitzzeit des Rechtsvorgängers E 202, M III 353. — Vermuthung der Fortdauer des Besitzes E 202, M III 353. — Hemmung der Ersitzung bei gehemmter Verjährung des Eigenthumsanspruches E 202, M III 353 f. — Unterbrechung der E., Verlust des Besitzes, Beginn neuer E. mit Wiedererlangung desselben E 202 f., M III 354 f.; mala fides superveniens E 203, M III 355; Klagerhebung E 203, M III 355 f. — Keine E. des vermeintlichen Erben gegen den wirklichen E 203, M III 356. — Wirkung der E. E 203, M III 356. — Keine E. des Nießbrauches M III 496.

Erstattung, s. Schadensersatz.

Erwerb, s. Besitz, Eigenthum, Erbschaftserwerb.

Erwerber, Begriff E 82.

Erwerbsfähigkeit, Aufhebung oder Verminderung durch Körperverletzung, Rentenanspruch E 162, M II 793.

Erwerbsgeschäft, selbständiges, Minderjähriger E 16, M I 141 ff. — E. als Gegenstand des Gesellschaftsvertrages E 145, M III 632 ff.; als Gegenstand des Nießbrauches M III 559. — Selbst-

ständiger Betrieb eines E. durch Ehefrau E 297, M IV 173 ff., E 301 f., M IV 240 ff., E 315, M IV 362, E 317, M IV 374 f., 538; durch Hauskind M IV 762. — Entgeltlicher Erwerb oder Veräußerung eines E. beim Vermögen des Hauskindes E 361, M IV 762 ff.; Beginn eines neuen E. im Namen des Hauskindes E 361, M IV 768 ff.; elterliche Nutznießung an einem E. E 363, M IV 782 ff. — Beginn oder Auflösung eines E. im Namen des Mündels E 394, M IV 1108; entgeltlichen Erwerb eines solchen E 399, M IV 1145. — Zuwendungen zur Begründung eines E., Ausgleichungspflicht E 514, M V 702; Abrechnung auf den Pflichttheil E 475, M V 412.

Erwerbsgesellschaft, offene E 145, M II 632 ff.

Erzeugnisse eines Grundstückes, ungetrennte, sind wesentliche Bestandtheile desselben E 178, M III 46. — Eigenthumserwerb an E. einer Sache durch Trennung E 205 f., M III 363 ff. — Haftung der E. eines Grundstückes für die Hypothek E 243, M III 650 ff.; der E. einer verpfändeten beweglichen Sache E 262, M III 805.

Erziehungsanstalten, Verjährung ihrer Ansprüche E 36, M I 301. — Unterbringung des Hauskindes in E. durch das Vormundschaftsgericht E 369, M IV 805, des Mündels E 401, M IV 1156.

Erziehungskosten als Gegenstand gesetzlicher Unterhaltspflicht E 355, M IV 696.

Erziehungsrecht, Erziehungspflicht des Inhabers der elterlichen Gewalt E 358 f., M IV 750 ff., des Vormundes E 393, M IV 1096 f. — Mißbrauch des E. E 369, M IV 803. — Konkurrenz von E. und Unterhaltspflicht E 356, M IV 703. — E. des unehelichen Vaters (?) M IV 863.

Esel, Gewährleistung bei deren Veräußerung E 88 ff., M II 243 ff.

Eviktion, s. Entwehrung.

Exceptio rei judicatae M I 372 ff. — E. non impleti, non rite impleti contractus M II 200, 202 f., E 81, M II 204 f., 598. — E. doli M II 755 ff. — E. metus M II 759. — E. vitiosae possessionis M III 124. — E. spolii M III 125. — E. rei venditae et traditae M III 340, 421. — E. plurium constupratorum M IV 656; plurium concumbentium E 375, M IV 884 ff., 927.

Exheredatio bona mente E 478, M V 437 ff.

Exkusationsgründe, s. Ablehnung der Vormundschaft.

Expromission, s. Schuldübernahme, Erfüllungsübernahme.

Exterritoriale, Wohnsitz E 8, M I 74.

F.

Fabrik, Zubehör derselben E 179, M III 67.

Fabrikanten, Verjährung ihrer Ansprüche E 36, M I 300.

Fabrikarbeiter, Verjährung ihrer Ansprüche E 37, M I 303.

Fall der Nacherbfolge, Begriff E 430, M V 79 ff.

Fälligkeit eines Anspruches, Begriff E 37, M I 308. — F. als Voraussetzung der Verurtheilung zu einer Leistung E 45, M I 365 ff. — F. der Forderungen als Voraussetzung der Aufrechnung E 63, M II 104.

Fahrlässigkeit bei Willenserklärungen E 23, M I 194 ff. — Begriff E 3, M I 279. — Geringe, grobe F. E 33, M I 279 f. — Diligentia quam in suis E 34, M I 280. — F. des Beschädigten, Einfluß auf den Schadensersatzanspruch E 51, M II 23 ff. — Haftung des Schuldners für F. E 51, M II 26 ff.; desgl. im Verzuge E 56, M II 64 ff.; im Verzuge des Gläubigers E 58, M II 74 f. — F. bei widerrechtlichen Handlungen E 156, M II 724 ff.

Falsche Anschuldigung, Grund zur Beschränkung der Unterhaltspflicht E 355, M IV 701; zur Entziehung des Pflichttheiles E 478, M V 432 f.

Fälschung, s. Urkunde.

Familie, Stellung zur Vormundschaft M IV 1014 f.

Familienfideikommisse ausgeschlossen vom Entwurfe E 176, M III 5.

Familienname, rechtliche Natur desselben, unbefugte Namensführung M IV 1005 f. — Ehefrau erhält den F. des Ehemannes E 293, M IV 106; behält denselben nach Ehescheidung E 346, M IV 620 ff. — F. des ehelichen Kindes E 357, M IV 712; des unehelichen Kindes E 375, M IV 859; des legitimirten Kindes M IV 949; des an Kindesstatt Angenommenen E 383, M IV 981 f.

Familienrath M IV 1018 f., E 409 ff., M IV 1203 ff. (s. das Einzelne unter Vormundschaft).

Familienrechtliche Ansprüche unterliegen nicht der Anspruchsverjährung (?) E 35, M I 294 f.

Familienrechtliche Verhältnisse, Klage auf Feststellung E 386, M IV 1002 ff.

Familienstand, Ruhen der elterlichen Gewalt bei Ungewißheit desselben E 372, M IV 824; Annahme an Kindesstatt bei Ungewißheit des F. E 381, M IV 965.

Faustpfandgläubiger, Stellung der ihnen gleichstehenden Gläubiger beim Aufgebote der Nachlaßgläubiger E 507, M V 647 f.

Faustpfandrecht, s. Pfandrecht (an beweglichen Sachen).

Fehler, s. Gewährleistung (für Mängel).

Fehlerhafte Innhabung E 184, M III 122 f.

Fehlgeburt, Ansprüche der außerehelich Geschwängerten (?) M IV 911.

Feldfrevel, Schadensersatz M II 749.

Festnahme von Personen als Maßregel der Selbsthülfe E 44, M I 355 ff.

Feststellung des Bestehens oder nicht der Ehe E 293, M IV 103 f.; von familienrechtlichen Verhältnissen E 386, M IV 1002 ff.; s. auch E 351 f. (Anm.).

Feststellungsklage unterbricht die Anspruchsverjährung E 40, M I 327. — F. verjährt nicht (Statusklage) M I 295.

Festtage, keine Bestimmung des Entwurfes über die Einwirkung auf Termine und Fristen M I 286 f.

Feuerbestattung, Kosten derselben M IV 699.

Feuersgefahr, Versicherung gegen F. beim Nießbrauche E 228 f. M III 513 f.

Ficta possessio M III 397.

Fideikommiß, s. Familienfideikommiß; s. auch M V 360. — Fideicommissum heredi praesenti injunctum M V 293.

Fidejussor, s. Bürgschaft. — F. indemnitatis M II 672.

Findelkinder, Wohnsitz M I 76.

Finden, Finder, s. gefundene Sachen.

Firma einer Gesellschaft zum Zwecke der Betreibung eines Erwerbsgeschäftes E 145, M II 632 ff.

Fische in Teichen und anderen geschlossenen Privatgewässern sind nicht herrenlos E 207, M III 311.

Fischereirecht ausgeschlossen vom Entwurfe E 176, M III 5.

Fiskus als juristische Persönlichkeit E 14, M I 80, 124. — Anfall des Vermögens erloschener Körperschaften an den F. E 11, M I 109 ff. — Aufrechnung gegen Forderungen des Reichs- und Landesfiskus, stationes fisci E 62, M II 114. — Gesetzliche Hypothek des F. E 241 f. (Anm.), M III 601. — Gesetzliches Erbrecht des F. E 471, M V 378 ff., E 493, M V 556.

Fixgeschäft, Begriff, Rücktrittsrecht E 80 M II 199 f.

Flurbuch, Bedeutung für das einheitliche Grundstück E 178, M III 55.

Fluß, Inselbildung im F. M III 301 f.

Forderung, s. Leistung. — Erfüllung der F., s. Erfüllung. — Hinterlegung der F., s. Hinterlegung. — Aufrechnung der F., s. Aufrechnung. — Erlaß der F., s. Erlaß. — Vereinigung der F., s. Vereinigung. — Uebertragung der F., s. Uebertragung. — Nießbrauch an F. E 324 f., M III 544 ff. — Pfandrecht an F. E 275 ff., M III 860 ff. — Eheliche Nutznießung an F. M IV 188 ff.; elterliche Nutznießung E 369, M IV 781 f. — F. als Gegenstand der Nacherbfolge E 439 f., M IV 96 ff. — F. als Gegenstand des Vermächtnisses E 439, M V 141, E 441, M V 157 ff, 170.

Form der Rechtsgeschäfte E 21, M I 178 ff.: Grundsatz der Formfreiheit E 21, M I 178; Ausnahmen E 21 f., M I 179 ff. Gerichtliche, notarielle Form E 22, M I 184 ff.; Vertragsurkunde E 22, M I 184 ff.; Beweislast E 46, M I 383. — F. der Uebertragung eines ganzen Vermögens oder der Bestellung des Nießbrauches daran E 78, M II 188 f. — F. der Uebertragung des Eigenthums an einem Grundstücke E 78, M II 189 f. — F. des Schenkungsversprechens E 96, M II 299 ff. — F. der Eheschließung M IV 8 f., E 284, M IV 39 ff; Nichtigkeit der Ehe wegen Formmangel E 285, M IV 48. — F. der Anfechtung der Ehe E 292, M IV 95 f. — F. des Ehevertrages E 310, M IV 311 ff. — F. der Zustimmung des anderen Ehegatten zur Ausschließung eines Abkömmlings von der fortgesetzten Gütergemeinschaft oder zu letztwilliger Verfügung über dessen Antheil E 325, M IV 446. — F. des Verzichtes eines Abkömmlings auf sein Recht an dem Gesammtgute der fortgesetzten Gütergemeinschaft E 326, M IV 448 f. — F. des Antrages und der Einwilligung zur Ehelichkeitserklärung E 378, M IV 944 f. — F. des Vertrages bei Annahme an Kindesstatt E 382, M IV 971. — F. der erforderlichen Einwilligung des Nacherben zu Verfügungen des Vorerben E 436, M V 120. — F. der Ernennung des Testamentsvollstreckers durch Erblasser, durch Dritte E 448, M V 217, 219. — F. der letztwilligen Verfügung E 454 ff., M V 257 ff.; des Erbeinsetzungsvertrages E 462, M V 315 ff.; des den Erbeinsetzungsvertrag aufhebenden Vertrages E 466, M V 341; des Rücktrittes vom Erbeinsetzungsvertrage E 467, M V 343; die Entziehung des Pflichttheiles E 479, M V 447 f.; der Ausschlagung einer Erbschaft E 485, M V 502 f.; der Anfechtung der Ausschlagung oder Annahme einer Erbschaft E 488, M V 512, 513; des Verzichtes auf das Inventarrecht E 499, M V 607.

Fortgesetzte Gütergemeinschaft, siehe Gütergemeinschaft.

Forstdiebstahl, Schadensersatz M II 749.

Forstrecht, ausgeschlossen vom Entwurfe E 176, M III 5.

Frachtfuhrleute, Verjährung ihrer Ansprüche E 37, M I 303. — Uebergabe der Kaufsache an den Frachtführer, Uebergang der Gefahr E 101, M II 326.

Frachtvertrag, Anwendung der Vorschriften über Werkvertrag M II 507.

Frauen, Interzession derselben M II 657, IV 115 f. — Wartezeit bei Wiederheirath E 282 f. M IV 32. — Unfähigkeit zur Uebernahme der Vormundschaft E 389, M IV 1067 f., E 391, M IV 1081; Ablehnungsrecht E 391, M IV 1073 f.; Entlassung, wenn die Frau eine Ehe schließt E. 407, M IV 1200 f. — F. können nicht Mitglieder des Familienrathes sein E 410, M IV 1213 f.

Freie Verfügung, Anordnung solcher gilt bei Nacherbfolge als N. auf den Ueberrest E 437, M V 132.

Freies Vermögen der Hauskinder E 361 ff., M IV 770 ff., s. im Einzelnen unter Eltern.

Freiheit, Verletzung derselben E 157, M II 728.

Freiheitsentziehung, Widerruf der Schenkung wegen F. E 98, M II 302 f. — Schadensersatz bei F., Entschädigung eines Unterhaltsberechtigten E 162, M II 795 f.; Geldentschädigung E 162, M II 801 f.

Frist, Begriff M I 282, s. im Uebrigen Zeitbestimmungen.

F. für Kündigung des Darlehens E 99, M II 313. — F. des Rücktrittsrechtes beim Verkaufe mit Vorbehalt der Annahme eines besseren Gebotes E 103, M II 339. — F. bei Ausübung des Vorkaufsrechtes E 105, M II 351. — F. für Kündigung der Miethe E 114, M II 411; der Pacht E 117, M II 427; des Dienstvertrages E 123, M II 464; für Anfechtung der Ehe E 291 f., M IV 93 f.; für Klage auf Ehescheidung und Trennung von Tisch und Bett E 343 f., M IV 604 ff.; für Klage auf Anfechtung der Ehelichkeit eines Kindes E 350, M IV 667 f.; für Ausschlagung der Erbschaft E 484, M V 497 ff.; für Aufnahme des Nachlaßinventars E 500 f., M V 608 ff.; für Aufgebot der Nachlaßgläubiger E 506, M V 644, für Bekanntmachung desselben E 506, M V 647.

Fruchtgenuß bei der Pacht E 116, M II 421 f.; an dem mitverpachteten Inventar E 117, M II 425; beim Nießbrauche E 226, M III 500 ff.; beim Faustpfandrechte E 262, M III 807 f.; bei verpfändeten Rechten E 275, M III 857 f.

Früchte eines landwirthschaftlichen Grundstückes, gesetzliches Pfandrecht des Verpächters an denselben E 118, M II 432 f. — F. eines gemeinschaftlichen Gegenstandes E 172, M II 877. — Früchte einer Sache, eines Rechtes E 179 f., M III 67 ff.: Begriff E. 179, M III 67 ff. Nutzungen sind die F. aus Gebrauch einer Sache E 180, M III 70. Vertheilung der F. zwischen den nach einander zur Beziehung derselben Berechtigten, Verhältniß zwischen Besitzer und Eigenthümer E 180, M III 75 f. — Früchte eines Grenzbaumes E 195, M III 279. — Ueberfall von Baumfrüchten E 197, M III 289. — Erwerb der F. einer Sache durch Trennung E 205 f., M III 364 ff.; kraft obligatorischen Rechtes E. 206, M III 367 ff. — Fruchterwerb des Nießbrauchers E 226, M III 500 f. — Haftung der Früchte für die Hypothek E 243, M III 653. — F. des Ehegutes, Pfändung E 300, M IV 215 ff.; desgl. bei der elterlichen Nutznießung E 366, M IV 793 f. — F. des Vermächtnißgegenstandes E 446, M V 194 f.

Fundlohn E 209, M III 380 f.

Fundrecht, s. Gefundene Sachen.

Fungible Sachen, s. Vertretbare Sachen.

Furcht, s. Drohung.

Furtum M II 749.

Fütterungskosten von Hausthieren, Ersatz bei der Wandelung wegen Hauptmängel E 89 f., M II 259 ff. — F. bei vermietheten Thieren E 111, M II 393; bei Gebrauchsleihe E 121, M II 447.

Futtergetreide bei verpachteten landwirthschaftlichen Grundstücken E 119, M II 440 f.

G.

Garantieversprechen M II 224 f.

Garantievertrag M II 658.

Garnisonort, Wohnsitz der Militairpersonen an demselben E 8, M I 72 ff.

Gase, Zuführung oder Mittheilung an ein Grundstück E 194, M III 264 ff.

Gastwirthe, Verjährung ihrer Ansprüche E 36. — Einbringung von Sachen durch Gäste bei G., Haftung für dieselben, des G. für seine Leute, nicht abwendbar durch Anschlag E 196 f., M II 584 ff.; Haftung für eingebrachte Gelder, Werthpapiere und Kostbarkeiten E 137, M II 588 ff. — Gesetzliches Pfandrecht des G. an den eingebrachten Sachen des Gastes

wegen Forderung für Wohnung und Bewirthung E 164, M II 814 ff.

Gattung, Gewährleistung bei Veräußerung einer nur der G. nach bestimmten Sache E 88, M II 241 ff.; desgl. eines Hausthieres E 90, M II 263. — Schenkung eines nur nach G. bestimmten Gegenstandes E 97, M II 296. — G. als Gegenstand des Vermächtnisses E 442, M V 174 f., E 446, M V 197.

Gebäude, Beschädigung durch Ausgießen, Auswerfen, Herabfallen aus einem G. E 163, M II 803 ff.; durch Einsturz eines G. E 164, M II 814 ff. — Wesentliche Bestandtheile eines G. E 177, M III 42 ff. — Vorübergehende Verbindung eines G. mit einem Grundstücke E 178, M III 47 f. — Zubehör eines zu einem gewerblichen Zwecke eingerichteten G. E 179, M III 66 f. — Errichtung von G. mit Ueberschreitung der Grenze E 196, M III 282 ff. — Erbbaurecht an G. E 220, M III 470.

Gebot, besseres, Vorbehalt desselben durch den Verkäufer E 172, M II 877. — Gebundensein an G. bei Versteigerungen E 21, M I 177 f.

Gebrauch eines gemeinschaftlichen Gegenstandes E 172, M II 877.

Gebrauchsleihe E 120 ff., M II 443 ff.: Erforderniß der Unentgeltlichkeit E 120, M II 443; Realantrag M II 445; Entleiher, Verleiher E 120; Haftung des Verleihens für dolus und culpa lata E 120, M II 446, für Mängel E 120, M II 446 f. — Keine Ueberlassung des Gebrauches an Dritte E 121, M II 447. — Auslagen für den Gebrauch, Fütterungskosten trägt Entleiher, nothwendige Verwendungen Verleiher E 121, M II 447 f. — Rückgabe der entliehenen Sache E 121, M II 448 f. — Zeitdauer der G. E 121, M II 541 ff. — Rücktrittsrecht des Verleihers E 121 f., M II 452 f. — Ueberlassung des unentgeltlichen Gebrauches einer Sache auf willkürlichen Widerruf (Prekarium) E 122, M II 453 f.

Gebrechen, Ablehnung der Vormundschaft wegen G. E 391, M IV 1075. — Körperliche G. kein Scheidungsgrund M IV 569 f. — Vormundschaft wegen G. E 413, M IV 1229 ff.; Pflegschaft E 417, M IV 1256. — Testamentsfähigkeit M V 251.

Geburt, Beginn der Rechtsfähigkeit E 1, M I 28 ff. — Uneheliche Geburt, Verwandtschaft E 7, M I 65 f. — Geburt als Endpunkt der Pflegschaft für Leibesfrucht, E 419, M IV 1274.

Geburtshelfer, Verjährung ihrer Ansprüche E 36, M I 303.

Gefängnißstrafe als Grund der Verwirkung der elterlichen Gewalt bei Verbrechen oder Vergehen gegen das Hauskind E 372, M IV 836 ff.

Gefahr, Uebergang auf den Gläubiger im Verzuge E 58, M II 75. — Tragung der G. bei gegenseitigen Verträgen E 81 f., M II 205 ff. — G. des Zufalls beim Rücktrittsrechte E 94, M II 282. — Tragung der G. beim Kaufe E 100, M II 322 ff., 334; beim Erbschaftskaufe E 107, M II 359 f. — G. des nach Taxe übernommenen Inventars bei Pacht landwirthschaftlicher Grundstücke E 118, M II 434. — G. beim Werkvertrage E 126, M II 497 ff. — Geschäftsführung ohne Auftrag bei dringender G. für Person oder Vermögen des Geschäftsherrn E 169, M II 858. — G. der Vorlegung E 175, M II 893.

Gefundene Sachen E 208 ff., M III 375 ff.: Anzeigepflicht des Finders E 208, M III 375 f. — Erhaltungspflicht, Versteigerung verderbbarer u. s. w. Sachen E 208, M III 378 f. — Ansprüche des Finders auf Ersatz der Verwendungen und Fundlohn, Zurückbehaltungsrecht E 209, M III 379 ff. — Eigenthumserwerb des Finders durch Zeugniß der Polizeibehörde nach Ablauf von ein bis drei Jahren E 210, M III 382 ff. — Funde im Werthe bis zu drei Mark E 210, M III 386. — Herausgabe der Bereicherung, dreijährige Verjährung E 211, M III 386. — Uebergang der Rechte des

Finders durch dessen Verzicht auf die Gemeinde des Fundortes E 211, M III 386. — Behandlung der in den Geschäftsräumen oder Transportmitteln einer öffentlichen Behörde oder Verkehrsanstalt gefundenen oder sonst in deren Inhabung gelangten Sachen unbekannter Empfangsberechtigter E 211 f., M III 386 ff. — Schatz E 212, M III 390 f.

Gegenleistungen, s. Gegenseitige Verträge. Verweigerung der G. bei nicht geschehener Gewährleistung E 83, M II 216 ff. — Herabsetzung der G., s. Minderung.

Gegenseitige Verträge Wesen, Erfüllung E 80 f., M II 200 ff.; s. auch Vertrag.

Gegenstand der Schuldverhältnisse E 48 ff., M II 5 ff.; der Verträge E 76 ff., M II 176 ff.

Gegenvormund, M IV 1028 ff., 1032 ff. — Anwendung der Vorschriften über G. auf den Beistand der Mutter bei Ausübung der elterlichen Gewalt E 368, M IV 801. — Amt des G. berechtigt nicht zur Ablehnung einer Vormundschaft E 391, M IV 1076. — Bestellung eines G. E 391, M IV 1082; Wirkungskreis derselben E 393, M IV 1095; Mitwirkung bei Belegung von Mündelgeldern E 395 f., M IV 1117 ff.; bei Verfügung über Ansprüche des Mündels E 396 f., M IV 1121 ff.; Anhörung desselben durch das Vormundschaftsgericht E 400, M IV 1151 f.; Karakter der Genehmigung des Gegenvormundes E 401, M IV 1155; Haftung des G E 405 f., M IV 1175 ff.; Mitwirkung bei der Rechnungslegung an den Mündel, Auskunftsertheilung E 406, M IV 1184; Beendigung des Amtes E 408, M IV 1202. — G. kann Mitglied des Familienrathes sein M IV 1213. — G. bei Pflegschaft E 418, M IV 1269 f.

Gehorsam, kindlicher E 357, M IV 713 f.

Gehülfen. Verjährung der Ansprüche gewerblicher Gehülfen E 37, M I 303. — G. bei der Zwangsvollstreckung dürfen nicht kaufen E 101, M II 330. — G. beim Auftrage, Haftung für dieselben E 129, M II 533; beim Hinterlegungsvertrage E 134 f., M II 574 f. — G. bei widerrechtlichen Handlungen haften als Gesammtschuldner E 158, M II 738. — G. des Richters oder Notars dürfen nicht Testamentszeugen sein E 455, M V 267 f.

Geist der Rechtsordnung entscheidet in Ermangelung gesetzlicher Vorschriften E 1.

Geisteskrankheit, Entmündigung E 6, M I 60 ff. — Geschäftsunfähigkeit der Geisteskranken E 15, M I 120 f. — Lauf der Verjährung gegen Geisteskranke M I 319 ff. — G. kein Scheidungsgrund M IV 570 f. — Vormundschaft wegen G. E 413 f., M IV 1227 f. — S. auch Vernunftgebrauch.

Geistesschwäche M I 62. — Vormundschaft über Volljährige wegen G. (?) M IV 1231.

Geistliche, Abtretung von Gehaltsansprüchen E 96, M II 140. — S. auch Religionsdiener. — Formlose Testamente katholischer G. M V 295.

Geld, baares, Hinterlegung zur Sicherheitsleistung E 46 f., M I 390. — Erfüllung durch Hinterlegung von G. E 60 ff., M II 91 ff. — Haftung des Gastwirthes für eingebrachtes Geld des Gastes E 137, M II 588 ff. — Eigenthumserwerb an G. E 201, M III 349. — G. als Gegenstand des Pfandrechtes E 265, M III 821 f. — Verfügungsrecht des Ehemannes über baares Geld aus Ehegut M IV 275. — Aufnahme von G. auf den Kredit der Hauskinder E 360, M IV 762 ff. — Geld ist Gegenstand des Pflichttheilsanspruches E 472, M V 390 f.

Geldrente bei Tödtung E 161, M II 785 ff.; bei Körperverletzung E 162, M II 793; bei Freiheitsentziehung E 162, M II 795 ff.; bei Ueberschreitung der Grenze durch Errichtung eines Gebäudes E 196, M III 285 ff.; für Duldung eines Nothweges E 197, M III 292. — Eingetragene Geldrente M III 631 f.

Geldschuld, Zahlung derselben E 49 f., M II 12 ff.

Geldstrafen im Nachlaßkonkurse, Rangordnung E 505, M V 637.

Gemeinden, Aufrechnung gegen Forderungen derselben E 64, M II 114. — Rechte der G. des Fundortes an der gefundenen Sache E 211, M III 386. — G., in welcher die Versteigerung des Pfandes zu geschehen hat E 266, M III 824. — Stellung der G. zur Vormundschaft M IV 1012 ff., 1016 f.

Gemeindevorsteher, Errichtung letztwilliger Verfügung vor G. E 457 f., M V 281 ff.

Gemeindewaisenräthe, Mitwirkung bei der Beschränkung der elterlichen Gewalt E 370, M IV 815 f. — Mitwirkung bei der Vormundschaft E 412 f., M IV 1017 f., 1225 ff.; Anhörung bei Auswahl des Vormundes E 388, M IV 1062.

Gemeinheitstheilung, ausgeschlossen vom Entwurfe E 176, M III 5.

Gemeinsamkeit des Rechtes M I 25.

Gemeinschaft E 171 ff., M II 873 ff.; Im Zweifel bei ungetheiltem Rechte G. nach Bruchtheilen E 171, M II 873. — Verfügung des Theilhabers über seinen Antheil, nicht über den Gegenstand im Ganzen E 172, M II 874. — Vermuthung für Gleichheit der Antheile E 172, M II 875. — Gemeinschaftliche Verwaltung des Gegenstandes der G., Gebrauch, Früchte, Stimmenmehrheit für Verwaltung und Benutzung, Pflicht der Einwilligung im Voraus zu Erhaltungsmaßregeln E 172, M II 878. — Anspruch auf Aufhebung der G.; vereinbarter Ausschluß derselben tritt nach dreißig Jahren außer Kraft, ebenso mit dem Tode eines Theilhabers, Konkursverwalter an die Vereinbarung nicht gebunden E 172 f. M II 879 ff. — Unverjährbarkeit des Anspruches auf Aufhebung der G. E 173, M II 881. — Art der Theilung, in Natur, Verkauf und Theilung des Erlöses, Versteigerung unter den Theilhabern E 173, M II 881 ff. — Ansprüche der Theilhaber gegen einander E 173 f., M II 885 ff., Gewährleistung E 174, M II 887 f. — Regelung der Verwaltung bei Unzulässigkeit der Aufhebung, Kosten erfolglosen Verkaufsversuches E 174, M II 888 f. — G. aus Gesellschaftsverhältniß E 174, M II 889.

Gemeinschaftlicher Besitz E 181, M III 84 f.

G. des Eigenthumes, s. Miteigenthum.

G. des Nießbrauches E 231, M III 527 f.; der beschränkten persönlichen Dienstbarkeit E 238, M III 568 f.; der Berechtigung aus Reallast E 240, M III 590 f. — Anwendung der Vorschriften über G. auf Nachbarverhältnisse E 195, M III 276, 278; auf Miterben E 513, M V 687. — G. zwischen dem überlebenden Ehegatten und den Erben des verstorbenen Ehegatten am Gesammtgute bei Auflösung der allgemeinen Gütergemeinschaft durch Tod E 323, M IV 419 ff. — Theilung von G. beim Mündelgute E 399 f. M IV 1148 f. — Anwendung der Vorschriften über G. auf die Auseinandersetzung der Miterben E 513, M V 687.

Gemeinschaft des beweglichen Vermögens und der Errungenschaft unter Ehegatten E 339 f., M IV 541 ff.: Entstehung durch Ehevertrag, Anwendung der Vorschriften für die allgemeine Gütergemeinschaft, Genehmigung des Vormundschaftsgerichtes E 339, M IV 541 ff.; Sondergut, speziell das unbewegliche Vermögen, Umfang desselben E 339 f., M IV 548 ff.; Erwerb während des Bestehens der Gemeinschaft von Sachen, welche theils zum Sondergute, theils zum Gesammtgute gehören E 339 f., M IV 551 f.; Ausschluß der gütergemeinschaftlichen Erbfolge E 340, M IV 551 f.

Gemeinschaftlicher Antheil, beim Vermächtnisse, Begriff, Anwachsung E 444, M V 184 f.

Gemeinschaftlicher Erbtheil, Begriff E 428, M V 68; Anwachsung E 249, M V 71.

Gemeinschaftliches Testament nicht zulässig E 454, M V 253 ff.

Gemeinschuldner kann nicht Vormund sein E 389, M IV 1066, E 391, M IV 1081.

Genehmigung von ohne Vertretungsmacht geschehenen Vertragsabschlüssen E 29, M I 241 ff. — G. von Rechtsgeschäften, deren Wirksamkeit davon abhängt E 30, M I 245 ff. — G. von Rechtsgeschäften Minderjähriger E 15 f., M I 131 ff. — G. der Geschäftsbesorgung durch den Geschäftsherrn E 170 f., M II 867 f. — G. einer anfechtbaren Ehe durch den Anfechtungsberechtigten E 291, M IV 90 ff. — Verweigerte G. des Ehemannes zu Rechtsgeschäften der Ehefrau, der Erwerb wird Vorbehaltsgut E 297, M IV 170 ff. — Erforderniß der ehemännlichen G. zu Rechtsgeschäften der Ehefrau unter Lebenden über das Ehegut E 300 ff., M IV 226 ff. — Fälle der erforderlichen Genehmigung des Gegenvormundes, des Vormundschaftsgerichtes, s. Gegenvormund, Vormundschaftsgericht.

Generalhypothek M III 597 f.

Generalversammlung der Körperschaft E 11, M I 105 ff.

Generische Obligationen E 49, M II 10 ff.

Genossenschaften M II 592.

Genus, s. Gattung.

Gerade M V 370.

Geräthschaften einer gewerblichen Anlage, Zubehör E 179, M III 66 f.

Gerechtigkeiten, s. Berechtigungen.

Gerichtliche Form der Rechtsgeschäfte E 22; der Testamente E 454 f., M V 261 ff.; des Erbeinsetzungsvertrages E 463, M V 315 f.

Gerichtsschreiber, Zuziehung bei ordentlicher Testamentsform E 454, M V 262 f.

Gerichtsvollzieher, Verjährung ohne Ansprüche E 36, M I 302. — Mittheilungen von Willenserklärungen durch G. E 18, M I 160. — Versteigerung gefundener Sachen E 208, M III 378 f.; von Pfandsachen E 263, M III 812, E 266, M III 824.

Gerüche, Zuführung oder Mittheilung von einem Grundstück E 194, M III 264 ff.

Gesammtgläubiger, s. Gesammtschuldverhältniß.

Gesammtgut bei allgemeiner Gütergemeinschaft E 312, M IV 335 ff.; bei fortgesetzter Gütergemeinschaft E 327, M IV 455; bei Errungenschaftsgemeinschaft E 333, M IV 492 ff., E 334 ff., M IV 505 ff.; bei Gemeinschaft des beweglichen Vermögens und der Errungenschaft E 339 f., M IV 543 f. — Zuwendungen eines Ehegatten aus dem G. bei Berechnung des Pflichttheiles E 476, M V 416 f. — Schenkungen aus dem G., Verhältniß zum außerordentlichen Pflichttheile E 481 f., M V 468. — Ausgleichungspflicht für Zuwendungen aus dem G. E 515, M V 707 f.

Gesammtgutsverbindlichkeiten, Begriff E 316, M IV 364 ff., E 329, M IV 463 f., E 335, M IV 519 ff., E 339 f., M IV 544 f.

Gesammthypothek, s. Hypothek.

Gesammtschuldner, s. Gesammtschuldverhältniß.

Anstifter, Thäter oder Gehülfen bei widerrechtlichen Handlungen haften als G. E 158, M II 738. — Mehrere Inhaber eines Gebäudes, aus welchem Sachen ausgegossen oder ausgeworfen, haften für den Schaden als G. E 169, M II 807. — Haftung mehrerer Eigenthümer eines Grundstückes für die einzelnen Leistungen aus der Reallast als G. E 240, M III 588. — Haftung mehrerer Vormünder als G. E 405, M IV 1178.

Gesammtschuldverhältniß E 72 ff., M II 154 ff.: Begriff E 72, M II 154 f. Verschiedenheit der Berechtigung oder Verpflichtung des einzelnen Gesammtgläubigers oder Schuldners E 72, M II 157. Leistung an einen der Gesammtgläubiger E 73, M II 157 f. Erfüllungsversprechen an einen Gläubiger E 73, M II 158. Forderung von einem Gesammtschuldner, keine Einrede der Theilung E 73, M II 158 f. Verschulden eines einzelnen Betheiligten E 73, M II 159; desgl. Verzug E 73, M II 159. Wirkung des Urtheiles nur für und gegen die Betheiligten E 73, M II 160 f. Uebertragung seitens eines Gesammtgläubigers E 74, M II 161. Wirkung der Erfüllung durch einen Gesammtschuldner E 74, M II 161 f. Aufrechnung E 74, M II 162 ff. Erlaß E 74, M II 164 ff. Vereinigung E 74, M II 166. Unmöglichkeit der Leistung E 74, M II 167. Verjährung E 75, M II 167 ff. Verhältniß der Gesammtgläubiger und Gesammtschuldner unter sich, im Zweifel gleiche Antheile an Rechten und Pflichten E 75, M II 169 f. Gesammtschuldner für Schadensersatz aus widerrechtlichen Handlungen E 75, M II 170 f. Untheilbare Leistungen E 75 f., M II 171 ff. — Rücktrittsrecht beim G. E 95, M II 284.

Gesandte im Auslande, Form letztwilliger Verfügung E 459, M V 288 f.

Geschäftsfähigkeit E 15 ff., M I 129 ff.; Geschäftsunfähigkeit der Kinder und Geisteskranken E 15, M I 129 ff. — Beschränkte G. der Minderjährigen E 15 ff., M I 131 ff.; der entmündigten Verschwender E 17, M I 149 ff.; bevormundeter Volljähriger E 17, M I 150 ff. — Vorspiegelung der G., Schadensersatz M II 733. — Beschränkte G. bei Eingehung der Ehe E 280, M IV 10 ff. — G. der Ehefrau M IV 219 ff.; des Hauskindes M IV 731 f. — Ruhen der elterlichen Gewalt bei beschränkter G. des Inhabers E 371, M IV 819. — Beschränkte G. bei der Einwilligung zur Legitimation durch Ehelichkeitserklärung E 378, M IV 943 f.; bei der Annahme an Kindesstatt E 381, M IV 970. — Beschränkte G. macht unfähig zur Uebernahme der Vormundschaft E 389, M IV 1066, E 391, M IV 1081 f. — Beschränkte G. des Testamentsvollstreckers E 448, M V 219 f., E 449, M V 223. — Letztwillige Verfügung bei beschränkter G. E 453, M V 247 ff. — Ablauf der Inventarfrist bei beschränkter G. der Erben E 501, M V 613 f.

Geschäftsführung ohne Auftrag E 169 ff., M II 854 ff.: Umfang der Haftung des Geschäftsführers E 169, M II 857 ff.; insonderheit bei dringender Gefahr für Person oder Vermögen des Geschäftsherrn E 169, M II 858. — Pflicht des Geschäftsführers zur Rechnungsablegung und Herausgabe des aus der Besorgung Erlangten E 169, M II 859. — Geschäftsunfähigkeit des Geschäftsführers, Haftung für Bereicherung E 169, M II 860. Anspruch des Geschäftsführers (negotium utiliter gestum) E 169 f., M II 860 ff. Kein Anspruch, wenn der Geschäftsführer ohne den Willen handelte, denselben zu erlangen; Vermuthung dafür, daß bei Unterhalt von Eltern und Abkömmlingen dieser Wille fehlte E 170, M II 863 f. Zulässige Geschäftsführung gegen Verbot bei Erfüllung einer Verbindlichkeit im öffentlichen Interesse oder einer gesetzlichen Unterhaltungspflicht E 170, M II 864 f. Geschäftsunfähigkeit des Geschäftsherrn E 170, M II 865. Irrthum über die Person des Geschäftsherrn E 170, M II 865. Mangel des negotium utiliter gestum, Anspruch des Geschäftsführers gegen den Geschäftsherrn auf Herausgabe der Bereicherung, Genehmigung des Geschäftsherrn E 170 f., M II 866 f. — Geschäftsführung im eigenen oder im Interesse Dritter E 171, M II 868 f.; im Auftrage eines Dritten E 171, M II 869. — Irrthümliche Besorgung eines fremden Geschäftes als eigenen E 171, M II 869; desgl.

rechtswidrige E 171, M II 870. — Anwendung der Vorschriften über G., ohne Auftrag, auf das Verhältniß des Erben zur Nachlaßkonkursmasse E 503, M V 626 ff.

Geschäftsherr, s. Geschäftsführung. — Haftung des G. für Angestellte, für deren Auswahl M II 736 f.

Geschäftsräume einer Behörde, Fund in denselben E 211 f., M III 386 ff.

Geschäftsunfähigkeit E 15, M I 129. Lauf der Verjährung gegen Geschäftsunfähige E 39, M I 318 ff. — Einfluß eintretender G. auf die Vertragschließung E 21, M I 175 f. Erfüllung von Leistungen durch Geschäftsunfähige M II 81 f. — Einfluß der G. auf Anweisung E 134, M II 567; auf die Gesellschaft M II 624. — G. des Hauptschuldners, Einfluß auf die Bürgschaft M II 662. — G. des Geschäftsführers ohne Auftrag, dessen Haftung E 169, M II 860; G. des Geschäftsherrn E 170, M II 865. — Besitzerwerb bei G. E 181, M III 85 f.; Besitzaufgabe E 182, M III 102 f. — Einfluß der G. auf den Vertrag über Grundstücke E 188, M III 176. — G. als Ehehinderniß E 280, M IV 10; Nichtigkeit der Ehe wegen G. E 285 f., M IV 48 ff. — Ruhen der elterlichen Gewalt bei G. des Inhabers E 371, M IV 818 f. — G. macht unfähig zur Uebernahme der Vormundschaft E 389, M IV 1066, E 391, M IV 1081 f.; endet das Amt des Vormundes E 407, M IV 1196. — G. des Testamentsvollstreckers E 448, M V 219 f., E 449, M V 223; des Testators M V 249; beim Erbeinsetzungsvertrage E 462, M V 314 f. — Ablauf der Inventarfrist bei G. des Erben E 501, M V 613 f.

Geschäftsverhältniß zum Erblasser, Auslegung letztwilliger Verfügung E 424, M V 39.

Geschlechtsunterschied, rechtliche Gleichstellung der Geschlechter M I 26.

Geschwister, Unterhaltspflicht E 353, M IV 679, 688, E 355, M IV 699. — Eheverbot E 281, M IV 21 ff. — Gesetzliches Erbrecht E 469, M V 361. — Kein Pflichttheilsrecht M V 383.

Gesellen, gewerbliche, Verjährung ihrer Ansprüche E 37, M I 303.

Gesellschaft, E 137 ff., M II 591 ff.: Terminologie M II 593. Gesellschaftsvertrag E 137, M II 594 ff. Nothwendigkeit der Beitragsleistung E 137, M II 596 ff. Rechtsverhältniß der Gesellschafter zu den Beiträgen E 138, M II 598 ff. Pflicht zur Förderung des Gesellschaftszweckes E 138, M II 601. Haftung für diligentia quam in suis E 138, M II 601. Führung der Geschäfte, Einstimmigkeit, Stimmenmehrheit, Uebertragung an einzelne Gesellschafter E 138 f., M II 602. Entziehung der Geschäftsführung E 139, M II 605 ff. Rechte und Pflichten der zur Geschäftsführung berufenen Gesellschafter E 139, M II 606 ff. Compensatio lucri et damni M II 608. Gegenseitige Vertretungsbefugniß der Gesellschafter, Widerruf der Vertretungsvollmacht E 139, M II 609 f. Erwerb des zur Vertretung bevollmächtigten Gesellschafters für die G. E 130 f., M II 610 f. Berechtigung und Verpflichtung der Gesellschafter aus Rechtsgeschäften mit Dritten E 140, M II 611 f. Recht der Gesellschafter, sich vom Stande der G. zu unterrichten E 140, M II 613. Nichtübertragbarkeit der Forderungen eines Gesellschafters gegen die übrigen aus dem Gesellschaftsvertrage E 140, M II 613 ff. Keine Verfügung über den Antheil, kein Recht auf Theilung bis zur Auseinandersetzung E 140, M II 615 f. Rechnungsabschluß, Gewinnvertheilung E 140 f., M II 616. Antheile an Gewinn und Verlust E 141, M I 616 f. — Auflösung der G.: Kündigung E 141, M II 618 ff.; kein Ausschluß des Kündigungsrechtes durch Vereinbarung E 141, M II 620; Gesellschaft auf Lebenszeit; Fortsetzung der G. nach Ablauf der bestimmten Zeit E 141,

M II 621 f.; Erreichung oder Unmöglichkeit des Zweckes E 141, M II 622; Tod eines Gesellschafters E 142, M II 622 f.; Konkurs eines Gesellschafters E 142, M II 623 f.; Fortdauer der Befugniß zur Geschäftsführung nach Auflösung E 142, M II 624 f. — Auseinandersetzung E 142 ff., M II 625 ff. — Ausscheiden eines Gesellschafters E 144, M II 630 ff. — Gesellschaftsvertrag zum Zwecke der Betreibung eines Erwerbsgeschäftes E 145, M II 632 f.; in Verbindung mit dem Vermögen eines Hauskindes E 361, M IV 726 ff.; des Mündels E 399, M IV 1145. — Vorschriften für eine auf Gesellschaftsverhältniß beruhende Gemeinschaft E 174, M II 889.

Gesetz als Entstehungsform der Rechtsnorm E 1, M I 1 ff. — Erwerb des Eigenthums durch G. M III 305.

Gesetzlicher Güterstand, s. Güterstand.

Gesetzliche Vertreter, s. Vertreter.

Gesetzliche Vormundschaft (?) M IV 1034 ff.

Gesinde. Kein gesetzliches Domizil desselben M I 78. — Gesindedienstvertrag M II 455. — Vorzugsrecht des Gesindelohnes bei Zwangsversteigerungen von Grundstücken E 186, M III 153. — G. des Richters oder Notars, keine Zeugen beim Testamente E 455, M V 267 f.

Geständniß, außergerichtliches, materielle Beweiskraft M I 385 f. S. auch M II 692.

Gestohlene Sachen, Eigenthumserwerb E 201, M III 348. — Ansprüche des gutgläubigen Erwerbers oder Pfandnehmers gegenüber dem Eigenthumsanspruche E 215, M III 417 ff. — Erwerb bei Pfandversteigerung E 268, M III 832.

Gesundheit, Verletzung derselben E 157, M II 728.

Getränkeverabreichung, Verjährung der Ansprüche E 36.

Gewährfristen bei der Veräußerung von Hausthieren E 88, M II 243 ff.

Gewährleistung des veräußerten Rechtes E 82 ff., M II 211 ff.: Verschaffung des Eigenthumes der veräußerten Sache, Verschaffung des veräußerten Rechtes E 82, M II 211 ff. Bestehen von Rechten an der Sache E 83, M II 214. Umfang der G. bei Veräußerung von Grundstücken E 83, M II 214 f. Kenntniß des Erwerbers vom Mangel im Rechte des Veräußerers E 83, M II 215 f. Verweigerung der Gegenleistung bis zu geschehener G. E 83, M II 216 ff. Geltendmachung der Rechte Dritter (Entwehrung) E 83 f., M II 218 ff.: Bestehenbleiben des Anspruches auf G. gegen den Veräußerer, wenn der Dritte Erbe des Erwerbers oder dieser Erbe des Dritten geworden ist E 84, M II 220; Schadensersatz bei geschehener Entwehrung E 84, M II 220 ff.; Verpflichtung des Veräußerers von Grundstücken und Schiffen zur Löschung der in das Grundbuch bezw. Schiffsregister eingetragenen, dem vertragsmäßigen Rechte des Erwerbers entgegenstehenden Rechte E 84, M II 222. — Den Mangel im Rechte des Veräußerers hat Erwerber zu beweisen E 84, M II 222 f. Erweiterung, Beschränkung, Erlaß der G. durch Vertrag E 84 f., M II 223 ff. — G. der Mängel der veräußerten Sache E 85 ff., M II 224 ff.: Haftung für zugesicherte Eigenschaften und Freisein von erheblichen Mängeln im Zeitpunkte des Ueberganges der Gefahr auf den Erwerber E 85, M II 224 ff. Nichthaftung bei Kenntniß des Erwerbers und grobfahrlässiger Unkenntniß desselben E 85, M II 226. — Wandelung, Minderung E 85 ff., M II 227 ff.: Wahlrecht des Erwerbers E 85, M II 227 f.; Schadensersatzanspruch neben W. oder M. bei nicht vorhandener zugesicherter Eigenschaft oder wissentlich verschwiegenem Mangel E 85, M II 228 f.; vorbehaltlose Annahme bei Kenntniß des Man-

gels E 86, M II 229 f. W. wegen zugesicherter Größe eines Grundstückes E 86, M II 233 ff.; bei Veräußerung mehrerer Sachen E 86, M II 235 f.; bei Mängeln der Hauptsache, der Nebensache E 86 f., M II 236; bei Gesammtleistung E 87, M II 236. Berechnung bei Minderung E 87, M II 236; entdeckte weitere Mängel nach geltend gemachter Minderung E 87, M II 236 f.; Geltendmachung von oder gegen Mehrere E 87, M II 237. — Keine G. für Mängel bei Veräußerung durch Zwangsvollstreckung E 87, M II 237 f. Erweiterung, Beschränkung, Ausschließung der Haftung für Mängel durch Vertrag E 87, M II 238 ff. Verjährung der Ansprüche auf W. und M. E 88, M II 238 ff. — Recht auf Lieferung mangelfreier Sachen an Stelle mangelhafter neben Wandelung und Minderung bei Veräußerung von nur der Gattung nach bestimmten Sachen E 88, M II 241 ff. — G. bei Veräußerung von Hausthieren, Hauptmängel, Gewährfristen, Vermuthung für Bestehen des Hauptmangels zur Zeit des Ueberganges der Gefahr bei Offenbarung innerhalb der Gewährfrist, Sicherung des Beweises, Wandelung, nicht Minderung; Ersatz von thierärztlichen und Futterkosten, Versteigerung des Hausthieres, Verjährung des Wandelungsrechtes und Anspruches auf Schadensersatz, Veräußerung eines nur der Gattung nach bestimmten Hausthieres, allgemeine Haftung für Mängel bezieht sich nur auf Hauptmängel, Abkürzung oder Verlängerung der Gewährfrist, Uebernahme anderer als Hauptmängel E 88 ff., M II 243 ff. — Anwendung der Vorschriften über G. bei Annahme an Erfüllungsstatt E 59, M II 83. — G. beim Erbschaftskaufe E 106 f., M II 358 f.; bei der Miethe E 109, M II 373 ff.; beim Werkvertrage E 124, M II 478 ff.; bei Gemeinschaftstheilung E 174, M II 887 f.; bei Ausstattung der ehelichen Kinder E 357, M IV 719. — G. beim Vermächtnisse E 446, M V 169 ff.

Gewahrsam, s. Innhabung (Besitz).

Gewalt, höhere, hemmt die Anspruchsverjährung E 38, M I 317. — G. bei Rechtsgeschäften, Schadensersatzanspruch M II 758 f.; s. auch elterliche Gewalt.

Gewerbe, schimpfliches, als Ehescheidungsgrund (?) M IV 577.

Gewerbebetrieb, selbständiger, eines Minderjährigen E 16, M I 141 ff.

Gewerbliche Anlagen, Zubehör E 179, M III 66 f.

Gewerbliche Arbeiter, Verjährung ihrer Ansprüche E 37, M I 303 f.

Gewerblicher Betrieb, Pachtvertrag über solchen beim Mündelgute E 399, M IV 1142.

Gewinn, entgangener, als Gegenstand des Schadensersatzes E 50, M II 18.

Gewinnantheilsscheine E 153, M II 703 ff.; Verjährung E 153, M II 703 f.; Verlust E 154, M II 709 f. — G. von Mündeln E 397, M IV 1129 ff.; von der Nacherbfolge unterliegenden Papieren E 434, M V 99.

Gewinnvertheilung bei der Gesellschaft E 140 f., M II 616 f.

Gewohnheit der Rückkehr gezähmter Thiere E 207, M III 372.

Gewohnheitsrecht, Geltung desselben neben dem Gesetze E 1, M I 3 ff.

Gleichartigkeit der Forderungen als Voraussetzung der Aufrechnung E 63, M II 105.

Glücksverträge M II 635, 643.

Goldsachen als Pfand, Versteigerung E 267, M III 827.

Grabmahl, Verletzung desselben M II 766.

Gräben, Erhaltungspflicht des Pächters E 118, M II 429 f.; G. auf der Grenze E 195, M III 274 ff.

Grad der Verwandtschaft bestimmt sich nach den Zeugungen E 7, M I 66 f. — G. der Schwägerschaft E 7, M I 67. —

G. der Fahrlässigkeit M I 279 f. — G. der Reife des Kindes ist nicht entscheidend für die Vaterschaft M IV 654.

Graviren, Eigenthumserwerb E 204, M III 361.

Grenze zwischen Grundstücken, Abmarkung derselben E 194 f., M III 268 ff. Grenzverwirrung E 195, M III 270 ff. Unverjährbarkeit der Ansprüche auf Feststellung der G. E 195, M III 273 f. Grenzanlagen E 195, M III 274 ff. Grenzbäume, Rechte daran, Recht auf Beseitigung E 195 f., M III 277 ff. Ueberschreitung der G. bei Errichtung eines Gebäudes (Grenzüberbau) E 196, M III 282 ff.

Grobe Fahrlässigkeit E 44, M I 280.

Großeltern, gesetzliches Erbrecht (dritte Linie) E 469, M IV 364 f. Keine elterliche Gewalt über Enkel M IV 739. Kein Pflichttheilsrecht M V 383

Großjährigkeit, s. Minderjährigkeit, Volljährigkeit.

Großmutter, keine gesetzliche Berufung zur Vormundschaft M IV 1050 f., aber Fähigkeit E 389, M IV 1067 f.

Großvater, Berufung zur Vormundschaft E 387 f., M IV 1049 ff., E 388, M IV 1059 f.; zur Vormundschaft über volljährige Enkel E 414, M IV 1236.

Gründungsvertrag der Körperschaften E 9, M I 82; Normativbestimmungen M I 84 ff., 89 ff.

Grundbücher, Grundbuchordnung E 187 ff. (Anm.), M III 136 ff., 176 ff. — Oeffentlicher Glaube des Grundbuches E 190 f., M III 208 ff. — S. auch Grundstücke (Absatz: Allgemeine Vorschriften über Rechte an Grundstücken). G. bei allgemeiner Gütergemeinschaft E 312, M IV 336 f., E 315, M IV 360 f. — Eintragung der Rechte des Nacherben in das G. E 435, M V 111 f.

Grunddienstbarkeiten. Gewährleistung des Veräußerers für die Freiheit von G. E 83, M II 214. — Entstehung der G. durch Eintragung in das Grundbuch M III 164 ff. — Begriff und Inhalt der G., herrschendes, dienendes Grundstück E 221, M III 478 ff. Begrenzung des Inhaltes, Vortheil oder Annehmlichkeit für die Benutzung des herrschenden Grundstückes E 221 f., M III 481 f. Untheilbarkeit E 222, M III 482. Art der Eintragung in das Grundbuch E 222, M III 483. Schonende Ausübung E 222, M III 483. Unterhaltungspflicht hinsichtlich der Anlagen zur Ausübung der G. E 222, M III 483 f. Verlegung des Ausübungsortes E 222, M III 485 f. Zusammentreffen mit anderen G., Nutzungsrechten oder Gebrauchsrechten E 223, M III 486 f. Keine Trennung der G. vom herrschenden Grundstücke E 223, M III 487. Theilung des dienenden, des herrschenden Grundstückes E 223, M III 487 ff. Aufhebung der G. durch Rechtsgeschäft E 224, M III 489. Schutz der G. E 224, M III 489; der Ausübung der G., Verjährung durch Nichtausübung E 224, M III 489 ff.

Grundloses Haben, Rückforderung der Bereicherung E 168 f, M II 581 ff.

Grundschuld. Begriff und Entstehung E 259, M III 779 f. Anwendung der Vorschriften über Briefhypothek; Grundschuldbrief E 259, M III 780 ff., 788. Keine Zufügung von Bedingung oder Zeitbestimmung E 259, M III 787. Ort und Zeit der Zahlung der G., Kündigung E 259, M III 788 f. Verzugszinsen E 259 f., M III 790. Rückständige Grundschuldzinsen E 260, M III 790 f. — Eigenthümergrundschuld, Begründung E 260, M III 791 ff.; Inhalt E 260, M III 794 f. — Umwandlung der G. in eine Hypothek und umgekehrt E 260, M III 795 f. — Nießbrauch an einer G. E 236, M III 555 f.; Pfandrecht E 278, M III 867; elterliche Nutznießung E 363, M IV 781 f. — Unterschied der G. vom Pfandrechte M III 596 f. — G., in welcher

Mündelgelder angelegt werden können E 395, M IV 1110 ff. — G. bei der Nacherbfolge E 433, M V 98. — G. am Gegenstande des Vermächtnisses E 242, M V 165 ff.

Grundschuldbriefe des Hauskindes, Hinterlegung E 369, desgl. des Mündels E 397.

Grundschuldgläubiger im Aufgebotverfahren über einen Nachlaß E 567, M V 647.

Grundstücke, Form des Vertrages auf Eigenthumsübertragung am G. E 78, M II 189 ff. — Gewährleistung bei Veräußerung von G. E 83, M II 214 f., E 84, M II 222; Zusicherung bestimmter Größe bei Veräußerung, Wandelung beim Mangel E 86, M II 232 ff. — Pflichten des Verkäufers von G. E 100, M II 322, Uebergang der Gefahr beim Kaufe E 100, M II 323. — Zeit der Entrichtung des Miethzinses vom G. E 112, M II 399. — Verpachtung von G. E 117, M II 425 ff. — Eigenmächtige Vornahme rechtsverletzender oder schädlicher und gefahrdrohender Aenderungen an G. M II 759 ff. — G. sind unbewegliche Sachen E 177, M III 36. Wesentliche Bestandtheile eines G. E 177 f., M III 42 ff.; vorübergehende Verbindung mit einem G. E 178, M III 47 f. Vereinigung eines durch Naturgewalt von einem G. losgerissenen Erdkörpers mit einem anderen G. E 178, M II 48 ff. — Einheitliche (einfache oder zusammengesetzte) G. E 178, M II 53 ff. — Rechte als Bestandtheile eines G. E 179, M III 60 f. Verlust des Besitzes eines G. durch Entziehung der thatsächlichen Gewalt über dasselbe E 183, M III 104 ff.; Wiederbemächtigungsrecht E 184, M III 112.

Allgemeine Vorschriften über Rechte an Grundstücken E 186 ff., M III 136 ff.: Eintragungs- und Konsensprinzip, Ablehnung der formalen Rechtskraft der Eintragungen, Ausscheiden der Zwangsvollstreckung (Betrachtung der Motive) M III 136 ff. — Vermuthung für die Richtigkeit des Grundbuchinhaltes (Eintragung, Löschung) E 186 f., M III 153 f. — Eintragung eines Mehreren gemeinschaftlich und ungetheilt zustehenden Rechts in das Grundbuch E 187, M III 155 f. — Vertrag und Eintragung in das Grundbuch als Erfordernisse der Uebertragung des Eigenthums und der Begründung, Uebertragung oder Belastung eines anderen Rechtes an Grundstücken (Eigenthum, Vorkaufsrecht, Erbbaurecht, Dienstbarkeiten, Reallasten, Hypothek), Eintragsbewilligung, Zeitpunkt der Bindung an den Vertrag, Eintritt von Tod oder Geschäftsunfähigkeit eines Vertragschließenden vor der Bindung E 187 f., M III 158 ff. — Angabe des Rechtsgrundes beim Vertrage über G. nicht erforderlich, Rückforderungsrecht aus ungerechtfertigter Bereicherung E 188, M III 188; Eintragungsbewilligung eines nicht Berechtigten, Einwilligung des Berechtigten, Konvaleszenz E 188 f., M III 188 ff. Verfügungsbeschränkungen des Einwilligenden nach Eingang des Antrages auf Eintragung beim Grundbuchamte E 189, M III 190 ff.; Eintragung auf Grund eines Scheingeschäftes E 189, M III 193 ff. Ersetzung der Eintragungsbewilligung, sowie deren Annahme durch Urtheil, Eintragung durch Zwangsvollstreckung E 189, M III 196 ff. — Verzicht auf Rechte an Grundstücken, Form, Unwiderruflichkeit E 189 f., M III 200 f. — Vereinigung des Eigenthumes und eines anderen Rechtes an einem Grundstücke in einer Person, Bestehenbleiben des Rechtes, Eigenthümerhypothek, Offenhaltung der Stelle im Grundbuch, Grundschuld an eigener Sache E 190, M III 201 ff. — Löschung eines eingetragenen, auf die Lebenszeit des Berechtigten beschränkten Rechtes, Sicherung rückständiger Leistungen E 190, M III 205 ff. — Oeffentlicher Glaube des Grundbuches: Bei dem Erwerbe des Eigenthums oder eines eingetragenen Rechtes an einem Grundstücke

gilt der Inhalt des Grundbuches zur Zeit des Erwerbes für richtig, nicht eingetragenes Veräußerungsverbot (Verfügungsbeschränkung); Ausschluß dieser Bestimmungen bei Kenntniß des Erwerbers von der wirklichen Rechtslage oder dem Veräußerungsverbote, oder der Anfechtbarkeit des Rechtsgeschäftes E 190 f., M III 208 ff.; entsprechende Anwendung dieser Bestimmungen auf Rechtsgeschäfte, welche zwar nicht die Erwerbung von Rechten an einem Grundstücke oder an einem eingetragenen Rechte bezwecken, indeß den Inhalt des Grundbuches als richtig voraussetzen E 191, M III 223 f.; Anspruch desjenigen, welcher durch den Grundsatz des öffentlichen Glaubens einen Rechtsverlust erleidet gegen den nichtberechtigten Verfüger oder Empfänger einer Leistung auf die Bereicherung E 191, M III 224 f. — Rangverhältniß der eingetragenen Rechte an einem Grundstücke (nach Zeitfolge und Reihenfolge), E 191, M III 225 ff.; nachträgliche Aenderung der Rangordnung E 192, M III 228 ff.; Vorbehalt des Ranges für eine künftig einzutragende Hypothek oder sonstiges Recht E 192, M III 233 f. — Anspruch auf Berichtigung des mit der wirklichen Rechtslage im Widerspruche stehenden Inhaltes des Grundbuches E 192, M III 234 ff. — Eintragung einer Vormerkung in das Grundbuch zur Erhaltung des Rechtes auf Eintragung eines bestehenden Rechtes oder auf Löschung eines aufgehobenen Rechtes, gerichtliche Anordnung, Zustimmung desjenigen, gegen dessen Recht die Vormerkung sich richtet E 193, M III 237 ff. — Eintragungen durch Zwangsvollstreckung, Arrest oder einstweilige Verfügung, Löschung derselben E 193, M III 245 ff. — Unverjährbarkeit der Ansprüche aus eingetragenen oder vorgemerkten Rechten, Ausnahme von Ansprüchen auf Schadensersatz und auf Rückstände wiederkehrender Leistungen E 193 f., M III 250 ff.

Inhalt und Begrenzung des Eigenthumes an einem Grundstücke (Immissionen, Nachbarverhältnisse, Grenzen, Wasserablauf, Ueberfall von Früchten, Nothweg, verbotene Anlagen, verbotenes Vertiefen des Erdbodens, Recht auf Abholen einer Sache von einem fremden G.) E 194 ff., M III 257 ff.

Erwerb des Eigenthumes an Grundstücken E 198 ff., M III 299 ff.: Im Entwurfe übergangene Erwerbsarten E 299 ff., keine Ersitzung M III 306 ff., Uebertragung durch Rechtsgeschäfte (Auflassung), Form, keine aufschiebende Bedingung oder Anfangstermin zuläßig, auflösende Bedingung, Endtermin, Eintragung des Rückfallsrechtes des Veräußerers in das Grundbuch E 198 f., M III 312 ff., Aufgeben des Eigenthums, Form E 199, M III 324 f., Zueignung E 199, M III 324 ff., Aufgebot E 199 f., M III 327 ff. — Ausschließung der Theilung beim Miteigenthume an Grundstücken E 217, M III 439 ff. — Vorkaufsrecht an Grundstücken E 218 ff., M III 447 ff. — Dienstbarkeiten an Grundstücken, s. Grunddienstbarkeiten. — Eintragung des Nießbrauches an einem G. in das Grundbuch E 225, M III 495, E 226, M III 499 f., 502 f., E 228, M III 511 ff. — Wiederkehrende Leistungen von einem G. s. Reallast. — Nutzung eines G. in einzelnen Beziehungen (beschränkte persönliche Dienstbarkeiten) E 238 f., M III 566 ff. — Pfandrecht an G. E 241 ff., M III 598 ff. — Rechtsgeschäfte über G. bei allgemeiner Gütergemeinschaft M IV 353 ff.; über G. des Hauskindes E 360, M IV 762 ff. — Anlegung von Mündelgeldern in Grundstücken E 395, M IV 1110 ff., Veräußerung und Belastung von Grundstücken von Mündeln E 398 f., M IV 1136 ff.

Gütergemeinschaft, allgemeine M IV 147 ff., E 312 ff., M IV 326 ff.: Inhalt des begründenden Vertrages, Genehmigung des Vormundschaftsgerichtes E 312, M IV 333 f.; Verhältniß

während bestehender Gütergemeinschaft: Gesammtgut, Begriff E 312, M IV 335: Eintritt der Gesammtgutseigenschaft kraft des Gesetzes, Verhältniß bei Rechten, welche Eintragung in das Grundbuch erfordern E 312, M IV 336 f.; keine Bruchtheile von den einzelnen Gegenständen, Ungetheiltheit der Forderungen, keine Belastung des Antheiles, keine Zwangsvollstreckung in denselben, Ausschluß der Theilungsklage E 312 f., M IV 337 f.; Vorbehaltsgut E 313, M IV 338 f. Sondergut E 314, M IV 344 ff.; Verwaltungsrecht des Ehemannes, Einwilligung der Ehefrau zu Rechtsgeschäften über das Ganze oder Bruchtheile des Gesammtgutes, über Grundstücke, zu Schenkungen, Ausstattungen E 315 f., M IV 348 ff.; Geltendmachung des Anspruches auf Berichtigung des Grundbuches E 315, M IV 360 f.; Annahme, Ausschlagung, von Erbschaften u. s. w., Ablehnung von Vertragsanträgen durch die Ehefrau ohne Einwilligung des Ehemannes E 315, M IV 361; selbständiges Erwerbsgeschäft der Ehefrau E 315, M IV 362; Fortsetzung eines Rechtsstreites durch die Ehefrau E 315, M IV 362; Vornahme von Rechtsgeschäften durch die Ehefrau bei Abwesenheit und Krankheit des Ehemannes E 316 f., M IV 363 f. Gesammtgutsverbindlichkeiten E 316, M IV 364 ff.; Zwangsvollstreckungen gegen das Gesammtgut E 316, M IV, 368 ff.; Konkurs des Ehemannes, der Ehefrau E 316, M IV 370 ff.; Verbindlichkeiten der Ehefrau, welche nicht Gesammtgutsverbindlichkeiten sind E 316 f., M IV 373 ff.; gesetzliche Unterhaltungspflicht der Ehegatten E 317, M IV 376 ff.; Verantwortlichkeit des Ehemannes (der Ehefrau) wegen Verwaltung des Gesammtgutes E 318, M IV 379 f.; Verwendungen des Ehemannes aus dem Gesammtgute in sein Vorbehaltsgut und umgekehrt, desgl. der Ehefrau, Ausstattung, Schenkung E 318, M IV 380 ff.; Verwendungen für persönliche Angelegenheiten der Ehefrau E 318, M IV 384; Gemeinschaftlichkeit der Gesammtgutsverbindlichkeiten, Ausnahmen E 318 f., M IV 384 ff.; Ausstattungen durch den Ehemann E 319, M IV 390; Zeitpunkt der Geltendmachung gegenseitiger Ansprüche der Ehegatten E 319, M IV 390 ff.; Ausübung des Verwaltungsrechtes durch den gesetzlichen Vertreter des Ehemannes E 319, M IV 393. — Auflösung der allgemeinen Gütergemeinschaft: Gründe: Auflösung der Ehe, Ungültigkeit, Vertrag E 319 f., M IV 393 f.; Fälle, in denen die Ehefrau die Auflösung beantragen darf, Gefährdung der Ehefrau, Vernachlässigung der Unterhaltspflicht, Verschwendung E 320, M IV 394 ff.; Rechtsverhältniß nach der Auflösung, Fortdauer bis zur Auseinandersetzung E 320, M IV 400 ff., 405 f.; Zwangsvollstreckung in das Gesammtgut E 320 f., M IV 406 ff.; Konkurs eines Ehegatten vor Auseinandersetzung E 321, M IV 408 ff. Auseinandersetzungsanspruch E 321, M IV 410: Berichtigung der Gesammtgutsverbindlichkeiten, Theilungsmasse, Anrechnung auf zu leistenden Ersatz E 321 f., M IV 410 ff.; Umsatz des Gesammtgutes in Geld, Art der Theilung, Schätzung E 322, M IV 414; maßgebender Zeitpunkt für die Auseinandersetzung E 322, M IV 415; Haftung für nicht berichtigte Gesammtgutsverbindlichkeiten E 322, M IV 415 ff. — Gesetzlicher Güterstand nach Auflösung der allgemeinen Gütergemeinschaft, falls nicht durch Vertrag ein Anderes bestimmt ist, Gütertrennung bei Auflösung durch Urtheil E 322 f., M IV 418 f.

Gütergemeinschaftliche Erbfolge E 323 ff., M IV 419 ff.: Zugehörigkeit des Antheiles des verstorbenen Ehegatten am Gesammtgute zu dessen Nachlasse, Gemeinschaft seiner Erben mit dem überlebenden Ehegatten E 323, M IV 419; Erbfolge bei Vorhandensein eines einseitigen Abkömmlings, beim Nichtvorhandensein von Abkömmlingen E 323,

M IV 420 ff.; Rechtsverhältniß beim Vorhandensein gemeinschaftlicher Abkömmlinge, *fortgesetzte Gütergemeinschaft*, keine persönliche Haftung der gemeinschaftlichen Abkömmlinge, Konkurrenz einseitiger Abkömmlinge E 323 f., M IV 424 ff.; *gütergemeinschaftliches Erbrecht* des überlebenden Ehegatten, Begriff, Verfügungen des Erblassers, kein Pflichttheilsanspruch des gemeinschaftlichen Abkömmlings an Stelle des Eintrittes in die fortgesetzte Gütergemeinschaft E 324, M IV 435 ff.; Ausschlagung der gütergemeinschaftlichen Erbfolge E 324, M IV 439 f.; Entziehung des gütergemeinschaftlichen Erbrechtes, Analogie der Pflichttheilsentziehung E 324, M IV 440 ff.; Ausschließung eines gemeinschaftlichen Abkömmlinges von der fortgesetzten Gütergemeinschaft, Pflichttheilsanspruch desselben E 325, M IV 442 f.; letztwillige Verfügung über den Antheil eines antheilsberechtigten Abkömmlinges E 325, M IV 443 ff.; Zustimmung des anderen Ehegatten zu solcher Ausschließung oder Verfügung ist erforderlich, Form derselben, Unwiderruflichkeit E 325, M IV 445 f.; Anwendung der erbrechtlichen Vorschriften über den außerordentlichen Pflichttheil E 325 f., M IV 446; desgl. über Erbunmündigkeitserklärung E 326, M IV 446 ff.; Verzicht eines Abkömmlinges auf seine Rechte am Gesammtgute während Bestehens der allgemeinen Gütergemeinschaft, Form, Unwiderruflichkeit E 326, M IV 448 f.; Ausgleichungspflicht der Abkömmlinge bezüglich des Vorempfangenen unter sich und gegenüber dem überlebenden Ehegatten E 326, M IV 449 ff.; Berufung zu dem Vorbehalts- oder Sondergute des verstorbenen Ehegattten, Anwendung der Vorschriften über Vermächtniß, Pflichttheil, Ausgleichungspflicht, Auseinandersetzung E 326 f., M IV 451 ff.; Umfang des Gesammtgutes der fortgesetzten Gütergemeinschaft, Fortbestand des Vorbehalts- und Sondergutes des überlebenden Ehegatten, Vermögen oder Erwerb des Abkömmlings gehört nicht zum Gesammtgute E 327 f., M IV 455 f.; Anwendung der Vorschriften über Entstehung und Karakter des Gesammtgutes bei allgemeiner Gütergemeinschaft, Unveräußerlichkeit und Unvererblichkeit der Antheile, Anfall derselben E 328, M IV 456 ff.; Verzicht eines Abkömmlinges auf seinen Antheil, einseitiger, Vertrag, Abfindung E 238, M IV 460; Verwaltung durch den überlebenden Ehegatten E 328, M IV 461 ff.; Gemeinschaftlichkeit der Gesammtgutsverbindlichkeiten, Ausnahmen E 329, M IV 464 f.; Ausstattungen durch den überlebenden Ehegatten E 330, M IV 465; Vereinigung von Forderungen des überlebenden Ehegatten in Folge der gütergemeinschaftlichen Erbfolge, ebenso von Verbindlichkeiten des vorverstorbenen Ehegatten E 330, M IV 465 f.; Gründe der *Auflösung der fortgesetzten Gütergemeinschaft*, Tod, zweite Ehe, Urtheil, Vertrag, einseitige Erklärung des überlebenden Ehegatten E 330 f., M IV 466 ff.; Sicherstellung der Abkömmlinge vor der Wiederverheirathung des überlebenden Ehegatten E 331, M IV 470 ff.; Fälle, in welchen der Abkömmling die Auflösung verlangen kann, Gefährdung des Abkömmlinges, Verletzung der Unterhaltspflicht, Verschwendung, Verwirkung der elterlichen Gewalt, Wirkung des zu Gunsten eines Abkömmlings erlassenen Urtheils für alle E 331 f., M IV 472 ff.; Rechtsverhältnisse nach der Auflösung, Anwendung der bezüglichen Vorschriften für die allgemeine G., Theilungsverhältniß (Halbtheilung), Uebernahme des Gesammtgutes durch den überlebenden Ehegatten nach Schätzung E 332, M IV 475 ff.; Zeitpunkt für die Auseinandersetzung E 332 f., M IV 484 f.; Theilungsverhältniß unter den Abkömmlingen E 333, M IV 484 f.; keine Anordnungen des überlebenden Ehegatten bezüglich der Auseinandersetzung der Abkömmlinge E 333, M IV 485 f.

Gütergemeinschaftliche Erbfolge E 323 ff., M IV 419 ff. — S. im Uebrigen Gütergemeinschaft. — Ausschluß der g. E. bei Gemeinschaft des beweglichen Vermögens und der Errungenschaft E 340, M IV 552 f.

Gütergemeinschaftliches Erbrecht, Begriff E 234, M IV 435 ff.

Güterstand, gesetzlicher, Begriff E 309. — Eintritt nach Auflösung der Gütergemeinschaft E 322, M IV 418. — Vertragsmäßige Güterstände M IV 141 f., 321 f.; s. im Uebrigen Eheverträge.

Gütertrennung, s. Trennung der Güter.

Gutachten von Verwandten und Verschwägerten des Mündels in wichtigen Vormundschaftsangelegenheiten E 400, M IV 1149 ff.; desgl. des Gegenvormundes E 400, M IV 1151 f.; desgl. des Mündels selbst E 400, M IV 1152 f.

Guter Glaube ist nicht Erforderniß der Anspruchsverjährung M I 296 f. — Erwerb einer beweglichen Sache durch Rechtsgeschäft in g. G. E 200 f., M III 341 ff. — G. G. bei der Ersitzung E 202, M III 352, bei dem Fruchterwerbe durch Trennung E 206, M III 366. — Ansprüche des Erwerbers einer fremden beweglichen Sache in g. G. gegenüber dem Eigenthumsanspruche E 215, M III 417 ff.; desgl. des gutgläubigen Pfandnehmers E 215, M III 420. — Gutgläubiger Theil bei ungültiger Ehe E 289 f., M IV 66 ff.; bei Anfechtung der Ehe 293, M IV 102. — G. G. Dritter, Schutz gegenüber Eheverträgen E 310, M IV 314 ff. — G. G. der Ehegatten oder eines Theiles, Einfluß auf das Rechtsverhältniß der Kinder aus nichtigen Ehen E 373 f., M IV 845 ff. — G. G. Dritter bei Rechtsgeschäften mit Denjenigen, welchen ein Erbschein ertheilt ist, über Nachlaßgegenstände E 495, M V 569 ff.; mit den vermeintlichen Erben bei Unwichtigkeit oder Aufhebung der Todeserklärung des wirklichen Erben, bei Anfechtung anfechtbarer Erbeseinsetzung E 498 f., M V 599 f.

H.

Habitatio, s. Wohnungsrecht.

Haftgeld, s. Daraufgabe.

Haftung, Haftpflicht, der Körperschaft für Handlungen ihrer Vertreter E 16, M I 103 ff. — H. des Schuldners für Verschulden seines Vertreters E 51, M II 29 ff. — H. des Schuldners im Verzuge E 55 ff., M II 61 ff.; bei Verzug des Gläubigers E 58, M II 74 f. — Umfang der H. des Gläubigers für die übertragene Forderung E 66 f., M II 125 ff. — H. des Veräußerers für Mängel u. s. w., s. Gewährleistung. — H. des Schenkers E 96 f., M II 296 ff.; des Verleihers E 120, M II 446 ff.; des Beauftragten für Substituten und Gehülfen E 129, M II 532 ff.; des Verwahrers M II 571 f.; des Gastwirthes (für sich und seine Leute), für eingebrachte Sachen des Gastes E 136 f. M II 584 f.; des Geschäftsführers ohne Auftrag E 169, M II 857 ff.; des Besitzers und Inhabers gegenüber dem Eigenthumsanspruche E 213, M III 400 ff.; der Ehegatten gegen einander E 295, M IV 121 f. (s. auch Gütergemeinschaft, Errungenschaftsgemeinschaft). — Haftung des Inhabers der elterlichen Gewalt für die Schulden des Hauskindes (?) M IV 730 f.; für die Sorgfalt des ordentlichen Hausvaters M IV 745 f. — H. des Vormundes und des Mündels E 405 f., M IV 1175 f.; des Vormundschaftsrichters E 406, M IV 1190 ff. — H. des Nacherben und Vorerben bei der Nacherbfolge E 437, M V 124 ff. — H. mehrerer Erben für den Pflichttheilsanspruch E 476, M V 421; der Erben untereinander E 476 f., M V 421 ff.; für den außerordentlichen Pflichttheilsanspruch E 481, M V 463 ff.; des Beschenkten für den außerordentlichen Pflichttheilsanspruch E 481, M V 466 f. — H. des Erbschaftsbesitzers gegenüber dem Erbschaftsanspruche E 497, M V 591.

Halbbürtige Seitenverwandte E 7.

Halbjahr, Begriff E 35, M I 285.

Halbtheilung bei Auflösung der fortgesetzten Gütergemeinschaft E 332, M IV 477 f.

Hammerschlagsrecht M III 261.

Handarbeiter, Verjährung ihrer Ansprüche E 37, M I 303.

Handelsgesellschaft, offene, Anwendung der Vorschriften für dieselbe bei einem zum Zwecke der Betreibung eines Erwerbsgeschäftes geschlossenen Gesellschaftsvertrage E 145, M II 632 ff.

Handfeste M III 631.

Handgeld, s. Daraufgabe.

Handlungsfähigkeit, s. Geschäftsfähigkeit.

Handlungen, s. strafbare, unerlaubte H.

Handschlag an Eidesstatt, des Vormundes E 390, M IV 1078; der Mitglieder des Familienrathes E 409, M IV 1207 f.

Handwerker, Verjährung ihrer Ansprüche E 36, M I 300.

Handzeichen unter Vertragsurkunden E 22, M I 185.

Hauptmängel beim Viehhandel E 88 ff., M II 243 ff.

Hauptsache bei Verbindung beweglicher Sachen E 204, M III 359. — Wandelung wegen Mängel der H. E 86 f., M II 236.

Hauptschuldner, s. Bürgschaft.

Häuslicher Wirkungskreis der Ehefrau E 293 f., M IV 107 f.; Schlüsselgewalt E 294 f., M IV 117 ff.

Hausinventar, als Voraus des überlebenden Ehegatten E 470, M V 373; Nichteinrechnung in den Pflichttheil desselben E 471, M V 390.

Hauskinder, s. elterliche Gewalt. — Vormundschaft über entmündigte H. M IV 1229.

Hausstand, Errichtung eigenen, Ausgleichungspflicht, für Zuwendungen E 514, M V 702; Abrechnung auf Pflichttheil E 475, M V 412.

Hausthiere, Gewährleistung bei Veräußerung derselben E 88 ff., M II 243 ff.

Hausvater, ordentlicher, Sorgfalt desselben E 33, M I 279 ff.

Hebammen, Verjährung ihrer Ansprüche E 36, M I 301.

Hecken auf der Grenze E 195.

Heerde, Wandelung bei deren Veräußerung M II 257.

Heilanstalten, Verjährung ihrer Ansprüche E 36, M I 301.

Heilungskosten, Ersatz bei Tödtung E 160, M II 774 f.; Ersatz und Vorschuß bei Körperverletzung E 162, M II 793.

Heirath macht nicht mündig M I 57 ff.; hebt die elterliche Gewalt nicht auf M IV 827 f.; desgl. nicht die Vormundschaft M IV 1195.

Heirathsvermittelung M II 511.

Hemmung der Anspruchsverjährung E 38 f., M I 311 ff.; der Verjährung von Ansprüchen aus Schuldverschreibungen auf Inhaber E 154, M II 707 f.; der Ersitzung E 202, M III 353 f.

Herabfallen ausgestellter oder ausgehängter Sachen aus einem Gebäude, Haftung für die Beschädigung E 163, M II 808.

Herabsetzung der Gegenleistung, s. Minderung.

Herausgabe von Sachen, Anspruch des Eigenthümers E 212 ff., M III 398 ff. — Herausgabe des Hauskindes E 359, M IV 753.

Herbergsrecht M III 470, 570.

Heredes sui M V 485, 492.

Hereditatis petitio, s. Erbschaftsanspruch. H. p. utilis M V 597.

Herkommen M I 10.

Herrenlose, Sachen, Thiere, Eigenthumserwerb an ihnen durch Zueignung E 206 f., M III 369 ff.

Herrschendes Grundstück, s. Grunddienstbarkeiten.

Herstellung von Sachen, s. Verarbeitung. — Klage auf H. des ehelichen Lebens. E 294, M IV 108 ff.

Hinauswerfen von Sachen aus einem Gebäude, Haftung für den Schaden E 163, M II 803 f.

Hinterleger, s. Hinterlegungsantrag.

Hinterlegung als Mittel der Sicherheitsleistung E 46 f., M I 389 f. — H. des Vermögens liquidirender Körperschaften E 12, M I 116 f. — H. zur Erfüllung der Leistung von Geld oder Werthpapieren (öffentliche H.) E 60 ff., M II 91 ff.; Ort derselben E 61, M II 98 f.; Zurücknahme E 61, M II 98 ff.; der hinterlegte Gegenstand gehört nicht zur Konkursmasse des Schuldners E 62, M II 101 f. — H. des Erlöses verkaufter beweglicher Sachen bei Verzug des Gläubigers E 62, M II 102 f. Kosten der H. E 62, M II 103 f. — H. bei Gesammtschuldverhältniß, Wirkung E 74, M II 161. — H. des Erlöses versteigerter Hausthiere bei der Wandelung wegen Hauptmängel E 90, M I 261. — H. von Inhaberpapieren, an welchen ein Nießbrauch bestellt ist E 236, M III 557. — H. zur Ablösung einer Hypothek E 247, M III 693 f. — H. des Pfandes E 263, M III 811; Befriedigung des Pfandgläubigers durch H. E 264, M III 816. — H. von Werthpapieren u. s. w. des Hauskindes E 369, M IV 809 f.; des Mündels E 395, M IV 1116 f., E 397, M IV 1129 ff.; Befreiung davon E 404, M IV 1172. — H. der Leistung auf eingezogene Forderungen bei der Nacherbfolge E 433, M V 97; desgleichen von Schuldverschreibungen und Aktien auf Inhaber E 434, M V 98 ff.

Hinterlegungsstellen, Bestimmung durch die Landesgesetzgebung E 62 f., M II 104. — H. für Mündelgelder E 395, M IV 1116 f.; für Werthpapiere der Mündel E 397, M IV 1131.

Hinterlegungsvertrag E 134 ff., M II 569 ff.: Realkontrakt M II 569 f.; pactum de deponendo M II 570. — Hinterleger, Verwahrer, Pflicht zur Aufbewahrung, Vergütung für dieselbe, Haftung des Verwahres E 134, M II 570 ff. — Im Zweifel keine Substitutionsbefugniß des Verwahrers, Haftung für Substituten und Gehülfen E 134 f., M II 574 f. — Abweichung von der vereinbarten Art der Aufbewahrung E 135, M II 575. — Gebrauch der aufbewahrten Sache M II 576. — Hinterlegung vertretbarer Sachen (depositum irregulare), Darlehensvertrag E 135, M II 576 ff. — Herausgabe der hinterlegten Sache, Verzinsung von Geldern E 135, M II 579 f. — Aufrechnung, Zurückbehaltungsrecht M II 579. — Art der Rückgabe (Holschuld) E 135, M II 580. — Aufwendungen des Verwahrers E 135, M II 581. — Schadensersatzpflicht des Hinterlegers E 136, M II 582 f. — Entrichtung der Vergütung E 136, M II 582. — Zeit der Rückforderung und Rückgabe E 136, M II 582 f.

Hinüberragen von Zweigen und Wurzeln in fremdes Grundstück E 197, M III 287 ff.

Hochzeitsgeschenke als Sondergut (?) M IV 497. — H. als Voraus des Ehegatten E 470, M V 372 ff.; Nichteinrechnung in den Pflichttheil desselben E 471, M V 390.

Höhere Gewalt hemmt Anspruchsverjährung E 39, M I 317; befreit den Gastwirth von Haftung für die eingebrachten Sachen des Gastes E 136; neue Inventarfrist des Erben E 500 f., M V 611 f.

Hoffnungskauf M II 320.

Holschuld M II 580.

Honorar der Lehrer, Anspruchsverjährung E 37, M I 302. — H. des Vormundes E 406, M IV 1181 ff.; des Pflegers M IV 1267; des Testamentsvollstreckers E 453, M V 244 f.; s. auch Vergütung.

Hypothek als Mittel der Sicherheitsbestellung E 47 M I 390. — Entstehung der H. durch Eintragung in das Grund-

buch M III 170 f., 600 ff. — Vorschriften über Hypotheken E 241 ff., M III 598 ff. — Hypothek ohne Hypothekenbrief E 241 ff., M III 633 ff: Begriff, Befriedigung einer bestimmten Person wegen einer bestimmten Forderung aus einem Grundstücke E 241 f., M III 633 ff. — Keine H. an Bruchtheilen eines Grundstückes E 242, M III 638 ff. — Bezeichnung der Forderung im Grundbuche (Gläubiger, Geldbetrag, Verzinslichkeit, Zinssatz) E 242, M III 640 ff. — Nachträgliche Eintragung der Verzinslichkeit oder der Erhöhung des Zinssatzes E 242, M III 646 f. — Erstreckung der Hypothek auf gesetzliche Zinsen, auf Kosten der Kündigung und Rechtsverfolgung E 242, M III 647 ff. — Gegenstände der Haftung für die Hypothek (Grundstück selber, Früchte, getrennte Bestandtheile, Inventar, Mieth- und Pachtzinsforderungen, Versicherungsgelder) E 243, M III 650 ff.; Erlöschen der Haftung getrennter Bestandtheile und Erzeugnisse des Grundstückes E 243, M III 661 ff., der Haftung der Mieth- u. s. w. Zinsen E 244, M III 663 f., der Haftung der Versicherungsgelder E 244 f., M III 664 ff. — Untheilbarkeit der H. E 245, M III 668. — Schutz des Gläubigers gegen (bevorstehende oder eingetretene) Verschlechterung des Grundstückes und des Zubehöres E 245, M III 668 ff. — Anspruch des Gläubigers wegen der fälligen Forderung auf Befriedigung aus dem Grundstücke durch Zwangsverwaltung und Zwangsversteigerung E 245, M III 675 ff.; Geltendmachung desselben nach Vereinigung des Gläubigerrechtes und des Eigenthumes in derselben Person E 246, M III 678 f. — Nichtigkeit der Verträge über Uebergang des Eigenthumes oder andere Veräußerung als durch Zwangsvollstreckung (lex commissoria) E 246, M III 679 ff. — H. für dieselbe Forderung an mehreren Grundstücken (Korrealhypothek) E 246, M III 682 ff. — Kündigung der H. E 246, M III 687 ff. — Recht des Eigenthümers den Gläubiger bei fälliger Forderung zu befriedigen E 246, M III 689 f. — Ablösungsrecht desjenigen, gegen welchen der Anspruch des Gläubigers gerichtet ist, oder welcher durch die Zwangsversteigerung ein Recht am Grundstücke zu verlieren Gefahr läuft E 247, M III 690 ff., Befriedigung durch Hinterlegung oder Aufrechnung E 247, M III 693 f. — Ausdehnung des öffentlichen Glaubens des Grundbuches auf die Forderung, für welche die Hypothek bestellt ist E 247, M III 694 ff. — Einwendungen des Eigenthümers des belasteten Grundstückes gegen den Anspruch aus der H. E 247, M III 696 ff. Vormerkung zur Erhaltung einer Einwendung gegen die Forderung insbesondere bei Darlehnshypothek E 248, M III 702 ff. — Uebertragung der Hypothek: durch Uebertragung der Forderung E 248, M III 706 f., Abtretung E 248, M III 707 f., Ueberweisung im Wege der Zwangsvollstreckung E 248, M III 709 f., Ausschließung verschiedener Vorschriften für die Uebertragung der Forderung E 249, M III 711 ff., Uebertragung der Forderung wegen rückständiger Zinsen und wegen Kosten E 249, M III 713 f. — Erlöschen der Hypothek: Aufhebung durch Rechtsgeschäft, Löschung E 249, M III 715 ff., Erlöschen der Forderung E 249, M III 720 ff., Erlöschen in Folge einer Einrede gegen die Forderung E 249, M III 724 f. — Uebertragung der Forderung mit der Hypothek auf den Eigenthümer, welcher nicht zugleich persönlicher Schuldner ist E 250, M III 725 ff., auf den Eigenthümer, welcher zugleich persönlicher Schuldner ist (Eigenthümerhypothek) E 250 f., M III 728 ff. — Theilweise Befriedigung des Gläubigers durch den Eigenthümer E 250, M III 730 f. — Verpflichtung des befriedigten Gläubigers wegen Berichtigung des Grundbuches E 250, M III 731 f. — Vereinigung der Forderung und der Schuld in der Person des Eigenthümers, Fortbestand als Eigenthümerhypothek E 250, M III 733. — Inhalt der Eigenthümerhypothek, Anspruch auf Beitreibung im Wege der Zwangsverwaltung und Zwangs-

versteigerung, auf Verzinsung und Zahlung E 251, M III 733 f. — Geltendmachung der Eigenthümerhypothek durch den Eigenthümer selbst E 251, M III 734 f., Uebertragung derselben E 251, M III 735. — Keine Eigenthümerhypothek wegen rückständiger Zinsen und wegen Kosten E 251, M III 735 f. — Keine andere H. an Stelle der erloschenen einzutragen E 251, M III 736 f. — Aufgebot einer angeblich erloschenen Hypothek auf Antrag des Eigenthümers E 251 f., M III 738 ff., einer bestehenden Hypothek auf Antrag des Eigenthümers E 252, M III 740 ff., zuständiges Gericht E 252 f., M III 742.

Hypothek mit Hypothekenbrief (Briefhypothek) E 253 ff., M III 742 ff.: Vertragsmäßige Ertheilung eines Hypothekenbriefes E 253, M III 742 f. — Umwandlung einer Briefhypothek in eine Hypothek ohne Hypothekenbrief durch Vertrag E 253, M III 743 f. — Anwendung des für die H. ohne Hypothekenbrief geltenden Vorschriften E 253, M III 744. — Eigenthum an dem Hypothekenbriefe, Vorlegung desselben nach erloschener H. zwecks Löschung E 253, M III 744 ff. — Beweis der Forderung kann durch die Eintragung und durch den Hypothekenbrief vor dessen Aushändigung an den Gläubiger nicht geführt werden E 254, M III 746 f. — Keine Vormerkung zur Erhaltung von Einwendungen gegen Darlehnshypothek bei Briefhypothek E 254, M III 747 f. — Uebertragung der Briefhypothek: Abtretungsvertrag, Uebergabe des Hypothekenbriefes, Beglaubigung der Abtretungserklärung E 254, M III 748 ff.; Ueberweisung im Wege der Zwangsvollstreckung E 254, M III 751. — Innehabung des Hypothekenbriefes ohne Eintragung des Inhabers als Gläubigers, nicht eingetragene Uebertragung E 254 f., M III 751 ff.; Eintragung der Uebertragung in das Grundbuch E 255, M III 754 f. — Vermuthung der Kenntniß des Erwerbers vom Inhalte des Hypothekenbriefes E 255, M III 756. — Geltendmachung des Rechtes aus der Briefhypothek: Bedingung ist Vorlegung des Hypothekenbriefes E 255, M III 757, Mahnung und Kündigung ohne dessen Vorlegung E 255, M III 758 ff., Befriedigung (gänzliche, theilweise) durch den Eigenthümer des Grundstückes, Bildung einer Theilhypothek E 255 f., M III 758 ff., Geltendmachung des persönlichen Anspruches gegen den Eigenthümer, welcher zugleich persönlicher Schuldner ist E 256, M III 760. Die Vorschriften wegen Befriedigung sind nicht anwendbar in Ansehung der Forderung wegen rückständiger Zinsen und Kosten E 256, M III 760 f. — Theilhypothekenbrief E 256, M III 761 f. — Aufgebot des Hypothekenbriefes E 256, M III 762, der Briefhypothek E 256, M III 763. — Sicherungshypothek E 257 ff., M III 764 ff.: Begriff, Anwendung der im Uebrigen für die H. geltenden Vorschriften E 257, M III 619 ff., 764. — Bezeichnung der S. H. als solche im Grundbuche E 257, M III 764 f. — Kein Hypothekenbrief E 257, M III 765. — Kündigung, Vormerkung, Eigenthümerhypothek E 257, M III 766 f. — Kautionshypothek (Vorbehalt der Feststellung des Betrages der Forderung) E 257, M III 767 ff. — Zwangshypothek: Sicherungshypothek durch Zwangsvollstreckung, Entstehung erst mit der Eintragung E 258, M III 769 ff., theilweise Löschung bei übermäßiger (über die gesetzlichen Vorschriften für Belegung von Mündelgeldern hinausgehender) Sicherheit durch mehrere Grundstücke E 258, M III 774 f. — Arresthypothek E 258, M III 624 f., 775. — Löschung der Zwangs- und Arresthypothek bei Einstellung der Zwangsvollstreckung und des Arrestverfahrens E 258, M III 776. — Umwandelung der Sicherungshypothek in eine gewöhnliche H. E 258 f., M III 776 ff. — Umwandelung der Grundschuld in eine Hypothek und umgekehrt E 260, M III 795 f. — H., in welchen Mündelgelder angelegt werden können E 395, M IV 1110 ff. — H. an dem

Gegenstande des Vermächtnisses E 442, M V 165 ff.

Hypothekarische Sukzession M III 705.

Hypothekenbrief M III 612 ff. S. im Uebrigen Hypothek (mit, ohne H.).

Hypothekenbuch, s. Grundbuch.

J.

Jagdrecht ausgeschlossen vom Entwurfe E 176, M III 5.

Jahr, Fristberechnung E 34 f., M I 283 f.

Ideelle Theile, s. Bruchtheile.

Ignorantia, s. Irrthum, Rechtsirrthum, Kennenmüssen, Wissenmüssen.

Illaten, s. Eingebrachte.

Immission, s. Zuführung.

Immemorialverjährung, M I 346 ff.

Impensae, s. Verwendungen.

Impotenz, Anfechtbarkeit der Ehe M IV 77.

Impuberes M I 132.

Inbegriff von Sachen als Gegenstand des Vermächtnisses E 441, M V 163. — Nießbrauch an einem J. von Vermögensgegenständen E 227, M III 508.

Incerta persona M V 32.

In diem addictio, s. Gebot, Rücktritt.

Indignität, s. Erbunwürdigkeit.

Indossament, Pfandrecht an einem durch J. übertragbaren Papiere E 278, M III 868; indossable Papiere des Hauskindes E 360, M IV 762 ff.; Verbindlichkeit aus solchen für Mündel E 399, M IV 1143.

Inhaber, s. Aktie auf J., Schuldverschreibung auf J., Zinsscheine, Besitz. — J. der elterlichen Gewalt E 358, M IV 721 ff.

Inhaberpapiere, Eigenthumserwerb an J. E 200, M III 349. — Pfandrecht an einem J. E 278, M III 868 f. — J. bei der Ehe, Vermuthung für Eigenthum des Mannes E 295, M IV 127 ff. — Eheliche Nutznießung an J. M IV 191.

Inhabung, s. Besitz. — Rückforderung einer Nichtschuld, wenn die Leistung in Einräumung der J. bestand E 165, M II 830, 834.

Inhalt der Schuldverhältnisse E 51 ff., M II 26 ff.; der Schuldverhältnisse aus Verträgen E 79 ff., M II 197 ff.

Inofficiosa donatio E 479 f., M V 449 ff.

Inselbildung in einem Fluße oder Landsee M III 301 ff., im Meere M III 303.

Interdictum quod vi aut clam M II 760 ff., III 121 f. — I. demolitorium M II 761. — I. de arboribus caedendis M III 288. — I. quorum bonorum, quod legatorum M V 597.

Interesse E 50 f., M II 17 ff. — Verzugsinteresse E 55 f., M II 61. — Oeffentliches J., Geschäftsführung ohne Auftrag E 170, M II 864.

Interpretation, s. Auslegung, Authentische J.

Interusurium, s. Zwischenzinsen.

Interventionsklage der Ehefrau gegen Pfändung von auf Grund ehelicher Nutznießung erworbenen Früchten E 300, M IV 218. — J. des Testamentsvollstreckers E 452, M V 237 f.

Interzession M II 657; der Ehefrau M IV 115 f.

Inventar, Mitverpachtung bei Grundstücken E 117, M II 525 f. — J. eines verpachteten landwirthschaftlichen Grundstückes, welches nach Taxe übernommen und zurückgewährt werden soll E 118 f., M II 433 ff. — J. beim Nießbrauche an einem Inbegriffe von Vermögensgegenständen E 227, M III 506 f.; beim Nießbrauche an einem Vermögen E 237, M III 565. — Ergänzung des Grundstücksinventars beim Nießbrauche E 228, M III 512. — Haftung des Inventars eines

Grundstückes für die Hypothek E 243, M III 656 f. — J. des Ehegutes bei der ehelichen Nutznießung M IV 185. — Kein J. bei der elterlichen Nutznießung E 362, M IV 742 f., 777; s. aber E 369, M IV 808 f., E 370, M IV 812. — J. bei Annahme an Kindesstatt E 383 f., M IV 985. — J. bei Vormundschaft E 394, M IV 1099 ff., E 415, M IV 1244; Befreiung davon E 403, M IV 1170 ff. — Pflicht des Vorerben zum J. M V 103; des Testamentsvollstreckers E 452, M V 241 f. — J. des Nachlasses, s. Inventarrecht.

Inventarerbe, Begriff E 506, E 644 f. — Abzugseinrede des J. hemmt die Anspruchsverjährung nicht E 38, M I 314; s. das Einzelne unter Inventarrecht.

Inventarerrichtung, Begriff E 500, M V 608 f.; s. das Einzelne unter Inventarrecht.

Inventarfrist, Begriff E 500, M V 608 f; s. das Einzelne unter Inventarrecht.

Inventarrecht des Erbschaftskäufers E 108, M II 363. — J. des Erben des Hauptschuldners kommt dem Bürgen nicht zu Gute E 147, M II 663. — Keine Einrede des J. gegen Anspruch aus Hypothek M III 701. — J. des Nacherben E 437, M V 126. — J. des Erben, Stellung des Testamentsvollstreckers zu demselben M V 239 f. — J. des Fiskus als gesetzlichen Erben E 471, M V 380. — J. des Erben bleibt unberührt bei der Nachlaßpflegschaft E 492, M V 550 f.

Inventarrecht im Einzelnen E 499 ff., M V 602 ff.: Begriff des Inventarrechtes und der Nachlaßverbindlichkeiten, Umfang der letzteren E 499, M V 602 f. — Keine Entziehung des J. durch letztwillige Anordnung oder Vertrag E 499, M V 606 f. — Verzicht auf das J., Form, keine Bedingung oder Zeitbestimmung, Unwiderruflichkeit, Anfechtung E 499 f., M V 607. — Inventarfrist, Versäumung derselben, Inventarerrichtung E 500, M V 608 f.; Bestimmung der Inventarfrist, Antrag eines Nachlaßgläubigers E 500, M V 610; Beginn und Dauer der Inventarfrist, Verlängerung E 500, M V 610 f.; Behinderung des Erben an der Inventarerrichtung durch höhere Gewalt, neue Inventarfrist E 500 f., M V 611 f.; Tod des Erben während des Fristenlaufes E 501, M V 612 f.; Hemmung der Frist durch Stillstand der Rechtspflege, Ablauf bei Geschäftsunfähigkeit oder beschränkter Geschäftsfähigkeit des Erben E 501, M V 613 f.; Benachrichtigung des Vormundschaftsgerichtes durch das Nachlaßgericht von der Bestimmung der Inventarfrist E 501, M V 614. — Aufnahme des Inventars E 501, M V 615 f.; durch das Nachlaßgericht E 501, M V 616 f.; bereits beim Nachlaßgerichte vorhandenes Inventar E 502, M V 617 f.; Inhalt des Inventars E 502, M V 618; Wirkung absichtlicher, unabsichtlicher Unvollständigkeit E 502, M V 618 ff.; öffentliche Einsicht des Inventars E 502, M V 621. — Verlust des Inventarrechtes gegenüber einem Nachlaßgläubiger E 502, M V 621. — Nachlaßkonkurs E 502 ff., M V 622 ff.; (s. das Einzelne unter Nachlaßkonkurs). — Aufgebot der Nachlaßgläubiger E 506 ff., M V 643 ff.; (s. das Einzelne unter Nachlaßgläubiger). — Abzugseinrede des Inventarerben E 508 ff., M V 654 ff.: Begriff E 508 f., M V 654 ff; Schätzungswerth des Gegenstandes der Forderung, gegen welche die Abzugseinrede erhoben wird E 509, M V 657 f.; Berechnung des abzuziehenden Betrages E 509, M V 658 f.; Schätzung der Nachlaßgegenstände E 509, M V 659 f.; Berücksichtigung bedingter, ungewisser, unsicherer Rechte E 509, M V 660 ff.; desgl. solcher Nachlaßverbindlichkeiten E 510, M V 662 ff. Aufrechnung E 510, M V 665 ff. Vorbehalt des Inventarrechtes oder der Abzugseinrede in dem Urtheile im Rechtsstreite zwischen Nachlaßgläubiger und Erben E 510, M V 667 f. Erledigung der Abzugseinrede bei Nichtentscheidung über dieselbe im Urtheile E 510, M V

668 f. — Offenbarungseid des Erben E 510, M V 669 ff. Einstellung der Zwangsvollstreckung während Inventarfrist E 510 f., M V 672 f. Einfluß des Urtheils über die Abzugseinrede auf das Recht des Erben oder Nachlaßgläubigers, die Eröffnung des Nachlaßkonkurses zu beantragen E 511, M V 673 f. Eröffnung des Konkurses nach rechtskräftiger Feststellung des dem Gläubiger abzuziehenden Betrages E 511, M V 674 ff. Abzugseinrede gegen Miterben E 511, M V 676 f. — Inventarrecht bei mehreren Erbtheilen E 511, M V 677 f. — Inventarrecht einer Ehefrau, wenn die Erbschaft Ehegut, Gesammtgut oder Sondergut geworden ist E 511 f., M V 679 ff. — Absonderungsrecht der Nachlaßgläubiger bei Konkurs über das Vermögen des Erben E 512 f., M V 683 ff.

Irrthum bei Willenserklärungen E 23, M I 196 ff. — J. in den Beweggründen E 24, M I 203. — Irrthum, Rechtsirrthum, Irrthum über Thatsachen E 34, M I 281. — Entschuldbarer J. des Schuldners, Unmöglichkeit der Leistung E 54, M II 51 f. — Einfluß des J. auf den Vergleich E 146 f., M II 654 ff. — Beweis des J. bei Leistung einer Nichtschuld nicht erforderlich E 165, M II 833. — J. über die Person des Geschäftsherrn E 170, M II 865; über das Geschäft als ein fremdes E 171, M II 869. — Anfechtung der Ehe wegen J. E 290, M IV 74 ff. — Anfechtung letztwilliger Verfügungen wegen J. E 425, M V 48 ff. — Keine Anfechtung der Ausschlagung von Erbschaften wegen J. M V 511.

Judikatshypothek M III 246, 621.

Judikatszinsen M I 370, II 55.

Judizialhypothek M III 621.

Jugend bei beschädigenden Handlungen E 157, M II 733.

Junge der Thiere bei mitverpachtetem Inventar gehören dem Pächter E 117, M II 425 f.

Juratorische Kaution M I 391 f.

Juristische Personen E 9 ff., M I 78 ff. — Fortbestand des landesgesetzlichen Aufsichtsrechtes E 14, M I 81. — S. auch Körperschaft, Stiftung. — Lauf der Anspruchsverjährung gegen j. P. E 39, M I 321. — Sitz der j. P. M I 77. — Erlöschen des Nießbrauchsrechtes j. P. E 232, M III 530. — Erbeinsetzung E 421, M V 15 f.

Jus cogens, dispositivum M I 17 f. — j. commorientium M I 32, V 491. — j. tollendi M III 414, V 201. — j. offerendi, s. Ablösungsrecht. — j. variandi, s. Wahlrecht.

Justitiam, s. Stillstand.

K.

Kaiserliche Verordnung für Mängel und Gewährfristen beim Viehhandel E 89, M II 253 f.

Kalenderzeit, Verzug des Schuldners bei Bestimmung der Erfüllungszeit nach K. E 55; desgl. des Gläubigers E 57.

Kaptatorische Verfügung M V 22.

Karten, Ausgabe von E 156, M II 721 f.

Kauf E 99 ff., M II 316 ff.: Verpflichtung des Verkäufers zur Uebergabe und Verschaffung des Eigenthumes der verkauften Sache, zur Verschaffung des verkauften Rechtes, des Käufers zur Zahlung des Kaufpreises und Abnahme der verkauften Sache E 99 f., M II 316 ff.; Vorbehalt des Eigenthumes M II 319, III 336; Lieferungsvertrag M II 319; Hoffnungskauf M II 320. — Bestimmung des Kaufpreises in Geld, weitere Leistungen E 100, M II 320 f.; laesio enormis M II 321; Marktpreis als Kaufpreis E 100, M II 322; Pflicht des Verkäufers zur Aufschlußertheilung über die den Kaufgegenstand betreffenden rechtlichen Verhältnisse, insbesondere bei Grundstücken E 100, M II 322. — Ge-

fahr des Kaufgegenstandes, Nutzungen desselben bis zur Uebergabe E 100, M II 322 ff.; insbesondere bei Grundstücken E 100, M II 323 f.; Verwendungen des Käufers E 100 f., M II 325 f. — Transportgefahr E 101, M II 326 ff. — Kosten der Erfüllung des Kaufvertrages (Messen, Wägen, Begründung oder Uebertragung des verkauften Rechtes, Abnahme, Transport, Auflassung, Eintragung in das Grundbuch) E 101, M II 328. — Verzinsung, Stundung des Kaufpreises E 100, M II 329. — Verbot der Theilnahme an einem Kaufe (vollstreckende Personen bei der Zwangsvollstreckung, Ermächtigung zum Verkaufe für Rechnung eines Anderen auf Grund gesetzlicher Vorschrift) E 101 f., M II 330 f. — K. nach Probe oder Muster E 102, M II 332. — K. auf Besicht oder auf Probe, Mißbilligung, Genehmigung des Käufers E 102, M II 333 ff. — K. mit Vorbehalt eines besseren Gebotes (in diem addictio), Rücktrittsrecht, Fristen für dasselbe E 103, M II 337 ff. — S. auch Erbschaftskauf, Wiederkauf, Vorkauf. — K. bricht Miethe E 110 f., M II 380 ff.

Kaufleute, Verjährung ihrer Ansprüche E 36, M I 300.

Kaufpreis, Uebernahme einer Schuld in Anrechnung auf den K. E 71, M II 148 ff. — S. im Uebrigen Kauf, Wiederkauf.

Kaution, s. Sicherheitsleistung.

Kautionshypothek E 257, M III 619 ff., 767 ff., 777.

Kellerrecht, s. Erbbaurecht.

Kennenmüssen, Begriff E 34, M I 281.

Ketzerei ist kein Grund zur Entziehung des Pflichttheiles M V 437.

Kies, Anlagen des Nießbrauchers zu dessen Gewinnung E 226, M III 502 f.

Kinder, Wohnsitz E 9 M I 75 ff.; Geschäftsunfähigkeit E 15, M I 129. — Hemmung der Anspruchsverjährung zwischen Eltern und minderjährigen K. E 39, M I 324 f. — Sorge für die Person der gemeinschaftlichen K. bei Ehescheidung, persönlicher Verkehr mit denselben, Unterhalt derselben E 346 f., M IV 622 ff.; desgl. während der Trennung von Tisch und Bett E 347, M IV 635 f.; desgl. bei Auflösung der Ehe in Folge Todeserklärung E 348, M IV 645. — Rechtsverhältniß der Kinder aus ungültigen Ehen: E 373 f., M IV 843 ff.: K. aus nichtigen Ehen, Behandlung als eheliche K. E 373, M IV 843 f.; Guter Glaube beider Ehegatten E 373, M IV 845 f.; der Ehefrau allein, elterliche Gewalt derselben E 373 f., M IV 846 f.; des Ehemannes allein, Ausschließung der elterlichen Gewalt der Mutter E 374, M IV 847. Böser Glaube beider Ehegatten, keine elterliche Gewalt, keine Verwandtschaft mit den Verwandten des Vaters, indeß Ehehinderniß E 374, M IV 848 f. — K. aus anfechtbaren Ehen, Behandlung als eheliche K. E 374, M IV 850 f. Rechtsverhältniß der unehelichen Kinder: Verwandtschaft mit den Verwandten der Mutter gleich ehelichen K.; ehewidrige K., Brautkinder E 374 f., M IV 851 ff.; Familiennamen E 375, M IV 859. Beschränkte elterliche Gewalt der Mutter E 375, M IV 859 ff. — Unterhaltspflicht des Vaters, s. Unterhaltspflicht (des unehelichen Vaters). — Legitimation unehelicher K. E 376 ff., M IV 919 ff. (s. im Einzelnen Legitimation). Fünf und mehr eigene eheliche K. berechtigen zur Ablehnung der Vormundschaft E 391, M IV 1074. — Erbeinsetzung der „Kinder" des Erblassers E 424, M V 37 f.

Kindesalter, Begriff E 6, M I 52. — K. bei Schadenszufügung E 157, M II 732.

Kindesstatt, s. Annahme an K.

Kindesverhältniß, Klage auf Feststellung des Bestehens oder Nichtbestehens E 386, M IV 1006 f.

Kindskauf, Vorkaufsrecht M II 349.

Klagen, Verjährung derselben, s. Anspruchsverjährung. — Klagenkonkurrenz M I 278. — Klagegrund M I 365. — Erhebung der K. unterbricht die Anspruchsverjährung E 40 ff., M I 327 ff.

Klagabtretung, Recht darauf steht dem leistenden Gesammtschuldner nicht zu E 75, M II 170.

Klagerhebung unterbricht die Anspruchsverjährung E 40 ff., M I 327 ff.

Klagegrund, Begriff M I 365.

Klagenkonkurrenz M I 278.

Klagverjährung, s. Anspruchsverjährung.

Klasse von Personen, letztwillige Zuwendung an solche, Auslegung E 424 M V 39, 42.

Kleidungsstücke der Ehefrau E 296, M IV 166 f., E 322, M IV 415; des Hauskindes E 361, M IV 773.

Kloaken M III 294.

Klostergelübde des Kindes hebt die elterliche Gewalt nicht auf M IV 829.

Körperlicher Gegenstand ist Sache im Sinne des Gesetzes E 176, M III 32.

Körper, Verletzung desselben E 157, M II 728.

Körperschaften E 99 ff., M I 79, 82 ff.: Entstehung, Endigung E 9, M I 82 ff.; Verfassung M I 93 ff.; Vorstand E 9, M I 94 ff.; Haftung der K. für unerlaubte Handlungen ihrer Vertreter E 10, M I 102 f.; Ueberschuldung der K., Konkurseröffnung E 10, 13, M I 104 ff., 117 f.; Generalversammlung E 11, M I 105 ff.; Erlöschen E 11, M I 109 ff.; Liquidation E 11, M I 113 ff. — Gesetzliche Hypothek gewisser K. E 241 f. (Anm.), M III 601. — Anlegung von Mündelgeldern in Schuldverschreibungen kommunaler K. E 395, M IV 1113.

Körperverletzung, Schadensersatzanspruch, Heilungskosten, Geldrente E 161 f., M II 792 ff.; Geldentschädigung E 162, M II 800 f.

Kollation, s. Ausgleichungspflicht (der Abkömmlinge).

Kollegium, Verletzung der Amtspflicht durch ein K. M II 826.

Kollision der Rechte M I 275 ff. S. auch Zusammentreffen.

Kommodat, s. Gebrauchsleihe.

Kommanditgesellschaft M II 635.

Kommissionäre, Verjährung ihrer Ansprüche E 37, M I 303.

Kompensation, s. Aufrechnung. — K. beim Ehebruche M IV 585 f.

Kondiktionen M II 829 f. S. auch condictio, Zurückforderung.

Konfusion der Rechte M I 272. S. auch Vereinigung.

Konkurrenz der Klagen M I 278.

Konkurs, Einfluß auf die Rechtsfähigkeit M I 27. — K. einer Körperschaft E 10, 13, M I 104 f., 117 f. — Wirkung von Veräußerungsverboten nach Eröffnung des K. E 25, M I 215. — Eröffnung des K. über das Vermögen eines bedingt Verpflichteten, Rechte des bedingt Berechtigten E 31, M I 258. — Anmeldung im K. unterbricht die Anspruchsverjährung E 40 ff., M I 328, 334 ff. — Oeffentlich hinterlegte Gegenstände gehören nicht zum K. des Schuldners E 62, M II 101 f. — Einfluß des K. auf den Auftrag E 132, M II 550 ff.; auf die Anweisung M II 567; auf die Gesellschaft E 142, M II 623 f.; auf die Gemeinschaft E 173, M II 881; des K. des Ehemannes auf die eheliche Nutznießung und Verwaltung E 307, M IV 291 ff.; des Ehemannes, der Ehefrau auf das Gesammtgut bei allgemeiner Gütergemeinschaft E 316, M IV 370 ff., M IV 398. — K. eines Ehegatten nach Auflösung der allgemeinen Gütergemeinschaft vor der Auseinandersetzung E 321, M IV 408 ff. — K. des Ehemannes, der Ehefrau bei der Errungenschaftsgemeinschaft E 336, M IV 528 f., E 338, M IV 534; s. auch M IV 548 — K. des Unterhaltpflichtigen E 356, M IV 708. — K. über das der elterlichen Nutznießung unterliegende Vermögen des Hauskindes M IV 787; desgl. des Inhabers der elter-

lichen Gewalt E 366, M IV 794. — K. über den Nachlaß, wenn Fiskus gesetzlicher Erbe ist M V 381. — K. des Pflichttheilsberechtigten, Zugehörigkeit des Pflichttheilsanspruches zur Masse E 476, M V 418. — Beantragung der Eröffnung des K. durch den Nachlaßpfleger E 492, M V 551 f. — K. über den Nachlaß E 502 ff., M V 622 ff. (s. das Einzelne unter Nachlaßkonkurs).

Konnexität als Voraussetzung des Zurückbehaltungsrechtes E 53, M II 41 f.

Konsolidation der Rechte M I 272, V 177 s. auch Vereinigung.

Konstitutum M II 658. S. auch Constitutum possessorium.

Konsumtibilien, s. verbrauchbare Sachen.

Konventionalstrafe bei nichtigen Rechtsgeschäften wirkungslos M I 218, ebenso bei anfechtbaren M I 220. S. weiter E 92 f., M II 275 ff.: Wahlrecht des Gläubigers zwischen Erfüllung, K. oder Schadensersatz E 92, M II 275 f.; K. für nicht gehörige Leistung E 92, M II 276 ff.; Verwirkung der K. E 93, M II 278; Erlöschen der Hauptschuld, Unwirksamkeit derselben E 93, M II 278 f.; Beweislast des Schuldners E 93, M II 279. — K. beim Verlöbnisse M IV 3.

Konversion von Rechtsgeschäften E 26, M I 218.

Korporationen, s. Körperschaften.

Korrealhypothek E 246, M III 682 ff. — K. an dem Gegenstande des Vermächtnisses M V 168.

Korrealobligation, E 72 f., M II 153 ff. S. im übrigen Gesammtschuldverhältniß.

Kostbarkeiten, Haftung des Gastwirthes für eingebrachte K. des Gastes E 137, M II 588 ff. — Hinterlegung von K. des Hauskindes E 369, M IV 809 f. — Veräußerung von K. des Mündels M IV 1129, Hinterlegung M IV 1132, E 397 f., M IV 1135.

Kosten, Anrechnung nicht ausreichlicher Zahlung zunächst auf Kosten E 60, M II 86 f. — K. der Quittung E 60, M II 89 f. — K. der Erfüllung des Kaufvertrags E 101, M II 328. — Haftung des Bürgen für die K. der Rechtsverfolgung E 148, M II 665. — K. der Kündigung und Rechtsverfolgung der Hypothek E 242, M III 647 ff. — Hergabe von Prozeßkosten für die Ehefrau durch den Ehemann E 295, M IV 125; vom Ehegute E 299, M IV 202 f., 248, E 305, M IV 265 f., vom Gesammtgute E 318, M IV 384; bei Errungenschaftsgemeinschaft E 336, M IV 527; bei der Klage auf Ehescheidung oder Trennung von Tisch und Bett M IV 640. — Prozeßkosten sind nicht Gegenstand der gesetzlichen Unterhaltspflicht M IV 696 f. — Prozeßkosten aus dem der elterlichen Nutznießung unterliegenden Vermögen des Hauskindes E 365, M IV 788 f. — Kosten der Hinterlegung und Sicherheitsleistung bei elterlicher Nutznießung E 370, M IV 814; der Hinterlegung und Umschreibung von Werthpapieren u. s. w., des Mündels E 398, M IV 1135; der Sicherheitsleistung des Vormundes E 403, M IV 1161 f. — Verurtheilung ausgebliebener Mitglieder des Familienrathes zu den K. E 411, M IV 1220. — K. der Erfüllung des Vermächtnißanspruches M V 193. — K. welche Masseschulden im Nachlaßkonkurse sind E 503 f., M V 629 ff.

Kraftloserklärung von Vollmachtsurkunden E 28, M I 239 ff.; von Erbscheinen E 494, M V 563 f.; s. auch Aufgebot.

Krankenhäuser, s. Heilanstalten.

Krankheit, ansteckende, bei Veräußerung von Hausthieren M II 258. — K. des Ehemannes, Verfügungsrecht der Ehefrau ohne dessen Einwilligung bei Gefahr im Verzuge E 301, M IV 239 f., E 316 f., M IV 363 f., 510. — K. berechtigt zur Ablehnung der Vormundschaft E 391, M IV 1075. — Testamente bei Krankheiten E 458, M V 283 ff.

Kredit, Aufnahme von Geld auf den K. des Hauskindes E 360, M IV 726 ff.; des Mündels E 399, M IV 1144.

Kreditanstalten kommunaler Körperschaften, Anlegung von Mündelgeldern E 395, M IV 1113.

Kreditauftrag E 150, M II 683 ff.

Kredithypothek M III 619.

Kriegsdienst, Abwesenheit im K., Hemmung der Anspruchsverjährung M I 318.

Kriegsverschollenheit E 2, M I 38 f., 46.

Kündigung, Beginn der Anspruchsverjährung bei auf K. gestellten Forderungen E 37 f., M I 309 f. — K. als Voraussetzung der Verurtheilung E 45, M I 366 f. — K. an den debitor cessus E 68 f., M II 137 f. — K. bei Gesammtschuldverhältniß E 73, M II 160. — K des Darlehens, Frist E 99, M II 313. — K. des Miethverhältnisses E 114, M II 410 ff.; durch die Erben des Miethers E 115, M II 416; bei Versetzung von Beamten und Militärpersonen E 115, M II 416 f. — K. der Pacht bei Grundstücken E 117, M II 426 ff. — K. des Dienstvertrages E 129, M II 464. — K. des Auftrages E 131, M II 545 ff.; der Gesellschaft E 141, M II 618 ff. — Bürge haftet nicht für die Kosten der K. der Hauptschuld M II 665. — K. der Bürgschaft M II 682. — K. der Hypothek E 246, M III 687 ff.; der Briefhypothek E 255, M III 758; der Grundschuld E 259, M III 788 f. — K. einer Forderung, an welcher ein Pfandrecht bestellt ist E 275 f., M III 860 f. — K. von Forderungen bei der Nacherbfolge E 433, M V 96 f. — K. des Amtes als Testamentsvollstrecker E 449, M V 223 f.

Kürzung, s. Abzug.

Kunstgewerbe, Anspruchsverjährung E 36, M I 300.

Kupons au porteur M II 701.

Kurswerth bei Sicherheitsleistung durch Hinterlegung von Werthpapieren E 47, M I 390; bei Umrechnung einer Geldschuld in Reichswährung E 50, M II 13.

L.

Laesio enormis M II 321.

Landesbeamte, Erlaubniß zur Eheschließung E 283, M IV 33 f.; zur Uebernahme einer Vormundschaft E 390, M IV 1071.

Landesherren, Eheschließung M IV 39. — Ehescheidungsrecht M IV 577 f.

Landesregierung, Befugniß zur Dispensation von Ehehindernissen E 283, M IV 34.

Landgut, besondere Bestimmungen bei Pacht eines L. E 119 f., M II 441. — Zubehör eines L. E 179, M III 67. — Pachtvertrag über L. beim Mündelgute E 399, M IV 1142.

Landsee, Inselbildung M III 301 f.

Landwirthschaftliche Grundstücke, Pacht E 118 ff., M II 429 ff. — L. Erzeugnisse als Zubehör eines Landgutes E 179, M III 67.

Landwirthschaftsbetrieb, Verjährung der Ansprüche aus demselben E 36, M I 301.

Lasten, öffentliche, Fehlen derselben ist nicht Gegenstand der Gewährleistung bei Veräußerung von Grundstücken E 83, M II 215. — L. von der vermietheten Sache E 112, M II 395. — L. einer Sache, Vertheilung unter die nacheinander zur Tragung Verpflichteten E 180, M III 76 f. — Tragung der L. beim Nießbrauche E 229, M III 515 ff.; bei der ehelichen Nutznießung E 298 f., M IV 199 ff. — L. des Sondergutes bei der Errungenschaftsgemeinschaft E 335, M IV 512; des in elterlicher Nutznießung stehenden Vermögens der Hauskinder E 365, M IV 788 f.

Laudatio auctoris, s. Benennung.

Leben, Nachweis desselben E 1 f., M I 28 f. — Vermuthung des L. E 2, M I 31 ff. — Vermuthliche Dauer E 2, M I 32. — Verletzung des L. E 157, M II 728.

Lebensalter zur Testamentsfähigkeit E 453, M V 247 f.; zur Zeugnißfähigkeit bei Testamenten E 455, M V 266.

Lebensberuf, besonderer, Kosten der Vorbildung als Gegenstand der gesetzlichen Unterhaltspflicht E 355, M IV 696.

Lebensdauer, muthmaßliche E 2, M I 32, E 161, M II 786 f.

Lebensfähigkeit M I 29.

Lebensjahr, zurückgelegtes sechszigstes, berechtigt zur Ablehnung der Vormundschaft E 390, M IV 1074.

Lebensmittel, Verjährung der Ansprüche für Lieferung E 36, M I 301.

Lebensnachstellung, Widerruf von Schenkungen wegen L. E 98, M II 302 f. — Ehescheidungsgrund E 342, M IV 585. — Entziehung des Pflichttheiles E 478, M V 431. — Beschränkung der Unterhaltspflicht E 355, M IV 701.

Lebensstellung, selbständige, Ausgleichungspflicht hinsichtlich des dafür Zugewendeten E 514, M V 702; Abrechnung auf den Pflichttheil E 475, M V 412.

Lebensunterhalt, Vermächtniß desselben M V 169.

Lebensvermuthung E 2, M I 31 ff.

Lebenswandel, schlechter, ist kein Grund zur Entziehung des Pflichttheiles M V 436.

Lebenszeit, Miethverhältniß auf L. E 114; Gesellschaft E 141, M II 621. — Löschung eines zum Grundbuche auf die L. des Berechtigten eingetragenen Rechtes E 190, M III 205 ff.

Legatinterpretation M I 16.

Legatum, s. Vermächtniß. L. debiti M V 151 f.; hereditatis M V 352.

Legitimation, Legitimirte M I 65. — Wohnsitz der Legitimirten E 9, M I 76. — Legitimatio per testamentum, per nuncupationem, minus plena, ad honores M IV 918 f.; per rescriptum principis M IV 930; per testamentum M IV 938. — Legitimation unehelicher Kinder E 376 ff., M IV 919 ff. — Legitimation durch nachfolgende Ehe zwischen dem Vater und der Mutter des Kindes, Stellung des ehelichen Kindes E 376, M IV 919 ff; Beweis der Vaterschaft, exceptio plurium concumbentium (?) E 377, M IV 925 ff.; Einfluß der Ungültigkeit der Ehe E 377, M IV 928 f.; Wirkung auf die Abkömmlinge des vor der L. verstorbenen Kindes E 377, M IV 929 f. — Endigung der Vormundschaft E 407, M IV 1194 f. — Legitimation durch Ehelichkeitserklärung E 377 ff., M IV 930 ff.: Verfügung der Staatsgewalt, Gnadensache, Wirkung E 377, M IV 930 ff.; Zuständigkeit E 377, M IV 937. — Antrag des Vaters mit Bekenntniß der Vaterschaft E 377, M IV 937 ff; Voraussetzung ist Zulässigkeit der Ehe E 377, M IV 939 f.; Einwilligung des Kindes, der Ehefrau des Vaters E 378, M IV 941 f.; Einwilligung durch gesetzlichen Vertreter des Kindes unter 14 Jahren E 378, M IV 942 f.; Einwilligung des gesetzlichen Vertreters des Vaters, Genehmigung des Vormundschaftsgerichtes E 378, M IV 943 f. — Form des Antrages und der Einwilligung, Unwiderruflichkeit E 378, M IV 944 f. — Versagung der L. E 378, M IV 945 f.; Unwirksamkeit beim Mangel eines gesetzlichen Erfordernisses E 378 f., M IV 946; keine Zufügung von Bedingung oder Zeitbestimmung E 379, M IV 946. — Tod des Kindes oder des Vaters vor der Ehelichkeitserklärung E 379, M IV 946 f. — Wirkung auf die Verwandtschaft, die Schwägerschaft E 379, M IV 947 f., Aufhebung der Sorge der Mutter für die Person des Kindes E 379, M 948 f.; Unterhaltspflicht des Vaters E 379, M IV 949; Einfluß der Verheirathung des Vaters auf dessen etwaige elterliche Gewalt über das Kind E 379, M IV 949; Anfechtung der zur Ehelichkeitserklärung erforderlichen Willenserklärungen E 379, M IV 950.

Lehm, Anlagen des Nießbrauchers zu dessen Gewinnung E 226, M III 502 f.

Lehen, Sukzession Legitimirter in L. (?) M IV 937; desgl. Adoptirter M IV 988. S. auch M V 369.

Lehnrecht ausgeschlossen vom Entwurfe E 116, M III 6.

Lehranstalten, s. Unterrichtsanstalten.

Lehrherren, Lehrmeister, Verjährung ihrer Ansprüche E 36, M I 302.

Lehrer, Verjährung ihrer Ansprüche E 36, M I 302. — Abtretung von Gehaltsansprüchen E 69, M II 140.

Leibesfrucht M I 29 f. — Pflegschaft für eine L. E 417 f., M IV 1262 ff.

Leibgedingsvertrag E 145, M II 635, 636. — Nießbrauch an einem Leibgedinge E 234, M III 543.

Leibrente, Leibrentenvertrag E 145 f., M II 635 ff.: Dauer E 145, M II 638; Vorausleistung E 145, M II 639; Bemessung nach Jahresperioden E 146, M II 640; andere Verpflichtungsgründe außer Vertrag E 146, M II 642; Tödtung des Gläubigers durch den Schuldner, Selbstmord des Schuldners, Todesstrafe M II 641 ff. — Nießbrauch an einer L. E 234, M III 542 ff.

Leibrentenvermächtniß M V 170.

Leibzuchtsvertrag E 145, M II 636. — Nießbrauch an einer Leibzucht E 234, M III 549.

Leihvertrag, s. Gebrauchsleihe.

Leistung als Gegenstand der Obligation E 48, M II 5. — Verpflichtung zur Leistung E 51 f., M II 26 ff. — L. durch den Schuldner, durch Dritte E 52, M II 32. — Theilleistungen E 52, M II 33. — Ort der L. E 52, M II 34 ff. — Zeit der L. E 52, M II 37 ff. — Unmöglichkeit der L. und Folgen der Nichtleistung E 53 ff, M II 44 ff. — Erfüllung der L. E 59 f., M II 80 ff. — Annahme an Erfüllungsstatt E 59, M II 82 ff. — L. an Dritte E 59, M II 84 f.; Anrechnung auf mehrere gleichartige Schuldverhältnisse, auf Kosten und Zinsen E 59 f., M II 86 ff.; Quittung E 60, M II 88 f.; Zurückgabe oder Mortifikation des Schuldscheines E 60, M II 90 f. — Hinterlegung der L., s. Hinterlegung. — Aufrechnung der L., s. Aufrechnung. — Gegenstand der L., s. Vertrag — Versprechen der L. an einen Dritten E 91, M II 265 ff. — L. als Strafe, s. Konventionalstrafe. — L. als Gegenstand der Anweisung E 132, M II 558. — L. einer Nichtschuld, s. Nichtschuld. — Nichteintritt der Voraussetzung einer L. E 166 f., M II 842 ff. — Wegfall des Rechtsgrundes einer L. E 167 f., M II 846 ff. — Verwerflicher Empfang einer L. E 168, M II 849 ff. — Sonstiges grundloses Haben einer L. E 168 f., M II 851 ff. — Rückständige Leistungen von einem auf die Lebenszeit des Berechtigten zu Grundbuch eingetragenen Rechte E 190, M III 205 ff. — Genehmigung des Ehemannes zu Rechtsgeschäften auf persönliche L. der Ehefrau E 294, M IV 110 ff. — Bedingung beliebiger Zeit der L. bei letztwilligen Verfügungen E 422, M V 31. — S. auch wiederkehrende Leistungen.

Leiterrecht M III 261.

Lesensunkundige, letztwillige Verfügungen E 456, M V 277.

Letzter Wille, s. letztwillige Verfügung.

Letztwillige Verfügungen E 420 ff., M V 6 ff.: Testament, Testirfreiheit, Freiheit der Aufhebung E 240 f., M V 7 f. Inhalt: Bestimmung des Erben, Ausschließung bestimmter Personen E 421, M V 9 f.; Vermächtniß E 421, M V 9 f.; Auflage E 421, M V 10 f.; Einsetzung empfangener, noch nicht geborener, noch nicht empfangener Personen E 421, M V 11 ff.; Einsetzung juristischer Personen E 421, M V 15 f.; Beifügung einer Bedingung oder einer Zeitbestimmung E 421, M V 16 ff.; aufschiebende Bedingung E 422, M V 24 f.; Erfüllung der Bedingung vor dem Erbfalle E 422, M V 26 f.; Bedingung zum Vortheile eines Dritten E 422, M V 27 f.; Bedingung auf willkürliche Handlung des Bedachten (cautio Muciana) E 422, M V 28 f.; Bedingung auf Wollen des Beschwerten E 422, M V 30 f.; Bedingung beliebiger Leistungs-

zeit E 422, M V 31. — Willenserklärung: Vorbehalt der Ergänzung E 423, M V 31 f.; Ungewißheit der Person des Bedachten E 423, M V 32 f.; alternative letztwillige Zuwendung E 423, M V 33 f.; Bestimmung des Bedachten durch den Beschwerten oder Dritte, Auswahl unter mehreren Bedachten E 423, M V 34 ff.; Einsetzung der „Verwandten" oder „nächsten Verwandten" E 423, M V 36 f.; Einsetzung der „Kinder" oder „Abkömmlinge" des Erblassers E 424, M V 37 f., der „Abkömmlinge" eines Dritten E 424, M V 38 f., einer Klasse von Personen, oder von Personen, welche zum Erblasser in einem Dienstverhältnisse oder Geschäftsverhältnisse stehen E 424, M V 39, der Armen E 424, M V 39 ff. Keine Bestimmung des Gegenstandes der Zuwendung durch Dritte, Uebertragung der Vertheilung an Dritte E 424 f., M V 41 ff. Im Zweifel Auslegung für den Bestand der l. V. E 424, M V 43 ff. — Nichtübereinstimmung von Willen und Willenserklärung (Willensdogma) E 425, M V 45 ff. — Anfechtung bei Willensbestimmung durch Drohung oder Betrug E 425, M V 47, wegen Irrthumes E 425, M V 48 ff., wegen Uebergehung eines Pflichttheilsberechtigten (welcher zur Zeit des Erbfalles vorhanden war) E 425 f., M V 50 ff., Anfechtung von l. Zuwendungen unter Ehegatten und Verlobten E 426, M V 53 ff.; Anfechtungsberechtigte E 426, M V 55 ff.; Frist der Anfechtung E 426, M V 57 f., Ausschließung der Anfechtung E 426 f., M V 59 f.; Unwirksamkeit einzelner Verfügungen, Bestand des übrigen Inhaltes E 247, M V 60.

Erbeinsetzung E 427 ff., M V 61 ff. (das Einzelne s. unter Erbeinsetzung).

Einsetzung eines Nacherben E 430 ff., M V 79 ff. (das Einzelne s. unter Nacherbe).

Vermächtniß E 438 ff., M V 133 ff. (das Einzelne s. unter Vermächtniß).

Auflage E 447 f., M V 211 ff. (das Einzelne, s. unter Auflage).

Testamentsvollstrecker E 448 ff., M V 217 ff. (das Einzelne s. unter Testamentsvollstrecker).

Errichtung letztwilliger Verfügungen E 453 ff., M V 246 ff.: Keine Vertretung E 453, M V 246 f.; Testamentsfähigkeit, beschränkte Geschäftsfähigkeit, Lebensalter, Geschäftsunfähigkeit, Verschwender, Gebrechen, Errichtung durch Zeichen (?) E 453, M V 247 ff. Keine gemeinschaftliche l. V. E 354, M V 253 ff. Ordentliche Testamentsform, gerichtliche, notarielle, Privattestament E 354, M V 257 ff. Gerichtliches Testament, notarielles, Gerichtsschreiber, Zeugen, Urkundspersonen, Anwesenheit während der ganzen Verhandlung E 454, M V 261 ff. Hinderungsgründe zur Mitwirkung aus Verhältniß zum Verfügenden, Ehegatten, Verwandte und Verschwägerte, Testamentsvollstrecker E 454, M V 263 ff.; aus Verwandtschaft oder Verschwägerung mit Richter oder Notar, der Zeugen aus Alter unter sechszehn Jahren, Verlust der bürgerlichen Ehrenrechte, Gesinde- oder Gehülfendienst bei Richter oder Notar, Minderjährigkeit, Unfähigkeit, eidlich vernommen zu werden E 454 f., M V 266 ff. Art der Errichtung, mündliche Erklärung, Uebergabe einer Schrift, Protokoll, Analphabeten E 455 f., M V 270 ff.; Taube, Stumme, zu sprechen Verhinderte E 456, M V 275 ff. Lesensunkundige, Blinde E 456, M V 277. Zuziehung eines Dolmetschers, wenn Erblasser der deutschen Sprache nicht mächtig E 456 f., M V 278 ff. Vorbehalt für die Landesgesetze über gerichtliche oder notarielle Urkunden E 456, M V 280 f. Außerordentliche Testamentsform: Vor dem Gemeindevorsteher E 457 f., M V 281 f., zeitliche Beschränkung der Gültigkeit solcher l. V. E 458, M V 282 f.; bei Verkehrssperrung E 458, M V 283 ff., zeitliche Beschränkung der Gültigkeit solcher l. V. E 458, M V 286. Militairtestament E 459 (Anm.) M V 286. Seetestament E 459, M V 286 ff. Testament von Gesandten, Berufskonsuln

im Auslande E 459 f., M V 288 f. — Vom Entwurfe abgelehnte weitere Formerleichterungen M V 289 ff.

Amtliche Verwahrung der Testamentsurkunde E 460, M V 295 f. Widerruf E 460, M V 297 ff.; Vernichtung der Urkunde E 460, M V 299 ff.; Herausgabe aus der amtlichen Verwahrung E 460 f., M V 302 f. Errichtung neuer l. V. hebt die alte nur im Widerspruchsfalle auf, Wiederherstellung der alten E 461, M V 303 ff. Ablieferung der Testamentsurkunde oder Abgabe derselben an das Nachlaßgericht nach Eintritt des Erbfalles E 461, M V 305 f.; Verkündung E 461 f., M V 306 f.; Benachrichtigung der Betheiligten E 462, M V 307 ff. — Verhinderung an Errichtung einer l. V. ist kein Grund zur Entziehung des Pflichttheiles M V 436; aber macht erbunwürdig E 488, M V 518.

Letztwillige Zuwendung, Begriff E 422.

Lex commissoria M III 680, 820; s. auch Rechtsverwirkung. — L. Aquilia M II 724, 766. — L. Anastasiana M II 216.

Lichte Zwischenräume, s. Dilucida intervalla.

Lieferungskauf M II 319.

Linien, der Verwandtschaft und Schwägerschaft E 7, M I 65 ff.; der gesetzlichen Erbfolge E 468 f., M V 358 ff.

Liquidation des Vermögens einer Körperschaft E 11 ff., M I 113 ff.; der Gesellschaft E 142 ff., M II 625 ff.

Liquidatoren, s. Liquidation.

Liquidität der Forderungen, kein Erforderniß der Aufrechnung M II 105 f.

Litigiosität M I 361.

Litispendenz, Verjährung derselben E 41, M I 331.

Locatio conductio rei M II 368; s. im Uebrigen Miethe, Pacht. — L. c. operarum, s. Dienstvertrag. — L. c. operis, s. Werkvertrag.

Löschung im Grundbuche, Vermuthung für die Richtigkeit E 186 f., M III 153 f. — L. eines auf die Lebenszeit der Berechtigten beschränkten eingetragenen Rechtes E 190, M III 205 ff. — L. der Hypothek E 249, M III 715 ff.

Lohnkutscher, Verjährung ihrer Ansprüche E 37, M I 303.

Longi temporis praescriptio M III 306.

Loos, Entscheidung durch L. bei der Auslobung bei Anspruch Mehrerer E 128, M II 523. — Loose auf Inhaber M II 649.

Losgerissener Erdkörper E 178, M III 48 ff.

Lotterievertrag E 146, M II 648 f.

Luftraum über einem Grundstücke E 194 M III 263.

M.

Mäklergebühr E 127, M II 512 ff.

Mäklervertrag, Nachweisung einer zur Schließung eines bestimmten Vertrages geeigneten Person, eines bestimmten Vertragsgegenstandes, Vermittelung eines Vertrages E 127, M II 509 ff.

Mängel der Sache, s. Gewährleistung.

Mahnung als Voraussetzung des Verzuges des Schuldners, dies interpellat pro homine E 55, M II 56 ff. — M. des debitor cessus E 68 f., M II 137. — M. bei Gesammtschuldverhältniß E 73, M II 159. — M. aus der Briefhypothek ohne Vorlegung der Urkunden E 755, M III 758.

Mahnverfahren, Unterbrechung der Anspruchsverjährung E 40, 41, M I 328, 331.

Mala fides superveniens bei Empfang einer Nichtschuld E 166, M II 841; bei Empfang einer Leistung unter Voraussetzung E 167, M II 846; bei der Ersitzung E 203, M III 355; beim publi-

cianischen Rechtsschutze M III 433; bei ungültiger Ehe M IV 70.

Malen, Eigenthumserwerb E 204, M III 361.

Mandatum ad hoc M I 233. — M. qualificatum M II 682; s. im Uebrigen Auftrag.

Marken, Ausgabe von E 156, M III 721 f.

Marktpreis als Kaufpreis E 100, M II 322. — Verkauf verpfändeter Inhaberpapiere zum M. E 278, M III 868 f.

Maschinen, Zubehör zu Fabriken E 179, M III 67.

Masseschulden sind die Kosten der Todeserklärung E 4, M I 145 f. — M. im Konkurse über einen Nachlaß E 503 f., M V 629 ff.

Materielle Rechtskraft des Urtheiles E 45, M I 367 ff.

Mauer auf der Grenze E 195, M III 274 ff.

Maulesel, Gewährleistung bei Veräußerung derselben E 88 f., M II 243 ff.

Mediatisirte Häuser, Autonomie derselben M I 11 ff.

Meer, Meeresufer M III 303 f.

Mehrheit von Gläubigern oder Schuldnern bei theilbaren Leistungen E 72 ff., M II 153 ff.; s. im Uebrigen Gesammtschuldverhältniß.

Meineid, Grund zur Beschränkung der Unterhaltspflicht E 355, M IV 701; zur Entziehung des Pflichttheiles E 478, M V 433.

Meinungsverschiedenheit zwischen Eltern bezüglich der Sorge für die Person des Hauskindes E 359, M IV 754 ff. — M. mehrerer Vormünder E 393, M IV 1095.

Mengekauf, Vorkaufsrecht E 105, M II 349.

Mentalreservation M I 191; M. bei Eheschließung M IV 55.

Mergel, Anlagen des Nießbrauchers zu dessen Gewinnung E 226, M III 502 f

Messen, Kosten des M. beim Kaufe E 101, M II 328.

Metus, s. Drohung.

Miethe, Klagen aus Miethverhältniß E 45, M I 367. Terminologie M II 168. **Miethvertrag** E 109 ff., M II 369 ff.: Inhalt des Vertrages, Gewährung des Gebrauches der vermietheten Sache während der Miethzeit, Ueberlassung und Erhaltung in vertragsmäßigem Zustande, Miethzins E 109, M II 369 ff. Gewährleistung wegen Mängel, Rücktrittsrecht des Miethers, Wegfall und Minderung des Miethzinses, Schadensersatzanspruch des Miethers 109 f., M II 373 ff. Haftung für Entziehung der Sache durch Rechte Dritter E 110, M II 378 ff. — Veräußerung der vermietheten Sache, **Kauf bricht Miethe** bei Grundstücken, Räumungspflicht, Räumungsfrist E 110 f., M II 380 ff.; Rücktrittsrecht E 110 f., M II 389 f.; Vertrag mit dem Erwerber zu Gunsten des Miethers E 111, M II 391 ff. — Auslagen bei M. einer beweglichen Sache, Fütterungskosten E 111, M II 393. — Verwendungen auf die Miethsache, nothwendige Ausbesserungen E 111 f., M II 393 ff. — Lasten und Abgaben E 112, M II 395. — **Untermiethe** E 112, M II 395 ff. — Miethzins, Zeit der Zahlung E 112, M II 398 f.; Nichtausübung des Gebrauchsrechtes durch den Miether E 112, M II 399 f. — Anzeigepflicht des Miethers bei nothwendigen Ausbesserungen oder Anmaßung von Rechten durch Dritte E 113, M II 400 f. — Zurückgabepflicht des Miethers E 113, M II 401 f. — **Gesetzliches Pfandrecht des Vermiethers** an den eingebrachten Sachen des Miethers E 113, M II 402 ff. — Endigung des Miethverhältnisses, Kündigung E 114, M II 410 ff.; zulässige Dauer der M. E 114, M II 413; stillschweigende Verlängeruug E 114 f., M II 413 ff.; fortgesetzter Ge-

brauch nach Ablauf der Miethzeit E 115, M II 415; Kündigungsrecht der Erben des Miethers E 115, M II 416; Kündigungsrecht bei Versetzung von Beamten und Militairpersonen E 115, M II 416 f. — Rücktrittsrecht des Vermiethers ohne Kündigung E 115, 116, M II, 417 f., 421; desgl. des Miethers E 116 M II 418 ff. S. auch Dienstvertrag. — Miethverträge des Nießbrauchers an einem Grundstücke, Einfluß der Beendigung des Nießbrauches E 230, M III 521 f. — M. über das Vermögen von Hauskindern E 360, M IV 762 ff., 776, von Mündeln E 398, M IV 1141, bei Vormundschaft über Volljährige E 415, M IV 1240. Vermächtniß eines vermietheten Gegenstandes E 441 f., M V 164 f.

Miethzinsen, Verjährung des Anspruches aus Rückständen E 37, 45, M I 305, 344. S. im Uebrigen Miethe. — Haftung der M. eines Grundstückes für die Hypothek E 243, M III 657, E 244, M III 663 f.

Milde Stiftungen, s. Stiftungen.

Militairpersonen, Wohnsitz am Garnisonorte E 8, M I 72 ff. — Abtretung von Gehaltsansprüchen E 69, M II 140. — Kündigung des Miethverhältnisses bei Versetzung E 115, M II 416; nicht bei Pacht E 117, M II 429. — Erlaubniß zur Eheschließung E 283, M IV 33; zur Uebernahme einer Vormundschaft M IV 1073; nicht zur Mitgliedschaft eines Familienrathes M IV 1215.

Minderjährige, Minderjährigkeit. Dauer der M. E 6, M I 52. Beschränkte Geschäftsfähigkeit des M. E 15, M I 131 ff. Selbständiger Gewerbebetrieb eines M. E 16, M I 141 ff. — Dienst- und Arbeitsverträge von M. E 16, M I 144 f. — Lauf der Verjährung gegen M. E 39, M I 318 ff. — Eheschließung E 280, M IV 10 ff. — Minderjährigkeit des Inhabers der elterlichen Gewalt E 371, M IV 820 f., 823. — Vormundschaft über M. E 387 ff., M IV 1046 ff. (s. im Einzelnen Vormundschaft). — Pflegschaft über M. E 416 ff., M IV 1253 ff.

Militairtestament, E 459 (Anm.), M V 286.

Minderung E 85 ff., M II 327 ff. S. im Uebrigen Gewährleistung.

Mißbrauch der Rechte des Ehemannes E 293, M IV 105 f.

Mißbilligung des Käufers beim Kaufe auf Probe E 102, M II 333 ff.

Mißhandlung, Widerruf der Schenkung E 98, M II 302. M. als Ehescheidungsgrund (?) M IV 575. Schwere M. als Grund der Trennung von Tisch und Bett E 342 f., M IV 593 ff. — Entziehung des Pflichttheiles E 478, M V 431. — Beschränkung der Unterhaltspflicht E 355, M IV 701.

Missio in possessionem ventris nomine, ex edicto Carboniano M V 490 f., 597. Missio in possessionem furiosi nomine M V 597, missio Hadriana M V 597.

Mitbesitz E 181, M III 84 f.

Mitbürgen haften als Gesammtschuldner, keine Einrede der Theilung E 148, M II 666 f.

Miteigenthum M III 262; Entstehung durch Verbindung beweglicher Sachen E 204, M III 359, durch Vermengung und Vermischung E 204, M III 359 f. — Rechtsverhältnisse des Miteigenthumes E 217 f., M III 433 ff.: Begriff, Gemeinschaftlichkeit, Bruchtheile E 217, M III 437 f. Belastung der Sache für einen Miteigenthümer E 127, M III 438 f. Uebertragung und Belastung eines Antheiles E 217, M III 439. Ausschließung der Theilung bei Grundstücken E 217, M III 439 ff. Erwerb des Antheiles eines Miteigenthümers durch Zueignung und Aufgebot E 217, M III 442 f. Schutz des Miteigenthumes, Einräumung des Mitbesitzes, Herausgabe an alle Miteigenthümer E 217 f., M III

443 ff. — Faustpfandrecht an dem Antheile eines Miteigenthümers E 269, M III 834 f.

Miterben, Einsetzung derselben, s. Erbeinsetzung; Anwachsungsrecht, s. Anwachsung. — Erwerb der Erbschaft, s. Erbschaftserwerb. — Haftung für Vermächtnisse E 438, M V 137 f. — Nachlaßkonkurs bei Miterben E 506, M V 642 f. — Abzugseinrede gegen Miterben E 511, M V 676 f. — Auseinandersetzung der Miterben E 513 ff., M V 687 ff.; Anwendung der Vorschriften über Gemeinschaft E 513, M V 687; Anordnungen des Erblassers E 513, M V 688; Ausschließung der Auseinandersetzung in Ansehung des Nachlasses oder einzelner Nachlaßgegenstände durch letzten Willen, nicht über dreißig Jahre hinaus E 513, M V 688 ff. Aussetzung des Rechts auf Aufhebung der Gemeinschaft bei Ungewißheit der Erbtheile wegen Schwangerschaft, Einsetzung einer noch staatlich zu genehmigenden Stiftung auf einen Bruchtheil E 513 f., M V 690 f. Gemeinschaft gewisser Familienschriftstücke E 514, M V 691 f. Mitwirkung des Nachlaßgerichtes E 514, M V 692 ff. — S. auch Ausgleichungspflicht.

Mitte des Monates E 35, M I 286.

Mittelspersonen, Willenserklärung durch solche E 24, M I 202 f.

Mitthäter bei unerlaubten Handlungen E 158, M II 738.

Mittheilung von Dämpfen u. s. w. an ein Grundstück E 194, M III 264 ff.

Mitvormund, Bestellung nur mit Zustimmung des Berufenen E 388, M IV 1060. — Ablehnungsrecht bei Bestellung zum M. E 391, M IV 1075.

Mobiliargemeinschaft M IV 150 f. S. auch Gemeinschaft des beweglichen Vermögens.

Monat, Fristberechnung E 34 f., M I 283 ff.

Monstrum M I 28.

Mora, s. Verzug. — M. ex re M II 59. — Purgatio morae E 57, M II 66 f., E 58, M II 77.

Moratoriengesetze M I 313.

Morgengabe M IV 168, M V 370.

Mortifikation von bei der Erfüllung nicht zurückgebenen Schuldscheinen E 60, M II 90 f.

Mühle, Zubehör derselben E 179, M III 67.

Mündelgelder, Anlegung derselben E 395 f., M IV 1108 ff.

Münzsorte, Zahlung einer Geldschuld in bestimmter M. E 50, M II 13 f.

Muster, Kauf nach M. E 102, M II 332.

Mutter, Einwilligung zur Eheschließung E 281 f., M IV 25 ff. Eheliche Mutter als Inhaberin der elterlichen Gewalt, s. elterliche Gewalt. — Keine gesetzliche Berufung der ehelichen M. zur Vormundschaft M IV 1052, aber Fähigkeit E 389, M IV 1067 f. — Bestellung der unehelichen Mutter zur Vormünderin vor dem Großvater E 388, M IV 1059 f. — Berufung der ehelichen Mutter zur Vormundschaft über ein volljähriges Kind E 414, M IV 1236.

Mutterthiere, Veräußerung mit ihren Jungen, Wandelung M II 258.

N.

Nachbarrecht, Nachbargrundstücke, Vorschriften darüber E 194 ff., M III 228 ff.

Nacheile bei Besitzstörung E 183, M III 12 ff.

Nacherbe, Nacherbschaft. Die N. ist nicht Gegenstand des Erbschaftskaufes E 106, M II 354. — Einsetzung eines Nacherben E 430 ff., M V 79 ff.: Nacherbe, Vorerbe, Fall der Nacherbfolge, Begriff, Vorerbe hört auf, Erbe

zu sein, Erbschaft fällt dem N. an E 430, M V 81 ff. — Anordnung der Herausgabe der Erbschaft mit bestimmtem Zeitpunkte oder Ereignisse an einen Anderen gilt als Einsetzung eines N. E 430, M V 83 f.; Verbot des Erblassers, von Todeswegen über die Erbschaft zu verfügen, gilt als Einsetzung der Erben des Vorerben als N. E 430, M V 84 ff. Auflösende Bedingung, Endtermin ohne weitere Bestimmung gilt als Einsetzung der gesetzlichen Erben zu N. E 431, M V 86 f.: Erbeinsetzung mit aufschiebender Bedingung ohne weitere Bestimmung gilt als Einsetzung der gesetzlichen Erben als Vorerben, ebenso Einsetzung einer noch nicht empfangenen, noch nicht bestimmten Person E 431, M V 87 f. — Eintritt der N. mangels besonderer Bestimmung mit dem Tode des Vorerben E 431, M V 88 f. — Uebergang der Rechte des N. auf dessen Erben, falls N. den Erblasser überlebte E 431, M V 89. — Bestimmung eines N. für kinderlose Abkömmlinge E 431, M V 89 f. — N. tritt nur einmal ein E 432, M V 90 ff. — Unwirksamkeit der Einsetzung der N., welche nicht auf den Fall des Todes des Vorerben gestellt ist, nach dreißig Jahren seit dem Erbfalle E 432, M V 90 ff. — Recht des N. erstreckt sich auf Anwachsung, nicht auf Ersatzerbschaft, Vorausvermächtniß E 432, M V 92 f. — Rechtsverhältniß des Vorerben und Nacherben, Analogie des Nießbrauches E 432, M V 93 f.; gemeinschaftliche Verfügung E 432, M V 95; Versicherungspflicht des Vorerben E 432, M V 96; Kündigung von Forderungen E 433, M V 96 f.; Einziehung derselben E 433, M V 97; Wiederanlegung E 433, M V 98; Grundschulden, Eigenthümerhypotheken E 433, M V 98; Inhaberpapiere E 434, M V 98 ff.; Anwendbarkeit weiterer Vorschriften über Nießbrauch M V 101 ff. — Verfügungsfreiheit des Vorerben zur ordnungsmäßigen Vermögensverwaltung, Ausnahme bei hinterlegten Inhaberpapieren E 434, M V 107 ff.; Beilegung größerer Rechte durch den Erblasser E 434, M V 109; Surrogation E 435, M V 109 ff. — Eintragung der Rechte des N. in das Grundbuch, Anspruch des N. auf Bewirkung der Eintragung E 435, M V 111 f. — Pflegschaft für den Nacherben E 435, M V 112 ff. — Verfügung des Vorerben über Gegenstände der Nacherbfolge, Beschränkung, Ausnahmen, Einwilligungspflicht des N. E 435, M V 114 ff. — Zwangsvollstreckung, Arrest gegen den Vorerben, Konkurs desselben E 435 f., M V 117. — Wirkung des Urtheiles im Rechtsstreite des Vorerben über Sachen der Nacherbfolge gegen den N. E 436, M V 117 ff. — Form der erforderlichen Einwilligung des N. E 436, M V 120. — Ausschlagung der N. E 436, M V 120 ff. — Aufhebung der Wirkungen der Vereinigung mit Eintritt der N. E 436, M V 123. — Vermächtnisse als Lasten der Erbschaft, insbesondere solche auf Leistung von Zinsen oder auf wiederkehrende Leistungen E 436 f., M V 123 ff. — Nachlaßverbindlichkeiten: Haftung des N. E 437, M V 126, Inventarrecht desselben, Inventar des Vorerben E 437, M V 126, Haftung des Vorerben nach Eintritt der Nacherbfolge, kein Antrag auf Konkurseröffnung über den Nachlaß mehr zulässig E 437, M V 126 f. — Aufgebot der Nachlaßgläubiger E 437, M V 128. — Nacherbschaft auf den Ueberrest, freie Verfügung des Vorerben mit Ausnahme von Schenkungen E 437, M V 128 ff.; Vermögensverzeichniß, Herausgabe der vorhandenen Gegenstände und Werthe, Ersatz für verschenkte verbrauchbare Sachen E 438, M V 130 ff. — Anordnung „freier Verfügung" ist im Zweifel Nacherbfolge auf den Ueberrest E 438, M V 131.

Nacherbfolge, Fall der N., Begriff E 430, M V 81 f.

Nachbürge M II 672, 678.

Nachlaß, Verjährung der Ansprüche für und gegen denselben wird durch die Erbfolge nicht gehemmt E 39, M I 322 f.

Nachlaßgericht, Willenserklärung gegenüber dem N. zur Anfechtung der Ehe bei Tod des zur Anfechtung nicht berechtigten Theiles E 292, M IV 96. — Thätigkeit desselben bei Verzicht eines Abkömmlinges auf fortgesetzte Gütergemeinschaft E 328, M IV 460; Erklärung des überlebenden Ehegatten betr. Auflösung derselben E 331, M IV 469. — Willenserklärung vor dem N. zur Anfechtung der Ehelichkeit eines verstorbenen Kindes E 350, M IV 671. — Ablieferung der Testamentsurkunde nach Eintritt des Erbfalles an das N., Verkündung durch dasselbe E 461 f., M V 305 ff. — Feststellung durch das N., daß andere Erben nicht vorhanden, bei gesetzlichem Erbrechte des Fiskus E 471, M V 380. — Ausschlagung einer Erbschaft ist gegenüber dem N. zu erklären E 485, M V 502; desgl. die Anfechtung der Ausschlagung oder Annahme E 487, M V 512, 513. — Fürsorge des Nachlaßgerichtes E 491 ff., M V 541 ff: Sorge für Sicherung des Nachlasses, wenn Erbe nicht anwesend, geschäftsunfähig u. s. w. ist, Siegelung und sonstige Sicherungsmaßregeln, Ueberlassen der Sorge an den Testamentsvollstrecker E 491, M V 541 ff. — Nachlaßpfleger, wenn Erbe unbekannt, oder auf Andrängen eines Nachlaßgläubigers vor Annahme der Erbschaft E 491, M V 543 ff.; Anwendung der Vorschriften über Pflegschaft E 491, M V 548 f.; Rechte und Pflichten des Nachlaßgerichtes E 491, M V 549; Geltendmachung aller Ansprüche gegen den Nachlaßpfleger E 491 f., M V 549 f.; Inventarrecht des Erben bleibt unberührt E 492, M V 550 f.; Recht des Nachlaßpflegers zum Aufgebot der Nachlaßgläubiger, zum Antrage auf Konkurseröffnung E 492, M V 551 f.; Verpflichtung des Nachlaßpflegers bei unzureichendem Nachlasse, Auskunftspflicht gegenüber den Nachlaßgläubigern E 492, M V 552 f.; Aufhebung der Nachlaßpflegschaft E 492, M 553 f.; öffentliche Aufforderung zur Anmeldung von Erbrechten, wenn Erbe unbekannt, Eintreten des Fiskus bei Erfolglosigkeit der Aufforderung E 492 f., M V 556. — Ertheilung von Erbscheinen durch das N., s. Erbschein. — Bekanntmachung der Anfechtung des Verzichtes auf das Inventarrecht durch das N. E 500, M V 607; Bestimmung der Inventarfrist E 500, M V 608 ff; Mittheilung davon an das Vormundschaftsgericht E 501, M V 614; Aufnahme des Nachlaßinventars durch das N. E 501, M V 616 f. — Zuständigkeit des N. für das Aufgebot der Nachlaßgläubiger E 506, M V 646. — Mitwirkung des N. bei Auseinandersetzung der Miterben E 514, M V 692 ff.

Nachlaßgläubiger, Rechte derselben beim Erbschaftskaufe E 107 f., M II 362 ff.; bei der Nacherbfolge E 437, M V 124 ff. — Kein Aufgebot der N. durch den Testamentsvollstrecker M V 240; wohl aber durch den Nachlaßpfleger E 492, M V 551 f. — Bestimmung der Inventarfrist durch das Nachlaßgericht auf Antrag eines N. E 500, M V 510. — Aufgebot der Nachlaßgläubiger E 506 ff., M V 643 ff.: Durch den Inventarerben, binnen zwei Jahren E 506, M V 644; Zuständigkeit des Nachlaßgerichtes E 506, M V 646; Gläubigerverzeichniß beim Antrage E 506, M V 646. — Kein Aufgebot bei Nachlaßkonkurs E 506, M V 646 f.; Fristen, Bekanntmachung, Zustellung E 506 f., M V 647. — Nicht betroffene Gläubiger E 507, M V 647 ff.; Anmeldung E 507, M V 649; Wirkungen des Ausschlusses E 507 f., M V 649 ff., im Nachlaßkonkurse E 508, M V 651 f., bei Verzicht des Erben auf das Inventarrecht E 508, M V 652 f.; Einstweilige Einstellung von Zwangsvollstreckungen und Arresten bei zugelassenem Aufgebote, Beschränkung E 508, M V 653 f.; Beendigung des Verfahrens, Zeitpunkt E 508, M V 654. — Absonderungsrecht der Nachlaßgläubiger, Antrag auf Eröffnung des Konkurses über den Nachlaß, wenn über das Vermögen des Erben

Konkurs eröffnet ist E 512 f., M V 682 ff.

Nachlaßinventar, s. Inventarrecht.

Nachlaßkonkurs beim Erbschaftskaufe E 108, M II 363. — Testamentsvollstrecker kann den N. nicht beantragen M V 240. — Nachlaßkonkurs im Einzelnen E 502 ff., M V 623 ff.: Unzulässigkeit bei erloschenem Inventarrechte E 502, M V 622; Wirkungen der Eröffnung in Ansehung der Nachlaßgläubiger, Beschränkung auf Geltendmachung im Konkurse, keine abgesonderte Befriedigung aus Zwangsvollstreckung oder Arrest nach Eintritt des Erbfalles E 503, M V 623 ff.; keine Unwirksamkeit der Verfügungen des Erben über den Nachlaß E 503, M V 625; Anwendung der Vorschriften über Geschäftsführung ohne Auftrag auf das Verhältniß des Erben vor der Eröffnung, derjenigen über Aufträge auf dessen Verhältniß nach Eröffnung, kein Zurückbehaltungsrecht E 503, M V 626 ff.; Masseschulden E 503 f., M V 629 ff.; Aufhebung der Vereinigung E 504, M V 631 ff.; Ansprüche des Erben, Eintritt in die Rechte des von ihm befriedigten Gläubigers E 504, M V 633 f.; Aufrechnung des Erben, Erbschaftsschuldners, Erbschaftsgläubigers E 504, M V 534 ff.; Ausdehnung des N. auf alle Nachlaßverbindlichkeiten, Rangordnung bestimmter Forderungen E 504 f., M V 636 ff.; Haftung des Erben mit verbleibendem Ueberschusse, so lange er bereichert ist, keine Reihenfolge oder Rangordnung bei Zahlung an die unbefriedigten Gläubiger E 505 f., M V 640 ff. — Konkurs über den Erbtheil, Verbindung der Konkurse über mehrere Erbtheile E 506, M V 642 f. — Ein im Aufgebotsverfahren ausgeschlossener Nachlaßgläubiger kann den N. nicht beantragen, in demselben keine Rechte geltend machen E 508, M V 651 f. — Verhältniß der Abzugseinrede des Inventarerben zum N. E 511, M V 673 ff.

Nachlaßpflegschaft E 491 ff., M V 541 ff. (s. das Einzelne unter Nachlaßgericht v. Fürsorge des Nachlaßgerichtes).

Nachlaßverbindlichkeiten, Begriff E 499, M V 602 ff.

Nachlaßverzeichniß des Testamentsvollstreckers E 452, M V 241 f. S. auch Inventarrecht.

Nachvermächtniß E 447, M V 208 ff.

Nachweisung einer zur Schließung eines bestimmten Vertrages geeigneten Person, eines bestimmten Vertragsgegenstandes E 127, M II 509 ff.

Nachzettel, formlose, zu letztwilligen Verfügungen M V 293.

Näherrecht M III 447.

Name, s. Familienname.

Nasciturus M I 29, IV 1263; N. kein Hinderniß der Annahme an Kindesstatt M IV 958. — Unterhaltsanspruch gegen den Tödter des Verpflichteten M II 780. Nachlaßpflegschaft E 491, M V 543 f., 553. — S. auch Empfangene, noch nicht geborene Personen.

Nativität der Klagen M I 359.

Naturalkomputation M I 282.

Naturalobligation bleibt beim absolutorischen Urtheile nicht zurück M I 370. S. auch M II 106.

Natürliche Kinder, s. Kinder.

Nebenansprüche, Nebenleistungen verjähren mit dem Hauptanspruche E 43, M I 345. — Klagbarkeit von N. M I 357 f.

Nebenrechte werden mit der Forderung übertragen E 66, M II 124 f. Fortdauer bei Schuldübernahme E 71, M II 147.

Nebensache, Wandelung wegen Mängel der N. E 87, M II 236.

Negatorienklage M I 367, III 422 ff.

Negotiorum gestio, s. Geschäftsführung ohne Auftrag.

Neuerung, s. Novation.

Nichtapprobirte Medizinalpersonen, Verjährung ihrer Ansprüche E 36, M I 303.

Nichtausübung der Servitut E 224, M III 491 f.

Nichtgebrauch, s. Nichtausübung, non usus.

Nichtigkeit der Rechtsgeschäfte E 25 f., M I 216 ff. — N. der Ehe, s. Ungültigkeit.

Nichtigkeitsklage, Begriff E 287, M IV 58 ff.

Nichtschuld, Leistung einer N. E 165 f., M II 831 ff.: nicht bestehende Schuld, Einreden, kein besonderer Beweis des Irrthumes, Rückforderung, wenn die Leistung nur auf Einräumung von Besitz und Inhabung ging E 665, M II 831 ff. — Keine Rückforderung, keine Zwischenzinsen bei Leistung vor Fälligkeit E 165, M II 835. — Unmöglichkeit der Herausgabe, Werthvergütung, Bereicherung E 165, M II 836 ff. — Herausgabe des Erwerbes aus dem Geleisteten, Vergütung von Verwendungen E 166, M II 839 f. — Schadensersatzpflicht des bösgläubigen Empfängers, mala fides superveniens E 166, M II 840 ff.

Nießbrauch. Bestellung des N. an einem zukünftigen Vermögen ist nichtig E 78, M II 186 f. — Form der Bestellung des N. an einem gegenwärtigen Vermögen E 78, M II 187 ff. — Nießbrauch an Sachen E 224 ff., M III 493 ff.: Begriff und Inhalt E 224, M III 498 f. — N. an Bruchtheilen einer Sache E 224, M III 494. — Eintragung des N. an einem Grundstücke in das Grundbuch E 225, M III 495. — Begründung des N. an einer beweglichen Sache, Uebergabe (kein Erwerb in gutem Glauben, keine Ersitzung) E 225, M III 495 ff. — Inhabungsrecht des Nießbrauchers E 225, M III 496 f. — N. an dem Antheile eines Mitbesitzers, an einem Bruchtheile der Sache E 225, M III 497 ff. — Zusammentreffen von N. mit anderem N., Dienstbarkeit, Nutzungsrechte, Gebrauchsrechte E 225, M III 499. — Umfang des N. an einem Grundstücke E 226, M III 499 f. — Trennung von Bestandtheilen der Sache, Früchte E 226, M III 500 f. — Anlagen des Nießbrauchers zur Gewinnung von Bodenbestandtheilen E 226, M III 502 f. — Schatz E 226, M III 504, 559. — Pflichten des Nießbrauchers gegenüber dem Eigenthümer E 226, M III 504 ff. — Feststellung des Zustandes der belasteten Sache durch Sachverständige E 227, M III 507. — Verzeichniß der einzelnen Vermögensgegenstände bei N. an einem Inbegriffe von solchen E 227, M III 506 ff. — Veränderungen der Sache und ihrer wirthschaftlichen Bestimmung, Wiederherstellung E 227, M III 508. — Anmaßungen und Eingriffe Dritter E 227, M III 508 ff. — Ausbesserungen, Wiederherstellungen der Sache, Ergänzung des Grundstücksinventares E 227 f., M III 510 ff. — Versicherung gegen Feuersgefahr und sonstige Unfälle E 228 f., M III 513 ff. — Tragung der Lasten und Abgaben, Zinsen E 229 f., M III 515 ff. Ansprüche des Eigenthümers während der Dauer des N. E 229, M III 518. — Sicherheitsleistung des Nießbrauchers E 230, M III 518 ff. — Rückgewährpflicht des Nießbrauchers E 230, M III 520 f. — Einfluß der Beendigung des N. auf Mieth- und Pachtverträge E 230, M III 521 f. — Ersatz der Bestellungskosten E 230 f., M III 522 f. — Ersatz der Verwendungen an den Nießbraucher E 231, M III 523 ff. — Veräußerung und Belastung des N. E 231, M III 525 ff. — Erlöschen des N., Tod, Erlöschen der juristischen Person E 232, M III 530 f. — Aufhebung des N. durch Rechtsgeschäft E 232, M III 531 f., durch Vereinigung E 232, M III 531 f. — Schutz des N. E 232, M III 532 f.

Nießbrauch an verbrauchbaren Sachen E 232 f., M III 533 ff.

Nießbrauch an Rechten E 233 ff., M III 539 ff.: Anwendung der Vor-

schriften über N. an Sachen E 233, M III 539. — Kein N. an nichtübertragbaren Rechten E 233, M III 540. — Begründung und Veräußerung des N. E 233, M III 540. — Verfügungsbeschränkung des Berechtigten E 233 f., M III 541. — Aufhebung durch Rechtsgeschäft E 234, M III 541 f. — Ansprüche gegen Dritte, welche zu den Nutzungen des Rechtes gehören, erwirbt der Nießbraucher ohne Abtretung E 324, M III 542. — N. an einer Leibrente u. dergl. E 234, M III 542 ff. — N. an Forderungen E 234, M III 544 ff., an Forderungen auf Leistung verbrauchbarer Sachen E 234 f., M III 548 f. — N. an einer Forderung gegen den Nießbraucher, Vereinigung E 235, M III 549 f. — N. an einer auf Zinsen ausstehenden Forderung E 235, M III 550 ff. — N. an einer Grundschuld oder Eigenthümerhypothek E 236, M III 555 f. — N. an Schuldverschreibungen oder Aktien auf Inhaber E 236, M III 556 ff.

Nießbrauch an einem Vermögen E 236 ff., M III 558 ff.: Begründung E 237, M III 560, Zurückbehaltungsrecht bezw. Zurückforderungsrecht des Bestellers zum Zwecke der Schuldentilgung E 237, M III 560 ff. — Verzinsung der Schulden E 237, M III 564. — Verzeichniß des Vermögens E 237, M III 565. — N. an einem Bruchtheile eines Vermögens E 237 f., M III 565.

N. an einem Pfande, Wirkung des Verkaufes des Pfandes E 268, M III 831.

Pfandrecht an einem N. E 275, M III 858. — Anwendung der Vorschriften über N. auf die eheliche Nutznießung E 297, M IV 180 ff., auf das Rechtsverhältniß des Vorerben gegenüber dem Nacherben E 432, M IV 93 f.

Nießbraucher, s. Nießbrauch.

Nießbrauchsvermächtniß M V 169.

Niftel, M V 370.

Nomina ipso jure divisa M II 153, V 529.

Non usus M I 288 f.

Normativbestimmungen für die Gründung von Körperschaften M I 84 ff., 89 ff.

Notare, Verjährung ihrer Ansprüche E 36, M I 302. — Notarielle Form der Vertragsurkunden E 22, M I 187 f. — Verpflichtung zur Uebernahme des Amtes eines Testamentsvollstreckers E 448 (Anm.), M V 221. — Notarielle Form der Testamente E 454 f., M V 261 ff.; des Erbeinsetzungsvertrages E 462, M V 315 f.

Nothdürftiger Unterhalt E 355, M IV 698, 699, 700, E 375, M IV 893, E 479, M V 441.

Notherben, s. Pflichttheil.

Nothservitut M III 260.

Nothstand M II 729. — Tödtung im N. M II 770.

Nothweg E 197, M III 289 ff.

Nothwendige Bedingungen M I 265, M V 18.

Nothwehr E 44, M I 348 ff., II 728. — Tödtung in N. M II 769. — N. bei Besitzstörung E 183, M III 112 ff.

Nothzucht, Entschädigungsanspruch E 162, M II 801 f.

Novation, M II 78 f.

Noxae datio M II 809 f.

Noxalobligation M III 259.

Nutzungen, Herausgabe beim Rücktritt vom Vertrage E 93 f., M II 281 f. — Begriff der N. einer Sache E 180, M III 70. — Haftung des Besitzers und Inhabers für N. der Sache gegenüber dem Eigenthumsanspruche E 213, M III 400 ff. — N. beim Faustpfandrechte E 262, M III 807 ff. — N. eines verpfändeten Rechtes E 275, M III 857 f. — N. des Beschwerten aus dem Gegenstande des Vermächtnisses M V 201 f. — N. als Gegenstand des Erbschaftsanspruches E 497, M V 585 f.

Nutznießung, eheliche, s. eheliches Güterrecht. — Elterliche N. s. Elterliche Gewalt.

O.

Obereigenthum M III 263.

Oberfläche eines Grundstückes E 194, M III 263 f. — Bauwerke auf oder unter der O. s. Erbbaurecht.

Obervormundschaft, s. Vormundschaftsgericht, s. auch M IV 1009 f., 1011 f., 1015 f.

Oblation, s. Anbieten.

Obligation, s. Schuldverhältnisse.

Observanzen M I 4, 10, 94.

Occupatio, s. Zueignung.

Oeffentlicher Glaube, des Grundbuches E 190 f., M III 208 ff. — Oe. beglaubigte Erklärung über eine erloschene Schuld E 60, M II 90 f.

Oeffentliche Hinterlegung, s. Hinterlegung.

Oeffentliches Interesse bei Geschäftsführung ohne Auftrag E 170, M II 864 f.; Auflage im ö. J. bei letztwilliger Verfügung E 448, M V 215.

Oeffentlichkeitsprinzip bei Hypotheken M III 602.

Offenbarungseid E 175, M II 893 ff.; des Inhabers der elterlichen Gewalt M IV 747 f.; des Erben bei Geltendmachung der Abzugseinrede E 510, M V 669 ff.

Offene Erwerbsgesellschaft, Handelsgesellschaft E 145, M II 632 ff.

Offenlegung des Vermögensverzeichnisses, Verbot desselben als befreite Vormundschaft E 404 f., M IV 1173 ff.

Operae illiberales, liberales M II 456.

Operis novi nuntiatio M II 760 ff., III 121 f.

Oralfideikommiß M V 293.

Ordentliche Testamentsform E 454 f., M V 257 ff.

Ordnung, öffentliche, Nichtigkeit der Rechtsgeschäfte, welche gegen dieselbe verstoßen E 25, M I 211.

Ordnungsstrafen zur Erzwingung der Uebernahme der Vormundschaft E 389, M IV 1064 f.; gegen Vormund und Gegenvormund E 401, M IV 1156, gegen Mitglieder des Familienrathes E 411, M IV 1220.

Ordre, Schuldverschreibungen an M II 723.

Ort der Leistung E 52, M II 34 ff. — Aufrechnung bei Verschiedenheit der Leistungsorte E 63 f., M II 111. — O. der Erfüllung des Schenkungsversprechens E 97, M II 298; der Rückgabe beim Hinterlegungsvertrage E 135, M II 58; der Ausübung einer Grunddienstbarkeit E 122 f., M III 485 f.; der Zahlung einer Grundschuld E 259, M III 789; der Erfüllung des Vermächtnißanspruches M V 193.

Ortsüblichkeit beim Nachbarrechte E 194, 195, M III 260, 267, 269.

P.

Pacht, (Terminologie M II 368) E 116 ff., M II 421 ff.: Gewährung des Gebrauches und Fruchtgenusses, Pachtzins E 116, M II 422. — Anwendung der Vorschriften für den Miethvertrag E 116, M II 422 f. — Theilpacht E 117, M II 423. — Kein Remissionsanspruch des Pächters E 117, M II 423 ff. — Verpachtung eines Grundstückes mit Inventar, Fruchtgenuß des Pächters, Junge E 117, M II 425 f.; gesetzliches Pfandrecht des Pächters bezüglich des von ihm innehabenden Inventars an demselben E 117, M II 426. — Kündigung der Grundstückspacht, Pachtjahr E 117, M II 426 ff. — Kein Kündigungsrecht bei Tod oder Versetzung des Pächters E 117, M II 428 ff. — Pacht eines landwirthschaftlichen Grundstückes: Zeit der Entrichtung des Pachtzinses E 118, M II 429; Pächter trägt die gewöhnlichen Ausbesserungen E 118, M II 429 f.; Aenderungen in der Bewirthschaftung E 118, M II 430 f.; stillschweigende Ver-

längerung der Pacht, thatsächliche Fortsetzung E 118, M II 431 f.; gesetzliches Pfandrecht des Verpächters E 118, M II 432 f.; Pacht eines landwirthschaftlichen Grundstückes mit Inventar, welches nach Taxe übernommen und zurückgewährt werden soll, Rechtsverhältnisse bezüglich des Inventars E 118 f., M II 433 ff.; Beendigung der Pacht, Zurückgewähr des Grundstückes E 119, M II 439 f., Wirthschaftsvorräthe E 119, M II 440 f.; besondere Bestimmungen über Wirthschaftsvorräthe bei verpachtetem Landgute oder mehreren zum Betriebe der Landwirthschaft verbundenen Grundstücken E 119 f., M II 441. — Uebernahme und Rückgewähr des landwirthschaftlichen Grundstückes nach Taxe E 120, M II 441.

Pachtverträge des Nießbrauchers an einem Grundstücke, Einfluß der Beendigung des Nießbrauches E 230, M III 521 f. — P. über Sachen von Hauskindern E 360, M IV 762 ff., 776. — P. von Mündeln E 398 f., M IV 1141 f.; bei Vormundschaft über Volljährige E 415, M IV 1240. — Vermächtniß eines verpachteten Gegenstandes E 441 f., M II 164 f.

Pachtjahr, Berechnung bei Grundstücken E 117, M II 427 f.

Pachtremission E 117, M II 423 ff.

Pachtzinsen, Verjährung des Anspruches aus Rückständen E 37, 43, M I 305, 344. — S. im Uebrigen Pacht. — Haftung der P. für die Hypothek E 243, M III 657, E 244, M III 663 f.

Pactum de contrahendo M I 178. — P. ne dolus praestetur E 51, M. II 31. — P. displicentiae, s. Rücktrittsrecht. — P. reservati dominii M II 319, III 316. — P. de oppignerando M II 684.

Parentelerbfolge M V 353 ff.

Paterna paternis, materna maternis M V 359, 360, 361.

Paternitätsklage M IV 866 ff.

Pathengeschenke M IV 772 f.

Pausch und Bogen, Kauf in, M II 324.

Pekulienrecht M IV 729 f., 770, 774.

Pensionen, Verjährung des Anspruches aus Rückständen E 97, M I 305.

Perpetuatio obligationis M II 64.

Personalservituten, s. persönliche Dienstbarkeiten, Nießbrauch.

Persönliche Dienstbarkeiten an einem Grundstücke, Entstehung durch Eintragung in das Grundbuch M III 168 ff. — Beschränkte persönliche Dienstbarkeiten, Nutzungen eines Grundstückes in einzelnen Beziehungen, nicht von Bruchtheilen desselben, Beschränkung auf das persönliche Bedürfniß, Regel der Unveräußerlichkeit, Anwendung der Vorschriften über Grunddienstbarkeiten und Nießbrauch, Erlöschen E 238 f., M III 565 ff. — Wohnungsrecht E 239, M III 570 f.

Persönliche Eigenschaften, Verhältnisse, Verhehlen derselben, Anfechtung der Ehe E 290, M IV 73 f.

Persönlichkeit, Entstehung, Endigung E 1, M I 25 ff. — S. auch Personenvereine, juristische Personen.

Personen E 1, M I 25 ff. S. auch juristische Personen. — Leistungen, bei denen es auf die Person des Schuldners ankommt E 52, M II 32. — Ungewißheit der Person des Bedachten bei letztwilliger Verfügung E 423, M V 32 ff.

Personenvereine E 9 ff., M I 79, 82 ff. S. auch Körperschaften.

Pertinenz, s. Zubehör.

Pfand, s. Pfandrecht (an beweglichen Sachen). Verjährung des Anspruches auf Rückgewährung des Pf. E 38, M I 315. — Befriedigung aus dem Pf. bei Verjährung des durch dasselbe gesicherten Anspruches E 43, M I 344.

Pfandgläubiger beim Aufgebot der Nachlaßgläubiger E 507, M V 647 f.

Pfändung, s. Privatpfändungsrecht. — Pf. übertragbarer Rechte außer Forderungen E 69, M II 141. — Pf. wegen Schadens durch Thiere M II 815. —

Pf. eines Rechtes durch Eintragung in das Grundbuch und Löschung desselben M III 247. — Pf. der Früchte des Ehegutes E 300, M IV 205 ff.; der Früchte der elterlichen Nutznießung E 366 f., M IV 793 f. — Pf. des Pflichttheilsanspruches E 476, M V 418.

Pfandrecht, Betrachtung der Motive über Pf. M III 595 f.

Pf. bleibt bestehen trotz Verjährung der Pfandschuld E 43, M I 344. Pfandrecht am hinterlegten Gelde oder Werthpapieren E 47, M I 389 f. Fortbestand bei Schuldübernahme (?) E 71, M II 147. — Gesetzliches Pf. des Vermiethers an den eingebrachten Sachen des Miethers E 113 f., M II 402 ff.; des Pächters an dem mitverpachteten Inventar E 117, M II 426, des Verpächters landwirthschaftlicher Grundstücke an dem Eingebrachten des Pächters und an den Früchten E 118, M II 432 f.; des Uebernehmers an den in seiner Inhabung befindlichen Sachen des Bestellers E 126, M II 494; des Gastwirthes an den eingebrachten Sachen des Gastes E 137, M II 590 f. — Aufgeben von Pf. durch den Gläubiger, Einfluß auf die Bürgschaft E 149 f., M II 679 ff.

Pfandrecht an Grundstücken, s. Hypothek.

Gesetzliche Pfandrechte M III 796 f.

Pfandrecht an beweglichen Sachen (Faustpfandrecht) E 260 ff., M III 796 ff.: Begriff, Voraussetzung einer Forderung E 260, M III 797 ff. Pf. an Bruchtheilen einer Sache E 261, M III 800. Begründung des Pf. durch Uebergabe (Pfandvertrag), Inhabung, Mitinhabung des Verpfänders E 261, M III 800 ff. Umfang der Haftung des Pfandes E 261, M III 803 f., bei Verpfändung für eine fremde Schuld E 261, M III 804, Haftung eines jeden Theiles des Pfandes, der getrennten Bestandtheile E 262, M III 805. Altersvorzug unter mehreren Pf. E 262, M III 805, Vorzug des Pf. vor früheren begründeten Rechten am Pfande bei gutgläubigem Erwerbe E 262, M III 806. Inhabungsrecht des Pfandgläubigers E 262, M III 806 f. Nutzungspfandrecht, insbesondere bei fruchttragenden Sachen E 262, M III 807 ff. Schutz des Pf. E 262 f., M III 809 f. Aufbewahrungspflicht und Rückgewährungspflicht des Pfandgläubigers E 263, M III 810 ff. Verkaufsrecht wegen Verderb oder Entwerthung des Pfandes E 263, M III 812. Ersatz nothwendiger Verwendungen auf das Pfand E 264, M III 813 f. Einwendungen des Eigenthümers gegen Befriedigung aus dem Pfande E 264, M III 814 f. — Befriedigung des Pfandgläubigers durch den Eigenthümer des Pfandes bei fälliger Forderung E 264, M III 815, durch Andere, welche ein Recht an dem Pfande durch dessen Verkauf verlieren würden E 264, M III 816. Verkauf des Pfandes zur Befriedigung des Pfandgläubigers E 265, M III 817 f. Verkaufsrecht bei mehreren Pf. am Pfande E 265, M III 819 f. Verfallvertrag (lex commissoria) E 265, M III 820. Geld als Gegenstand des Pf., Recht und Pflicht der Selbstbefriedigung E 265, M III 821 f. — Verfahren beim Verkaufe des Pfandes (im Wege der Zwangsvollstreckung, Androhung, öffentliche Versteigerung, Mitbieten des Pfandgläubigers und des Eigenthümers, Goldsachen und Silbersachen, Baarzahlung, Wahl bei mehreren Pfändern, Verkauf nur bis zur Befriedigung des Pfandgläubigers; Vereinbarung wegen abweichender Art des Verkaufes) E 265 ff., M III 822 ff.; Benachrichtigung des Eigenthümers vom Verkaufe E 268, M III 830, Uebergang des Eigenthumes am Pfande auf den Käufer, Erlöschen aller Pfandrechte, des Nießbrauchsrechtes E 268, M III 830 f., Verletzung der Vorschriften über den Verkauf E 264, M III 831; Verkauf trotz nicht bestehenden Pfandrechtes, gutgläubiger Erwerb des Erstehers, gestohlene oder verlorene Sachen E 268, M III 831 f.; Erlös aus dem Verkaufe befriedigt den Gläubiger, Ueberschuß an

den Eigenthümer, Rechte an demselben statt Rechten am Pfande E 269, M III 833 f.

Pfandrecht am Antheile eines Miteigenthümers E 269, M III 834 f.

Pfandrecht am Bruchtheile E 269, M III 834 f. — Uebertragung der Forderung mit dem Pf., keine Uebertragung des Pf. ohne die Forderung, Inhabungsrecht des neuen Pfandgläubigers, Haftung desselben, Ueberweisung im Wege der Zwangsvollstreckung E 270, M III 836 ff. — Aufhebung des Pf. durch Rechtsgeschäft E 270 M III 838; Erlöschen durch Uebertragung der Forderung ohne das Pf. E 270, M III 838, durch Rückgabe des Pfandes E 271, M III 839, durch Erlöschen der Forderung oder dauernde Einrede gegen dieselbe E 271, M III 840 f., durch Vereinigung E 271, M III 842. Kein Zurückbehaltungsrecht wegen anderer Forderungen E 271, M III 842 f. — Eigenthumsvermuthung zu Gunsten des Verpfänders, Schutz des gutgläubigen Pfandgläubigers E 271, M III 843.

Pfandrecht an Schiffen E 272 f., M III 844 ff.: Eintragung in das Schiffsregister E 272, M III 846 f. Anwendbarkeit der Vorschriften über Faustpfandrecht E 272, M III 847 f. Voraussetzungen der Eintragung E 272, M III 848. Kein Inhabungsrecht des Pfandgläubigers E 272, M III 848. Aufhebung, Löschung E 272, M III 848. Form der zur Eintragung und Löschung erforderlichen Erklärungen und Nachweise E 273, M III 849. Berichtigung des Schiffsregisters E 273, M III 849. Ausübung des Pf. an Schiffen, Anwendung der Vorschriften für Zwangsvollstreckung E 273, M III 849. — Pfandrecht an einer Schiffspart E 273, M III 850 f.

Pfandrecht an Rechten E 273 ff., M III 851 ff.: Anwendbarkeit der Vorschriften über Faustpfandrecht E 273, M III 852. Nur möglich an übertragbaren Rechten E 274, M III 852 f. Anwendbarkeit der Vorschriften für Uebertragung des betreffenden Rechtes E 274, M III 853 f. Erwerb in gutem Glauben E 274, M III 854 f. Ausschließung des constitutum possessorium E 274, M III 855. Anzeige der Verpfändung einer Forderung an den Schuldner E 274, M III 855. Verpfändung abtretbarer Rechte E 274, M III 856. Einwilligung des Pfandgläubigers zur Verfügung über das verpfändete Recht E 275, M III 856 f. Pfandrecht an nutztragenden Rechten, an Nießbrauch E 275, M III 857 f. Ausübung des Pfandrechtes im Wege der Zwangsvollstreckung E 275, M III 858 f. Aufhebung des Pf. durch Rückgabe E 275, M III 859 f.

Pfandrecht an einer Forderung: Gemeinschaftliche Kündigung und Einziehung durch Gläubiger und Pfandgläubiger E 275 f., M III 860 f.; durch Pfandgläubiger allein E 276, M III 861 ff., Pfandrecht an dem geleisteten Gegenstande nach Einziehung der Forderung E 277, M III 864 f., Vorschriften, wenn der geleistete Gegenstand eine bewegliche Sache ist E 277, M III 865 f.; wenn Geld E 277, M III 865 f. Erstreckung des Pf. an einer Forderung auf die Zinsen E 278, M III 866 f. Vereinigung der verpfändeten Forderung und der Verbindlichkeit aus derselben in derselben Person E 278, M III 867. — Pf. an einem Wechsel oder sonstigen durch Indossament übertragbaren Papiere E 278, M III 868; an einem Inhaberpapiere E 278, M III 868 f.

Pf. an dem Gegenstande des Vermächtnisses E 442, M V 165 ff.

Pfandvertrag, Begriff E 261, M III 800 f. S. auch Verpfändungsvertrag.

Pferde, Gewährleistung bei deren Veräußerung E 88 ff., M II 243 ff.

Pflanzen werden durch Wurzelfassen wesentliche Bestandtheile des Grundstückes E 178, M III 46.

Pflanzungen als Gegenstand des Erbbaurechtes M III 470.

Pflegekindschaft E 953 f.

Pflegschaft im Gegensatze zur Vormundschaft M IV 1043 ff. Konkurrenz mit Vormundschaft E 391, M IV 1087 f.

Einzelnes über Pflegschaft E 416 ff., M IV 1252 ff.: Pf. über Minderjährige, bevormundete oder zu bevormundende Volljährige bei Behinderung der Fürsorge des Inhabers der elterlichen Gewalt oder des Vormundes, Anordnung durch letztwillige Zuwendung oder solche unter Lebenden E 416 f,, M IV 1253 ff. — Pf. über gebrechliche Volljährige, Einwilligung wenn möglich E 417, M IV 1256. — Abwesenheitspflegschaft E 417, M IV 1256 ff. — Pf. für eine Leibesfrucht E 417 f., M IV 1262 ff. — Pf. für unbekannte Betheiligte E 418, M IV 1265 f. — Anwendung der Vorschriften über Vormundschaft E 418, M IV 1266 f. Berufung zur Pf. E 418, M IV 1267 ff. Bestellung eines Gegenvormundes E 418, M IV 1269 f. Prozeßfähigkeit des Pflegebefohlenen E 419, M IV 1270 f. — Beendigung der Pf., mit Endigung der elterlichen Gewalt und der Vormundschaft über Minderjährige, Tod, Todeserklärung des Abwesenden, Geburt der Leibesfrucht, Erledigung der Angelegenheiten unbekannter Betheiligter E 419, M IV 1271 ff. — Pf. für den Nacherben E 435, M V 112 ff.

Pf. über einen Nachlaß E 491 ff., M V 541 ff. (s. das Einzelne unter Nachlaßgericht v. Fürsorge des N.).

Pflichttheil, Nichtigkeit des Vertrages über den Pflichttheilsanspruch eines noch lebenden oder unbestimmten Dritten E 78, M II 186. — Begriff des Pf., Berechtigte, Abkömmlinge, Elterntheile, Ehegatten, Betrag, Nichteinrechnung des Voraus bei Ehegatten E 471, M V 382 ff. — Pflichttheilsanspruch, Geldleistung E 472, M V 390 f. — Zuwendung des Pf. ist im Zweifel keine Erbeinsetzung E 472, M V 391. — Ausschließung, Anspruch auf Geldwerth der Hälfte des gesetzlichen Erbtheiles E 472, M V 391. — Einsetzung auf zu geringen Bruchtheil, Anspruch auf Ergänzung E 472, M V 391 f. — Zuwendung durch Vermächtniß E 472, M V 392 ff.; durch Erbeinsetzung oder Vermächtniß unter Beschränkung, cautela Socini E 472 f., M V 394 ff. — Nur ein Pflichttheil für denselben Stamm E 473, M V 401 f. — Berechnung des Pflichttheiles; Mitzuzählende Personen E 473, M V 403; Zeit des Erbfalles ist maßgebend E 473, M V 405; Werthberechnung, Schätzung, bedingter Rechte und Verbindlichkeiten, unsichere, ungewisse Rechte E 473 f., M V 405 ff.; Voraus wird als zum Nachlasse gehörend berechnet beim Pflichttheil der Ehegatten, nicht bei denjenigen der Eltern E 474, M V 409; Auskunftspflicht des Erben, Befreiung davon, Beschränkung auf Pf. im Falle des Betreibens der Ermittelung des Nachlasses E 474, M V 409 f.; Abrechnung auf den Pflichttheil, Schenkungen für den Ueberlebungsfall, Zuwendungen, deren Abrechnung vom Erblasser angeordnet, Zuwendungen zur Verheirathung u. s. w. des Abkömmlings E 475, M V 410 ff.; Art der Berechnung, Hinzurechnung des Abzurechnenden zum Nachlasse, Ausgleichungsbeträge anderer Abkömmlinge E 475, M V 414 ff.; Zuwendungen eines Ehegatten aus dem Gesammtgute E 476, M V 416 f. — Entstehung des Pflichttheilsanspruches mit dem Erbfalle, Vererblichkeit, Uebertragbarkeit, Pfändung im Wege der Zwangsvollstreckung oder Arrestvollziehung, Zugehörigkeit zur Konkursmasse E 476, M V 417 ff.; Verhältniß der Pflichttheilslast zu Vermächtnissen und Auflagen E 476, M V 420 f.; Haftung mehrerer Erben nach Verhältniß der Erbtheile, abweichende Anordnung des Erblassers E 476, M V 421; der Erben unter einander bei Ausschließung des Pflichttheilsberechtigten, bei Ausschlagung desselben E 476 f., M V 421 ff. — Verjährung des Pflichttheilsanspruches E 477, M V 425 ff. — Entziehung des Pflichttheiles: Be-

griff E 477 f., M V 428 ff.; Entziehung gegen Abkömmlinge, Lebensnachstellung, vorsätzliche körperliche Mißhandlung, falsche Anschuldigung, Meineid, Ehebruch, bösliche Nichtgewährung des Unterhaltes, Eheschließung ohne erforderliche Einwilligung des Erblassers E 478, 478, M V 430 ff. — Entziehung aus guter Absicht (exheredatio bona mente) wegen Verschwendung, Einsetzung der gesetzlichen Erben des Abkömmlinges als Nacherben, Sicherheitsleistung des Abkömmlinges, nothdürftiger Unterhalt E 478 f., M V 437 ff. — Entziehung gegen Eltern E 479, M V 442. — Verzeihung E 479, M V 443 f. — Entziehung gegen Ehegatten, Scheidungsgründe E 479, M V 444 ff. — Form der Entziehung E 479, M V 447 f.; Angabe des Grundes E 479, M V 448. Beweis des Grundes E 479, M V 449. — Pf. bei Schenkungen (inofficiosa donatio), außerordentlicher Pflichttheil E 479 f., M V 449 ff.; Anwendung der Vorschriften über den Pflichttheil E 480, M V 460 f.; Anspruch auch bei Einsetzung auf den Pflichttheil E 480, M V 461; Schenkungen an den Pflichttheilsberechtigten selbst E 480, M V 462 f.; Haftung der Erben E 481, M V 463 ff.; Haftung des Beschenkten E 481, M V 466 f.; mehrerer zu verschiedenen Zeiten Beschenkter E 481, M V 467; Herausgabepflicht des Beschenkten E 481, M V 467 f.; Schenkungen aus dem Gesammtgute E 481 f., M V 468; Ausnahmen für Schenkungen aus sittlicher Pflicht oder Anstand E 482, M V 469.

Pflichttheilsanspruch. Begriff E 472, M V 390 f. — Kein Pf. des gemeinschaftlichen Abkömmlinges an Stelle der fortgesetzten Gütergemeinschaft E 324, M IV 439, wohl aber des von der fortgesetzten Gütergemeinschaft letztwillig ausgeschlossenen gemeinschaftlichen Abkömmlinges E 325, M IV 442 f. — Kein Pf. des Erbunwürdigen E 489, M V 523 f. — Rangordnung des Pf. im Konkurse über den Nachlaß E 505, M V 638.

Pflichttheilsberechtigte E 471, M V 382 ff. — Anfechtung letztwilliger Verfügungen wegen Uebergehung E 425 f., M V 50 ff.; beim Erbeinsetzungsvertrage E 464, M V 323 f. — Beginn der Ausschlagungsfrist für den Pf. E 485, M V 504 f.

Pignus tacitum M III 797.

Planke auf der Grenze E 195.

Poenae secundarum nuptiarum M IV 559 ff.

Polizeibehörde beim Finden verlorener Sachen, s. gefundene Sachen. — Hülfe der Polizei bei Zurückführung eines entflohenen Hauskindes E 359, M IV 754; desgl. Mündels E 393, M V 1096 ff.

Pollizitation, s. Auslobung, Versprechen.

Popularklagen M II 764.

Posthumi, s. Empfangene noch nicht geborene Personen.

Possessorium summariissimum M III 121.

Postposition von in das Grundbuch eingetragenen Rechten an einem Grundstücke M III 228 ff.

Praecipuum, s. Voraus, Vorausvermächtniß.

Praedialservitut, s. Grunddienstbarkeit.

Praelegat, s. Vorausvermächtniß.

Praenumeration, s. Vorausleistung.

Praescriptio actionum M I 289.

Präsumtion, s. Vermuthung. Praesumtio Muciana M IV 127 ff.

Präterition, s. Uebergehung.

Precarium M II 453 f.

Preisbewerbung, Auslobung einer E 128 M II 523 f.

Pretium succedit in locum rei (beim Erbschaftskaufe) M II 357.

Priorität, s. Rangordnung.

Privatdienste, Verjährung der Ansprüche aus solchen E 37, M I 303.

Privatorische Klausel M V 22.

Privatpfändungsrecht M I 353.

Privattestament M V 257 ff.

Privatverkauf des Grundstückes bei Hypothek, Nichtigkeit des Vertrages E 246, M III 681.

Privilegien M I 18.

Probe, Kauf nach P. E 102, M II 332; auf P. E 102, M II 333 f.; Aufbewahrung der P. M II 333, 335.

Prodigus, s. Verschwender.

Pro herede gestio E 484, M V 494 ff.

Prokura, Ertheilung am Vermögen eines Hauskindes E 361, M IV 762 ff.; des Mündels E 399, M IV 399.

Protestation, s. Vormerkung. — Protestatio facto contraria M I 154, II 205, V 508.

Protokoll über letztwillige Verfügungen E 455 ff., M V 270 ff.

Protokollführer bei der Zwangsvollstreckung dürfen nicht mitbieten E 101, M III 330.

Prozeßfähigkeit bei Nichtigkeitsklage E 288, M IV 60 f., bei Eheanfechtungsklage E 292, M IV 97; bei Klage auf Feststellung des Bestehens einer Ehe oder nicht E 293, M IV 103; auf Herstellung des ehelichen Lebens E 294, M IV 110; der Ehefrau bezüglich des Ehegutes E 301, M IV 230 ff. — P. bei der Klage auf Ehescheidung und Trennung von Tisch und Bett E 345, M IV 609; bei Klage auf Anfechtung der Ehelichkeit eines Kindes E 351 f., M IV 671 f. — P. des Pflegebefohlenen E 419, M IV 1270 f.

Prozeßkosten, s. Kosten.

Prozeßzinsen M II 55.

Proxeneticum, s. Mäklergebühr.

Puberes M I 132.

Publizianische Rechtsposition M III 429 ff.

Punktation M I 163, 182.

Pupillarsubstitution M V 132.

Purgatio morae E 57, M II 66 f.; E 58, M II 77.

Putativehe, Vermögensrechtliche Wirkungen derselben E 289 f., M IV 66 ff. Gesetzliches Erbrecht der Kinder aus P. M V 358.

Putativerbe, keine Ersitzung gegen den wirklichen Erben E 203, M III 356.

Q.

Quarta Divi Pii M IV 987; Falcidia, Trebellianica M V 204.

Quasidesertion bei Ehescheidung M IV 589 f.

Quasipupillarsubstitution M V 132.

Quasi-traditio juris M III 90.

Quasi-ususfructus M III 533 ff.

Querela inofficiosi testamenti M V 385, 425.

Quittung E 60, M II 89 ff. — Q. als Erlaßvertrag oder negativer Anerkennungsvertrag (?) M II 116. — Q. bei Schuldverschreibungen auf Inhaber M II 698.

R.

Rain auf der Grenze E 195.

Rangordnung der eingetragenen Rechte an einem Grundstücke E 191 f., M III 225 ff.; der Pfandrechte E 262, M III 805 f.; bestimmter Forderungen im Nachlaßkonkurse E 505, M V 637 ff.

Räumung vermietheter Grundstücke nach Veräußerung E 110 f., M II 380 ff., s. auch E 45, M II 367.

Raufhandel, Tödtung im M II 769.

Rath, Ertheilung von E 132, M II 554 f.

Ratenvermächtniß M V 169.

Ratihabitio s. Genehmigung.

Rauch, Zuführung oder Mittheilung an ein Grundstück E 194, M III 264 ff.

Raum über der Oberfläche eines Grundstückes E 194, M III 263 f.

Reallasten, Entstehung durch Eintragung in das Grundbuch M III 170, 204. — Vorschriften über R. E 239 ff., M III 572 ff.: Begriff: wiederkehrende Leistungen des jeweiligen Eigenthümers des belasteten Grundstückes, Haftung des Grundstückes für rückständige Leistungen E 239, M III 581 ff. — R. können nicht in einem Unterlassen bestehen E 239, M III 585. Keine R. an Bruchtheilen eines Grundstückes E 240, M III 586. — Eintragung in das Grundbuch E 240, M III 586 f. — Schutz gegen Beeinträchtigung E 240, M III 587. — Persönliche Haftung des Eigenthümers für die einzelnen Leistungen, mehrerer Eigenthümer als Gesammtschuldner E 250, M III 587 f. — Untrennbarkeit der zu Gunsten des jeweiweiligen Eigenthümers eines Grundstückes bestehenden R. von dem Grundstücke E 240, M III 589, Theilung dieses Grundstückes E 240 f., M III 590 ff. — R. zu Gunsten einer bestimmten Person E 241, M III 592. — Uebertragung, Belastung, Erlöschen des Anspruches auf eine rückständige Leistung E 241, M III 593. — Aufhebung der R. durch Rechtsgeschäft E 241, M III 593 f.

Realoblation als Voraussetzung des Verzuges E 57, M II 70.

Realservituten, s. Grunddienstbarkeiten.

Receptum arbitrii M II 657. — R. cauponum, s. Gastwirth.

Rechenschaft, s. Rechnungslegung.

Rechnungsabschluß bei der Gesellschaft E 140 f., M II 616.

Rechnungslegung des Vorstandes einer Körperschaft E 9, M I 95; beim Auftrage E 130, M II 537 ff.; bei der Gesellschaft E 139, M II 606; bei der Geschäftsführung ohne Auftrag E 169, M II 859; des Pfandgläubigers bei Nutzung des Pfandes E 262, M III 808; der Ehefrau E 294, M IV 119; des Ehemannes E 306, M IV 285; des Inhabers der elterlichen Gewalt E 358, M IV 746 f.; des Vormundes E 402, M IV 1157 f., E 406, M IV 1184 ff.; Befreiung davon E 403, M IV 1170 ff.; des Testamentsvollstreckers E 453, M IV 244.

Rechte im Allgemeinen (Betrachtung der Motive) M I 271 ff. — Nießbrauch an R. E 233 ff., M III 538 ff.; Pfandrecht an R. E 273 ff., M III 851 ff. — Vermächtniß E 440, M V 153.

Rechtsanalogie E 1, M I 16.

Rechtsanwälte, Verjährung ihrer Ansprüche E 36, M I 302; der Ansprüche aus ihren gegebenen Vorschüssen E 37, M I 304.

Rechtsbedingungen E 33, M I 268.

Rechtsbesitz, s. Besitz.

Rechtsfähigkeit der Personen, Beginn und Ende E 1 f., M I 25, 28 ff. S. auch Geschäftsfähigkeit, Geschäftsunfähigkeit.

Rechtsgeschäfte E 15 ff., M I 126 ff. — Unerlaubte R. E 24 f., M I 210 ff. — Ungültigkeit der R. E 25 f., M I 216 f. S. auch Form der R., Geschäftsfähigkeit, Vertragschließung, Vertretung, Willenserklärung, Willensmängel.

Rechtsgleichheit, Grundsatz der M I 25 ff.

Rechtsgrund einer Leistung, Rückforderungsrecht wegen Wegfalles desselben E 167 .f., M II 846 ff. — Angabe des R. beim dinglichen Vertrage bedeutungslos E 188, M III 187.

Rechtshängigkeit des Anspruches auf Herausgabe eines bestimmten Gegenstandes, Einfluß auf die Haftung des Schuldners bei eintretender Unmöglichkeit der Leistung E 55, M II 55 ff.

Rechtshandlungen M I 127.

Rechtsirrthum E 34, M I 281 f.

Rechtskraft, materielle, des Urtheiles E 45, M I 367 ff. — Verjährung rechtskräftiger Ansprüche E 42, M I 337 ff.

Rechtsnachfolge, Begriff M I 271. — R. bei der Anspruchsverjährung E 42, M I 340. — Wirkung des Urtheiles für und gegen Rechtsnachfolger E 45, M I 376 ff.

Rechtsnormen E 1, M I 1 ff. — Entstehung durch Gesetz M I 1 f. — Zeitliche Herrschaft M I 19 ff. — Aufhebung M I 14.

Rechtsordnung E 1.

Rechtssache, Verletzung der Amtspflicht bei Leitung oder Entscheidung einer R. E 165, M II 824.

Rechtssätze, zwingende, nachgiebige M I 17 f.

Rechtsstreit der Ehefrau über das Ehegut, Einwilligung oder Genehmigung des Ehemannes E 301, M IV 230 ff., E 306, M IV 281 f., E 315, M IV 362. — R. der Hauskinder E 364, M IV 788.

Rechtsverletzung, Schadensersatz E 156 f., M II 726 ff.

Rechtsvermuthung, Bedeutung, Beweis des Gegentheiles E 46, M I 384.

Rechtsverwirkung, Vorbehalt derselben E 95, M II 285 f.; beim Pfandverkaufe E 267, M III 827 f.

Rechtsweg, Abhängigkeit der Zulässigkeit von der Vorentscheidung einer Behörde, Einfluß auf Unterbrechung der Anspruchsverjährung E 42, M I 340. — Entscheidung über bei der Rechnungslegung unerledigt bleibende Ansprüche des Vormundes oder Mündels im R. E 402, M IV 1159 ff.

Redhibition, s. Wandelung.

Redlicher Glaube, s. Guter Glaube.

Regulirung des Nachlasses durch das Nachlaßgericht E 514. — S. auch Grenzverwirrung.

Reich. Aufrechnung gegen Forderungen des R. E 64, M II 114. — Ausstellung von Schuldverschreibungen auf Inhaber E 155, M II 271. — Fund bei einer Behörde oder Verkehrsanstalt des R. E 211 f., M III 386 ff. — Anlegung von Mündelgeldern in Schuldverschreibungen des R. E 295, M IV 1112 f.

Reichsadel, s. Adel.

Reichsanzeiger, Bekanntmachung des Aufgebotes bei Todeserklärungen E 4, M I 44; der Staatsgenehmigung zur Ausgabe von Schuldverschreibungen auf Inhaber E 156, M II 720 f.; der Aufforderung zur Anmeldung von Erbrechten E 492, 494.

Reichsbank, Belegung von Mündelgeldern E 395, M IV 1116 f.; Hinterlegung von Werthpapieren der Mündel E 397, M IV 1131.

Reichsbeamte, Uebernahme einer Vormundschaft M IV 1073.

Reichskanzler, Uebersendung und Aufbewahrung letztwilliger Verfügungen von Gesandten u. s. w. E 459 f., M V 288 f.

Reichsstände, s. Mediatisirte.

Reichswährung, Zahlung einer Geldschuld in R. E 49 f., M II 12 ff. — R. bei Hypotheken E 242 (Anm.).

Reife des Kindes M IV 654, 887.

Religion beeinflußt die Rechtsfähigkeit nicht M I 26. Veränderung der R. kein Scheidungsgrund M IV 572. — Religionswechsel als Bedingung bei letztwilliger Verfügung M V 21 f.

Religionsdiener, Bestellung zum Vormunde E 390, M IV 1071 f.; zum Mitgliede eines Familienrathes M IV 1215.

Religiöses Bekenntniß, Erziehung des Kindes E 359, M IV 757 f.; des unehelichen Kindes M IV 863; des durch nachfolgende Ehe Legitimirten M IV 925; des an Kindesstatt Angenommenen M IV 986; des Mündels E 393, M IV 1061, 1099.

Religiose M I 25.

Relocatio tacita, s. Verlängerung.

Remedium ex lege ultima Cod. de edicto Divi Hadriani tollendo M V 597.

Remuneratorische Schenkung M II 289, 303, IV 497, 772.

Renten, Verjährung des Anspruches auf Rückstände E 37, M I 305. — Schenkung einer R., Nichtverpflichtung des Erben E 97, M II 298. — Schadensersatz für in Folge Tödtung des gesetzlich Unterhaltungspflichtigen wegfallenden oder nicht entstandenen Unterhaltungsanspruch durch den Tödter in Form einer R. E 160 f., M II 778 f. — S. auch Geldrente.

Rentenkupons E 153, M II 705. Verjährung der Ansprüche aus R. E 153, M II 705. Verlust derselben E 154, M II 709 ff. — R. von Mündeln E 397, M IV 1129 ff.; von der Nacherbfolge unterliegenden Papieren E 434, M V 99.

Rentenvermächtniß M V 169.

Reparatur, s. Ausbesserungen.

Repudiation, s. Ausschlagung.

Res corporales, incorporales M III 32. — R. in commercio, extra commercium, divini juris, sacrae, religiosae, furtivae M III 25 ff., 352.

Resolutivbedingung E 30, M I 250 ff.

Restitutio in integrum M I 392 ff.

Retentionsrecht, s. Zurückbehaltungsrecht.

Retrakt M III 447.

Reugeld E 92, M II 273, E 95, M II 285.

Reuvertrag, s. Rücktrittsrecht, Reugeld.

Revenüenhypothek E 242 (Anm.), M III 633.

Richter bei gerichtlicher Testamentsform E 454, M V 261 ff.

Rindvieh, Gewährleistung bei dessen Veräußerung E 88 ff., M II 243 ff.

Rückbürgschaft M II 676.

Rückfallsrecht des Veräußerers bei Auflassung unter auflösender Bedingung oder Endtermin E 199, M III 321 ff.

Rückgängigmachen des Vertrages, s. Wandelung.

Rückgewähr, s. Zurückgewährung.

Rückgewährtaxe des Inventars bei Verpachtung landwirthschaftlicher Grundstücke E 118 f., M II 433 ff.; desgl. des Grundstückes selbst E 120, M II 441.

Rückkauf, s. Wiederkauf.

Rücktrittsrecht bei Nichterfüllung der Verträge E 79 f., M II 198 ff., E 82, M II 209 ff. — Rücktritt vom Vertrage E 93 ff., M II 280 ff.: Unwiderruflichkeit der Erklärung E 93, M II 280; Wirkung, Rückgewähr, Zinsen, Ersatz wegen Nutzungen und Verwendungen, Verschlechterungen E 93 f., M II 281 f.; Ersatz von Verwendungen E 94, M II 282; Rückgewähr Zug um Zug E 94, M II 282; R. bei Untergang der Gegenleistung durch Zufall E 94, M II 282 f.; Ausschließung des R. E 94, M II 283; Erlöschen des R., vierwöchentliche Frist E 94 f., M II 283 f.; R. bei Gesammtschuldverhältniß E 95, M II 284; Beweislast beim R. E 95, M II 284 f.; R. gegen Reugeld E 95, M II 285; Vorbehalt der Rechtsverwirkung (lex commissoria) E 95, M II 285 f. — R. beim Darlehensvertrage E 99, M II 315; beim Verkaufe mit Vorbehalt der Annahme eines besseren Gebotes E 103, M II 337 ff.; bei der Miethe E 109, M II 375, E 110 f., M II 389 f., E 115 f., M II 417 ff.; bei der Gebrauchsleihe E 121 f., M II 452 f.; beim Dienstvertrage E 123, M II 468 ff.; beim Werkvertrage E 124 f., M II 478 ff., E 127, M II 502 ff. — Rücktritt vom Verlöbnisse E 279, M IV 3 ff. — Rücktritt vom Erbeinsetzungsvertrage E 467, M V 342 ff.

Rückwirkende Kraft der Rechtsnormen M I 19 ff. — Keine r. K. der erfüllten aufschiebenden oder auflösenden Bedingung E 30 f., M I 252 f.

Ruhen der Anspruchsverjährung E 38 f., M I 311 ff.; der Ersitzung E 202, M III 353 f.; der elterlichen Gewalt E 371 f., M IV 818 ff., s. im Einzelnen unter elterliche Gewalt.

Ruß, Zuführung oder Mittheilung an ein Grundstück E 194, M III 264 ff.

S.

Sachbeschädigung M II 747 f.

Sachen: Begriff (körperlicher Gegenstand) E 176, M III 32 f. — Vertretbare S. (Zahl, Maaß, Gewicht) E 176, M III 33. — Verbrauchbare S. E 176, M III 34 ff. — Unbewegliche S. (Grundstücke, Berechtigungen an Grundstücken) E 177, M III 36 ff. — Wesentliche Bestandtheile von S. E 177 ff., M III 40 ff. — Zubehör einer S. E 179, M III 61 ff. — Früchte einer S. E 179 f., M III 67 ff. — Nutzungen einer S. E 180, M III 70. — Lasten und Abgaben von einer S. E 180, M III 76 f. — S. in und außer Verkehr M III 25 ff. — Rechtsgeschäftliche Beschränkung der Verfügung über eine S. E 180, M III 77.

Sachenrecht E 176 ff., M Band III. Allgemeine Gesichtspunkte M III 1 ff. — Eintheilung M III 22 ff.

Sachgesammtheit M III 28 ff.

Sachinbegriff, Verbrauchbarkeit der einzelnen beweglichen Sachen E 176, M III 35. — Vermächtniß von S. E 441, M V 163.

Sachverständige, öffentliche, Verletzung der Amtspflicht M II 827 f. — Feststellung des Zustandes der mit einem Nießbrauchsrechte belasteten Sache durch S. E 227, M III 507; des Werthes verbrauchbarer Sachen, an welchen ein Nießbrauch bestellt ist E 233, M III 537. — Zuziehung bei Feststellung von Viehmängeln E 89, M II 255. — Verjährung der Ansprüche von S. E 36, M I 303.

Samen bei Verpachtung landwirthschaftlicher Grundstücke E 119, M III 440 f. — S. wird durch Aussäen wesentlicher Bestandtheil des Grundstückes E 178, M III 46.

Sammt und sonders E 72.

Sand, Anlagen des Nießbrauchers zu dessen Gewinnung E 226, M III 502 f.

Schadensersatz bei fahrlässiger Veranlassung von Willensmängeln E 24, M I 193 ff.; bei vorsätzlicher oder fahrlässiger Vereitelung von Bedingungen E 31 f., M I 258 ff.; Schadensersatzpflicht der Körperschaft für Handlungen ihrer Vertreter E 10, M I 102 ff. — Inhalt und Umfang des Sch. E 50 f., M II 17 ff. — Uebergang der Ansprüche des Entschädigten gegen Dritte auf den Ersatzleistenden E 51, M II 24 ff. — Sch. bei durch den Schuldner veranlaßter Unmöglichkeit der Leistung E 54, M II 49 ff. — Schadensersatz für widerrechtliche Handlungen als Gesammtschuld E 75, M II 170 f. — Sch. bei Verträgen über unmögliche Leistungen E 77, M II 178 ff. — Sch. bei Eviktion E 84, M II 220 ff. — Sch. bei nicht vorhandener zugesicherter Eigenschaft oder wissentlich verschwiegenem Mangel veräußerter Sachen E 85, M II 228 f., E 88, M II 243. — Sch. bei der Miethe E 103 f., M II 376 f., bei dem Hinterlegungsvertrage E 136, M II 581 f. — Sch. bei nicht erfülltem Verpfändungsvertrage E 150, M II 686. — Sch. bei widerrechtlichen Handlungen E 156 f., M II 724 ff., Inhalt desselben E 158 f., M II 738 ff. — Bestimmungen der Reichsgesetze über Sch. M II 746 — Schadensersatz bei Tödtung E 160 f., M II 773 ff. — Sch. bei Abholen einer beweglichen Sache von einem fremden Grundstücke

E 198, M III 298 f. — Schadensersatzpflicht des Besitzers oder Inhabers einer Sache aus strafbarer oder vorsätzlich unerlaubter Handlung E 214, M III 410 f. — Sch. beim Rücktritte vom Verlöbnisse E 279, M IV 3 ff.; des gutgläubigen Theiles bei ungültiger Ehe M IV 71. — Sch. bei Verletzung der Pflicht zur Uebernahme der Vormundschaft E 389, M IV 1063. — Sch. durch den Vormundschaftsrichter E 406, M IV 1190 ff.

Schafe, Gewährleistung bei deren Veräußerung E 88 ff., M III 243 ff.

Schatz E 212, M III 390 f. — Sch. in einer dem Nießbrauche unterworfenen Sache E 226, M III 504; beim Nießbrauche an einem Vermögen M III 559; bei der Nacherbfolge M V 101.

Schätzung bei Werthberechnung des Pflichttheiles E 473, M V 406.

Schätzungswerth, Wiederkauf zum Sch. E 104, M II 344. — Uebernahme von Sachen zum Sch. bei Auflösung der allgemeinen Gütergemeinschaft E 322, M IV 415; des Gesammtgutes bei Auflösung der fortgesetzten Gütergemeinschaft E 332, M IV 480 ff.

Schaufelschlagsrecht M III 262.

Scheide, s. Grenze.

Scheidung, Begriff E 341, M IV 562 ff. S. im Uebrigen Eheauflösung.

Scheingeschäft E 22 f., M I 192 f. — Wirksamkeit der Eintragung in das Grundbuch auf Grund eines Sch. E 189, M III 193 ff.

Schenkung E 95 ff., M II 286 ff.: Begriff und Wesen E 95, M II 286 ff.; negotium mixtum cum donatione M II 287; remuneratorische Schenkung M II 289; Schenkung des ganzen Vermögens M II 290, Schenkung unter Ehegatten M II 290, IV 113 f. — Keine Sch. wo keine Bereicherung, keine Vermögensminderung vorliegt, Ausschlagung einer Erbschaft, eines Vermächtnisses E 96, M II 290 f.; Form des Schenkungsversprechens, der Schenkung durch Veräußerung E 96, M II 291 ff. — Haftung des Schenkers für Vorsatz, grobe Fahrlässigkeit, Mängel E 96 f., M II 296 f.; Verzug des Schenkers E 97, M II 297 f.; Ort der Erfüllung des Schenkungsversprechens E 97, M II 298; Schenkung einer fortlaufenden Unterstützung, Nichtverpflichtung des Erben des Schenkers E 97, M II 298; Schenkung unter einer Auflage E 97, M II 299 ff; Widerruf von Schenkungen wegen Undankes (Lebensnachstellung, Freiheitsentziehung, körperliche Mißhandlung, schwere Beleidigung, vorsätzliche Tödtung) E 98, M II 302 ff. — Schenkungsvertrag über eine Erbschaft E 108, M II 366 f. — Sch. unter Verlobten E 280, M IV 6 f. — Sch. des Ehemannes aus dem Gesammtgute der allgemeinen Gütergemeinschaft M IV 356 f., 383 f. — Sch. des Erblassers gegenüber dem gütergemeinschaftlichen Erbrechte M IV 437. — Der Erwerb aus Schenkungen bei der Errungenschaftsgemeinschaft ist Sondergut E 334, M IV 496 f. — Sch. des Ehemannes aus dem Gesammtgute der Errungenschaftsgemeinschaft M IV 506 f. — Widerruf von Sch. unter Ehegatten nach Ehescheidung E 345, M IV 612 f. — Sch. des Inhabers der elterlichen Gewalt für das Hauskind oder des letzteren selber M IV 741 f. — Sch. aus dem Vermögen des Mündels E 394, M IV 1106 f. — Sch. und Schenkungsversprechen des Vorerben bei Nacherbfolge auf den Ueberrest E 437, M V 129, E 438, M V 131; des Erblassers beim Erbeinsetzungsvertrage E 465, M V 328 ff. — Abrechnung von Sch. auf den Pflichttheil E 475, M V 311. — Sch. welche den Pflichttheil beeinträchtigen E 479 f., M V 449 ff. — Rangordnung der Forderungen aus Sch. im Nachlaßkonkurse E 505, M V 637 f.

Schenkung auf den Todesfall E 468, M V 350 ff.

Schenkungsversprechen, s. Schenkung.

Scherz E 23, M I 191, 193 ff.; bei Eheschließung M IV 55 f.

Schiedsvertrag, Einfluß auf die Anspruchsverjährung E 42, M I 339. S. auch M II 657. — Sch. für Mündel, Genehmigung des Vormundschaftsgerichtes E 399, M IV 1143.

Schiffe, Pfandrecht an Sch. E 272 f., M III 844 ff. — Letztwillige Verfügung auf Sch. E 459, M V 286 f. S. auch Seefahrer.

Schiffer, Verjährung ihrer Ansprüche E 37, M I 303.

Schiffspart, Pfandrecht an derselben E 273, M III 850 f.

Schiffsregister, Eintragung in dasselbe zur Begründung des Pfandrechtes an Schiffen E 272 f., M III 846 ff. — Verpflichtung des Veräußerers zur Löschung eingetragener Rechte, welche dem Rechte des Erwerbers entgegenstehen E 84, M II 222.

Schließung, s. Sperre.

Schlüsselgewalt der Ehefrau E 294 f., M IV 117 ff.

Schmerzensgeld bei Körperverletzung M II 801.

Schmiede, Zubehör derselben E 179, M III 67.

Schmucksachen der Ehefrau E 296, M IV 166 f., E 322, M IV 415; des Hauskindes E 361, M IV 773.

Schoßfallsrecht M IV 354.

Schreibensunkundige, letztwillige Verfügungen E 456, M V 273 f.

Schriftliche Form der Rechtsgeschäfte E 22, M I 184 f.; der Anweisung E 132, M II 557; der Annahmeerklärung auf Anweisung E 133, M II 560.

Schriftstücke über persönliche Verhältnisse des Erblassers u. s. w. bleiben in Gemeinschaft der Erben E 514, M V 691 f.

Schuld, Uebernahme fremder Sch., s. Schuldübernahme, Erfüllungsübernahme.

Schuldanerkenntniß E 150 f., M II 687 ff.

Schuldbekenntniß, s. Schuldanerkenntniß.

Schuldiger Theil bei Urtheil auf Scheidung oder Trennung der Ehe E 344, M IV 606 ff.

Schuldschein, Rückgabepflicht bei der Zahlung E 60, M II 90 f.

Schuldübernahme E 70 ff., M II 142 ff.: Vertrag zwischen Gläubiger und Dritten, zwischen Schuldner und Dritten E 70, M II 142 ff.; Einreden des Schuldübernehmers aus der Person des bisherigen Schuldners, Aufrechnung E 70, M II 146 f.; Fortdauer der Vorzugsrechte und Nebenrechte, der Bürgschaft oder Verpfändung E 71, M II 147; Erfüllungsübernahme E 71, M II 147 ff. Uebernahme einer Schuld in Anrechnung auf den Kaufpreis E 71, M II 148 ff. — Uebernahme eines ganzen Vermögens E 71 f., M II 151 f. — Sch. beim Vermögen des Hauskindes E 360, M IV 762 ff.; des Mündels E 399, M IV 1144.

Schuldverhältnisse E 48 ff., M Band II. Begriff M II 1 ff. — Sch. aus unerlaubten Handlungen E 156 ff., M II 724 ff.; aus anderen Gründen E 165 ff., M II 829 ff.

Schuldverschreibung auf Inhaber E 151 ff, M II 694 ff.: Begriff, Unterschrift, auch mechanische Vervielfältigung derselben E 151, M II 694 ff. Verpflichtung des Ausstellers, auch bei gestohlenen, verlorenen u. s. w. Sch. E 151 f., M II 697. Unredlicher Erwerb des Inhabers E 152, M II 697 f. Leistung gegen Aushändigung der Sch., Quittung, Abschlagszahlung E 152, M II 698. Einwendungen des Ausstellers nur gegen die Gültigkeit der Ausstellung der Sch., gegen deren Inhalt, oder aus dem persönlichen Rechtsverhältnisse zum Inhaber E 152, M II 699 ff. — Zinsscheine auf Inhaber E 152 M II 701 ff. — Erlöschen der Sch. in dreißig Jahren, der Zinsscheine u. s. w. in vier Jahren, abweichende Bestimmungen in der Sch. E 152 f., M II 703 ff. — Kraftloserklärung der Sch. im Wege des

Aufgebotsverfahrens, Zahlungssperre, Hemmung der Verjährung, Ausschlußurtheil, Anfechtung desselben E 153 f., M II 705 ff. — Verlust von Zinsscheinen u. s. w. E 154 f., M II 709 ff., von Erneuerungsscheinen E 155, M II 712. — Erneuerung der Sch. E 155, M II 713. — Umschreibung von Sch. a. J. auf Namen E 155, M II 713 ff.; Außerkurssetzung M II 714 ff. — Sch. a. J., in welcher bestimmte Geldsumme versprochen wird, dürfen nur mit Staatsgenehmigung ausgestellt und in Verkehr gebracht werden E 155 f., M II 718 ff. — Ausgabe von Billeten, Karten, Marken u. s. w. E 156, M II 721 f. — Sch. auf Namen mit der Bestimmung der Leistung an jeden Inhaber E 156, M II 722. — Sch. an Ordre M II 723. — Nießbrauch an einer Sch. auf Inhaber E 236, M III 555 ff.; Pfandrecht an solcher E 278, M III 868 f.; Eingehung von Verbindlichkeiten aus Sch. auf Inhaber beim Vermögen von Hauskindern E 360, M IV 762 ff.; Umschreibung derselben auf den Namen des Hauskindes E 369, M IV 809 f. — Hinterlegung oder Umschreibung von Sch. a. J. der Mündel E 397, M IV 1129 ff.; Eingehung von Verbindlichkeiten aus solchen für Mündel E 399, M IV 1143. — Hinterlegung von Sch. a. J. bei der Nacherbfolge E 434, M V 98 f.

Schuldversprechen ohne Angabe des Verpflichtungsgrundes, Erforderniß der schriftlichen Form E 150, M II 687 ff.; Einwendungen des Schuldners E 151, M II 693 f.

Schutzbedürftigkeit, Vormundschaft über Volljährige wegen Sch. E 413, M IV 1229 ff.

Schwägerschaft E 7, M I 65 ff. — S. als Ehehinderniß E 281, M IV 21 ff. — Nichtigkeit der Ehe wegen S. E 285, M IV 53. — S. des Legitimirten mit den Verschwägerten des Vaters E 379, M IV 947 ff.; des an Kindesstatt Angenommenen mit den Verschwägerten des Annehmenden E 383, M IV 979 f.

Schwangerschaft der Ehefrau von einem Dritten M IV 74 f.; Sch. der Ehefrau zur Zeit des Beischlafes, Bedeutung für die Vaterschaft M IV 655 f., 888. — Unterhalt der Mutter eines erbberechtigten nasciturus während der Sch. aus der Erbschaft E 484, M V 489 f. — Aussetzung der Auseinandersetzung der Miterben bei Unbestimmtheit der Erbtheile wegen Sch. E 513, M V 690.

Schwängerer, Schwängerung, außereheliche, Verpflichtungen gegen die Mutter E 376, M IV 906 ff. — Schwängerung im Brautstande M IV 915 f.

Schweine, Gewährleistung bei Veräußerung derselben E 88 ff., M II 243 ff.

Sechswochenkosten E 376, M IV 906 ff.

Sechzigstes Lebensjahr, zurückgelegtes, berechtigt zur Ablehnung der Vormundschaft E 391, M IV 1074.

Seefahrer, Verschollenheit E 2 f., M I 38 ff., 46.

Seereise, letztwillige Verfügung auf S. E 459, M V 286 ff.

Seeverschollenheit E 2 f., M I 38 ff., 46.

Seitenverwandte E 7, M I 65 ff.

Selbsthülfe E 44, M I 348 ff., III 110 ff. — S. durch unerlaubte Handlungen M II 759.

Selbstschuldner, Bürge als S. E 148, M II 670.

Selbstvertheidigung E 44, M I 348 ff., III 110 ff.

Selbstzahler, s. Selbstschuldner.

Selbstzugriff E 44, M I 354 ff.

Separata oeconomia M IV 954.

Separation, s. Trennung.

Sequestration, s. Verwaltung, Zwangsverwaltung.

Senatus consultum Macedonianum M II 311 f., IV 732; Velleianum M IV 115; Plancianum M IV 647, V 491; Libonianum M IV 772 f., V 275; Trebellianum M V 79, Iuventianum M V 592.

Servitut, s. Grunddienstbarkeiten, persönliche Dienstbarkeiten. — Servitutes rusticae, urbanae, continuae, discontinuae, apparentes, non apparentes M III 480; Servitus oneris ferendi M III 483.

Sicherheitsarrest bei Selbsthülfe E 44, M I 354 f.

Sicherheitsleistung, Mittel und Wirkung derselben E 46 f. M I 387 ff. — S. bei bedingten Rechtsgeschäften E 31, M I 256 ff. — Die Sicherheit bleibt bestehen trotz Verjährung des Anspruches E 43, M I 345. — Anspruch des Bürgen gegen den Hauptschuldner auf S. E 149, M II 676 f. — Anspruch des Gläubigers auf S. bei nicht erfülltem Verpfändungsvertrage E 150, M II 688. — S. beim Nießbrauche E 230, M III 518 ff.; bei der ehelichen Nutznießung M IV 185. — Keine Pflicht der S. bezüglich des Kindesvermögens für den Inhaber der elterlichen Gewalt M IV 744 f.; s. indeß E 363, M IV 780, E 370, M IV 810, 813. — S. des Vormundes E 402 f., M IV 1161 f.; Befreiung davon 404, M IV 1172; Ablehnungsrecht des dazu Verpflichteten E 391, M IV 1075. — Aufhebung geleisteter Sicherheit beim Mündelgute E 399, M IV 1145. — S. für den unter aufschiebender Bedingung letztwillig Bedachten M IV 23. — S. durch den Vorerben M V 104. — S. des Beschwerten beim Vermächtnisse M V 199. — S. der Erben wegen bedingter und betagter Vermächtnisse gegenüber dem Testamentsvollstrecker E 452 f., M V 243. — S. des verschwenderischen Abkömmlings bei Einsetzung seiner gesetzlichen Erben zu Nacherben E 478, M V 440.

Sicherstellung der Kinder früherer Ehe bei Wiederverheirathung E 283, M IV 33, E 331, M IV 470 ff.; des Mündels gegenüber dem Vormunde M IV 1039 ff.

Sicherung des Beweises bei Viehmängeln E 89, M II 255 f. — S. des Nachlasses E 491, M V 541 ff. — S. des Ehegutes durch den Ehemann E 305, M IV 277 f.

Sicherungshypothek M III 619 ff., E 257 ff., M III 764 ff. — S. im Uebrigen Hypothek (Absatz: Sicherungshypothek).

Sicht, kein Aufgebot unverzinslicher Schuldscheine auf Sicht E 153, M II 706.

Siegel, Anlegung an den Nachlaß E 491, M V 542 f. — Verschluß der Urkunde über eine letztwillige Verfügung E 460, M V 295; über einen Erbeinsetzungsvertrag E 463, M V 319.

Siegelung, formloses Verbot der gerichtlichen S. M V 294. — S. des Nachlasses E 491, M V 542.

Sielrecht, ausgeschlossen vom Entwurfe E 176, M III 5.

Silbersachen als Pfand, Versteigerung E 267, M III 827.

Simulation, s. Scheingeschäft. — Simulationseinrede gegen Uebertragung von Forderungen M II 129 f. — S. bei Eheschließung M IV 55.

Sistirungsgesetze M I 313.

Sitten, gute, Nichtigkeit von Rechtsgeschäften, welche gegen dieselben verstoßen E 25, M I 211; von Verträgen über Leistungen gegen g. S. E 76, M II 178. — Erlaubte Handlungen gegen die g. S. E 157, M II 726. — Keine Zurückforderung gegen die g. S. E 167, M II 844. — Keine Zurückforderung verwerflich Empfangenen, wenn auch das Geben gegen die g. S. war E 168, M II 850. — Leistung gegen g. S. als Gegenstand des Vermächtnisses E 440, M V 153 f.

Sittliches Verschulden, Beruhen der Bedürftigkeit auf solchen, Beschränkung des gesetzlichen Unterhaltsanspruches auf Nothdurft E 355, M II 699 f.

Sitz der juristischen Person M I 77.

Sklaverei M I 25.

Söhne, Sorge für deren Person bei Ehescheidung E 346, M IV 622 ff.; während Trennung von Tisch und Bett E 347, M IV 635; während des Prozesses E 347 f., M IV 627.

Soldaten, s. Militairpersonen.

Solidarobligation E 72 f., M II 154 ff. S. im Uebrigen Gesammtschuldverhältniß.

Sondergut bei allgemeiner Gütergemeinschaft E 314, M IV 344 ff.; Berufung zur Nachfolge in dasselbe E 326, M IV 451 ff. — S. bei fortgesetzter Gütergemeinschaft E 327, M IV 455. — S. bei Errungenschaftsgemeinschaft E 333 f., M IV 492 ff. — S. bei Gemeinschaft des beweglichen Vermögens und der Errungenschaft E 339 f., M IV 548 ff.

Sondernachfolge in Forderung und Schuld E 65 ff., M II 118 ff.

Sonntage, s. Festtage.

Sorgfalt des ordentlichen Hausvaters E 33, M I 279; S. in eigenen Angelegenheiten E 34, M I 280.

Souveraine Häuser, Autonomie derselben M I 10.

Sozietät, s. Gesellschaft.

Sparkassen, Belegung von Mündelgeldern E 395, M IV 1113 f.

Species, Haftung des Schuldners bei eintretender Unmöglichkeit der Leistung nach Eintritt der Rechtshängigkeit E 55, M II 55 f.

Spediteur, Auslieferung der Kaufsache an S., Uebergang der Gefahr E 101, M II 326. — Verjährung der Ansprüche der S. E 37, M I 303.

Speisen, gewerbsmäßige Verabreichung, Anspruchsverjährung E 36.

Sperre des Grundbuches M III 219 f., 322.

Spezialauftrag M II 530.

Spezialvollmacht M I 230 ff., II 530.

Spezifikation, s. Umbildung, Verarbeitung.

Spiel begründet kein Schuldverhältniß, keine Zurückforderung des Geleisteten, Schuldversprechen oder Anerkenntniß aus Spiel ist unwirksam E 146, M II 643 ff. Darlehen zum Zwecke des Spiels M II 646. Differenzgeschäfte M II 647 f.

Sponsio pro praede litis et vindiciarum M III S. 407.

Sprechen, Unfähigkeit zum S. bei Testamentserrichtung E 456, M V 276; beim Erbeinsetzungsvertrag E 463, M V 317 f.

Stämme, gesetzliche Erbfolge nach St. E 469, M V 360 ff. — Nur ein Pflichttheilsrecht für denselben Stamm E 473. M V 401 f.

Staat, Dispensationsrecht von Ehehindernissen E 283, M IV 34; bei Annahme an Kindesstatt E 380, M IV, 961. — S. auch Staatsgewalt.

Staatsangehörigkeit des Vaters bestimmt die Zuständigkeit für Legitimation durch Ehelichkeitserklärung E 377, M IV 937; St. des Erblassers bestimmt den zum gesetzlichen Erben berufenen Fiskus E 471, M V 379.

Staatsanwalt, Beklagten bei Anfechtungsklage gegen die Todeserklärung E 5, M I 52. — Erhebung der Nichtigkeitsklage E 287 f., M IV 58 ff.

Staatsbank, Belegung von Mündelgeldern E 395, M IV 1116 f.

Staatsgewalt, Ehelichkeitserklärung durch Verfügung derselben E 377, M IV 930 ff.

Staatliche Genehmigung zu Stiftungen E 14, M I 121 ff. — Zu Lotterie oder Ausspielung E 146, M II 648; zur Ausgabe von Schuldverschreibungen auf Inhaber auf bestimmte Geldsumme E 155, M II 718 f.

Staatsverband, Entlassung des Hauskindes aus demselben E 359, M IV 756 f., des Mündels E 393, M IV 1098.

Staatsvertrag als Entstehungsform der Rechtsnormen M I 2.

Stammgüterrecht, ausgeschlossen vom Entwurfe E 176, M III 5.

Stammhypothekenbrief, s. Theilhypothekenbrief.

Stand, Einfluß auf die Rechtsfähigkeit M I 27. St. der Ehefrau M IV 106, nach Ehescheidung M IV 621. St. des ehelichen Kindes M IV 713; des an Kindesstatt Angenommenen M IV 983.

Standesbeamter, Zuständigkeit für Eheschließung E 284, M IV 35 ff. — Mitwirkung bei eigener Eheschließung E 284, M IV 37 f.

Standesmäßiger Unterhalt, Begriff E 355, M IV 297 f.

Statusklagen, keine Verjährung M I 295.

Stege, Ausbesserungspflicht des Pächters E 118, M II 429 f.

Steine, Anlagen des Nießbrauchers zu deren Gewinnung E 226, M III 502 f.

Stellvertretung, s. Vertretung, Vollmacht. — Mittelbare St. M I 233.

Stiftungen E 9, 13 f., M I 79, 118 ff., V 16. — Aussetzung der Auseinandersetzung der Miterben bis zu erfolgter erforderlicher staatlicher Genehmigung einer auf einen Bruchtheil eingesetzten St. E 513 f., M V 690 f.

Stille Gesellschaft M II 635.

Stillschweigen, s. Schweigen. — Stillschweigend ertheilter Auftrag M II 529.

Stillstand der Rechtspflege hemmt die Anspruchsverjährung E 39, M I 317; den Lauf der Inventarfrist E 501, M V 613 f. — St. des Prozesses, Einfluß auf die Anspruchsverjährung E 41, M I 333 ff.

Stimmenmehrheit bei Körperschaften E 11, M I 106; bei der Gesellschaft E 138, M II 603; bei Verwaltung gemeinschaftlicher Gegenstände E 172, M II 876; bei Abstimmungen des Familienrathes E 412, M IV 1222.

Stoff, Lieferung durch den Uebernehmer ist Kaufvertrag E 124, M II 474 ff. — Umbildung oder Verarbeitung eines St. in einen neuen, Eigenthumserwerb E 204, M III 360 f.

Stockwerkseigenthum M III 44 f., 436. — Kein Erbbaurecht an Stockwerken E 220, III M 470 f.

Strafen, s. Konventionalstrafe. — Verurtheilung wegen strafbarer Handlungen als Ehescheidungsgrund (?) M IV 576. S. auch E 343, M IV 593 ff.

Strafgefangene, Wohnsitz E 8, M I 71 f.

Strafleistung, s. Konventionalstrafe.

Strafverfahren, s. Vertheidigung.

Strauch, Hinüberragen der Zweige oder Wurzeln in fremdes Grundstück E 197, M III 287 ff.

Streitverkündung unterbricht die Anspruchsverjährung E 40, M I 329, 331, 333 f. — St. im Eviktionsprozesse nicht erforderlich M II 219; desgl. des Vorerben an den Nacherben M V 119 f.; desgl. des Beschwerten an den Vermächtnißnehmer M V 198.

Stroh bei Verpachtung landwirthschaftlicher Grundstücke E 119, M II 448 f.

Studierende, minderjährige, Geschäftsfähigkeit M I 145 ff.

Stückzahlung, s. Theilleistung.

Stumme, Vormundschaft über St. E 413, M IV 1220 ff. — Testamentserrichtung E 456, M V 276. — Erbeinsetzungsvertrag E 463, M V 317 f.

Stundung des Kaufpreises E 101, M II 329; der Gegenleistung beim Werkvertrage E 126, M II 493. — St. des Honorars von Lehrern u. s. w., Anspruchsverjährung E 36, M I 302.

Substitution, Befugniß dazu bei Vollmachten M I 232; beim Auftrage E 129, M II 531 f.; beim Hinterlegungsvertrage E 134, M II 374. S. von Erben, s. Ersatzerbe, Nacherbe.

Successio graduum bei Delation der Vormundschaft M IV 1053. — Successio ordinis M V 367, 402.

Sühnetermin in Ehesachen, Ladung dazu, Bedeutung derselben für die Frist zur Geltendmachung von Scheidungsgründen E 344, M IV 605 f.

Surrogationsprinzip E 53 f., M II 47 f.

Suspensivbedingung E 30, M I 250 ff.

Superficies solo cedit M III 42 f. S. im Uebrigen Erbbaurecht.

Symbolische Tradition M III 90.

Syndikatsklage M II 819 f.

T.

Tabularersitzung M III 307.

Tage, Fristberechnung E 34, M I 283.

Tagelöhner, Verjährung ihrer Ansprüche E 37, M I 303.

Talon, s. Erneuerungsschein.

Taube, Vormundschaft über T. E 413, M IV 1229 ff. — Testamentserrichtung M IV 276.

Tauben, Selbstvertheidigungsrecht gegen dieselben M I 351. — Zueignungsrecht an T. E 206 (Anm.).

Taubstumme, schriftliche Willenserklärungen M I 187.

Taufkosten als Gegenstand gesetzlicher Unterhaltspflicht E 355, M IV 696.

Tausch E 109, M II 366 ff.

Taxe, Uebernahme und Rückgewähr nach T. des Inventars bei Verpachtung landwirthschaftlicher Grundstücke E 118 f., M II 433 ff.; desgl. des Grundstückes selbst E 120, M II 441.

Telegraphische Uebermittelungen von Willenserklärungen E 22, M I 185.

Testament, Begriff E 420, M V 6. — Testamentum mere simultaneum, reciprocum, correspectivum M V 253 f.; holographum M V 257, 258, principi oblatum M V 258; coram parocho et duobus testibus M V 259; tempore pestis M V 283, ad pias causas M V 294; mysticum M V 294, 314; destitutum M V 449.

Testamentsfähigkeit E 453, M V 247 ff.

Testamentsform, ordentliche E 454 f., M V 257 ff.

Testamentsvollstrecker E 448 ff., M V 217 ff.: Ernennung durch den Erblasser E 448, M V 217 f.; Ernennung durch Dritte, Form E 448, M V 219. — Geschäftsunfähigkeit, beschränkte Geschäftsfähigkeit des T. E 448, M V 219 f. — Beginn des Amtes, keine Annahmepflicht, keine Annahme unter Bedingung oder Zeitbestimmung E 448 f., M V 220 ff. — Mehrere T. E 449, M V 222 f. — Erlöschen des Amtes, Tod, Geschäftsunfähigkeit, beschränkte Geschäftsfähigkeit E 449, M V 223. — Kündigung E 449, M V 223 f. — Enthebung E 449, M V 224 f. — Rechte und Pflichten des T.: Pflicht zur Ausführung der letztwilligen Verfügungen des Erblassers, keine Klage auf Vollziehung eines Vermächtnisses gegen den Erben E 449 f., M V 226 ff.; Auseinandersetzung der Miterben E 450, M V 228 ff.; Inhabung des Nachlasses, Einziehung von Forderungen, Erfüllung der Nachlaßverbindlichkeiten E 450 f. M V 231 f.; Verfügungsmacht des T. E 451, M V 222 f., des Erben E 451, M V 233 f.; Eingehung von Verbindlichkeiten E 451, M V 234 f.; Vertretung in Aktivprozessen, Passivprozesse sind gegen den Erben anzustellen E 451, M V 235 ff.; Zwangsvollstreckung gegen den Nachlaß, Intervention des T., kein Inventarrecht des T., kein Aufgebot der Nachlaßgläubiger, kein Antrag auf Konkurseröffnung, keine Nebenintervention E 452, M V 237 ff. — Einschränkung der Befugnisse des T. durch den Willen des Erblassers E 452, M V 241. — Pflicht zum Nachlaßverzeichnisse, Form desselben E 452, M V 241 f. — Pflicht zur Aushändigung entbehrlicher erbschaftlicher Gegenstände an den Erben während des Amtes, Sicherheitsleistung desselben bei

bedingten und betagten Vermächtnissen E 452 f., M V 242 f. — Anwendbarkeit der Vorschriften über Auftrag, Rechnungslegung E 453, M V 244. — Vergütung E 453, M V 244 f. — Ernennung eines Vollstreckers in Ansehung der einem Vermächtnißnehmer auferlegten Beschwerungen E 453, M V 245 f. — T. ausgeschlossen von Mitwirkung bei ordentlicher Testamentserrichtung E 454, M V 265. — Formlose letztwillige Ernennung eines T. M V 291. — Sorge für Sicherung des Nachlasses E 491, M V 542. — Angabe der Ernennung des T. im Erbscheine E 495, M V 566.

Thäter, mehrere, bei widerrechtlichen Handlungen haften als Gesammtschuldner E 158, M II 738.

Theilbare Leistungen, Mehrheit von Gläubigern oder Schuldnern E 72, M II 153 f.

Theilhaber, s. Gemeinschaft.

Theilhypothekenbrief E 256, M III 759, 761.

Theilleistungen E 52, M II 33, M V 634.

Theilpacht E 117, M II 423.

Theilung: Einrede der Th. steht dem Gesammtschuldner nicht zu E 73, M II 158; ebenso nicht dem Mitbürgen E 148, M II 666 f. — Th. der Gemeinschaft E 173, M II 881 ff.; des Miteigenthumes E 217, M III 439 ff.; des dienenden oder herrschenden Grundstückes bei Grunddienstbarkeiten E 223, M III 487 ff. — Einfluß der Th. des Grundstückes, dessen jeweiligem Eigenthümer eine Reallast zusteht, auf diese E 240 f., M III 590 ff. — Keine Th. des Gesammtgutes bei fortgesetzter Gütergemeinschaft E 312, M IV 338; Th. nach Auflösung derselben E 332 f., M IV 477 ff. — Th. eines gemeinschaftlichen Gegenstandes beim Mündelgute bedarf nicht der Genehmigung des Gegenvormundes oder Vormundschaftsgerichtes E 399 f., M IV 1198 f. — Theilung der Erbschaft, s. Auseinandersetzung.

Theilweise Unmöglichkeit der Leistung E 54, M II 52 f.

Thierärzte, Verjährung ihrer Ansprüche E 36, M II 303. — Untersuchung durch Th., Kosten derselben bei Wandelung wegen Hauptmängel der Hausthiere E 89, M II 259 f.

Thiere, Beschädigung durch Th., Haftung des Thierhalters und des Aufsichtsführers E 163 ff., M II 809 ff. — Wilde Th. in Freiheit sind herrenlos, nicht in Thiergärten E 207, M III 371 f. — Gezähmte Th. E 207, M III 372. — Junge von Th., s. Junge.

Thon, Anlagen des Nießbrauchers zu dessen Gewinnung E 226, M III 205 f.

Thun als Gegenstand der Obligation E 48, M II 5.

Tod, Ende der Rechtsfähigkeit E 1, M I 30 ff. — Einfluß auf die Vertragschließung E 21, M I 175 f. — Tod des Gläubigers oder Schuldners, Einfluß auf das Schuldverhältniß E 65, M II 117. — Tod des Miethers, Kündigungsrecht der Erben E 115, M II 416; nicht bei Pacht E 117, M II 428. — Einfluß des T. des Auftraggebers auf den Auftrag E 131, M II 547 ff.; desgl. des T. des Beauftragten E 132, M II 549 f. — Einfluß auf die Anweisung E 134, M II 566 f. — Tod eines Gesellschafters, Auflösung der Gesellschaft E 142, M II 622 f. — Einfluß des Todes eines Vertragschließenden beim Vertrage über Grundstücke E 188, M III 176. — T. des Mündels endet die Vormundschaft E 407, M IV 1193, E 415, M IV 1244. — T. des Vormundes endet dessen Amt E 407, M IV 1195. — T. des Abwesenden endet die Pflegschaft E 419, M IV 1273. — T. des Testamentsvollstreckers endet dessen Amt E 449, M V 223.

Todeserklärung E 2 ff., M I 33 ff. — Wirkung hinsichtlich der Schließung einer neuen Ehe E 281, M IV 18 ff. — T. des Ehemannes, Beendigung der ehelichen Nutznießung und Verwaltung E 308,

M IV 293 f.; bei allgemeiner Gütergemeinschaft M IV 393. — Auflösung der Ehe in Folge T. E 348, M IV 640 ff.; der elterlichen Gewalt E 372, M IV 832 f. — T. des Mündels endet die Vormundschaft E 407, M IV 1194, E 415, M IV 1244 ff. — T. des Vormundes endet dessen Amt E 407, M IV 1195. — T. des Pflegebefohlenen endet die Pflegschaft E 419, M IV 1273 f. — Aufhebung oder Ungültigkeit der T., Pflicht des vermeintlichen Erben zur Herausgabe des Erbscheines und Vermögens E 498, M V 597 f.; Wirksamkeit der Rechtsgeschäfte mit dem vermeintlichen Erben E 498, M V 599 f.

Todtheilung M IV 482.

Tödtung des Schenkers durch den Beschenkten, Widerruf der Schenkung durch die Erben E 98, M II 303. — T. eines Anderen E 160 f., M II 766 ff.: Ersatz der Kosten der versuchten Heilung, der Beerdigung, für das Erlöschen oder den gehinderten Erwerb eines an die Person des Getödteten geknüpften Vermögensrechtes E 160, M II 776 ff.; Ersatz eines gesetzlich einem Dritten gegen den Getödteten zustehenden Unterhaltsanspruches, Rente, Abfindung in Kapital E 160 f., M II 784 ff.; sonstige Schadensersatzansprüche Dritter E 161, M II 791 f. — T. des Erblassers macht erbunwürdig E 488, M V 517 f.

Töchter, Sorge für deren Person bei der Ehescheidung E 346, M IV 622 ff.; während der Trennung von Tisch und Bett E 347, M IV 635; während des Prozesses E 347 f., M IV 637. — Sorge für persönliche Angelegenheit der verheiratheten Haustochter E 359, M IV 758 f.

Todtgeburt, Ansprüche der unehelichen Mutter E 376, M IV 911.

Torf, Anlagen des Nießbrauchers zu dessen Gewinnung E 226, M IV 502 f.

Tradition, f. Uebergabe. — Symbolische T. M III 90.

Traktate M I 163.

Transportgefahr beim Kaufe E 101, M II 326 ff.

Transportgeschäfte, Verjährung der Ansprüche aus T. E 37, M I 303.

Trauerzeit, f. Wartezeit.

Trennung von Erzeugnissen und anderen Bestandtheilen einer Sache, Eigenthumserwerb E 205 f., M III 363 ff.; Insonderheit T. der Früchte E 205 f. M III 364 ff. — Keine T. der Grunddienstbarkeit vom herrschenden Grundstücke E 223, M III 487. — Trennung der Güter bei der Ehe (E 309, M IV 302) E 311 f., M IV 320 ff.: Begriff E 311, M IV 320 f.; Beitragspflicht der Ehefrau zur Bestreitung der ehelichen Lasten E 311, M IV 322 ff.; vertragsmäßige Verwaltung des fraulichen Vermögens durch den Ehemann E 311 f., M IV 324 ff. — Trennung von Tisch und Bett E 341 ff., M IV 562 ff., f. im Einzelnen Eheauflösung.

Treue und Glauben bei Verträgen E 79, M II 197 f.

Trödelvertrag M II 2, 516 ff.

Turpis causa, f. Verwerflicher Empfang.

Tutelle officieuse M IV 953.

Tuteur subrogé M IV 1028.

Tutor honorarius, notitiae causa M IV 1028.

U.

Ueberbürge M II 672.

Ueberfall von Baumfrüchten auf ein Nachbargrundstück E 197, M III 289.

Uebergabe beim Kaufe E 100 ff., M II 316 ff. — Besitzerwerb durch U. E 181 f., M III 89 ff. — U. als Erwerbsart des Eigenthumes an beweglichen Sachen E 200 ff., M III 333 ff. — Besitzergreifung, Veräußerung an den Besitzer E 200, M III 334 ff. — U. durch Zwangsvoll-

streckung E 200 f., M III 340. — Veräußerung durch den Nichteigenthümer E 201, M III 340; Erwerb in gutem Glauben, gestohlene, verlorene Sachen, Geld, Inhaberpapiere, öffentliche Versteigerung E 201 f., M III 359 f.

Uebergehung eines Pflichttheilsberechtigten E 425, M V 50 ff., E 464, M V 325 f., E 472, M V 390 f.

Ueberhang, s. Hinüberragen.

Ueberlassung des Miethgegenstandes, s. Untermiethe; des Pachtgegenstandes, s. Unterpacht. — Ue. der Ausübung der Grunddienstbarkeit E 223, M III 487; des Nießbrauches E 230, M III 521 f.; einer beschränkten persönlichen Dienstbarkeit E 238, M III 567 f.

Ueberleben des Erben ist Voraussetzung der Erbfähigkeit E 420, M V 4 f.; des Vermächtnißnehmers als Voraussetzung der Wirksamkeit des Vermächtnisses E 443, M V 181. — S. auch jus commorientium.

Ueberlegungsfrist, s. Ausschlagungsfrist.

Uebernahme fremder Schuld, s. Schuldübernahme, Erfüllungsübernahme. — Ue. eines ganzen Vermögens E 71 f., M II 151 f. — Ue. von Sachen der allgemeinen Gütergemeinschaft nach Schätzung bei deren Auflösung E 322, M IV 415, des Gesammtgutes bei Auflösung der fortgesetzten Gütergemeinschaft E 332, M IV 480 f.

Uebernahmetaxe beim Inventar verpachteter landwirthschaftlicher Grundstücke E 118 f., M II 433 ff.; desgl. des Grundstückes selbst E 120, M II 441.

Uebernehmer, s. Werkvertrag.

Ueberrest, Einsetzung von Nacherben auf den Ue. E 437 f., M V 128 ff.

Uebersendung einer Sache, Besitzerwerb M III 93 f. — Ue. einer Geldschuld an den Gläubiger, Kosten E 52, M II 36.

Ueberschuldung einer Körperschaft E 47, M I 104 f., E 13, M I 117; einer Stiftung E 14, M I 121. — Enterbung wegen Ue. E 478, M V 437 ff.

Ueberschuß beim Pfandverkaufe E 269, M III 833; im Konkurse über den Nachlaß E 505 f., M V 640 ff.

Uebertragung der Forderung E 65 ff., M II 118 ff.: Keine Anzeige an den Schuldner erforderlich E 65, M II 118 f. Abtretungsvertrag E 65 f., M II 119 ff.; Cessio legis M II 120. Ueberweisung im Zwangsvollstreckungsverfahren E 66, M II 120 f.; Nichtübertragbare Forderungen E 66, M II 121 ff.; unpfändbare Forderungen E 66, M II 123 f. Mitübergang der Vorzugs- und Nebenrechte E 66, M II 124 f. Haftung für Bestand und Güte der Forderung E 66 f., M II 125 ff.; Herausgabe der Urkunden, Angabe der Beweismittel E 67, M II 128; Einreden aus der Person des bisherigen Gläubigers E 67, M II 128 f., Aufrechnung E 67, M II 129 ff. Schutz des Schuldners bei Unkenntniß der Uebertragung E 67 f., M II 132 ff., Anzeige von der Uebertragung E 68, M II 135 ff. Kündigung, Mahnung seitens des neuen Gläubigers E 68 f., M II 137 f. Abtretung fremder Forderungen E 69 f., M II 138 ff. Abtretung von Gehaltsansprüchen, Benachrichtigung der Kasse E 69, M II 140. Uebertragung von Rechten außer Forderungen E 69, M II 141. Uebertragung des gegenwärtigen Vermögens oder einer Erbschaft E 70 M II 141 f. — Uebertragung beim Gesammtschuldverhältniß E 74, M II 161. — Keine Uebertragung des Vorkaufsrechtes E 105, M II 351. — Ue. der Anweisung M II 568. — Keine Ue. der Forderungen eines Gesellschafters gegen die übrigen aus dem Gesellschaftsvertrage E 140, M II 613 f. — Ue. von Rechten an Grundstücken (Eintragung in das Grundbuch) E 187 ff., M III 158 ff. — Uebertragung des Eigenthumes an beweglichen Sachen durch Rechtsgeschäft E 200 ff., M III 333 ff. — Ue. des Antheiles eines Miteigenthümers E 217, M III 439. — Ue. der Hypothek E 248 f., M III 704 ff.,

der Eigenthümerhypothek E 251, M III 735, der Briefhypothek E 254, M III 748 ff. — Ue. der Grundschuld E 259, M III 783, der Forderung mit dem Faustpfandrechte E 270, M III 836 ff. — Keine Ue. der Beitragspflicht der Ehefrau zu den ehelichen Lasten E 311, M IV 324; des Anspruches des geschiedenen Ehemannes gegen die Frau auf Beitrag zum Unterhalte der Kinder E 347, M IV 630; des Anspruches aus gesetzlicher Unterhaltspflicht M IV 710. — Ue. von Nachlaßgegenständen durch den Testamentsvollstrecker E 450, M V 229. — Ue. des Pflichttheilsanspruches E 476, M V 418.

Ueberweisung der Forderung im Zwangsvollstreckungsverfahren E 66, M II 120 f., 127; desgl. der Hypothek E 248, M III 709 f.; der Briefhypothek E 254, M III 751; der Grundschuld E 259, M III 783; des Faustpfandrechtes E 270, M III 838.

Umbildung eines Stoffes in einen neuen, Eigenthumserwerb E 204, M III 361. — Untergang des Gegenstandes des Vermächtnisses durch U. E 440 f., M V 157 f.

Umschreibung von Schuldverschreibungen auf Inhaber auf den Namen eines bestimmten Berechtigten E 155, M III 713 ff.; speziell beim Hauskinde E 369, M IV 809 f.; beim Mündel E 397, M IV 1131 f.; Befreiung davon E 404, M IV 1172. — U. bei der Nacherbfolge unterliegenden Schuldverschreibungen E 434, M V 99.

Umwandlung von Schuld aus Geldsumme in ein Darlehen E 98 f., M II 312; der Briefhypothek in eine Hypothek ohne Hypothekenbrief E 253, M III 743 f.; der Sicherungshypothek in eine gewöhnliche Hypothek E 258 f., M III 776 ff.; der Grundschuld in eine Hypothek und umgekehrt E 260, M III 795 f.

Umwenderecht M III 261.

Unbekannte Betheiligte, Pflegschaft E 418, M IV 1265 ff.

Unbestimmte Leistung als Gegenstand des Vertrages E 78, M II 191.

Unbewegliche Sachen, Begriff E 177, M III 36 ff. — Kündigung bei deren Vermiethung E 114, M II 411.

Unbewegliches Vermögen M III 31. — Begriff bei Gemeinschaft des beweglichen Vermögens aus der Errungenschaft unter Eheleuten E 339, M IV 548 ff.

Undank, Widerruf der Schenkung E 98, M II 302 ff.

Uneheliche Geburt, Verwandtschaft E 7, M I 65 ff. — U. V. als Ehehinderniß E 281, M IV 21. — Uneheliche Kinder, s. Kinder. — Unterhaltspflicht des unehelichen Vaters E 375 f., M IV 864 ff. — Annahme unehelicher Kinder an Kindesstatt M IV 966 f.

Unehrenhaft, s. Unsittlich.

Unerlaubte Rechtsgeschäfte E 24 f., M I 210 ff.; Rechtsgeschäfte gegen die guten Sitten oder die öffentliche Ordnung E 25, M I 211. Veräußerungsverbote, absolute, relative E 25, M I 212 ff. Verfügungsbeschränkungen E 25, M I 212 ff.

Unerlaubte Bedingung M I 267 f., M V 19 ff.

Unerlaubte Handlungen, Schuldverhältnisse aus solchen E 156 ff., M II 724 ff.: Widerrechtliche Handlung (Thun oder Unterlassen) aus Vorsatz oder Fahrlässigkeit, Schadensersatzpflicht E 156 f., M II 724 ff.; Einwilligung des Beschädigten E 157, M II 730; entschuldbarer Irrthum E 157, M II 731; mangelnder Vernunftgebrauch, Betrunkenheit E 157, M II 731 f.; Kindesalter, Jugend bis zum achtzehnten Jahre E 157, M II 732 f. Verletzung der Aufsichtspflicht E 157, M II 734 f.; insbesondere gegenüber Angestellten E 158, M II 736; Pflicht zur Wahl geeigneter Personen E 158, M II 737; gesammtschuldnerische Haftung E 158, M II 737 f. — Anstifter, Thäter oder Gehülfen haften als Gesammtschuldner

E 158, M II 738. — Inhalt der Schadensersatzpflicht, Zurückerstattung, Wiederherstellung, Ersatz des Werthes E 157 f., M II 739 ff.; Haftung für Zufall E 159, M II 740 f.; Verzinsung entzogenen Geldes, der Ersatzsumme E 159, M II 740 f.; Ersatz von Verwendungen an den Schuldner E 159, M II 741. — Verjährung des Schadensersatzanspruches E 159, M II 741 ff.; Anspruch aus der Bereicherung trotz Verjährung E 159 f., M II 743 f. — Buße E 160, M II 744.

Einzelne unerlaubte Handlungen E 160 ff., M II 744 ff.

Unerlaubte Handlungen der Ehefrau, Haftung des Gesammtgutes bei allgemeiner Gütergemeinschaft M IV 375, desgl. beider Ehegatten E 318, M IV 385; desgl. des Ehemannes bei der Errungenschaftsgemeinschaft E 337, M IV 532; desgl. des Hauskindes E 364, M IV 788. — U. Handlungen des Erbschaftsbesitzers E 498, M V 591 f.

Unfähigkeit, Vormund zu sein E 389, M IV 1065 ff.; Mitglied des Familienrathes zu sein E 410, M IV 1212 ff. S. auch Geschäftsunfähigkeit.

Unfälle, Versicherung dagegen beim Nießbrauche E 228 f., M III 513 f.

Ungewißheit des Lebens oder Todes einer Person E 1 f., M I 30 ff. — U. der Person des letzwillig Bedachten E 423, M V 32 f.

Ungewisse Rechte bei Bestimmung des Pflichttheiles E 474, M V 407 f.; bei der Abzugseinrede der Inventarerben E 509, M V 660 ff., desgl. Nachlaßverbindlichkeiten E 510, M V 662 ff.

Ungültigkeit der Rechtsgeschäfte E 25 f., M I 216 ff.; Nichtigkeit E 25 f., M I 217 ff.; Konversion E 26, M I 218; Anfechtbarkeit E 26, M I 218 ff.; theilweise U. E 26, M I 222.

Ungültigkeit der Ehe E 285 ff., M IV 43 ff.; Unterscheidung der Nichtigkeit und Anfechtbarkeit M IV 43 ff.; Nichtigkeit (Form, Geschäftsunfähigkeit, Bigamie, Verwandtschaft), Konvalescenz E 285 f., M IV 47 ff.; rechtlicher Karakter der Nichtigkeit E 287, M IV 56 ff.; Nichtigkeitsklage E 287 f., M IV 58 ff., Prozeßfähigkeit, gesetzliche Vertreter E 288, M IV 60 f., einstweilige Verfügungen E 288, M IV 61 f., Wirkung des Urtheils gegen Alle E 288 f., M IV 62 f. — Schutz gutgläubiger Dritter, welche mit den Ehegatten oder einem derselben Rechtsgeschäfte vorgenommen haben E 289, M IV 63 ff. Wirkung der Putativehe, Wahlrecht des gutgläubigen Ehegatten bezüglich der vermögensrechtlichen Wirkungen der Nichtigkeitsklage E 289 f., M IV 66 ff. — Anfechtbarkeit: Gründe (Drohung, Betrug, Verhehlen persönlicher Eigenschaften oder Verhältnisse, Irrthum, Impotenz, Willensmängel, Ehemündigkeit, mangelnde Einwilligung des gesetzlichen Vertreters) E 290, M IV 71 ff.; rechtlicher Karakter der Anfechtbarkeit, Wirkung der Anfechtung E 290 f., M IV 84 ff.; Anfechtungsberechtigte E 291, M IV 86 f.; Ausschließung der Anfechtung bei Auflösung der Ehe E 291, M IV 87 ff.; bei Genehmigung durch den Anfechtungsberechtigten E 291 M IV 90 ff.; Frist der Anfechtung 291 f., M IV 93 f.; persönliche Natur des Anfechtungsrechtes E 292, M IV 94 f.; Anfechtungsklage, Willenserklärung gegenüber dem Nachlaßgerichte bei Tod des nicht berechtigten Ehegatten E 292, M IV 95 f.; Prozeßfähigkeit, einstweilige Verfügungen E 292, M IV 97; Zurücknahme der Klage E 292, M IV 97 ff.; Wirkung der Rechtskraft des Urtheils gegen Alle E 292, M IV 101; Schutz gutgläubiger Dritter, Ansprüche des gutgläubigen Ehegatten wie bei der Nichtigkeitsklage E 293, M IV 101 f. — Klage auf Feststellung des Bestehens oder Nichtbestehens einer Ehe E 293 M IV 103 f. — Rechtsverhältnisse der Kinder aus ungültigen Ehen E 373 ff., M IV 843 ff.; s. im Einzelnen unter Kinder.

Universalfideikommiß, s. Nacherbe.

Universitas rerum, facti, juris M III 28 ff.

Unkenntniß des Gesetzes M I 281.

Unmögliche Bedingungen M I 265 f. — Unmöglichkeit einer Leistung bei Alternativobligationen E 49, M II 8 ff. — Unmöglichkeit der Leistung und Folgen der Nichtleistung E 53 ff., M II 44 ff. — Fiktion der Unmöglichkeit der Leistung E 55, M II 55 ff. — Unmöglichkeit der Leistung einer species, Haftung des Schuldners nach Eintritt der Rechtshängigkeit E 55, M II 55 ff. — Wirkung der Unmöglichkeit der Leistung auf den Verzug des Schuldners E 55 f., M II 60 f.; auf das Gesammtschuldverhältniß E 74, M II 167. — Unmögliche Leistung als Gegenstand des Vertrages E 76 f., M II 176 ff. — Unmöglichkeit der Leistung bei gegenseitigen Verträgen E 81 f., M II 205 ff. — U. der Voraussetzung, Rückforderungsrecht E 167, M II 844. — U. Leistung als Vermächtniß E 440, M V 153. — U. Auflage bei letztwilligen Verfügungen E 447, M V 213.

Unmündigkeit, s. Minderjährigkeit.

Unnütze Bedingungen M I 264.

Unpfändbare Forderungen, keine Aufrechnung gegen solche E 64, M II 113 f.; keine Uebertragung derselben E 66, M II 123. — U. Sachen, kein gesetzliches Pfandrecht des Vermiethers E 113, M II 405; des Pächters E 118, des Gastwirthes E 137. — Unpfändbarkeit der Rechte aus ehelicher Nutznießung E 299 f., M IV 205 ff.; aus elterlicher Nutznießung E 366, M IV 793 f.

Unsichere, s. Ungewisse.

Unsittliche, s. Sitten. — U. Verhalten des Ehegatten, Trennung, Scheidung E 342 f., M IV 593 ff.; Entziehung des Pflichttheiles bei Ehegatten E 479, M V 444 ff.; U. V. des Inhabers der elterlichen Gewalt E 369, M IV 804.

Unterbrechung der Anspruchsverjährung E 38 ff., M I 311 ff.; der Ersitzung E 200 f., M III 354 ff.

Unterbringung in eine Erziehungs- u. s. w. Anstalt, Wohnsitz E 8, M I 71 f. — Anordnung der U. gegenüber einem Hauskinde E 369, M IV 805 f.; einem Mündel, E 401, M IV 1156.

Untergang der Sache, Haftung des Besitzers und Inhabers gegenüber dem Eigenthumsanspruche E 213, M III 401 f. — U. des Bauwerkes beim Erbbaurechte E 220, M III 473. — S. auch Gefahr.

Unterhalt, Unterhaltsanspruch, gesetzlicher, gegen den Getödteten, Ersatz durch den Tödter E 160 ff., M II 778 ff.; gegen den der Freiheit Beraubten, Ersatz durch den Schuldigen E 162, M II 795 ff. — Keine Vermuthung für Anspruchserwerb aus Unterhalt von Eltern und Abkömmlingen E 170, M II 864. — Geschäftsführung gegen Verbot bei gesetzlicher Unterhaltspflicht E 170, M II 864. — U. Dritter an das Ehegut E 299, M IV 201, E 304, M IV 255 ff. — Bösliche Entziehung des Unterhaltes ist Grund zur Beschränkung der Unterhaltspflicht E 355, M IV 701; zur Entziehung des Pflichttheiles E 478, M V 434. — Unterhaltsanspruch der schwangeren Mutter aus der Erbschaft E 484, M V 489 f.

Unterhaltsbeiträge, Verjährung des Anspruches aus Rückständen E 37, M I 306.

Unterhaltspflicht des Ehemannes gegen die Ehefrau E 295, M IV 122 ff.; der Ehefrau gegen den Ehemann E 295, M IV 126 f.; der Ehefrau gegen Verwandte E 304, M IV 255 ff., 263. — Verletzung der U. des Ehemannes, Beendigung der ehelichen Nutznießung und Verwaltung E 308, M IV 297. — Gesetzliche Unterhaltspflicht der Ehegatten bei allgemeiner Gütergemeinschaft E 317, M IV 376 ff.; Verletzung derselben durch den Ehemann E 320, M IV 395 f. — U. gegenüber den

Abkömmlingen bei fortgesetzter Gütergemeinschaft M IV 462; Verletzung derselben durch den überlebenden Ehegatten E 331, M IV 472 f. — U. der Ehegatten gegen Verwandte bei der Errungenschaftsgemeinschaft E 336 f., M IV 530; des schuldigen Ehegatten nach Ehescheidung gegenüber dem unschuldigen E 345 f., M IV 613 ff. — U. gegen die gemeinschaftlichen Kinder nach Ehescheidung E 346 f., M IV 628 ff. — Fortbestand der gegenseitigen U. der Ehegatten während Trennung von Tisch und Bett E 347, M IV 633 ff.; derjenigen für die Kinder M IV 635. — Regelung der U. zwischen Ehegatten während des Scheidungsprozesses durch einstweilige Verfügung E 347 f., M IV 636 ff. — U. des Hauskindes gegen Dritte E 363 f., M IV 787 f. — U. des Vaters bei der Ehelichkeitserklärung E 379, M IV 949. — U. bei Annahme an Kindesstatt E 384 f., M IV 991 ff.

Unterhaltspflicht der Verwandten E 353 ff., M IV 676 ff.; Gegenseitige Verpflichtung der Verwandten in gerader Linie und der Geschwister E 353, M IV 678 ff.; Voraussetzung ist Bedürftigkeit, nur das minderjährige unverheirathete Kind hat Anspruch ohne Rücksicht auf den Stamm des ihm gehörenden Vermögens, keine Rückerstattungspflicht E 353, M IV 680 ff. — Leistungsfähigkeit der Pflichtigen, keine Rücksicht auf solche bei U. der Eltern E 353, M IV 685 ff.; Zusammentreffen mehrerer Unterhaltsansprüche E 353 f., M IV 688 f.; Verhältniß der Unterhaltspflicht der Ehegatten zu derjenigen der Verwandten E 354, M IV 689; Reihenfolge der Unterhaltspflichtigen E 354, M IV 689 ff.; Haftung mehrerer gleichzeitig Verpflichteter E 354, M IV 692 ff. Leistungsunfähigkeit eines Verwandten, Behinderung oder Erschwerung der Rechtsverfolgung gegen denselben E 354, M IV 694 ff.; Umfang der Unterhaltspflicht, standesmäßiger Unterhalt, nothdürftiger Unterhalt, Beerdigungskosten E 355, M IV 696 ff.; Pflicht der Geschwister beschränkt auf nothdürftigen Unterhalt E 355, M IV 699; Nothdürftiger Unterhalt, wenn die Bedürftigkeit auf eigenem sittlichen Verschulden beruht, bei Verhalten, welches zur Entziehung des Pflichttheiles berechtigt E 355, M IV 699 ff. — Art der Gewährung des Unterhaltes, Geldrente als Regel, Vorausleistung, Konkurrenz der Unterhaltspflicht mit dem Erziehungsrechte E 355 f., M IV 702 ff. — Gewährung für die Vergangenheit, Nachforderung nur bei Verzug des Pflichtigen oder Rechtshängigkeit E 356, M IV 705 ff.; Abänderung des Urtheiles bei veränderten Verhältnissen E 356, M IV 707. — Keine Geltendmachung des Unterhaltsanspruches im Konkurse des Verpflichteten E 356, M IV 708. — Unwirksamkeit des Verzichtes auf den gesetzlichen Unterhaltsanspruch, Befreiung durch Vorausleistung (?) E 356, M IV 709 f. — Tod des Berechtigten oder Verpflichteten, Zahlung der fälligen Vorausleistungen E 356 f., M IV 710 f.

Unterhaltspflicht des unehelichen Vaters E 375 f., M IV 864 ff.; Erforschung der unehelichen Vaterschaft M IV 864 ff.; Unterhaltspflicht vor der Mutter und deren Verwandten E 375, M IV 874 f.; nicht der väterlichen Aszendenten M IV 874 f.; kein Anspruch der Deszendenten des unehelichen Kindes M IV 879. — Beweis der unehelichen Vaterschaft, Empfängnißzeit, exceptio plurium concumbentium E 375, M IV 883 ff. — Beschränkung auf nothdürftigen Unterhalt bis zur Zurücklegung des vierzehnten Lebensjahres E 375, M IV 893 ff.; Anwendung der Vorschriften über U. der Verwandten E 375, M IV 895 ff.; Uebergang der U. auf die Erben des unehelichen Vaters E 376, M IV 901 ff. — Vertrag, Vergleich über die U., Genehmigung des Vormundschaftsgerichtes, Vorausleistung E 376, M IV 905 f. — Ersatzansprüche der unehelichen Mutter, Entbindung, Sechswochenkosten, Todtgeburt, Defloration (?), Verjährung der Ansprüche der Mutter E 376, M IV 906 ff.

Unterlassen als Gegenstand der Obligation E 48, M II 5.

Untermiethe E 112, M II 395 f.

Unternehmer, s. Uebernehmer.

Unterpacht, E 117, M II 423.

Unterrichtsanstalten, Verjährung ihrer Ansprüche E 36, M I 301.

Unterschrift von Vertragsurkunden E 22, M I 148 ff.; von Schuldverschreibungen auf Inhaber E 151, M II 696; von Protokollen über letztwillige Verfügungen E 455 f., M V 270 ff.

Unterstützung, fortlaufende, Schenkung derselben verpflichtet den Erben nicht E 97, M II 298.

Untersuchungsgefangene Wohnsitz E 8, M I 71 f.

Untervermächtniß M V 182.

Untheilbare Leistung als Gegenstand des Gesammtschuldverhältnisses E 75, M II 171 ff. — Untheilbarkeit der Gegenleistung, wenn bei einem Vertrage mehrere Kontrahenten betheiligt sind E 80, M II 201 f. — Untheilbarkeit der Grunddienstbarkeit E 222, M III 482; der Hypothek E 245, M III 668.

Unveräußerlichkeit, s. Veräußerungsverbot, Verfügungsbeschränkung.

Unverständliche Bedingungen E 33, M I 267, M V 18.

Unvordenkliche Verjährung M I 346 ff.

Unwürdigkeit, s. Erbunwürdigkeit.

Unzucht, widernatürliche, Scheidungsgrund E 342, M IV 582 ff.; Grund zur Entziehung des Pflichttheiles unter Ehegatten E 479.

Unzurechnungsfähigkeit gegenüber Vaterschaftsklage M IV 888.

Urgroßeltern, gesetzliches Erbrecht (vierte Linie) E 469, M V 366.

Urkunde, Vorlegung (Edition) E 175, M II 889 ff. — Erbunwürdigkeit bei Fälschung von U. in Ansehung einer Verfügung des Erblassers E 488, M V 519.

Urkundenprozeß, Zurückforderung des auf Grund eines im U. unter Vorbehalt der Rechte ergangenen Urtheiles Geleisteten E 168, M II 847 f.

Urkundsperson bei letztwilligen Verfügungen E 454 f., M V 261 ff.

Urtheil E 45, M I 357 ff.: Verurtheilung zu künftigen Leistungen E 45, M I 364 ff. — Materielle Rechtskraft E 45, M I 367 ff. — Wirkung inter partes, für und gegen Rechtsnachfolger E 45, M I 376 ff. — Wirkung bei Gesammtschuldverhältniß E 73, M II 160 f. — Zurückforderung des auf Grund eines für vorläufig vollstreckbar erklärten, oder eines im Urkunden- oder Wechselprozesse unter Vorbehalt der Rechte ergangenen U. Geleisteten E 167 f., M II 847 f. — Ersetzung der Eintragungsbewilligung, sowie deren Annahme bei Verträgen über Grundstücke oder Rechte an solchen durch Urtheil E 189, M III 196 ff. — Umfang der Wirkung des U. auf Nichtigkeitsklage bei Eheungültigkeit E 288 f., M IV 62 f.; desgl. auf Anfechtungsklage E 292, M IV 101, E 352, M IV 673 f. — U. auf Ehescheidung oder Trennung von Tisch und Bett E 344 f., M IV 606 ff. — Umfang der Wirkung des Urtheiles in Folge Klage auf Feststellung des Bestehens oder Nichtbestehens von Eltern- und Kindesverhältniß E 386, M IV 1006 f.

Usucapio M III 306.

Usus M III 566.

V.

Vakationsfrist, vacatio legis M I 2.

Väterliche Gewalt, s. Elterliche Gewalt

Vater, Vaterschaft. Einwilligung des V. zur Eheschließung E 281 f., M IV 25 ff. — Feststellung der Vaterschaft E 349, M IV 650 ff. — Uneheliche Vaterschaft E 375 f., M IV 864 ff., E 385, M IV 1007. — Berufung zur Vormundschaft über ein volljähriges Kind E 414, M IV 1236. — S. im Uebrigen Eltern.

Venia aetatis, s. Volljährigkeitserklärung.

Verächtlichkeit M I 27.

Veränderung, s. Abänderung. — V. des Gegenstandes des Nießbrauches E 227, M III 508.

Veräußerer, Begriff E 82.

Veräußerung, Begriff M I 128. — V. einer Erbschaft, s. Erbschaftskauf. — V. einer beweglichen Sache durch den Nichteigenthümer E 201, M III 340. — V. des Nießbrauches E 231, M III 525 ff., E 233, M III 540. — Keine V. der beschränkten persönlichen Dienstbarkeit E 238, M III 567 f. — V. einer Reallast E 241, M III 592. — Keine V. der Rechte aus der ehelichen Nutznießung E 299 f., M IV 205 ff. — V. von Mündelgut E 396 ff., M IV 1121 ff.

Veräußerungsverbot, Einfluß auf die Wirksamkeit von Rechtsgeschäften E 25, M I 212 ff. — Wirkung eines zu Grundbuch eingetragenen V. von Grundstücken oder Rechten an solchen E 190, M III 215 ff., 220. — V. bezüglich der Antheile der Ehegatten am Gesammtgute bei allgemeiner Gütergemeinschaft E 313, M IV 338; bezüglich der elterlichen Nutznießung E 366, M IV 793 f. — V. als Auflage bei letztwilligen Verfügungen M V 214. — S. auch Verfügungsbeschränkung.

Verarbeitung eines Stoffes, Eigenthumserwerb E 204, M III 360 f. — Untergang des Gegenstandes eines Vermächtnisses durch V. E 440 f., M V 156 f.

Verbaloblation E 57, M II 70.

Verbandsvorsteher, Testamentserrichtung vor denselben E 457, M V 281 f.

Verbindlichkeiten, s. Ehegutsverbindlichkeiten, Nachlaßverbindlichkeiten.

Verbindung, vorübergehende von Sachen mit einem Grundstücke, Ausschließung der Bestandtheilseigenschaft E 178, M III 47 f. — V. einer beweglichen Sache zum wesentlichen Bestandtheile eines Grundstückes E 203 f., M III 358 f. — V. beweglicher Sachen miteinander E 204, M III 359. — Untergang des Gegenstandes des Vermächtnisses durch V. E 440 f., M V 156 f.

Verbotene (durch Gesetz) Leistung als Gegenstand des Vertrages E 76 f., M II 176 ff. — V. Rechtsgeschäft E 24, M I 210. — V. Offenlegung des Vermögensverzeichnisses E 404, M IV 1173.

Verbotene Eigenmacht, Begriff E 183, M III 110 f.; Uebergang der Rechte und Verbindlichkeiten aus verbotener Eigenmacht auf den Erben E 489, M V 531 ff.; verbotene Eigenmacht Dritter nach dem Erbfalle, bevor der Erbe Besitzer oder Inhaber geworden E 490, M V 533 ff.

Verbrauchbare Sachen E 176, M III 34 ff. — Nießbrauch an v. Sachen E 232 f., M III 533 ff.; an einer Forderung auf v. Sachen E 234 f., M III 546, 548 f. — Eheliche Nutznießung an v. S. E 298, M IV 194 ff.; Verfügungsrecht des Ehemannes M IV 274. — V. S. bei der Errungenschaftsgemeinschaft E 335, M IV 516 ff.; bei der elterlichen Nutznießung E 362 f., M IV 777 ff.; bei der Nacherbfolge M V 105, 130; bei der den Pflichttheil beeinträchtigenden Schenkung E 480, M V 457. — V. S. als Gegenstand des Erbschaftsanspruches M V 584 f.

Verbrechen, entehrende, der Ehegatten, Trennung von Tisch und Bett E 343, M IV 593 ff.; V. gegen das Hauskind, Verwirkung der elterlichen Gewalt E 372, M IV 836 ff. — Verurtheilung wegen V. ist kein Grund zur Entziehung des Pflichttheiles M V 436.

Vereine, s. Körperschaften. S. auch M II 592.

Vereinigung von Forderung und Verbindlichkeit in einer Person, Erlöschungsgrund E 65, M II 116 f.; bei Gesammtschuldverhältnissen E 74, M II 166; beim Erbschaftskaufe E 108, M II 365. — V. eines durch Naturgewalt von einem Grundstücke losgerissenen Erdkörpers mit

einem anderen Grundstücke E 178, M III 48 ff. — V. des Eigenthumes und eines anderen Rechtes an einem Grundstücke E 190, M III 201 ff. — Erlöschen des Nießbrauchsrechtes durch V. E 232, M III 531, E 235, M III 550. — V. des Hauptgläubigerrechtes und des Eigenthumes am Grundstücke E 246, M III 678 f. — V. der Forderung und der Schuld aus Hypothek in der Person des Eigenthümers, Fortbestand als Eigenthümerhypothek E 250, M III 733. — V. des Eigenthumes am Pfande und der Forderung in derselben Person, Erlöschen des Faustpfandrechtes E 271, M III 842. — V. der verpfändeten Forderung und der Verbindlichkeit aus derselben in derselben Person E 278, M III 867. — V. von Forderungen des überlebenden Ehegatten in Folge der gütergemeinschaftlichen Erbfolge E 330, M IV 465 f. — V. bei der Nacherbfolge M V 107, E 435, M V 123. — V. beim Vermächtnisse E 443, M V 176 f. — Aufhebung der V. durch Nachlaßkonkurs E 504, M V 631 ff.

Verfügen, Begriff M I 128.

Verfügung von Todeswegen, s. letztwillige Verfügung, Erbeinsetzungsvertrag, Vermächtnißvertrag.

Verfügungsbeschränkung, Einfluß auf die Wirksamkeit von Rechtsgeschäften E 25, M I 212 ff.; auf dingliche Verträge E 189, M III 190 ff. — Eintragung von V. in das Grundbuch M III 215 ff. — V. der Ehefrau E 300 ff., M IV 219 ff. S. im Uebrigen Eheliches Güterrecht.

Vergehen, entehrende, des Ehegatten, Trennung von Tisch und Bett E 343, M IV 593 ff. — V. gegen das Hauskind, Verwirkung der elterlichen Gewalt E 372, M IV 836 ff.

Verführung, Schadensersatzanspruch M II 752, 753.

Vergleich bei Gesammtschuldverhältniß, Wirkung M II 165. — Begriff des V., gegenseitiger Vertrag über ein streitiges oder ungewisses Rechtsverhältniß E 146, M II 649 ff.; Einfluß des Irrthumes E 146 f., M II 654 ff. — V. über Unterhaltspflicht des unehelichen Vaters E 376, M IV 905 f. — V. über Mündelgut E 399, M IV 1143.

Vergütung beim Auftrage E 129, M II 527; beim Hinterlegungsvertrage E 134, M II 571, E 136, M II 582; beim Dienstvertrage E 122, M II 459 ff.; beim Werkvertrage E 123 f., M II 472; des Testamentsvollstreckers E 453, M V 244 f. S. auch Honorar.

Verheirathung, Ausgleichungspflicht bezüglich des zur V. Gegebenen E 514, M V 702; Abrechnung auf Pflichttheil E 475, M V 412.

Verhinderung der Erfüllung der Bedingung E 32, M I 263. — V. des Erblassers an Errichtung oder Aufhebung einer Verfügung von Todeswegen, Erbunwürdigkeit E 488, M V 518.

Verjährung, s. Anspruchsverjährung, Ersitzung. — V. bei Gesammtschuldverhältnissen E 75, M II 167 ff.

Verjährungsfristen bei der Anspruchsverjährung E 36 ff., M I 295 ff.

Verkauf des Pfandes, Verfahren E 265 ff., M III 822 ff.

Verkehr, Sachen in und außer V. M III 25 ff.

Verkehrsanstalten, öffentliche, gefundene Sachen bei denselben E 211 f., M III 386 ff.

Verkehrssperrung, Testamente bei solcher E 458, M V 283 ff.

Verkündung einer letztwilligen Verfügung E 461 f., M V 306 f.; des Erbeinsetzungsvertrages E 463, M V 319.

Verlängerung, stillschweigende des Miethsverhältnisses E 115, M II 413 ff.; des Pachtverhältnisses E 118, M II 431 f.; des Dienstvertrages E 123, M II 468.

Verlassen des Kindes, Einfluß auf die elterliche Gewalt M IV 829.

Verlassung, s. Bösliche Verlassung, Auflassung.

Verlegung des Ausübungsortes einer Grunddienstbarkeit E 222 f., M III 485.

Verleiher, s. Gebrauchsleihe.

Verlöbniß E 279 ff., M IV 1 ff.: Keine Verbindlichkeit zur Schließung der Ehe; Schadensersatz beim Rücktritte E 279, M IV 1 f.; Schenkungen unter Verlobten E 280, M IV 6 f.; Verjährung der Ansprüche aus Verlöbnißbruch E 280, M IV 7 f.

Verlobte, Anfechtung von letztwilligen Zuwendungen unter V. E 426, M V 53 ff.

Verlorene Sachen, Eigenthumserwerb E 201, M III 348. — Erwerb derselben bei Pfandversteigerung E 268, M III 832. S. auch gefundene, gestohlene Sachen, Aufgebot.

Verlust, Antheile am V. bei der Gesellschaft E 140 f., M II 616 f.

Vermächtniß, Begriff E 421, M V 9 f. Nichtigkeit des Vertrages über V. aus dem Vermögen eines noch lebenden oder unbestimmten Dritten E 78, M II 186. — Der Ausdruck „Erbe" schließt das V. nicht aus E 427, M V 61. — Auflage beim V. E 421, M V 10 f. V. an ungeborene Personen E 421, M V 11 ff., juristische Personen E 421, M V 15 f.; Beifügung von Bedingung oder Zeitbestimmung E 421 f., M V 16 ff. — Alternativ Bedachte E 423, M V 33 f. — Ausschließung bestimmter Vermögensgegenstände von Erbeinsetzung gilt als V. an die gesetzlichen Erben E 428, M V 64. — V. im Falle der Nacherbfolge E 436 f., M V 123 f. — Vermächtniß im Einzelnen E 438 ff., M V 133 ff.: Beschwerter ist im Zweifel der Erbe E 338, M IV 136 f.; Mehrere Beschwerte, alternative Beschwerung E 438, M V 137 f. — Vorausvermächtniß E 439, M V 139 f. — Mehrere mit einem und demselben Gegenstande Bedachte, Bruchtheile, auch bei V. an Forderung oder vertretbaren Sachen E 439, M V 140 f.; Unbestimmte Bezeichnung, Gegenstand nicht zu ermitteln E 439, M V 141 f. — V. eines von dem Erblasser als ihm gehörend bezeichneten Gegenstandes, wenn derselbe ihm nicht gehört E 439, M V 144 ff. — V. eines fremden Gegenstandes, Verschaffungspflicht des Erben oder Zahlung des Werthes (Verschaffungsvermächtniß) E 440, M V 148 f.; V. eines in sich bestimmten Gegenstandes E 440, M V 149 f.; eines zur Zeit der Anordnung dem Bedachten gehörenden Gegenstandes E 440, M V 150 ff.; V. auf Begründung eines Rechtes an einem Gegenstande E 440, M V 153. — Unmöglichkeit, Unsittlichkeit des V. E 440, M V 153 f.; Untergang des Gegenstandes durch Verbindung, Vermischung, Vermengung, Verarbeitung oder Umbildung E 440 f., M V 156 f.; V. einer Forderung, Einziehung E 445, M V 157 f.; Aufrechnung mit der vermachten Forderung E 441, M V 158 ff.; Nichtigkeit des V. der Erbschaft oder eines Bruchtheiles derselben eines zur Zeit des Erbfalles noch nicht verstorbenen Dritten E 441, M V 161 f. — Wirksames V. einer Erbschaft E 441, M V 162. — Umfang des Vermächtnisses, Bestimmte Sache mit Zubehör, Inbegriff von Sachen E 441, M V 163 f.; vermietheter oder verpachteter Gegenstand E 441 f., M V 164 f.; Belastung der vermachten Sache mit Pfandrecht, Grundschuld oder anderem Rechte E 442, M V 165 ff. — Wahlvermächtniß E 442, M V 170 ff.; Gattungsvermächtniß E 442, M V 173 f., gemischte-generisches V. E 442, M V 174 f. — Vermächtnißanspruch E 443, M V 176. — Vereinigung E 443, M V 176 f. — Anfall des Vermächtnisses, Bedingung, Befristung, noch nicht geborene, empfangene Personen E 443, M V 177 ff.; Ueberleben des Vermächtnißnehmers E 443, M V 181; Zeitliche Begrenzung des Anfalles bei aufschiebender Bedingung, bei noch nicht empfangenen Personen E 443 f., M V 182 f. — Anwachsung, Gemeinschaftlicher Antheil E 443, M V 184 f.; Ausschließung der An-

wachsung E 443, M V 185 f.; für Beschwerungen gilt der angewachsene Antheil als besonderes V. E 443 f., M V 186. — Annahme und Ausschlagung des V., bei mehreren V. E 445, M V 186 ff. — Erbunwürdigkeit des Vermächtnißnehmers E 445, M V 189. — Unwirksamkeit des V. E 445, M V 189. — Wegfall des Beschwerten E 445, M V 189 ff. — Rechtsverhältniß des Vermächtnißnehmers: Erfüllung des Vermächtnißanspruches, beschwerter Vermächtnißnehmer, Kosten, Ort der Erfüllung E 445, M V 191 ff. — Umfang des Vermächtnißanspruches, Zuwachs, Früchte E 446, M V 194 ff.; Gewährleistung des Beschwerten E 446, M V 196 ff. — Verwendungen des Beschwerten E 446, M V 199 ff. — Kürzung des V, Recht des Vermächtnißnehmers, desjenigen, welcher selbst eine Kürzung erleidet E 446 f., M V 204 ff. (Kürzungsrecht des Erben s. unter Pflichttheil, Abzug). — Ersatzberufung E 447, M V 207 f. — Nachvermächtniß E 447, M V 208 ff. — Ausführung der Vermächtnisse durch den Testamentsvollstrecker E 449 f., M V 226 f., E 452 f., M V 243. — Zuwendung des Pflichttheiles durch Vermächtniß E 472, 473, M V 392 ff. — Rangordnung von Forderungen aus V. im Nachlaßkonkurse E 505, M V 638.

Vermächtnißanspruch, Begriff E 443, M V 176.

Vermächtnißnehmer, s. Vermächtniß.

Vermächtnißvertrag, Anwendung der Vorschriften über Erbeinsetzungsvertrag E 468, M V 349 f. — V. in Verbindung mit einem Erbverzichtvertrage E 482 f., M V 476 f.

Vermengung beweglicher Sachen, Eigenthumserwerb E 204, M III 359 f. — Uebergang des Gegenstandes eines Vermächtnisses durch V. E 440 f., M V 156 f.

Vermerk bei der Unterschrift von Schuldverschreibungen auf Inhaber E 151, M II 296; V. der Leistung auf solchen E 152, M II 298.

Vermiethung, gewerbsmäßige beweglicher Sachen, Anspruchsverjährung E 37, M I 303.

Vermischung beweglicher Sachen, Eigenthumserwerb E 204, M III 359 f. — Uebergang des Gegenstandes eines Vermächtnisses durch V. E 440 f., M II 156 f.

Vermittelung eines Vertrages E 127, M II 509 ff.

Vermögen als Gegenstand des Sachenrechtes M III 31 f. — Uebertragung des ganzen gegenwärtigen V. E 70, M II 141 f.; Uebernahme desgl. M II 151 f. — Uebertragung eines ganzen zukünftigen V. oder Bestellung des Nießbrauches daran ist nichtig E 78, M II 186 f. — Form der Uebertragung eines ganzen gegenwärtigen V. oder der Bestellung eines Nießbrauches daran E 78, M II 187 ff. — Schenkung des ganzen V. M II 290. — Nießbrauch an einem V. E 236 ff., M III 558 ff. — Veräußerung des Vermögens des Mündels im Ganzen oder eines Bruchtheiles desselben E 398, M IV 1140.

Vermögensfähigkeit des Hauskindes M IV 729 f.

Vermögensgesellschaft M II 629 f.

Vermögensminderung als Voraussetzung der Schenkung E 95 f., M II 268 ff.

Vermögensübersicht bei befreiter Vormundschaft E 403, 404, M IV 1171 f.

Vermögensverwaltung, Pflicht des Beauftragten E 130, M II 537 f. — Elterliche V., Begriff E 359 f., M IV 759 ff. (s. im Uebrigen Eltern). S. auch Vormundschaft (Führung der V.), Verwaltung.

Vermögensverzeichniß über das Sondergut bei der Errungenschaftsgemeinschaft E 335, M IV 518 f.; vor Eingehung einer zweiten Ehe bei fortgesetzter Güter-

gemeinschaft E 331, M IV 470 ff. — Keine Pflicht zum V. für den Inhaber der elterlichen Gewalt bezüglich des Hauskindes M IV 742 f., E 362, M IV 777, s. aber E 369, M IV 808 f., E 370, M IV 812. — V. bei Annahme an Kindesstatt E 383 f., M IV 985. — Pflicht des Vormundes zur Aufnahme eines V. E 394, M IV 1099 ff.; Befreiung davon E 403 f., M IV 1170 ff.; Verbot der Offenlegung des V. E 404 f., M IV 1173 ff. — V. bei Eheschließung der zu Vormündern ihres volljährigen Kindes bestellten Eltern E 415, M IV 1244. — Pflicht des Vorerben zum V. M V 103, E 438, M V 130; des Testamentsvollstreckers E 452, M V 241 f.

Vermuthung, Begriff, Beweis des Gegentheils E 46, M I 384. — V. des Todes bei Todeserklärung E 5, M I 47 ff., s. auch Lebensvermuthung. — Vermutheter Auftrag M II 529. — Vermuthung des Eigenthums des Ehemannes (praesumtio Muciana) E 295 f., M IV 127 ff. — V. zu Gunsten des Gesammtgutes, des Sondergutes bei der Errungenschaftsgemeinschaft E 335, M IV 516 ff. — V. der ehelichen Vaterschaft E 349, M IV 650 ff. — V. des Ueberlebens für gleichzeitig Umgekommene M I 32, M V 491. — V. der Richtigkeit des Erbscheines E 495, M V 567 f.

Vernachlässigung des Hauskindes, Einschreiten des Vormundschaftsgerichtes E 369, M IV 803 ff.

Vernunftgebrauch, mangelnder, bei beschädigenden Handlungen E 157, M III 731 f.

Verpfändung beweglicher Sachen als Mittel der Sicherheitsleistung E 47, M I 390 (s. im Uebrigen Pfandrecht).

Verpfändungsvertrag E 150, M II 684 ff.: Berechtigung des Gläubigers zu Sicherheitsbestellung, falls der Verpflichtete wegen Nichterfüllung zu Schadensersatz verurtheilt ist E 150, M II 686.

Verpflegungsanstalten, Verjährung ihrer Ansprüche E 36, M I 301. — Aufnahme von Minderjährigen in V., vormundschaftliche Rechte und Pflichten des Vorstandes E 387 (Anm.).

Verpflichtungsgrund, Schuldversprechen ohne Angabe des V. E 150, M II 687 ff.

Verschaffungsvermächtniß E 440, M V 148 f.

Verschiedenheit des Geschlechtes M I 26; der Religion M I 26; des Standes M I 27.

Verschlechterungen, Ersatz beim Rücktritt vom Vertrage E 93 f., M II 281 f. — V. des nach Taxe übernommenen Inventars landwirthschaftlicher Grundstücke E 118 f., M II 433 ff. — Haftung des Besitzers und Inhabers für V. der Sache gegenüber dem Eigenthumsanspruche E 213, M III 402 ff. — Schutz des Hypothekengläubigers gegen V. des Grundstückes mit Zubehör E 245, M III 668 ff.

Verschollenheit, E 2 ff., M I 33 ff.

Verschulden, Begriff M I 281. — V. des Einzelnen beim Gesammtschuldverhältnisse E 73, M II 159.

Verschwägerung, s. Schwägerschaft. — Berücksichtigung der Verschwägerten des Mündels bei Auswahl des Vormundes E 388 f., M IV 1081; Anhörung derselben durch das Vormundschaftsgericht in wichtigen Fällen E 400, M IV 1149 ff.; Antrag derselben auf Einsetzung eines Familienrathes E 409, M IV 1205 ff.; Anhörung derselben zwecks Auswahl der Mitglieder E 409, M IV 1109 f.; die Mitglieder des Familienrathes müssen V. sein E 410, M IV 1214. — V. sind ausgeschlossen von Mitwirkung bei ordentlicher Testamentserrichtung E 454, M V 264.

Verschwender, Entmündigung E 6, M I 62 ff. — Beschränkte Geschäftsfähigkeit E 17, M I 149 ff. — Auflösung der allgemeinen Gütergemeinschaft bei Ver-

schwendung des Ehemannes E 320, M IV 396; der fortgesetzten Gütergemeinschaft E 331, M IV 472 f. — Einfluß der Entmündigung des Inhabers der elterlichen Gewalt wegen V. M IV 821, E 371 f., M IV 823. — Vormundschaft über V. E 413 f., M IV 1228 f. — Testamentsfähigkeit der V. M V 249 f.; Fähigkeit zur Zeugenschaft bei Testamenten M V 269. — Antrag der Vertragserben beim Erbeinsetzungsvertrage auf Entmündigung des Erblassers wegen V. E 465 (Anm.), M V 328. — Entziehung des Pflichttheiles aus guter Absicht E 478 f., M V 347 ff.

Versetzung von Beamten oder Militairpersonen, Kündigung des Miethverhältnisses E 115, M II 416 f.; nicht der Pacht E 117, M II 429.

Versicherung gegen Feuersgefahr und sonstige Unfälle beim Nießbrauche E 228 f., M III 513 ff. — Haftung der Forderung aus V. eines Grundstückes für die Hypothek E 243, M III 659 ff., E 244 f., M III 664 ff. — V. des Ehegutes E 299, M IV 200; des in elterlicher Nutzung stehenden Vermögens des Hauskindes E 365, M IV 788 f. — Versicherungspflicht des Vorerben E 432, M V 96.

Versicherungsvereine M II 592.

Versicherungsvertrag M II 635, 658.

Versionsklage M II 873 ff.

Versorgungsvertrag M II 635, 636.

Versprechen, einseitiges E 76, M II 175 f. — V. der Leistung an einen Dritten E 91, M II 265 ff.

Versteigerung, Vertragschließung E 21, M I 176 ff. — V. von Hausthieren bei der Wandelung wegen Hauptmängel E 90, M II 261. — V. eines sonst nicht veräußerlichen gemeinschaftlichen Gegenstandes unter den Theilhabern zwecks Aufhebung der Gemeinschaft E 173, M II 885. — Eigenthumserwerb in öffentlicher V. E 202, M III 349. — V. des Pfandes E 267, M III 824.

Vertheidigung, Kosten derselben, Tragung durch den Ehemann E 295, M IV 124, E 299, M IV 203, E 318, M IV 384; den Inhaber der elterlichen Gewalt E 365, M IV 788 f.

Vertheidigungsrecht gegen fremde gefahrdrohende Sachen E 44, M I 340 ff.

Vertiefen des Erdbodens, Gefährdung des Nachbargrundstückes E 198, M III 295 f.

Vertrag. Die Einrede des nicht erfüllten V. hemmt die Anspruchsverjährung nicht E 38, M I 314. — Verträge Minderjähriger E 15, M I 134 ff., E 17, M I 145 ff. — Gegenstand der Verträge E 76 ff., M II 176 ff.: Unmögliche, gegen Gesetz oder gute Sitten verstoßende V. E 76 f., M II 176 ff. — V. über Sachen, Rechte oder Handlungen Dritter E 77 f., M II 181 ff.; über die Erbschaft eines noch lebenden oder unbestimmten Dritten E 77, M II 182 ff. — Vertrag über Ueberlassung des ganzen künftigen Vermögens oder Bestellung des Nießbrauches daran ist nichtig E 78, M II 186 f. — Form des V. über Ueberlassung des ganzen gegenwärtigen Vermögens oder Bestellung des Nießbrauches davon E 78, M II 187 ff. — Form des V. über Eigenthum an Grundstücken E 78, M II 189 ff. — Unbestimmtheit der Leistnng E 78, M II 191; Bestimmung durch einen der Vertragschließenden E 78, M II 192; durch einen Dritten E 79, M II 193 f. — Vertragszinsen E 79, M II 195 ff. — Inhalt der Schuldverhältnisse aus Verträgen E 79 ff., M II 197 ff.; Rücksicht auf Treue und Glauben E 79, M II 197 f.; Einseitiges Rücktrittsrecht bei Nichterfüllung nicht die Regel E 79 f., M II 198 f.; clausula rebus sic stantibus M II 199. — Rücktritt bei Nichtinnehaltung festbestimmter Zeit oder Frist der Erfüllung (bei Fixgeschäften) E 80, M II 199 f. — Gegenseitiger Vertrag, Wesen, Erfüllung, Zug um Zug E 80, M II 200 f. — Untheilbarkeit der Gegenleistung bei mehreren Betheiligten E 80, M II 201 f. — Weigerung der Leistung bis zur Gegen-

leistung E 80, M II 202 f. — Klage auf Erfüllung Zug um Zug E 80 f., M II 203 f. — Einrede der noch nicht bewirkten Leistung (exceptio non impleti contractus), Beweislast E 81, M II 204; Einrede der mangelhaften Leistung E 81, M II 204 f. — Unmöglichwerden der Leistung, Tragung der Gefahr E 81 f., M II 205 ff. — Unmöglichwerden der Leistung durch einen vom Gläubiger zu vertretenden Umstand E 82, M II 208 f.; durch einen vom Schuldner zu vertretenden Umstand, Rücktrittsrecht der Gläubiger E 82, M II 209 ff. — Vertrag auf Leistung an einen Dritten, unmittelbare Berechtigung des Dritten E 91, M II 265 ff.; Zeit der Entstehung der Forderung des Dritten E 91, M II 270; Aufhebung des Versprechens durch die Vertragschließenden E 91, M II 270 f.; Zurückweisung des Forderungsrechtes durch den Dritten E 91, M II 271 f.; Einreden gegen den Dritten E 91, M II 272 f. — Rücktritt vom Vertrage, s. Rücktritt. — Gewagte Verträge M II 635. — S. auch Vertragschließung.

Vertragschließung (s. auch M I 127 ff.). E 19 ff., M I 161 ff.: Begriff E 19, M I 161. — Einigung über die wesentlichen Punkte E 19, M I 162. — Gegenseitiger Vertrag, bei welchem nur ein Theil gebunden ist E 19, M I 163 f. — Gebundensein des Antragenden E 19, M I 164 ff. — Erlöschen des Antrages E 19 f., M I 168 f. — V. unter Abwesenden E 20, M I 169 ff. — Zeitpunkt der V. E 21, M I 174. — Verspätete Annahme E 21, M I 175. — Einfluß des Todes oder eintretender Geschäftsunfähigkeit E 21, M I 175 f. — V. bei Versteigerungen E 21, M I 176 ff. — Zeichen der Vertragschließung (Daraufgabe) E 91 f., M II 273 ff.

Vertragserbe, Begriff E 462, M V 313 (s. das Einzelne unter Erbeinsetzungsvertrag).

Vertragsform, s. Form.

Vertragsurkunden E 22, M I 184 ff.

Vertretbare Sachen, Begriff E 176, M III 33. — Hinterlegung von v. S. als Darlehensvertrag E 135, M II 576 ff. — V. S. als Beitrag zur Gesellschaft E 138, M II 596. — Leistung einer Nichtschuld v. S. M II 837. — V. S. als Gegenstand eines Vermächtnisses E 439, M V 141, 176.

Vertreter Minderjähriger, Einwilligung zu Rechtsgeschäften E 15, M I 137 ff.; Ermächtigung der Minderjährigen zu einem selbständigen Erwerbsgeschäfte E 16, M I 141 ff. — Haftung des Schuldners für Verschulden seiner V. E 51, M II 29 ff. — Besitzerwerb durch V. E 181, M III 86 ff.; Verlust des durch V. ausgeübten Besitzes E 183, M III 106 ff. — Gerichtlich bestellter V. für ein derelinquirtes Grundstück E 199, M III 327. — Einwilligung des gesetzlichen V. des beschränkt Geschäftsfähigen zur Eheschließung E 281, M IV 10 ff.; Mangel derselben ist Eheanfechtungsgrund E 290, M IV 80 ff. — Ausübung der ehelichen Nutznießung und Verwaltung durch den gesetzlichen V. des Ehemannes E 307, M IV 286 ff.; bei allgemeiner Gütergemeinschaft E 319 M IV 393. — Legitimation des gesetzlichen V. zur Klage auf Nichtigkeit der Ehe E 288, M IV 61, nicht zur Klage auf Ehescheidung oder Trennung von Tisch und Bett E 345, M IV 609; zur Klage auf Anfechtung der Ehelichkeit eines Kindes E 350, M IV 668, E 351, M IV 671 f. — Einwilligung des gesetzlichen V. eines Kindes zur Ehelichkeitserklärung E 378, M IV 942, des gesetzlichen V. des Vaters E 378 M IV 943. — Gesetzlicher V. bei Annahme an Kindesstatt E 381 f., M IV 969 ff., beschränkte Vertretung dabei E 382, M IV 970 f. — Vormund ist gesetzlicher V. des Mündels E 391, M IV 1083 ff.; ausgeschlossene Fälle E 392, M IV 1088 ff.

Vertretung bei Rechtsgeschäften E 27 ff., M I 223 ff.: Unmittelbare Berechtigung und Verpflichtung des Vertretenen E 27, M I 225; Beurtheilung der Gültigkeit des Rechtsgeschäftes nach der Person des

Vertreters E 27, M I 236; Vollmacht E 27 ff., M I 228 ff.; V. ohne Vertretungsmacht E 29, M I 240 ff., s. auch Genehmigung. — Mittelbare Stellvertretung M I 239. — V. der Gesellschaft E 139, M II 609. — Gegenseitige V. der Ehegatten in Behinderungsfällen M IV 120 f. — V. bei Errichtung letztwilliger Verfügung unzulässig E 453, M V 246 f.; desgl. beim Erbeinsetzungsvertrage E 462, M V 314; desgl. bei Anfechtung oder Genehmigung des Erbeinsetzungsvertrages E 464, M V 324; desgl. beim Rücktritte vom Erbeinsetzungsvertrage E 467, M V 344.

Vertretungsmacht, s. Vertretung. — V. des Ehemannes M IV 269 ff.; des Inhabers der elterlichen Gewalt M IV 740 f.; des Nachlaßpflegers M V 549 f.

Vervielfältigung, mechanische, der Unterschrift auf Schuldverschreibungen auf Inhaber E 151, M II 696.

Verwahrer, s. Hinterlegungsvertrag.

Verwahrung bei Unterstellung stillschweigender Willenserklärung M I 154. — Pflicht zur V. der Sache u. s. w. nach Eintritt der Rechtshängigkeit E 55, M II 55. — Verwahrungspflicht des Finders E 208, M III 378; des Pfandgläubigers E 263, M III 810 f. — Amtliche V. der Testamentsurkunde E 460, M V 295 f.; der Urkunde über Erbeinsetzungsvertrag E 463, M V 319.

Verwahrungsvertrag, s. Hinterlegungsvertrag.

Verwaltung, gerichtliche, einer dem Nießbrauche unterworfenen Sache bei nicht erfolgender Sicherheitsleistung des Nießbrauchers E 230, M III 519, E 231, M III 529. — V. des Ehegutes durch den Ehemann E 305, M IV 367 ff.; des Vermögens der Ehefrau durch denselben bei Gütertrennung E 311 f., M IV 324 ff.; des Gesammtgutes durch denselben bei allgemeiner Gütergemeinschaft E 314, M IV 348 ff.; durch den überlebenden Ehegatten bei fortgesetzter Gütergemeinschaft E 328 f., M IV 1399 ff. — V. des Vorerben M V 101 f.

Verwaltungsgemeinschaft M IV 156 ff.

Verwaltungsvertrag M II 2, 529.

Verwandlung, s. Umwandlung.

Verwandte, Unterhaltspflicht, s. d. W. — Berücksichtigung der V. des Mündels bei Auswahl des Vormundes E 338 f.; M IV 1061; Anhörung derselben durch das Vormundschaftsgericht in wichtigen Fällen E 400, M IV 1149 ff.; Antrag derselben auf Einsetzung eines Familienrathes E 409, M IV 1205 ff.; Anhörung derselben zwecks Auswahl der Mitglieder desselben E 409, M IV 1209 f.; Mitglieder des Familienrathes müssen V. sein E 410, M IV 1214. — Erbeinsetzung der „Verwandten, nächsten Verwandten" E 423, M V 36 f. — V. sind ausgeschlossen von Mitwirkung bei ordentlicher Testamentserrichtung E 454, M V 264.

Verwandtschaft, E 7, M I 65 ff., E 349 ff., M IV 646 ff. — V. als Ehehinderniß E 281, M IV 21 ff.; Nichtigkeit der Ehe wegen V. E 285, M IV 53. — Keine V. der Kinder aus nichtigen Ehen bei bösem Glauben beider Ehegatten mit den Verwandten des Vaters E 374, M IV 848 f. — V. der unehelichen Kinder mit den Verwandten der Mutter E 374, M IV 851 ff.; der Legitimirten mit den Verwandten des Vaters E 379, M IV 947 f.; des an Kindesstatt Angenommenen und seiner Abkömmlinge mit den Verwandten des Annehmenden E 383, M IV 979 f.

Verweigerung der ehelichen Pflicht, Ehescheidungsgrund (?) M IV 577.

Verwendungen, Ersatz an den Schuldner bei Verzug des Gläubigers E 58, M II 76 f. — Zurückbehaltungsrecht wegen V. E 53, M II 40 f. — Ersatz für V. beim Rücktritte vom Vertrage E 94, M II 282. — V. des Käufers E 100 f., M II 325 f.; des Wiederverkäufers E 104, M II 343. — Ersatz der V. beim Erbschaftskaufe E 107, M II 361 f. — V. auf die gemiethete Sache E 111 f., M II 393 ff. — V. auf die geliehene Sache E 121, M II 447. — Ersatz von V. des Beauftragten E 130, M II 540. — V. beim

Hinterlegungsvertrag E 135, M II 581. — Ersatz von V. an den Schuldner bei widerrechtlichen Handlungen E 159, M II 741. — Ersatz von V. bei Rückforderung eines nichtgeschuldeten Gegenstandes E 166, M II 839. — Klagen aus nützlicher Verwendung M II 873 ff. — Ansprüche des Besitzers oder Inhabers einer Sache aus V. gegenüber dem Eigenthumsanspruch E 214 f., M III 411 ff. — Ersatz von V. des Nießbrauchers E 231, M III 523 ff.; des Pfandgläubigers auf das Pfand E 264, M III 813 f. — Ausgleich der V. von Ehegut auf Vorbehaltsgut und umgekehrt E 305, M IV 267. — V. des Ehemannes auf das Ehegut M IV 285; des Ehemannes bei allgemeiner Gütergemeinschaft aus dem Gesammtgute in sein Vorbehaltsgut und umgekehrt E 318, M IV 380 ff.; desgl. bei Errungenschaftsgemeinschaft M IV 509 f. — V. aus dem Mündelvermögen in den Nutzen des Vormundes E 394, M IV 1107 f., E 405, M IV 1180. — Ersatz von Aufwendungen des des Vormundes E 405, M IV 1181. — V. des Beschwerten auf den Gegenstand des Vermächtnisses E 446, M V 199 ff. — Ersatz der V. des Erbschaftsbesitzers E 497, M V 589 f.

Verwerflicher Empfang, Rückforderungsrecht E 468, M III 849 ff.

Verwirkung, s. Rechtsverwirkung. — V. der elterlichen Gewalt E 372, M IV 836 ff., E 386, M IV 1002; Grund zur Auflösung der fortgesetzten Gütergemeinschaft E 332, M IV 473 f.

Verzeichniß, Vorlegungspflicht E 175, M II 894 ff. — V. beim Nießbrauche an einem Inbegriffe von Vermögensgegenständen E 227, M III 506 f., E 237, M III 565; über das Ehegut bei der ehelichen Nutznießung M IV 185; über das Gesammtgut bei fortgesetzter Gütergemeinschaft E 331, M IV 470 ff.; über die Sondergüter bei Errungenschaftsgemeinschaft E 335, M IV 518 f. — S. auch Inventar, Vermögensverzeichniß, Nachlaßverzeichniß.

Verzeihung, kein Widerruf der Schenkung E 98, M II 304; Ausschluß des Rechtes auf Ehescheidung und Trennung von Tisch und Bett E 343, M IV 602 ff.; auf Entziehung des Pflichttheiles E 479, M V 443 f.; auf Erbunwürdigkeitserklärung E 489, M V 524 f.

Verzicht auf Rechte M I 273. — Einseitiger V. des Gläubigers auf die Forderung ist unverbindlich E 65, M II 116. — V. auf Rechte an Grundstücken E 189 M III 200 f. —. Aufhebung der für Grenzüberbau bestimmten Rente durch V. ist unwirksam E 196. — V. des Ehemannes auf die eheliche Nutznießung und Verwaltung M IV 294 f. — V. eines Abkömmlinges auf sein Recht an dem Gesammtgute der fortgesetzten Gütergemeinschaft E 326, M IV 448 f., E 328, M IV 460 f. — Unwirksamkeit des V. auf den gesetzlichen Unterhaltsanspruch für die Zukunft E 356, M IV 709; des V. auf das elterliche Erziehungsrecht M IV 752. — V. auf die elterliche Nutznießung E 367, M IV 796 f. — Kein V. auf die elterliche Gewalt E 373, M IV 842. — Verzicht auf gesetzliches Erbrecht, s. Erbverzicht. — V. auf das Inventarrecht E 499, M V 607, E 508, M V 652 f.

Verzinsung, s. Zinsen.

Verzug des Wahlberechtigten bei Alternativobligationen E 48 f., M II 8. — Verzug des Schuldners E 55 ff., M II 56 ff.: Wirkung der Unmöglichkeit der Leistung E 55, M II 60 f.; Verzugsinteresse E 55 f., M II 62. — Verzugszinsen E 56, M II 62 ff., 66. — Haftung für jede Fahrlässigkeit, für Zufall E 56, M II 64 ff. — Nachholung des Versäumten E 57, M II 66 f. — Verzug des Gläubigers E 57 f., M II 68 ff.: Anbieten der Leistung (Realoblation, Verbaloblation) E 57, M II 69 ff.; Anbieten der Gegenleistung durch den Gläubiger E 57 f., M II 73; Wirkungen des Verzuges des Gläubigers: Beschränkung der Haftung des Schuldners E 58, M 73 f.; Ueber-

gang der Gefahr auf den Gläubiger E 58, M II 74; keine Haftung des Schuldners für Nutzungen E 58, M II 74 f.; Aufhören der Zinsverpflichtung E 58, M II 75; Nichteintritt der besonderen Nachtheile der Nichtleistung für den Schuldner E 58, M II 76, Ersatzpflicht des Gläubigers für Mehraufwendungen E 58, M II 76 f. — Nachholung des Versäumten E 58, M II 77. — Verkauf beweglicher Sachen und Hinterlegung des Erlöses bei Verzug des Gläubigers E 63, M II 102 f. — V. des einzelnen Betheiligten bei Gesammtschuldverhältniß E 73, M II 159. — V. des Gläubigers bei gegenseitigen Verträgen, Unmöglichwerden der Leistung E 82, M II 208. — Verwirkung der Konventionalstrafe bei V. des Sch. E 93, M II 278. — V. des Schenkers E 97, M II 297 f. — V. des Dienstberechtigten bei Annahme der Dienste E 122, M II 461 f.; V. der Annahme des Bestellers beim Werkvertrage E 126, M II 495 f. — V. des Besitzers oder Inhabers einer Sache beim Eigenthumsanspruche E 214, M III 408 f; Annahmeverzug des Eigenthümers E 215, M III 420 f. — Verzugszinsen von der Grundschuldsumme E 259 f., M III 790. — V. des Unterhaltspflichtigen, Nachzahlung des Unterhaltes für die Vergangenheit E 356, M IV 706. — V. des Erbschaftsbesitzers E 498, M V 591 f.

Verzugsinteresse, s. Verzug.

Verzugszinsen, s. Verzug.

Viehmängel E 88 ff., M II 243 ff.

Viehverstellung M II 2, 441 ff.

Vierteljahr, Begriff E 35, M I 285.

Vindikationslegat M V 133 f.

Virginität, Irrthum über dieselbe M IV 74.

Vis absoluta, compulsiva M I 204. — Vis majar, s. höhere Gewalt.

Vitalität, s. Lebensfähigkeit.

Vitiosa possessio, s. Fehlerhafte Inhabung.

Vollbürtige Seitenverwandte E 7, M I 65 f.

Volljährige, beschränkte Geschäftsfähigkeit von V. E 17, M I 144 ff. — Volljährigkeit endet die elterliche Gewalt E 372, M IV 727, 830; die Vormundschaft E 407, M IV 1193, die Pflegschaft über Minderjährige E 419, M IV 1272. — Vormundschaft über V. E 413 ff., M IV 1227 ff. (s. Einzelnes unter Vormundschaft.) — Nur V. sollen Testamentszeugen sein E 455, M V 266.

Volljährigkeitserklärung E 6, M I 53 ff. — V. begründet keine Ehemündigkeit E 280, M IV 18; hebt die elterliche Gewalt auf M IV 830. — V. endet die Vormundschaft M IV 1194.

Vollmacht E 27 ff., M I 228 ff. — Spezialvollmacht M I 230 ff.; Substitutionsbefugniß M I 232. — Mehrere Bevollmächtigte M I 233. — Erlöschen der V., Widerruf E 27, M I 233 ff. — Vollmachtsurkunde E 28, M I 238 ff. In V. vorgenommene einseitige Rechtsgeschäfte E 28, M I 240. — Fälle, in denen zur Verfügung des Ehemannes über das Ehegut V. der Ehefrau erforderlich ist E 304, M IV 278 f.

Vollstreckungshandlungen unterbrechen die Anspruchsverjährung E 40, 41, M I 329 ff.

Vollstreckungsklausel, Klage auf Ertheilung derselben unterbricht die Anspruchsverjährung E 40, M I 327 ff.

Vollstreckungsurtheil, Klage auf Erlassung desselben unterbricht die Anspruchsverjährung E 40, M I 327 ff.

Vollzieher letzter Willen, s. Testamentsvollstrecker.

Voraus des überlebenden Ehegatten E 470, M V 372 ff.; Nichteinrechnung in den Pflichttheil desselben E 471, M V 390; indeß Berücksichtigung bei der Werthberechnung E 474, M V 409.

Vorausklage, Einrede der V. hemmt die Anspruchsverjährung nicht E 38, M I 314. — Einrede der V. der Bürgen

E 148, M II 667. — Keine Einrede der V. gegen Anspruch aus der Hypothek M III 700.

Vorausleistung der Leibrente E 145, M II 639; der Entschädigungsrente bei Tödtung E 161, M II 788; bei Grenzüberbau E 196, M III 285 f.; bei Unterhaltspflicht E 356, M IV 703, 709, E 376, M IV 906.

Voraussetzung, Rückforderung wegen Nichteintrittes des bei einer Leistung vorausgesetzten künftigen Ereignisses oder rechtlichen Erfolges E 166 f., M II 842 ff.; Anfechtung letztwilliger Verfügung E 425, M V 48 ff.; des Erbeinsetzungsvertrages E 464, M V 322 ff., E 467, M V 346 ff.

Vorausvermächtniß, Begriff E 439, M V 139 f. — V. ist nicht Gegenstand des Erbschaftskaufes E 106, M II 355, desgl. der Nacherbfolge E 432, M V 92.

Vorbehalt der Annahme eines besseren Gebotes durch den Verkäufer E 103, M II 337 ff. — V. des Ranges für eine künftig einzutragende Hypothek oder sonstiges Recht an einem Grundstücke zum Grundbuche E 192, M III, 233 f. — V. des Eigenthumes beim Kaufe M II 319, III 336. — V. der Ergänzung letztwilliger Verfügung E 423, M V 31 f. — V. des Inventarrechtes und der Abzugseinrede im Urtheile E 510, M V 667 f.

Vorbehaltsgut, Begriff E 296, M IV 167 f., s. im Uebrigen Eheliches Güterrecht. — V. bei allgemeiner Gütergemeinschaft E 313, M IV 338 ff.; Berufung zu demselben durch Erbfolge E 326 f., M IV 451 ff. — V. bei fortgesetzter Gütergemeinschaft E 327, M IV 455; bei der Errungenschaftsgemeinschaft E 334, M IV 505; bei der Gemeinschaft des beweglichen Vermögens und der Errungenschaft E 339, M IV 543.

Vorbildung, Kosten der V. für einen bestimmten Lebensberuf, keine Ausgleichspflicht E 514, M V 702 ff.; Gegenstand der Unterhaltspflicht E 355, M IV 696.

Voreltern, Vermuthung, daß dieselben aus Gewährung von Unterhalt an ihre Abkömmlinge keinen Anspruch haben erlangen wollen E 170, M II 864. — Gesetzliches Erbrecht der V. (fünfte u. s. w. Linie) E 469, M V 366 f. — Kein Pflichttheilsrecht M V 383.

Vorempfangenes, Begriff E 514, M V 701, s. auch Ausgleichungspflicht.

Vorenthalten eines Hauskindes E 359, M IV 753 f.; eines Mündels E 393, M IV 1096 ff.

Vorentscheidung einer Behörde, Gesuch um Erlassung derselben unterbricht die Anspruchsverjährung E 42, M I 340.

Vorerbe, Begriff E 430, M V 79 ff. — S. im Uebrigen Nacherbe. — Erbschein für den V. E 495, M V 565.

Vorkauf, Vorkaufsrecht E 104 f., M II 344 ff.: Anzeige an den Berechtigten E 105, M II 348; Eintritt desselben in Nebenleistungen E 105, M II 349; V. bei Gesammtpreis E 105, M II 349 f.; keine Ausübung des V. bei Zwangsvollstreckung E 105, M II 350; Unübertragbarkeit des V. E 105, M II 351; Erlöschen des V., Fristen E 105, M II 351 f.; bei Miteigenthum M III 437.

Vorkaufsrecht an Grundstücken, Entstehung durch Eintragung in das Grundbuch M III 162, 204, E 218 ff., M III 447 ff.: Inhaltsbeschränkung auf eine Person, einen Verkaufsfall, Erweiterung auf weitere Verkaufsfälle, auf den jeweiligen Besitzer eines Grundstückes E 218, M III 452 ff. — Kein V. an Bruchtheilen E 218, M III 454. — Rechtsverhältniß zwischen Berechtigten, Verkaufspflichtigen und dritten Erwerber E 218, M III 454 ff. — Ausübung des V. E 219, M III 457 ff. — Erweiterungen des V. E 219, M III 460. — Aufhebung des V. durch Rechtsgeschäft E 219 f., M III 460 ff.

Vorkaufspflichtiger, s. Vorkaufsrecht (an Grundstücken).

Vorläufig, Zurückforderung des auf Grund eines für v. vollstreckbar erklärten Urtheiles Geleisteten E 167, M II 847 f. — V. Vormundschaft bei Antrag auf

Entmündigung einer volljährigen Person E 416, M IV 1246 ff. — S. auch einstweilige Verfügungen.

Vorlegung einer Sache, Interesse an der Besichtigung, Gestattung derselben E 174, M II 889 ff. — V. von Urkunden E 175, M II 891 ff.; Gefahr und Kosten der V. E 175, M II 893.

Vorleistung bei gegenseitigen Verträgen E 80, M II 200 ff.; des Dienstverpflichteten beim Dienstvertrage E 122, M II 461; des Vermiethers E 112, M II 398.

Vormerkung im Grundbuche zur Erhaltung des Rechtes auf Eintragung eines bestimmten Rechtes oder auf Löschung eines eingetragenen Rechtes E 193, M III 237 ff.; zur Erhaltung von Einwendungen gegen die Forderung aus Hypothek E 248, M III 702 ff.; aus Briefhypothek E 254, M III 747 f.

Vormund, Hemmung der Anspruchsverjährung zwischen V. und Mündel während der Vormundschaft E 39, M I 342 ff. — Antrag des V. auf Todeserklärung E 3, M I 42. — Annahme an Kindesstatt durch den V. E 382, M IV 970. — Prinzip der Selbständigkeit des V. M IV 1022 ff. — Verwaltender Vormund, Gegenvormund, Ehrenvormund M IV 1028 ff. — V. kann nicht Mitglied des Familienrathes sein E 410 M IV 1212.

Vormundschaft, E 387 ff., M IV 1008 ff.: Allgemeine Begründung der Motive M IV 1006 ff. — Anordnung der Vormundschaft E 387 ff., M IV 1046 ff.: Voraussetzung, Minderjährige außer elterlicher Gewalt, oder wenn diese auf elterliche Nutznießung beschränkt ist E 387, M IV 1046 f.; Anordnung von Amtswegen (Bestellungsprinzip) E 387, M IV 1047. — Berufung als Vormünder, Benennung durch Vater oder eheliche Mutter, Großvater E 387 f., M IV 1047 ff.; Benennung durch Eltern in letztwilliger Verfügung E 388, M IV 1053 ff. Recht aus der Berufung, Uebergehen bei Verhinderung oder Gefährdung des Mündels, Vorzug des Ehemannes bei Bestellung eines V. für die Ehefrau, der unehelichen Mutter vor dem Großvater, Mitvormund nur mit Zustimmung des Berufenen E 388, M IV 1057 ff. Auswahl durch das Vormundschaftsgericht beim Mangel Berufener, Vorzug der Verwandten und Verschwägerten, Anhörung des Gemeindewaisenrathes, Zahl der Vormünder, Vorbehalt der Entlassung E 388 f., M IV 1061 f., Pflicht zur Annahme der Wahl, Schadensersatz, Ordnungsstrafen E 389, M IV 1062 ff. Unfähigkeit, Geschäftsunfähigkeit, beschränkte Geschäftsfähigkeit, Gemeinschuldner, Verlust der bürgerlichen Ehrenrechte, Frauen mit Ausnahme der Mutter und Großmutter, Ausschließung durch letztwillige Verfügung E 389, M IV 1065 ff.; Zustimmung des Ehemannes zur Bestellung der Ehefrau E 389, M IV 1071; Bestellung von Beamten, Religionsdienern E 390, M IV 1071 f. Ablehnung, Frauen, zurückgelegtes sechzigstes Lebensjahr, fünf und mehr Kinder, Krankheit, Gebrechen, Wohnsitz nicht im Bezirke des Vormundschaftsgerichtes, wer zur Sicherheitsleistung verpflichtet ist, Bestellung zum Mitvormunde, Führung mehrerer Vormundschaften oder Pflegschaften, nicht Gegenvormundschaft, nicht V. über Geschwister E 390, M IV 1073 ff.; Geltendmachung der Ablehnung, vorläufige Uebernahme der V. E 390, M IV 1077. — Form der Bestellung, Handschlag an Eidesstatt, Bestallung E 390 f., M IV 1078 ff. — Nichtigkeit der Bestellung eines Geschäftsunfähigen, Bedeutung der sonstigen Unfähigkeitsgründe E 391, M IV 1081. — Bestellung eines Gegenvormundes E 391, M IV 1082. — Führung der Vormundschaft E 391 ff., M IV 1082 ff.: Pflicht und Recht der Sorge für Person und Vermögen des Mündels, Beginn derselben E 391, M IV 1082 f. Gesetzliche Vertretung des Mündels E 391, M IV 1083 ff. Konkurrenz einer Pflegschaft E 391, M IV 1087 f. Fälle der Ausschließung des Vormundes von der

gesetzlichen Vertretung des Mündels E 392, M IV 1088 ff. Gemeinschaftliche, getrennte Wirkungskreise mehrerer Vormünder E 392 f., M IV 1093 ff.; Meinungsverschiedenheiten unter den Vormündern bei getrennter Verwaltung, Entscheidung des Vormundschaftsgerichtes E 393, M IV 1095. Wirkungskreis des Gegenvormundes E 393, M IV 1095. Sorge für die Person des Mündels, Stellung eines Elterntheiles dazu E 393, M IV 1096 ff. Entlassung des Mündels aus dem Staatsverbande E 393, M IV 1098. Religiöses Bekenntniß des Mündels E 393, M IV 1099. Vermögensverzeichniß E 394, M IV 1099 ff. Anordnungen Dritter von Todeswegen oder unter Lebenden über die Verwaltung des von ihnen dem Mündel Zugewenden E 394, M IV 1102 ff. Schenkungen aus dem Vormögen des Mündels E 394, M IV 1106 f. Verwendungen in den Nutzen des Vormundes E 394, M IV 1107 f. Beginn oder Auflösung eines Erwerbsgeschäftes, Genehmigung des Vormundschaftsgerichtes E 394, M IV 1108. Anlegung von Mündelgeldern in Hypotheken, Grundschulden (Beleihungsgrenze), Schuldverschreibungen, Sparkassen, Werthpapieren E 395, M IV 1108 ff.; vorübergehende Belegung bei Banken, bei öffentlichen Hinterlegungsstellen E 395, M IV 1116 f.; Mitwirkung des Gegenvormundes, Ersatz derselben durch Genehmigung des Vormundschaftsgerichtes E 295 f., M IV 1117 ff.; sonstige Anlegung mit Genehmigung des Vormundschaftsgerichtes E 396, M IV 1120; Anlegung von Geldern, welche zu laufenden Ausgaben u. s. w. erforderlich sind E 396, M IV 1120 f. — Verfügung über Ansprüche des Mündels, Genehmigung des Gegenvormundes, des Vormundschaftsgerichtes E 396 f., M IV 1121 ff.; Hinterlegung oder Umschreibung von Schuldverschreibungen auf Inhaber und Aktien des Mündels E 397, M IV 1129 ff.; Genehmigung des Vormundschaftsgerichtes zur Erhebung der hinterlegten Papiere und zu Rechtsgeschäften über dieselben, zu Rechtsgeschäften über umgeschriebene Papiere E 397, M IV 1133 ff.; Hinterlegung von Werthpapieren und Kostbarkeiten, Umschreibung ersterer ohne Verpflichtung dazu E 397 f., M IV 1135; Kosten der Hinterlegung und Umschreibung E 398, M IV 1135. — Erforderliche Genehmigung des Vormundschaftsgerichtes zur Veräußerung und Belastung von Grundstücken, zur Veräußerung des ganzen Vermögens oder eines Bruchtheiles, Auseinandersetzung einer Erbschaft, Pachtvertrag, Miethvertrag, Vertrag auf wiederkehrende Leistungen, Pachtvertrag über Landgut oder gewerblichen Betrieb, Vergleich, Schiedsvertrag, Verbindlichkeit aus Schuldverschreibung auf Inhaber, Wechsel und sonstigen indossablen Papieren, Aufnahme von Geld auf Kredit des Mündels, Uebernahme fremder Verbindlichkeit, Ertheilung einer Prokura, Aufhebung von Sicherheiten, Erwerbsgeschäft, Gesellschaftsvertrag E 398 f., M IV 1136 ff.; allgemeine Ermächtigung zu sonst nur mit Genehmigung des Vormundschaftsgerichtes vorzunehmenden Rechtsgeschäften E 399, M IV 1147 f.; keine Genehmigung erforderlich für Gemeinschaftstheilung und Veräußerung im Wege der Zwangsvollstreckung E 399 f., M IV 1148 f.; keine Ueberlassung von Gegenständen, deren Veräußerung Genehmigung erfordert, an den Mündel E 400, M IV 1149. — Anhörung von Verwandten und Verschwägerten des Mündels durch das Vormundschaftsgericht in wichtigen Fällen E 400, M IV 1149 ff.; Anhörung des Gegenvormundes E 400, M IV 1151 f. — Anhörung des (achtzehnjährigen) Mündels selbst E 400, M IV 1152 f. — Vorgängige, nachträgliche Genehmigung des Vormundschaftsgerichtes, Verweigerung derselben, desgl. des Gegenvormundes E 400 f., M IV 1153 ff. — Allgemeine Fürsorge und Aufsicht des Vormundschaftsgerichtes: Maßregeln bis zur Bestellung eines Vormundes E 401, M IV 1155 Aufsicht über Vormund und Gegen-

vormund, Ordnungsstrafen E 401, M IV 1155 ff.; Unterbringung des Mündels in eine Familie, Erziehungs-, Besserungsanstalt E 401, M IV 1156. — Auskunftsertheilung durch den Vormund E 402, M IV 1156 f. — Jährliche Rechnungslegung, Bilanz als solche E 402, M IV 1157 ff.; Prüfung der Rechnung, unerledigt bleibende Ansprüche sind im Rechtswege zu entscheiden E 402, M IV 1159 ff. — Sicherheitsleistung des Vormundes E 402 f., M IV 1161 f. — Befreite Vormundschaft E 430 ff. M IV 1162 ff.: Anordnung durch den Vater und die eheliche Mutter E 403, M IV 1162 ff.; Anordnung der Nichtbestellung eines Gegenvormundes, Beschränkung auf einzelne in solcher Anordnung enthaltene Befreiungen, Ausschließung der Genehmigung des Vormundschaftsgerichtes E 403, M IV 1168 ff.; Befreiung von der Rechnungslegung, dafür Vermögensübersicht E 403 f., M IV 1170 ff.; Befreiung von Hinterlegung und Umschreibung der Werthpapiere, von Sicherheitsleistung E 404, M IV 1172; Anordnung durch letztwillige Verfügung E 404, M IV 1172. Außerkraftsetzung solcher Anordnung durch das Vormundschaftsgericht E 404, M IV 1173. Verbot der Offenlegung des Vermögensverzeichnisses E 404 f., M IV 1173 ff. Befreite Vormundschaft über Volljährige E 415, M IV 1240 ff. — Verbindlichkeiten zwischen Vormund und Mündel: Haftung des Vormundes und Gegenvormundes für die Sorgfalt eines ordentlichen Hausvaters, mehrerer Verantwortlicher als Gesammtschuldner, subsidiäre Haftung des Aufsichtspflichtigen E 405, M IV 1175 ff. — Verzinsungspflicht bei Verzögerung der Anlegung von Geldern, bei Verwendungen aus dem Vermögen des Mündels in eigenen Nutzen E 405, M IV 1180 f.; Ersatz von Aufwendungen des Vormundes E 405, M IV 1181. — Honorar des Vormundes, Regel der unentgeltlichen Vormundschaftsführung E 406, M IV 1181 ff. — Rechnungslegung und Herausgabe des Vermögens, Mitwirkung des Gegenvormundes, Abnahme durch das Vormundschaftsgericht, Beurkundung des Anerkenntnisses der Rechnung E 406, M IV 1184 ff.

Haftung des Vormundschaftsrichters E 406, M IV 1190 ff.

Beendigung der Vormundschaft E 407 f., M IV 1193 ff.: Tod, Volljährigkeit, Todeserklärung, Eintritt der elterlichen Gewalt, Wegfall der Beschränkung derselben auf die elterliche Nutznießung, Zeitpunkt der Beendigung bei Legitimation durch nachfolgende Ehe E 407, M IV 1193 ff. — Endigung des Amtes des Vormundes durch Todeserklärung, Tod, Geschäftsunfähigkeit, Entlassung E 407, M IV 1195 ff.; obligatorische Entlassungsgründe, Gefährdung des Mündels, Unfähigkeit, Versagung oder Zurückziehung der Zustimmung des Ehemannes, Dienstverhältniß E 407 f., M IV 1197 ff.; Entlassung auf Antrag E 408, M IV 1199 ff.; Entlassung einer Frau im Falle der Eheschließung E 408, M IV 1200 f.; Anzeigepflicht vom Tode des Vormundes für den Erben, vom Tode eines Mitvormundes oder Gegenvormundes für den Vormund E 408, M IV 1201 f.; Schutz des Vormundes gegen Nichtkenntniß der Beendigung der Vormundschaft, Analogie des Auftrages E 408, M IV 1202. — Beendigung des Amtes des Gegenvormundes E 408, M IV 1202. — Zurückgabe der Bestallung E 407, M IV 1203.

Familienrath E 409 ff, M IV 1203 ff.: Einsetzung auf Anordnung des Vaters oder der ehelichen Mutter des Mündels, bedingte Anordnung, Mangel fähiger und geeigneter Mitglieder E 409, M IV 1203 ff.; Einsetzung auf Antrag eines Verwandten oder Verschwägerten des Mündels, falls sie nicht vom Vater oder der ehelichen Mutter untersagt ist E 409, M IV 1205 ff. Zusammensetzung, Bestellung und Verpflichtung der Mitglieder, Vormundschaftsrichter ist Vor-

sitzender E 409, M IV 1207 f. — Berufung durch die Eltern, Auswahl durch das Vormundschaftsgericht, Ersatzmitglieder E 409 f., M IV 1209 ff.; Unfähigkeit: Vormund, Frau, Erforderniß der Verwandtschaft oder Verschwägerung, Ausschließung durch elterliche Anordnung E 410, M IV 1213 ff. Freiwillige Uebernahme des Amtes E 411, M IV 1215 f. Elterliche Anordnung des Familienrathes nur durch letztwillige Verfügung E 411, M IV 1216. Rechte und Pflichten des Familienrathes, Stellung des Vormundschaftsrichters, provisorische Anordnungen desselben E 411, M IV 1216 ff. Ersatz der Auslagen der Mitglieder E 411, M IV 1218. Einberufung des Familienrathes, Einladung, Ordnungsstrafen E 411, M IV 1218 ff.; Beschlußfähigkeit und Abstimmung E 412, M IV 1220 ff. Beendigung des Amtes eines Mitgliedes, Entlassung E 412, M IV 1224 f. Aufhebung des Familienrathes E 412, M IV 1225. — F. bei Vormundschaft über Volljährige E 416, M IV 1246.

Mitwirkung des Gemeindewaisenrathes E 412 f., M IV 1225 ff.

Vormundschaft über Volljährige E 413 ff., M IV 1227 ff.: Entmündigung wegen Geisteskrankheit, Verschwendung E 413, M IV 1227 ff., Schutzbedürftigkeit, körperliche Gebrechen, Taube, Blinde, Stumme, Einwilligung des Schutzbedürftigen, wenn Verständigung möglich E 413, M IV 1229 ff.; Anwendung der Vorschriften für Vormundschaft über Minderjährige E 414, M IV 1235 f. Berufene Personen, Reihenfolge E 414, M IV 1236 ff. Sorge für die Person des Mündels, Umfang derselben, insonderheit bei Ehefrau E 414, M IV 1238 f. Gewährung einer Ausstattung E 414, M IV 1239 f. Genehmigung des Vormundschaftsgerichtes bei Pacht- und Miethverträgen, Verpflichtung zu wiederkehrenden Leistungen E 415, M IV 1240. Befreite Vormundschaft der Eltern E 415, M IV 1240 ff. Eheschließung der zu Bevormündern bestellten Eltern, Inventar, Auseinandersetzung E 415, M IV 1244. Beendigung der Vormundschaft, Tod, Todeserklärung, Aufhebung der Entmündigung, Aufhören der Schutzbedürftigkeit E 415 f., M IV 1245 ff. Einsetzung eines Familienrathes E 416, M IV 1246.

Vorläufige Vormundschaft bei Beantragung der Entmündigung einer volljährigen Person E 416, M IV 1246 ff.

Ausschlagung von Erbschaften für unter V. Stehende E 487, M V 514.

Vormundschaftsgericht, Supplirung der Einwilligung zur Eheschließung E 280, M IV 15 ff.; Genehmigung des Vertrages auf allgemeine Gütergemeinschaft E 312, M IV 334. Sicherstellung der Abkömmlinge bei fortgesetzter Gütergemeinschaft, falls der überlebende Ehegatte zu neuer Ehe schreitet E 331, M IV 470 ff. Genehmigung des Vertrages auf Gemeinschaft des beweglichen Vermögens und der Errungenschaft E 339, M IV 543. — Befugnisse des V. bezüglich der Sorge für die Person der gemeinschaftlichen Kinder nach Ehescheidung E 346, M IV 625 ff. — Mittheilung des Urtheiles auf Ehescheidung oder Trennung von Tisch und Bett, des Erlasses einstweiliger Verfügungen an das V. beim Vorhandensein eines gemeinschaftlichen minderjährigen Kindes E 348, M IV 640. — Unterstützung des elterlichen Erziehungsrechtes durch das V. E 359, M IV 751 f. Genehmigung der Entlassung des Kindes aus dem Staatsverbande E 359, M IV 756 f.; Fälle der erforderlichen Genehmigung des V. zu Rechtsgeschäften über das Vermögen des Hauskindes E 360 f., M IV 762 ff. — Mitwirkung bei Verzicht auf die elterliche Nutznießung E 367, M IV 796 f. Bestellung eines Beistandes der Mutter bei Ausübung der elterlichen Gewalt E 367, M IV 797 ff. — Fürsorge und Aufsicht des V. bei der elterlichen Gewalt E 368 ff., M IV 802 ff. — Genehmigung der Verträge über Unterhaltspflicht des unehe-

lichen Vaters E 376, M IV 905 f. — Genehmigung der Einwilligung gesetzlicher Vertreter zur Ehelichkeitserklärung E 378, M IV 943 f. — Mitwirkung bei der Annahme an Kindesstatt E 381 f., M IV 970 f., E 383 f., M IV 985 f. — Auswahl des Vormundes beim Mangel Beredsamer E 384 f., M IV 1081 f. Entscheidung der Meinungsverschiedenheit mehrerer Vormünder E 393, M IV 1095; Genehmigung zur Entlassung des Mündels aus dem Staatsverbande E 393, M IV 1098; zum Beginne oder der Auflösung eines Erwerbsgeschäftes E 394, M IV 1108; zur Anlegung von Mündelgeldern E 396, M IV 1118 f.; zur Verfügung über Ansprüche des Mündels E 396, M IV 1121 ff.; über Werthpapiere des Mündels E 397, M IV 1133 ff. Weitere Fälle der vormundschaftlichen Vermögensverwaltung, wo die Genehmigung des V. erforderlich ist E 398 f., M IV 1136 ff.; Karakter der Genehmigung E 400 f., M IV 1153 f. — Allgemeine Fürsorge und Aufsicht des Vormundschaftsgerichtes E 401 ff., M IV 1155 ff. (S. das Einzelne unter Vormundschaft.) — Außerkraftsetzung der Anordnung befreiter Vormundschaft durch das V. E 404, M IV 1173. Versiegelung des Vermögensverzeichnisses, dessen Offenlegung durch den Erblasser oder Zuwender verboten ist E 404 f., M IV 1173 ff. — Abnahme der Schlußrechnung des Vormundes E 406, M IV 1186 ff. — Entlassung des Vormundes E 407 f., M IV 1196 ff. — Einsetzung des Familienrathes E 407, M IV 1203 ff. — Rechtsgeschäfte bei Vormundschaft über Volljährige, welche die Genehmigung des V. bedingen, E 415, M IV 1240. — Genehmigung des V. zur Aufhebung eines Erbeinsetzungsvertrages E 466, M V 340, zur Ausschlagung von Erbschaften für Hauskinder und Mündel E 487 f., M V 514 ff. — Mittheilung der Bestimmung der Inventarfrist an das V. E 500, M V 614.

Vormundschaftsrichter, Haftung desselben gegenüber dem Hauskinde E 358, M IV 749, gegenüber dem Mündel E 406, M IV 1190 ff. — V. ist Vorsitzender des Familienrathes E 409, M IV 1207 f., E 411. M IV 1217.

Vornamen des Kindes M IV 712.

Vorrang, s. Rangordnung.

Vorsatz, Begriff M I 280. — Vorsätzliche Nichterfullung von Obligationen E 51, M II 26 ff. — Kein Zurückbehaltungsrecht des Schuldners, wenn er den Gegenstand durch eine vorsätzlich begangene unerlaubte Handlung erlangt hat E 53, M II 44. — V. bei widerrechtlichen Handlungen E 156, M II 724 ff.

Vorschüsse an gewerbliche Arbeiter, an Rechtsanwälte, Verjährung des Anspruches daran E 37, M I 304. — V. beim Auftrage E 130, M II 540.

Vorstand der Körperschaft E 9 ff., M I 94 ff.

Vorvertrag M I 178, 184.

Vorzeigung, s. Vorlegung.

Vorzugsrechte werden mit der Forderung übertragen E 66, M II 124 f. — Bestandbleiben bei Schuldübernahme (?) E 71, M II 147. — V. bei der Zwangsversteigerung von Grundstücken E 186, M III 153.

W.

Waarenlager M III 35.

Wägen beim Kaufe, Kosten desselben E 101, M II 328.

Währung, s. Reichswährung.

Wärme. Zuführung oder Mittheilung an ein Grundstück E 194, M III 264 ff.

Wahlkonsuln, Bestimmung über deren Wohnsitz E 8.

Wahl, Wahlrecht bei Leistungen (Obligationen) E 48 f., M II 6 ff. — W. der Gläubiger, welche von mehreren Forderungen durch Aufrechnung erlöschen soll E 63, M II 110 f. — W. zwischen

Wandelung und Minderung E 85, M II 227 f. — W. des Gläubigers zwischen Leistung, Konventionalstrafe und Schadensersatz E 92, M II 275 f. — W. des gutgläubigen Theiles bei der Putativehe bezüglich der vermögensrechtlichen Beziehungen E 289 f., M IV 67 ff. — W. unter mehreren Bedachten bei letztwilliger Verfügung E 243, M V 34 ff. — W. bei Vermächtnissen E 442, M V 170 ff.

Wahlvermächtniß, Begriff E 442, M V 170 ff., 197.

Waisenrath, s. Gemeindewaisenrath.

Waldfrevel, Schadensersatz M II 749.

Wandelung E 85 ff., M II 227 ff. — S. im Uebrigen Gewährleistung (der Mängel).

Wartegelder, Verjährung des Anspruches aus Rückständen E 37, M I 306.

Wartezeit der Wittwen zur Wiederverheirathung E 282 f., M IV 32, 561.

Wasserabfluß von Grundstücken E 196, M III 279 ff.

Wasserrecht ausgeschlossen vom Entwurfe E 176, M III 5.

Wechsel, Pfandrecht an einem W. E 278, M III 868. — Verbindlichkeiten aus W. beim Vermögen des Hauskindes E 360, M IV 762 ff.; beim Mündelgute E 399, M IV 1143.

Wechselprozeß, Zurückforderung des auf Grund eines in W. unter Vorbehalt der Rechte ergangenen Urtheiles Geleisteten E 168, M II 847 f.

Weiden von Vieh, Beschädigung durch M II 814.

Wege, Fehlen der nothwendigen Verbindung mit einem öffentlichen W., Nothweg E 197, M III 289 ff. — Pflicht des Pächters zur Ausbesserung der W. E 118, M II 429 f.

Wegfall, s. Ausfall. — W. des Rechtsgrundes einer Leistung, Rückforderungsrecht E 167 f., M II 846 ff.

Wegnahme, Recht des Besitzers oder Inhabers einer Sache auf W. des mit der Sache als wesentlicher Bestandtheil Verbundenen gegenüber dem Eigenthumsanspruche E 214, M III 414; des Wiederverkäufers zur Wegnahme von Verwendungen E 104, M II 344; desgl. des Miethers E 111 f., M II 393 f.; des Entleihers E 121, M II 447, des Nießbrauchers E 231, M III 523 ff.; des Beschwerten beim Vermächtnisse E 446, M V 201 f.

Werk auf einem Grundstücke, Beschädigung durch Einsturz desselben E 164, M II 814 ff.

Werkvertrag E 123 ff., M II 470 ff.: Begriff, Uebernehmer, Besteller E 123, M II 470 ff. — Anwendung der Vorschriften über den Kaufvertrag, wenn Uebernehmer den Stoff liefert, derjenigen über den W., wenn Uebernehmer Zuthaten oder Nebensachen liefert, Bauwerk E 124, M II 474 ff. — Haftung für Mängel des Werkes, Rücktrittsrecht, Minderungsrecht, Schadensersatzanspruch, nicht rechtzeitige Herstellung des Werkes, Vereinbarung über Haftung für Mängel E 124 f., M II 478 ff.; Verjährung der Ansprüche des Bestellers auf Beseitigung von Mängeln u. s. w. E 125, M II 486 ff. — Abnahme des Werkes durch den Besteller, Vorbehalt dabei E 125, M II 289 ff. — Zeit der Entrichtung der Gegenleistung, Verzinsung derselben E 125 f., M II 492 ff. — Gesetzliches Pfandrecht des Uebernehmers E 126, M II 494. — Verzug der Annahme des Bestellers E 126, M II 495 f. — Tragung der Gefahr E 126, M II 497 ff. — Untergang des Werkes vor der Abnahme, Unausführbarwerden E 126, M II 500 ff. — Rücktrittsrecht des Bestellers bis zur Vollendung des Werkes E 127, M II 502 ff. — W., welcher nicht die Herstellung oder Veränderung einer Sache zum Gegenstande hat E 127, M II 506 ff.

Werth eines Gegenstandes beim Schadensersatze, ordentlicher, außerordentlicher E 50, M II 21, E 158 f., M II 738 ff. — Vergütung des W. bei Leistung einer Nichtschuld E 165, M II 836.

Werthpapiere, Hinterlegung zur Sicherheitsleistung E 46 f., M I 390: zur Erfüllung E 60 ff., M II 91 ff. — Haftung des Gastwirthes für eingebrachte W. des Gastes E 137, M II 588 ff. — Hinterlegung von W. des Hauskindes E 369, M IV 809 f., des Mündels E 397, M IV 1129 ff., 1135. — W., in denen Mündelgelder angelegt werden können E 395, M IV 1114 ff.

Wesentliche Punkte des Vertrages E 19, M I 62. — W. Bestandtheile, s. Bestandtheile.

Wette begründet kein Schuldverhältniß, keine Zurückforderung des Geleisteten, Schuldversprechen oder Anerkenntniß einer Wettschuld begründet keine Verpflichtung E 146, M II 643 ff.

Widerrechtliche Handlungen, s. unerlaubte Handlungen.

Widerruf von Willenserklärungen E 18, M I 158, von Anträgen zur Vertragsschließung E 19 f., M I 168 ff., von Vollmachten E 27 f., M I 233. — W. von Schenkungen wegen Undankes E 98, M II 302 ff. — Ueberlassung des unentgeltlichen Gebrauches einer Sache auf willkürlichen Widerruf (Prekarium) E 122, M II 453 f. — W. der Auslobung E 128, M II 521 ff. — W. des Auftrages E 131, M II 543 f. — W. der Anweisung E 134, M II 565. — W. des Verzichtes auf Eigenthum oder sonstige Rechte an einem Grundstücke E 189 f., M III 200 f. — W. von Schenkungen unter Ehegatten nach Ehescheidung E 345, M IV 612 f. — W. bedingter letztwilliger Zuwendung M V 25. — W. letztwilliger Verfügungen E 460, M V 297 ff.

Widerruflichkeit von Vollmachten ist unverzichtlich E 27, M I 233; desgl. des Auftrages E 131, M I 544 f.

Widersinnige Bedingungen E 33, M I 267, M V 18.

Widerspruch gegen Löschung eines zu Grundbuch eingetragenen Rechtes E 190, M III 207; eines geschäftsführenden Gesellschafters gegen die Vornahme einer Handlung E 139, M II 604; gegen Grenzüberbau E 196, M III 284 f.; gegen Pfändung der Früchte des Ehegutes E 300, M IV 218; der auf Grund elterlicher Nutznießung erworbenen Nutzungen aus dem Vermögen des Haukindes E 366 f., M IV 794; des Testamentsvollstreckers bei Zwangsvollstreckung an dem Nachlaß E 452, M V 237.

Wiedereinsetzung in den vorigen Stand M I 392 ff.

Wiederherstellung als Gegenstand des Schadensersatzes E 50, M II 19 ff. — W. kosten beim Nießbrauche an Sachen E 227 f., M III 510 ff. — W. der ehelichen Nutznießung und Verwaltung E 309, M IV 303 f.; der Errungenschaftsgemeinschaft E 338 f., M IV 535 f.

Wiederkauf E 103 f., M II 339 ff.: Vorbehalt des W., Wiederkaufpreis, Ausübung E 103, M II 339 ff.; Verpflichtungen des Wiederkäufers und Wiederverkäufers E 103 f., M II 342 ff.; W. zum Schätzungswerthe E 104, M II 344.

Wiederkaufpreis, s. Wiederkauf.

Wiederkaufsrecht bei Grundstücken M III 451 f.

Wiederkehrende Leistungen, Verjährung des Anspruches E 37, 43, M I 305, 344, 345. — Verurtheilung zu denselben E 45, M I 364 ff. — W. L. als Gegenstand der Reallast E 239, M III 582. — Haftung w. L. aus einem mit dem Eigenthume an einem Grundstücke verbundenen Rechte für die Hypothek E 243, M III 657 f., E 244, M III 663 f. — W. L. vom Ehegute E 299, M IV 201; vom Vermögen des Hauskindes E 360, M IV 762 ff.; vom Mündelgute E 398 f., M IV 1141; vom Vermögen des Volljährigen unter Vormundschaft E 414, M IV 1240. — W. L. als Gegenstand eines Vermächtnisses bei der Nacherbfolge E 436 f., M V 124.

Wiederverheirathung, Nachtheile derselben M IV 559 ff. — Aufhebung der fortgesetzten Gütergemeinschaft durch W. E 330, M IV 466 f. — Vorzeitige W. der Ehefrau und Geburt eines Kindes

innerhalb dreihundert Tagen nach Auflösung der ersten Ehe, Entscheidung über dessen Vaterschaft E 352, M IV 674 ff. — Auseinandersetzung E 370, M IV 814 f. — Einfluß der W. der Mutter auf deren elterliche Gewalt E 372, M IV 833 ff.

Wilde Thiere, Beschädigung durch M II 812. — Herrenlose w. Th. E 207, M III 371 f.

Wildschaden M II 814.

Willensdogma M I 189 ff., V 45 ff.

Willenserklärung, Begriff M I 126. — Ausdrückliche, stillschweigende W. E 17, M I 153 ff. — Auslegung E 18, M I 154 ff. — Zeitpunkt der Wirksamkeit E 18, M I 156. — W. unter Abwesenden E 18, M I 156 ff. — Widerruf von W. E 18, M I 158. — Tod oder Eintritt von Geschäftsunfähigkeit nach abgegebener W. E 18, M I 159. — Mittheilung von W. durch Gerichtsvollzieher E 18, M I 160; durch öffentliche Zustellung E 18, M I 160 f. — W. zum Zwecke der Anfechtung einer Ehe E 292, M IV 96. — W. bei letztwilligen Verfügungen E 423 ff., M V 31 ff. — S. auch Willensmängel.

Willensmängel E 22 ff., M I 189 ff. — Willensdogma M I 189 ff., V 45 ff. — Scheingeschäft E 22 f., M I 192 f. — Scherz E 23, M I 193 ff. — Fahrlässigkeit E 23, M I 194 ff. — Irrthum E 23, M I 195 ff. — Dissens E 24, M I 202. — Erklärung durch Mittelspersonen E 24, M I 202 f. — Irrthum in den Beweggründen E 24, M I 203. — Drohung, Betrug E 24, M I 204 ff. — Anfechtbarkeit E 24, M I 208 ff. — Anfechtbarkeit der Ehe wegen W. E 290, M IV 78. — W. bei letztwilligen Verfügungen E 425, M V 45 f.; beim Erbeinsetzungsvertrage E 463, M V 322.

Willkür bei Bedingungen E 32, M I 266, M V 17 f., E 422, M V 26 f., 28 ff. — S. auch Wollen.

Winkel auf der Grenze E 195, M III 274 ff.

Wirkung der Anspruchsverjährung E 43 M I 341 ff.; des Urtheiles E 45, M I 376 ff.

Wirthschaftsgebäude, Pflicht des Pächters zur Ausbesserung E 118, M II 429 f.

Wirthschaftsräume, abgesonderte, Schutz der Inhabung E 184, M III 114.

Wissen bestimmt sich nach der Person des Vertreters E 27, M I 227; des Vollmachtgebers s. daselbst.

Wissenmüssen, Begriff E 34, M I 281.

Wittwe, Wartezeit bei Wiederverheirathung E 282 f., M IV 32, 561. — Arme W. M V 384.

Woche, Fristberechnung E 34, M I 283 ff.

Wochenbettskosten bei unehelicher Schwängeruug E 376, M IV 906 ff.

Wohnort wird vom Ehemanne bestimmt E 293, M IV 105. — Angabe des W. der Gläubiger bei Aufgebot der Nachlaßgläubiger E 506, M V 646.

Wohnsitz, Begriff E 7, M II 68 ff. — Mehrfacher W., E 7, M I 70 f. — Keine Begründung durch Aufenthalt in Straf- u. s. w. Anstalten E 8, M I 71 f. — W. der Militairpersonen E 8 M I 72 ff.; der Exterritorialen E 8 M I 74; der Beamten im Auslande E 8, M I 74; der Ehefrau E 8, M I 74 f.; der Kinder E 9, M I 75 ff.; (Sitz) der juristischen Person E 9, M I 77. — Einfluß des W. auf Willenserklärungen E 18, M I 160. — W. des Schuldners, des Gläubigers als Ort der Leistung E 52, M II 34 ff. — W. des Ehemannes ist entscheidend für die Zuständigkeit für Eintragungen in das eherechtliche Register E 340 M IV 555 f. — W. nicht im Bezirke des Vormundschaftsgerichtes berechtigt zur Ablehnung der Vormundschaft E 391, M IV 1075.

Wohnung ist Bestimmung des Ehemannes E 293, M IV 105. — W. der getrennten Ehefrau M IV 632 f.

Wohnungsräume, abgesonderte, Schutz der Inhabung E 184, M III 114.

Wohnungsrecht E 239, M III 570 f.

Wollen als Voraussetzung des Gebundenseins bei Vertragsabschlüssen E 19, M I 163 f.; beim Kaufe E 102, M II 333 f. — Beginn der Anspruchsverjährung bei Abhängigkeit der Entstehung des Anspruches vom bloßen Wollen des Berechtigten E 37, M I 308 f. — Nichtigkeit letztwilliger Verfügungen, deren Bedingung in dem bloßen W. des Beschwerten oder eines Dritten besteht E 422. — S. auch Willkür.

Wuchergesetze E 79, M II 195 ff.

Wundärzte, Verjährung ihrer Ansprüche E 36, M I 303.

Wurzeln von Bäumen oder Sträuchen, Hinüberragen in ein fremdes Grundstück E 197, M III 287 ff.

Z.

Zahlung, s. Erfüllung, Leistung. — Z. einer Geldschuld, Währung E 49 f., M II 12 ff.; Ort E 52, M II 36.

Zahlungsbefehl, Zustellung unterbricht die Anspruchsverjährung E 40, M I 328. — Z. als Mahnung E 55, M II 58.

Zahlungsfähigkeit des Schuldners, Haftung für dieselbe bei Uebertragung der Forderung E 66 f., M II 125 ff.

Zahlungssperre bei Schuldverschreibungen auf Inhaber E 153, M II 707.

Zahlungsstatt, s. Erfüllungsstatt. — Ueberweisung eines dinglichen Rechtes an Z. durch Eintragung in das Grundbuch M III 247.

Zahnärzte, Verjährung ihrer Ansprüche E 36, M I 303.

Zaun auf der Grenze E 195, M III 274 f.

Zeichen keine letztwillige Verfügung durch Z., M V 251.

Zeichnen, Eigenthumserwerb E 204, M III 361.

Zeit, Zeitbestimmungen E 34 f., M I 282 ff.: Berechnung der Fristen nach Tagen, Wochen, Monaten u. s. w. E 34 f., M I 283 ff. — Fristverlängerung E 35, M I 286. — Zeit der Leistung E 52, M II 37 ff. — Verzug des Schuldners ohne Mahnung bei Zeitbestimmung E 55, M II 56 ff. — Der Aufrechnungserklärung darf keine Zeitbestimmung beigefügt werden E 63, M II 108. — Verschiedenheit der Zeitbestimmung für Berechtigung oder Verpflichtung des einzelnen Gesammtgläubigers oder Gesammtschuldners E 72, M II 157. — Zeit der Entrichtung des Miethzinses E 112, M II 398 f. — Zeitbestimmung bei Bestellung einer Grundschuld E 259, M III 787. — Keine Z. bei Eheschließung M IV 42; bei Anerkennung eines Kindes E 350, M IV 666; bei Ehelichkeitserklärung E 379, M IV 946; bei Annahme an Kindesstatt E 382, M IV 971. — Z. bei Benennung des Vormundes M IV 1054. — Z. bei letztwilliger Verfügung E 421, M V 16 ff., E 431, M V 86 f. — Keine Z. bei Annahme des Amtes eines Testamentsvollstreckers E 448, M V 220; bei Annahme oder Ausschlagung der Erbschaft E 485, M V 505; bei Verzicht auf das Inventarrecht E 499, M V 607.

Zession, s. Uebertragung.

Zeugen, Verjährung ihrer Ansprüche E 36, M I 303. — Vernehmung von Z. zur Sicherung des Beweises bei Viehmängeln E 89, M II 255; bei Eheschließung E 284, M IV 41 ff.; bei letztwilligen Verfügungen E 454 ff., M V 261 ff.

Zeugniß zur Legitimation eines durch letztwillige Verfügung berufenen Erben E 495 f., M V 573 f. — S. auch Erbschein.

Zeugungen, Berechnung des Grades der Verwandtschaft, nach denselben E 7, M I 66 f.

Zeugungsunvermögen des Ehemannes, Bedeutung für die Vaterschaft M IV

655; des unehelichen Vaters M IV 888. — Z. hindert nicht die Annahme an Kindesstatt M IV 966.

Zinsen, Verjährung des Anspruches auf Rückstände E 37, 45, M I 305, 344. — Höhe der Z. E 50, M II 15 f. — Z. ultra alterum tantum M II 16. — Verzugszinsen E 56, M II 62 ff. — Aufhören des Zinsenlaufes bei Verzug des Gläubigers E 58, M II 75. — Anrechnung nicht ausreichender Zahlung zunächst auf Zinsen E 60, M II 86 f. — Höhe der durch Vertrag zu bedingenden Z. E 79, M II 195 ff. — Z aus Z. E 79, M II 196. — Z. beim Rücktritt vom Vertrage E 93, M II 281. — Z. von Darlehen E 99, M II 312 f. — Z. des Kaufpreises E 101, M II 329. — Z. beim Auftrage E 130, M II 539 ff. — Z. bei widerrechtlichen Handlungen E 159, M II 740 f. — Z. bei der Zwangsversteigerung von Grundstücken E 186, M III 151 f.; beim Nießbrauche an Grundstücken E 229, M III 516 f. — Z. der Schulden beim Nießbrauche an einem Vermögen E 237, M III 564 f. — Eintragung der Z. einer Hypothek in das Grundbuch E 242, M III 642 f., 646 f. — Tragung der Zinsen von Ehegutsverbindlichkeiten E 299, M IV 200; von Verbindlichkeiten des Hauskindes bei elterlicher Nutznießung E 365, M IV 788 f.; von nicht belegten Mündelgeldern E 405, M IV 1180. — Z. als Vermächtniß bei der Nacherbfolge E 436 f., M V 124. — Rangordnung der Zinsen im Nachlaßkonkurse E 505, M V 637, 638.

Zinsscheine auf Inhaber E 152 ff., M II 701 ff.: Erlöschen derselben in vier Jahren E 153, M II 703 ff.; Verlust E 154, M II 709 ff. — Kein Z. von Grundschuldbriefen M III 784. — Z. eines Mündels E 397, M IV 1129 ff.; von der Nacherbfolge unterliegenden Papieren E 434, M V 99.

Zubehör einer Sache, Unterschied vom Bestandtheil, vorübergehende Trennung E 179, M III 61 ff. — Z. eines Rechtes M III 65. — Rechtsgeschäfte unter Lebenden erstrecken sich im Zweifel auf die Zubehör der Sachen E 179, M III 65 f. — Z. eines zu einem gewerblichen Zwecke eingerichteten Gebäudes, eines Landgutes E 179, M II 66 f. — Z. eines Grundstückes, Haftung für die Hypothek E 243, M III 650 ff., E 245, M III 674. — Z. einer bestimmten vermachten Sache E 441, M V 163.

Zuchthausstrafe, Verwirkung der elterlichen Gewalt bei Z. wegen Verbrechen gegen das Hauskind E 372, M IV 836 ff.

Zuchtrecht des Inhabers der elterlichen Gewalt E 359, M IV 751.

Zueignung eines Grundstückes E 199, M III 324 ff. — Z. herrenloser beweglicher Sachen E 206 f., M III 369 ff. — Z. beim Miteigenthume E 217, M III 443 f.

Zufall, Unmöglichkeit der Leistung durch Z. E 53, M II 44 f. — Haftung des Schuldners im Verzuge für Z. E 56, M II 64 ff. — Rücktrittsrecht bei Untergang der Gegenleistung durch Z. E 94, M II 282. — Haftung für Z. bei widerrechtlichen Handlungen E 159, M II 740.

Zuführung von Dämpfen u. s. w. an ein Grundstück E 194, M III 264 ff.

Zug um Zug, Erfüllung gegenseitiger Verträge E 80, M II 200. — Rückgewähr Z. um Z. bei Rücktritt vom Vertrage E 94, M II 281. — Erfüllung Z. um Z. bei Ausübung des Vorkaufsrechtes E 219, M III 459.

Zurechnung, s. Vernunftgebrauch.

Zurückbehaltungsrecht, Einrede des Z. hemmt die Anspruchsverjährung nicht E 38, M I 314. — Obligatorisches Z. E 53, M II 40 ff. — Z. des Miethers M II 402, des Beauftragten M II 543. — Z. beim Hinterlegungsvertrage M II 579. — Z. des Finders E 209, M III 381; des Besitzers oder Inhabers einer Sache gegenüber dem Eigenthumsanspruche E 215, M III 411 ff. — Kein Z. am Pfande wegen durch dasselbe nicht

gesicherter Forderungen E 271, M III 842. — Z. der Ehefrau hinsichtlich ihres Beitrages zu den ehelichen Lasten bei Gütertrennung E 311, M IV 324. — Kein Z. des Erben im Nachlaßkonkurse E 503, M V 628.

Zurückbeziehung der Bedingung E 30 f., M I 252 f.

Zurückforderung einer Nichtschuld E 165 ff., M II 831 ff. — Z. wegen Nichteintrittes des bei einer Leistung vorausgesetzten künftigen Ereignisses oder rechtlichen Erfolges E 166 f., M II 842 ff.; wegen Wegfall des Rechtsgrundes einer Leistung E 167 f., M II 846 ff.; wegen verwerflichen Empfanges E 168, M II 849 ff.; wegen grundlosen Habens E 168 f., M II 851 ff.

Zurückgewährung bei verschuldeter theilweiser Unmöglichkeit der Leistung E 54, M II 52 f.; bei Rücktritt vom Vertrage E 93, M II 281. — Z. der gemietheten Sache E 113, M II 401 f.; der gepachteten Sache E 116, M II 422 f.; eines gepachteten landwirthschaftlichen Grundstückes E 119 f., M II 439 ff.; des Inventars nach Taxe E 118 f., M III 433 ff.; des wirthschaftlichen Zustandes und der Vorräthe des landwirthschaftlichen Grundstückes nach Taxe E 120, M II 441. — Z. bei Hinterlegung vertretbarer Sachen E 135, M II 576 ff.; der Sache nach beendetem Nießbrauche E 227, M III 504 ff., E 230, M III 520 f.; des Pfandes E 263, M III 810 f., 812 f.; des Ehegutes E 308, M IV 302.

Zurücknahme hinterlegter Gelder und Werthpapiere E 61, M II 98 ff. — Z. der vom gesetzlichen Vertreter ertheilten Ermächtigung zum selbständigen Geschäftsbetriebe E 16, M I 144; zur Eingehung von Dienst- und Arbeitsverhältnissen durch Minderjährige E 16, M I 145; der Einwilligung zum Erwerbsgeschäfte der Ehefrau E 302, M IV 240 ff. — Z. der Klage, Einwirkung auf die Anspruchsverjährung E 40, M I 330. — Z. der Anfechtungsklage gegen Ehe E 292 f., M IV 97 ff.

Zurücktreten vom Vertrage E 19 f., M I 164 ff.

Zusammentreffen von Grunddienstbarkeiten mit anderen Rechten, Beschränkung der Ausübung E 223, M III 486; desgl. des Nießbrauches E 225, M III 499; einer beschränkten persönlichen Dienstbarkeit E 238, M III 568 f. — Zusammentreffen mehrerer Unterhaltsansprüche, Reihenfolge E 353 f., M IV 688 f.

Zuschlag bei Versteigerungen E 21, M I 176 ff. — Z. des Pfandes an den Pfandgläubiger E 266, M III 825 f., E 268, M III 830; an den Eigenthümer des Pfandes, s. ebendort.

Zuständiges Gericht für Todeserklärung E 3, M I 141; für öffentliche Zustellung von Willenserklärungen E 18, M I 161, für Aufgebote von Hypotheken E 252 f., M III 742; für Eintragungen in das eherechtliche Register E 340, M IV 555; für Bestätigung des Vertrages über Annahme an Kindesstatt E 382, M IV 974. — Z. Behörde für Aufnahme des Nachlaßinventars E 501, M V 615 f. — Z. des Nachlaßgerichtes für Aufgebot der Nachlaßgläubiger E 506, M V 646. — Z u s t ä n d i g k e i t für Ehelichkeitserklärung E 377, M IV 937, für Dispensationen bei Annahme an Kindesstatt E 380, M IV 961; für Erfüllung letztwilliger Auflagen im öffentlichen Interesse E 448, M V 215. — Z. für Aufnahme gerichtlicher oder notarieller Testamente E 457 (Anm.), M V 280. — Z. S t a n d e s b e a m t e r E 284, M IV 38.

Zustellung als Form der Mittheilung von Willenserklärungen E 18, M I 160 f. — Z. durch Aufgabe zur Post beim Aufgebot der Nachlaßgläubiger E 507, M V 647.

Zuwachs zum Gegenstande des Vermächtnisses E 446, M V 195.

Zuwendung, letztwillige, Begriff E 422, M V 24 f.

Zuthaten, Lieferung durch den Uebernehmer, Werkvertrag E 124, M II 476.

Zu ungetheilter Hand E 72.

Zwang bei Vertragschließung E 24, M I 204 ff. S. auch Drohung.

Zwangshypothek E 258, M III 246, 621 ff., 769 ff.

Zwangsvergleich im Nachlaßkonkurse E 505, M V 639 f.

Zwangsversteigerung von Grundstücken (Regelung durch besonderes Gesetz) E 186, M III 140 ff. — Erwerb des Eigenthumes durch Z. M III 304. — Beschränkung der Z. bei in das Grundbuch eingetragenem Rückfallsrechte des Veräußerers E 199, M III 322.

Zwangsverwaltung von Grundstücken (Regelung durch besonderes Gesetz) E 186, M III 140 ff.

Zwangsvollstreckung bei Veräußerungsverboten E 25, M I 215. — Z. unterbricht die Anspruchsverjährung E 40 f., M I 329, 331. — Ueberweisung einer Forderung im Wege der Z. E 66, M II 120 f., 127. — Keine Gewährleistung für Mängel bei Veräußerung im Wege der Z. E 87, M II 237 f. — Die zur Vornahme oder Leitung eines Verkaufes im Wege der Z. beauftragten Personen dürfen nicht kaufen E 101, M II 330. — Z. in das unbewegliche Vermögen (Regelung durch besonderes Gesetz) E 186, M III 141 f. — Eintragungen in das Grundbuch durch Z. E 189, M III 199, E 193, M III 245 ff. — Tradition durch Z. E 200 f., M III 340. — Entstehung der Hypothek durch Z. (Zwangshypothek) E 258, M III 246, 621 ff., 769 ff. — Keine Z. zur Eingehung einer Ehe, zur Herstellung des ehelichen Lebens E 294 (Anm.), M IV 109. — Z. gegen das Ehegut E 304, M IV 257 ff. — Keine Z. in den Antheil am Gesammtgute bei allgemeiner Gütergemeinschaft E 313, M IV 338; Z. gegen das Gesammtgut E 316, M IV 368 ff., nach Auflösung der allgemeinen Gütergemeinschaft E 320, M IV 406 ff.; gegen das Gesammtgut bei Errungenschaftsgemeinschaft E 336, M IV 528, gegen das der elterlichen Nutznießung unterliegende Vermögen des Hauskindes E 363, M IV 786. — Veräußerung von Mündelvermögen im Wege der Z. bedarf keiner Genehmigung des Gegenvormundes oder Vormundschaftsgerichtes E 399 f., M IV 1148 f. — Z. gegen den Vorerben E 435 f. M V 117. — Z. gegen den Nachlaß bei Verwaltung durch Testamentsvollstrecker E 452, M V 237 f. — Z. in den Pflichttheilsanspruch E 476, M V 418. — Z. während der Ueberlegungsfrist des Erben E 490 f., M V 539 f. — Z. in den Nachlaß und das Vermögen des Erben im Nachlaßkonkurse E 503. M V 624 f. — Wirkungen der Zulassung des Aufgebotes der Nachlaßgläubiger auf Z E 508, M V 653; Einstellung derselben während der Inventarfrist E 510 f., M V 672 f.

Zweck, Zweckbestimmung M I 248 f.

Zweifelhafte, s. Ungewisse.

Zweige von Bäumen oder Sträuchen, Hinüberragen in fremdes Grundstück E 197, M III 287 ff.

Zweikampf, Tödtung im Z., Schadensersatzansprüche M II 770.

Zwillingsgeburten M I 30.

Zwischenraum auf der Grenze E 118, M II 429 f.

Zwischenzinsen E 52, M II 40. — Keine Z. bei vorzeitiger Leistung E 165, M II 835.

Zwitter M I 26, III 48.

Druck der Norddeutschen Buchdruckerei, Berlin, Wilhelmstraße 32.

Kolibri 360 GmbH
Ferdinand-Jühlke-Straße 7
99095 Erfurt, Deutschland
produktsicherheit@kolibri360.de

FSC
www.fsc.org
MIX
Papier | Fördert
gute Waldnutzung
FSC® C083411

Kolibri 360 GmbH
Ferdinand-Jühlke-Straße 7
99095 Erfurt, Deutschland
produktsicherheit@kolibri360.de